AF888842

Schriften des Europa-Instituts der Universität des Saarlandes – Rechtswissenschaft

Herausgegeben von

Professor Dr. Marc Bungenberg, LL.M.
Professor Dr. Thomas Giegerich, LL.M.
Professor Dr. Dr. Dr. h.c. mult. Georg Ress
Professor Dr. Torsten Stein

Band 111

Simon Biehl

Die Europäische Menschenrechtskonvention in internationalen und nicht-internationalen bewaffneten Konflikten

Nomos

Onlineversion
Nomos eLibrary

Die Deutsche Nationalbibliothek verzeichnet diese Publikation in der Deutschen Nationalbibliografie; detaillierte bibliografische Daten sind im Internet über http://dnb.d-nb.de abrufbar.

Zugl.: Saarbrücken, Universität des Saarlandes, Diss., 2020

ISBN 978-3-8487-7776-1 (Print)

ISBN 978-3-7489-2183-7 (ePDF)

1. Auflage 2020
© Nomos Verlagsgesellschaft, Baden-Baden 2020. Gesamtverantwortung für Druck und Herstellung bei der Nomos Verlagsgesellschaft mbH & Co. KG. Alle Rechte, auch die des Nachdrucks von Auszügen, der fotomechanischen Wiedergabe und der Übersetzung, vorbehalten. Gedruckt auf alterungsbeständigem Papier.

Danksagung

Die vorliegende Arbeit wurde im Sommersemester 2020 von der Rechtswissenschaftlichen Fakultät der Universität des Saarlandes als Dissertation angenommen. Sie berücksichtigt Rechtsprechung und Literatur bis Juni 2020.

Mein besonderer Dank gilt *Prof. Dr. Thomas Giegerich* für die Möglichkeit, diese Arbeit unter seiner Leitung durchzuführen und für seine wertvollen Anregungen. Danken möchte ich auch *Herrn Prof. Dr. Torsten Stein* für seine Bereitschaft zur Erstellung des Zweitgutachtens.

Herzlich danken möchte ich zudem *Julia Jungfleisch* und *Christina Backes* für die mühevolle Arbeit des Korrekturlesens.

In besonderem Maße möchte ich mich bei meinen Eltern für die immerwährende und uneingeschränkte Unterstützung in- und außerhalb des Studiums bedanken. Ohne sie wäre nicht zuletzt auch diese Doktorarbeit nicht möglich gewesen. Ihnen ist diese Arbeit gewidmet.

Berlin, im September 2020 *Simon Biehl*

Inhaltsverzeichnis

Abkürzungsverzeichnis

Bezüglich der Abkürzungen wird auf *Kirchner*, Abkürzungsverzeichnis der Rechtssprache, 9. Auflage, Berlin/Boston 2018, verwiesen. Im Übrigen werden folgende Abkürzungen verwendet:

ACHPR	Afrikanische Kommission für Menschenrechte und Rechte der Völker
ACMR	Arabische Charta der Menschenrechte
AEMR	Allgemeine Erklärung der Menschenrechte
AHRD	ASEAN Human Rights Declaration
AICHR	ASEAN Intergovernmental Commission on Human Rights
AJIL	American Journal of International Law
AMRK	Amerikanische Menschenrechtskonvention
APSR	American Political Science Review
ArGMR	Arabischer Gerichtshof für Menschenrechte
Ariz. St. L. J.	Arizona State Law Journal
ASEAN	Association of Southeast Asian Nations
AVR	Archiv des Völkerrechts
AYIL	Australian Yearbook of International Law
BC	Banjul Charta
Berk. J. Intnl. L.	Berkeley Journal of International Law
BJLP	Baltic Journal of Law and Politics
BUILJ	Boston University International Law Journal
Bull. Intnl' Com. Jur.	Bulletin of the International Commission of Jurists
BYIL	British Yearbook of International Law
CIRR	Croatian International Relations Review
CoE	Council of Europe
CWRJIL	Case Western Reserve Journal of International Law
DÖV	Die Öffentliche Verwaltung
EGMR	Europäischer Gerichtshof für Menschenrechte
EJIL	European Journal of International Law
EMRK	Europäische Menschenrechtskonvention

GJIA	Georgetown Journal of International Affairs
HRCD	Human Rights Case Digest
HRLR	Human Rights Law Review
HRQ	Human Rights Quarterly
HRR	Human Rights Review
HuV-I	Humanitäres Völkerrecht – Informationsschriften
HVR	Humanitäres Völkerrecht
IAGMR	Interamerikanische Gerichtshof für Menschenrechte
IAMRK	Interamerikanische Menschenrechtskommission
ICLQ	International and Comparative Law Quarterly
ICLR	International Criminal Law Review
IIHL	International Institute of Humanitarian Law
IKRK	Internationales Komitee vom Roten Kreuz
ILA	International Law Association
ILM	International Legal Materials
ILP	International Law and Politics
ILS	International Law Studies
IPBPR	International Pakt für Bürgerliche und Politische Rechte
IPWSKR	Internationaler Pakt über wirtschaftliche, soziale und kulturelle Rechte
IRRC	International Review of the Red Cross
Isr. L. R.	Israel Law Review
IStGH	Internationaler Strafgerichtshof
IYHR	Israel Yearbook on Human Rights
JIHLS	Journal of International Humanitarian Legal Studies
LPB-BW	Landeszentrale für Politische Bildung Baden-Württemberg
LSRPR	St. Louis Legal Studies Research Paper Series
MJIL	Melbourne Journal of International Law
MOD	Ministry of Defence
MPEPIL	Max Planck Encyclopedia of Public International Law
MRA	Menschenrechtsausschuss
MRM	MenschenRechtsMagazin
NATO	North Atlantik Treaty Organization
Naval L. Rev	Naval Law Review
NJIHR	Northwestern Journal of International Human Rights

NQHR	Netherlands Quarterly of Human Rights
N.T.Int.R.	Nordisk Tidsskrift for international Ret
NYU J. Int. L.	New York University Journal of International Law and Politics
NZYIL	New Zealand Yearbook of International Law
NZZ	Neue Zürcher Zeitung
OAU	Organisation der Afrikanischen Einheit
PJIEL	Pécs Journal of International and European Law
RCADI	Recueil des Cours de l'Académie de Droit International
R.d.C.	Recueil des Cours
RGDIP	Revue Générale de Droit International Public
RQDI	Revue Québécoise de Droit International
RTDH	Revue Trimestrielle des Droits de l'Homme
SArGMR	Statut des Arabischen Gerichtshofs für Menschenrechte
SAYIL	South African Yearbook of International Law
SuF	Sicherheit und Frieden
TOR AICHR	Terms of Reference of ASEAN Intergovernmental Commission on Human Rights
UCL Hum. Rts. Rev.	UCL Human Rights Review
UJIEL	Utrecht Journal of International and European Law
UNAMA	United Nations Assistance Mission in Afghanistan
UNHCHR	United Nations High Commissioner for Human Rights
VJIL	Virginia Journal of International Law
VandJTL	Vanderbilt Journal of Transnational Law
WÜRV	Wiener Übereinkommen über das Recht der Verträge
Yb. I.L.C.	Yearbook of the International Law Commission
YHRDJ	Yale Human Rights and Development Journal
YNZJ	Yearbook of New Zealand Jurisprudence
ZaöRV	Zeitschrift für ausländisches öffentliches Recht und Völkerrecht
ZEuS	Zeitschrift für Europarechtliche Studien
ZP	Zusatzprotokoll

Einleitung

A. *Hinführung zum Forschungsthema*

„*[G]rößere Einheit durch den Respekt für Menschenrechte, Rechtsstaatlichkeit und Demokratie*"[1]. So lautete das Ziel des Europarates bei seiner Gründung im Jahr 1949.[2] Bald darauf – am 4. November 1950 – wurde der Grundstein für dessen Umsetzung gelegt: Die Europäische Konvention zum Schutze der Menschenrechte und Grundfreiheiten (besser bekannt als die Europäische Menschenrechtskonvention[3] [EMRK]) wurde zur Unterzeichnung freigegeben[4] und trat am 3. September 1953 in Kraft. Ursprünglich als Reaktion auf die Gräueltaten des Zweiten Weltkrieges gedacht[5] und mit dem Ziel entwickelt, solche unbeschreiblichen Verletzungen fundamentalster Menschenrechte zukünftig zu verhindern,[6] gewann die EMRK mit den Jahren stetig an Bedeutung[7] und dient in vielerlei Hinsicht heute als Vorbild für Menschenrechtsschutzsysteme in aller Welt. Bei ihrer Ein-

---

1 *Addo*, S. 287f. (Eigene Übersetzung).

2 Die Gründung des Europarates geht zurück auf den Kongress des International Committee of Movements for European Unity in den Haag im Mai 1948, *Rainey/Wicks/Ovey*, S. 4.

3 *Council of Europe*, Convention for the Protection of Human Rights and Fundamental Freedoms (European Convention on Human Rights as amended by Protocols Nos. 11 and 14, supplemented by Protocols Nos. 1, 4, 6, 7, 12, 13 and 16), Rome, 4 November 1950.

4 Zwölf Staaten unterzeichneten die EMRK: Belgien, Dänemark, Frankreich, Deutschland, Island, Italien, Luxemburg, die Niederlande, Norwegen, die Türkei und das Vereinigte Königreich, *Rainey/Wicks/Ovey*, S. 4.

5 *Rainey/Wicks/Ovey*, S. 3.

6 Ebenda.

7 Mit diesem Bedeutungsgewinn wuchs auch die Zahl der Verfahren. Laut Jahresbericht 2016 waren zum Stichtag 31.12.2016 79.750 Verfahren vor dem EGMR anhängig, *EGMR*, Annual Report 2016 S. 192. Im Vergleich zum Vorjahr ist die Zahl der anhängigen Verfahren damit angestiegen (von damals 64.850; *EGMR*, Annual Report 2015, S. 188). Sie liegt jedoch deutlich unter den Zahlen von 2011 (151, 624; *EGMR*, Annual Report 2011, S. 152) oder 2006 (89.887; *EGMR*, Annual Report 2006, S. 115). Insgesamt sind – wohl auch aufgrund der Ratifizierung des Protokolls Nr. 14 erfolgten Optimierung der Arbeit des Gerichtshofs – die Zahlen in den letzten Jahren rückläufig.

führung noch von nur zehn Staaten ratifiziert,[8] erhöhte sich die Zahl der Vertragsparteien stetig auf derzeit 47.[9] Mit steigender Mitgliederzahl im Europarat wuchs auch der Geltungsbereich der Konvention. Heute schützt sie die Rechte von 830 Millionen Menschen auf dem europäischen Kontinent.[10]

Bei Gründung des Europarates bzw. bei Inkrafttreten der EMRK hätten wohl die wenigsten erwartet, dass dieser Schutz auch Drittstaatsangehörigen zugutekommen könnte. Dass dies heute Realität ist, ist zum einen auf die vermehrt auftretenden militärischen Interventionen der Vertragsstaaten und zum anderen auf die Rechtsprechung des EGMR zurückzuführen. Zwar stellen Kriege zwischen den Vertragsstaaten der EMRK mittlerweile die Ausnahme dar[11] – die Kriegsschauplätze haben sich größtenteils in andere Gegenden der Welt verlagert – allerdings bleiben europäische Staaten oftmals auch Hauptakteure dieser militärischen Auseinandersetzungen. Nach den Einsätzen in Afghanistan[12] und dem Irak[13] zu Beginn der 2000er

---

8 Die zehn ursprünglichen Vertragsstaaten waren Belgien, Dänemark, Frankreich, Irland, Italien, Luxemburg, die Niederlande, Norwegen, Schweden und das Vereinigte Königreich.

9 Albanien, Andorra, Armenien, Azerbaijan, Belgien, Bosnien und Herzegowina, Bulgarien, Dänemark, Deutschland, Estland, Finnland, Frankreich, Georgien, Griechenland, „Ehemalige Jugoslawische Republik Mazedonien", Irland, Island, Italien, Kroatien, Lettland, Liechtenstein, Litauen, Luxemburg, Malta, Moldawien, Monaco, Montenegro, Niederlande, Norwegen, Österreich, Polen, Portugal, Rumänien, Russland, San Marino, Serbien, Slowakei, Slowenien, Spanien, Schweden, Schweiz, Tschechische Republik, Türkei, Ukraine, Ungarn, Vereinigtes Königreich, Zypern.

10 Vgl. Website des Europarates unter https://www.coe.int/en/web/portal/-/showing-the-impact-of-the-european-convention-on-human-rights-council-of-europe-launches-new-information-resource (Letzter Abruf: 24.05.2019).

11 Insgesamt ist die Zahl der Kriege zwischen Staaten in der Vergangenheit stark zurückgegangen, vgl. *Gat*, in: Strachan/Scheipers (Hrsg.), S. 27.

12 Im Gegensatz zum Irak-Krieg, gründete der Afghanistan-Einsatz (International Security Assistance Force – ISAF) auf einem – nachgeschobenen – UN-Mandat nach Kapitel VII der UN-Charta. Der Sicherheitsrat der Vereinten Nationen befasste sich in neun Resolutionen mit ISAF: UNSR 1386 (2001), S/RES/1386 (2001), 20. Dezember 2001; UNSR 1413 (2012), S/RES/1413 (2002), 23. Mai 2002; UNSR 1444, S/RES/1444 (2002), 27. November 2002; UNSR 1510 (2003), S/RES/1510 (2003), 13. Oktober 2003; UNSR 1563 (2004), S/RES/1563 (2004), 17. September 2004; UNSR 1623 (2005), S/RES/1623 (2005), 13. September 2005; UNSR 1707 (2006), S/RES/1707 (2006), 12. September 2006; UNSR 1776 (2007), S/RES/1776 (2007), 19. September 2007. Die entsprechende NATO-Mission gründete auf dem Agreement on Provisional Arrangements in Afghanistan Pend-

Jahre folgte eine Reihe militärischer Interventionen unter Beteiligung europäischer Staaten: Sei es der Einsatz französischer Soldaten in Mali[14], die Entsendung gemeinsamer Luftwaffenverbände nach Libyen[15] oder der internationale Kampf gegen den sogenannten „Islamischen Staat" (IS) in Syrien und dem Irak[16].

---

ing the Re-Establishment of Permanent Government Institutions (Bonn Agreement) (online abrufbar unter: http://www.un.org/News/dh/latest/afghan/afghan-agree.htm [Letzter Abruf: 24.05.2019]).

13 Bekanntermaßen gründete der Irak-Einsatz auf Vorwürfen der US-Regierung, das Land sei im Besitz von Massenvernichtungswaffen, eine Aussage, die sich in der Folge als falsch herausstellte, vgl. *Special Advisor to the DCI on Iraq's WMD*, Comprehensive Report; *Borger*, The Guardian, 7. Oktober 2004.

14 Frankreich intervenierte auf Bitten der legitimen malischen Regierung, *Laird*, 10 NZYIL 2012, S. 123, 126f. In der Folge qualifizierte der Sicherheitsrat in seinen Erwägungsgründen der UNSR 2085 (2012), S/RES/2085 (2012), 20. Dezember 2012 die terroristischen Aktivitäten im Norden Malis als *„serious and urgent threat to the population throughout Mali, and to the stability in the Sahel region, the wider African region and the international community as a whole"* und autorisierte eine internationale Unterstützungsmission für Mali unter afrikanischer Führung – AFISMA (operativer Paragraph Nr. 9).

15 Der internationale Militäreinsatz in Libyen begann im Jahr 2011 und stützte sich auf UNSR 1973 (2011), S/RES/1973 (2011), 17. März 2011. Laut ihren Erwägungsgründen bezweckte diese Resolution u.a. den Schutz der Zivilbevölkerung vor *„gross and systematic violations of human rights"* und ermächtigte die Staaten, die sich zuvor an die Vereinten Nationen gewandt hatten, *„to take all necessary measures [...] to protect civilians and civilian populated areas under threat of attack [...] while excluding a foreign occupation force of any form on any part of Libyan territory"* (operativer Paragraph Nr. 4). Zudem beschloss der UNSR u.a. die Einrichtung einer Flugverbotszone zum Schutz der Zivilbevölkerung (operativer Paragraph Nr. 6).

16 Im Gegensatz zum Afghanistan-Einsatz fehlte es beim Kampf gegen den IS an einem ausreichenden Mandat der Vereinten Nationen oder der NATO. Die internationale Koalition gründete auf einer Initiative der USA, die am 14. September 2014 angekündigt hatten, eine ensprechende *„broad coalition to defeat the Islamic State of Iraq and Syria (ISIS)"* aufzubauen, vgl. Website des U.S. Department of State, online abrufbar unter https://www.state.gov/s/seci/ (Letzter Abruf: 24.05.2019). Die daraufhin angenommene UNSR 2249 (2015), S/RES/2249 (2015), 20. November 2015, autorisierte keine Handlungen (vgl. *Akande/Milanovic*, EJIL:Talk!, 21. November 2015) sondern formulierte lediglich einen Aufruf an die Staatengemeinschaft: *„ Calls upon Member States that have the capacity to do so to take all necessary measures, in compliance with international law, in particular with the United Nations Charter, as well as international human rights, refugee and humanitarian law, on the territory under the control of ISIL [...] to prevent and suppress terrorist acts committed specifically by ISIL [...] as well as ANF, and all other individuals, groups, undertakings, and entities associated with Al Qaeda, and other terrorist*

Dabei bestand stets das Risiko der Verletzung fundamentaler Menschenrechte. Dies führte allen voran im Kontext des Irak-Krieges zu einer Flut neuer Verfahren vor britischen Gerichten und schlussendlich vor dem EGMR. Die Konsequenzen, die sich hinsichtlich der Verantwortlichkeit europäischer Staaten für diese fernab der Heimat begangenen Menschenrechtsverletzungen ergeben, stellen einen wesentlichen Teil dieser Arbeit dar.[17]

Insbesondere der Kampf gegen den IS zeugt von einer weiteren Besonderheit aktueller bewaffneter Konflikte: Oftmals stehen sich nicht Streitkräfte zweier souveräner Staaten gegenüber. Vielmehr beweisen die jüngsten Auseinandersetzungen in Syrien und im Irak, dass Vertragsstaaten der EMRK vermehrt gegen nicht-staatliche bewaffnete Gruppen kämpfen. Diese Situation findet sich ebenfalls auf dem traditionell als „europäisch" angesehenen Gebiet wieder. Erinnert sei hierbei an Russlands Konflikt mit tschetschenischen Rebellen bzw. den Konflikt in der Ostukraine.

Die Frage der Geltung der EMRK in internationalen und nicht-internationalen bewaffneten Konflikten ist daher aktueller denn je. Die Zeiten „konventioneller" Kriegsführung scheinen vorüber. Kriege werden an Bildschirmen mittels ferngesteuerter Drohnen geführt. Staatliche Kampfverbände sind im Vergleich zu den beiden Weltkriegen drastisch verkleinert worden. Ihrer Schlagkraft hat dies jedoch nicht zum Nachteil gereicht. Und trotz zahlreicher Bemühungen zum Schutz der Zivilbevölkerung vor Ort lässt sich nicht vermeiden, dass auch diese regelmäßig von Kriegshandlungen betroffen ist, wenn sie nicht sogar für militärische Zwecke missbraucht wird.

B. Ziel der Arbeit

Die vorliegende Arbeit nimmt diese Entwicklung zum Anlass, die Geltung der EMRK in internationalen und nicht-internationalen bewaffneten Konflikten umfassend zu beleuchten. Hierbei befasst sie sich nicht nur mit der bestehenden Rechtsprechung des EGMR zur extraterritorialen Ausübung von Hoheitsgewalt. Vielmehr zieht sie neue Ansätze zur Reformierung der etablierten Judikatur heran. Zudem widmet sich die Arbeit neben der Frage des Verhältnisses der EMRK zum Humanitären Völkerrecht insbeson-

groups […] and to eradicate the safe haven they have established over significant parts of Iraq and Syria" (Operativer Paragraph Nr. 5).

17 Siehe hierzu unten Teil 2.

dere der auf internationaler Ebene stark debattierten und in Bezug auf die EMRK ungeklärten Frage einer menschenrechtlichen Verantwortlichkeit nicht-staatlicher Akteure in bewaffneten Konflikten. Hierbei trägt sie der Tatsache Rechnung, dass Menschenrechtsverletzungen nicht nur von Staaten, sondern von allen Konfliktparteien begangen werden (können).

C. *Aufbau und Methodik*

Um dieses Ziel zu erreichen und einen möglichst umfassenden Überblick über die Thematik zu gewinnen, bezieht die Arbeit neben der einschlägigen Fachliteratur auch die relevante fachgerichtliche Rechtsprechung in die Analyse mit ein und beschränkt sich hierbei nicht auf die europäische Ebene. Ein solcher Überblick erfordert neben der Analyse der EGMR-Rechtsprechung vielmehr auch die Einbeziehung nationaler Gerichtsentscheidungen und den punktuellen Vergleich mit anderen regionalen und universellen Menschenrechtsschutzinstrumenten.

Die Arbeit gliedert sich in drei Teile. *Teil 1* widmet sich einer Abgrenzung der Begriffe „bewaffneter Konflikt“ (A.), „internationaler bewaffneter Konflikt“ (B.) und „nicht-internationaler bewaffneter Konflikt“ (C.) anhand der einschlägigen Normen des Humanitären Völkerrechts und arbeitet sodann die Bedeutung dieser Unterscheidung für die Praxis heraus (D.).

In der Folge beschäftigt sich *Teil 2* mit den Voraussetzungen für die Anwendbarkeit der EMRK in bewaffneten Konflikten.

Hierbei bedarf es insbesondere der, unter Analyse der einschlägigen Rechtsprechung des EGMR erfolgenden, Beantwortung der Frage der extraterritorialen Geltung der EMRK (*Kapitel 1*). Zwar muss ein internationaler bzw. nicht-internationaler bewaffneter Konflikt nicht zwangsläufig extraterritorial ausgestaltet sein. Da sich Probleme jedoch insbesondere im extraterritorialen Kontext stellen, legt diese Arbeit einen besonderen Fokus auf diese Konstellationen. *Kapitel 2* widmet sich sodann den bestehenden Besonderheiten bei Beteiligung internationaler Organisationen und bezieht die bestehende EGMR-Rechtsprechung zur Frage der Verantwortlichkeit der Konventionsstaaten für Menschenrechtsverletzungen bei solchen Einsätzen mit ein. *Kapitel 3* stellt unter Berücksichtigung der bisherigen Erkenntnisse neue Ansätze für eine Reform der EGMR-Rechtsprechung zur extraterritorialen Anwendbarkeit der Konvention dar. *Kapitel 4* beleuchtet im Anschluss bestehende Fragestellungen bezüglich der Derogation von Konventionsrechten nach Art. 15 EMRK und legt besonderes Augenmerk auf den Rückgriff auf diese Derogationsklausel bei Auslandseinsätzen der Streitkräfte und bei der Bekämpfung des internationalen Terrorismus. Abschließend analysiert *Kapitel 5* das seit jeher umstrittene Verhältnis von Menschenrechten und Humanitärem Völkerrecht und zieht unter Einbeziehung der aktuellen EGMR-Rechtsprechung daraus Schlüsse für das Verhältnis zwischen Humanitärem Völkerrecht und der EMRK. Dieses Kapitel steht dabei unter der Prämisse, dass eine Anwendung der EMRK zwangsläufig voraussetzt, dass Humanitäres Völkerrecht ihr nicht als spezielleres Recht vorgeht.

Teil 3 erkennt an, dass eine der Parteien eines nicht-internationalen bewaffneten Konfliktes kein Staat ist. Vor diesem Hintergrund wird die Frage untersucht, ob in solchen Konflikten eine Bindung nicht-staatlicher bewaffneter Gruppen an die Menschenrechte, allen voran die EMRK, möglich wäre. Hierbei widmet sich *Kapitel 1* der Frage der Zuerkennung internationaler Rechtspersönlichkeit. *Kapitel 2* analysiert, die Möglichkeit einer Bindung nicht-staatlicher bewaffneter Gruppen an das Humanitäre Völkerrecht. Schließlich untersucht *Kapitel 3* die Möglichkeit einer Bindung dieser Gruppen an Menschenrechte, insbesondere die EMRK.

Teil 1: Begriffsklärung

Die Zahl bewaffneter Konflikte ist in den letzten Jahren stark angestiegen.[18] Wenn auch bewaffnete Konflikte – insbesondere Kriege – in ihrer Intensität und der Art ihrer Durchführung kontinuierlichem Wandel unterliegen,[19] folgt ihre Klassifizierung stets dem gleichen Schema. Das einschlägige Humanitäre Völkerrecht dient dem Schutz des Einzelnen vor den Unwägbarkeiten und Risiken kriegerischer Auseinandersetzungen.[20] Es unterscheidet hierbei grundsätzlich zwischen internationalen und nicht-internationalen bewaffneten Konflikten.[21] Regelungen finden sich primär in der Haager Konvention von 1899[22],[23] dem IV. Haager Abkommen betreffend die Gesetze und Gebräuche des Landkriegs vom 18.10.1907 mit anliegender Haager Landkriegsordnung[24] und den vier

18 Die Enzyklopädie des *Uppsala Conflict Data Program* (UCDP) bietet hierzu eine umfangreiche graphische Übersicht zur Entwicklung der Konflikte seit 1975. Die Datenbank mit detaillierten Ausführungen zu den einzelnen Staaten ist online abrufbar unter http://ucdp.uu.se/#/encyclopedia?id=1 (letzter Abruf: 24.05.2019). Hierbei berücksichtigt das UCDP staatlich ausgeübte Gewalt, Konflikte zwischen nicht-staatlichen Akteuren sowie einseitige Tötungen von Zivilisten (insb. Terrorakte) und geht somit über den Begriff des bewaffneten Konfliktes i.S.d. Humanitären Völkerrechts hinaus, vgl. *Melander*, S. 1.

19 *Gat*, in: Strachan/Scheipers (Hrsg.), Oxford 2011, S. 27 spricht von einem *„deep and widespread feeling that war has entered a new era, significantly different from what we have known in the past*". Vgl. zur Entwicklung bewaffneter Konflikte: *Palmieri*, IRRC (2015), 97 (900), S. 985 - 998.

20 *Kälin/Künzli*, S. 168.

21 *Kälin/Künzli*, S. 168; *Akande*, in: Wilmshurst (Hrsg.), S. 32; *ICRC*, Opinion Paper 2008, S. 1.

22 The Hague Convention with Respect to the Laws and Customs of War on Land and its annex: Regulations concerning the Laws and Customs of War on Land, 29 July 1899, online abrufbar unter https://ihl-databases.icrc.org/applic/ihl/ihl.nsf/Treaty.xsp?documentId=CD0F6C83F96FB459C12563CD002D66A1&action=openDocument (Letzter Abruf 24.05.2019).

23 *Melzer*, S. 65.

24 Abkommen betrffend die Gesetze und Gebräuche des Landkrieges, Den Haag 18. Oktober 1907, RGBl. 1910, S. 107.

Genfer Konventionen von 1949 (GK)[25],[26] wobei letztere sich nur begrenzt mit nicht-internationalen bewaffneten Konflikten beschäftigen.[27]

Die Analyse der EMRK in internationalen und nicht-internationalen bewaffneten Konflikten bedarf daher in der gebotenen Kürze zunächst einer Klärung der zentralen Begriffe. Was versteht man unter bewaffneten Konflikten (A.)? Wann sind solche international (B.) und wann nicht-international (C.)? Anhand welcher Maßstäbe werden Grenzfälle eingeordnet (D.)?

A. Bewaffnete Konflikte

Der Begriff des „bewaffneten Konfliktes" wird durch das Humanitäre Völkerrecht, insbesondere die GK nicht definiert,[28] obwohl sie dessen Existenz voraussetzen und Regelungen für das Bestehen eben dieser Konflikte bereithalten.

Hierbei drängt sich zunächst die Vorschrift des Gemeinsamen Art. 2 Abs. 1 GK auf. Allerdings bezieht diese sich primär auf den später zu erörternden Unterfall des internationalen bewaffneten Konfliktes und gibt dem Leser auf der Suche nach einer Definition des Oberbegriffs des bewaffneten Konfliktes nur wenig Hinweise. Die primäre Frage, was unter einem bewaffneten Konflikt zu verstehen ist, ist in mehrerlei Hinsicht relevant: Zunächst sind das Humanitäre Völkerrecht und insbesondere die GK

---

25 *Geneva Convention (I) for the Amelioration of the Condition of the Wounded and Sick in Armed Forces in the Field*, 12 August 1949, Final Record of the Diplomatic Conference of Geneva of 1949, Vol. I, Federal Political Department, Bern S. 205 - 224.; *Geneva Convention (II) for the Amelioration of the Condition of Wounded, Sick and Shipwrecked Members of Armed Forces at Sea*, 12 August 1949, Final Record of the Diplomatic Conference of Geneva of 1949, Vol. I, Federal Political Department, Bern S. 225 - 242; *Geneva Convention (III) relative to the Treatment of Prisoners of War*, 12 August 1949, Final Record of the Diplomatic Conference of Geneva of 1949, Vol. I, Federal Political Department, Bern S. 243 - 296; *Geneva Convention (IV) relative to the Protection of Civilian Persons in Time of War*, 12 August 1949, Final Record of the Diplomatic Conference of Geneva of 1949, Vol. I, Federal Political Department, Bern S. 297 - 341.

26 Einen umfangreichen Überblick über geltende Verträge im Rahmen bewaffneter Konflikte findet sich bei *Kolb/Del Mar*, in: Clapham/Gaeta (Hrsg.), S. 50 - 87.

27 Ausdrückliche Regelungen zu nicht-internationalen bewaffneten Konflikten finden sich im Gemeinsamen Art. 3 GK und im 2. Zusatzprotokoll zu den GK vom 08. Juni 1977.

28 *David*, S. 117; *Bartels*, IRRC (2009), 91 (873), S. 35, 38; *Vité*, IRRC (2009), 91 (873), S. 69, 70.

nur bei Vorliegen eines bewaffneten Konfliktes anwendbar.[29] Der Schutz der Zivilbevölkerung und der Soldaten hängt vom Vorliegen eines solchen Konfliktes ab. Des Weiteren ist das Humanitäre Völkerrecht nur im Falle eines internationalen bewaffneten Konfliktes in Gänze, bei internen Konflikten nur teilweise anwendbar.[30] Schließlich stellt sich die Frage des Verhältnisses von Humanitärem Völkerrecht zu Menschenrechten nur im Falle der Anwendbarkeit des Ersteren.[31]

Auf der Suche nach einer Definition des bewaffneten Konfliktes bedarf es mangels Legaldefinition des Rückgriffs auf Quellen außerhalb des Vertragstextes der GK, wobei ein wichtiger Anhaltspunkt die Definition des *Internationalen Strafgerichtshofs für das ehemalige Jugoslawien* (ICTY) ist. Dieser formulierte im Verfahren gegen *Dusko Tadić* [32] eine eigene Definition des bewaffneten Konfliktes:

> „An armed conflict exists whenever there is a resort to armed force between States or protracted armed violence between governmental authorities and organized armed groups or between such groups within a State.“[33]

Diese Definition wurde im Folgenden auch von anderen internationalen Einrichtungen übernommen.[34] Hiernach umfasst der Begriff des bewaffneten Konfliktes sowohl bewaffnete Auseinandersetzungen zwischen Staaten als auch zwischen Staaten und bewaffneten Gruppen oder zwischen solchen Gruppen untereinander und dient dabei als Oberbegriff für sämtliche internationalen und nicht-internationalen bewaffneten Konflikte. Der

---

29 *Kälin/Künzli*, S. 168.

30 *David*, S. 118.

31 Siehe zum Verhältnis beider Rechtsgebiete zueinander unten Teil 2, Kapitel 5.

32 ICTY, *Prosecuter v. Dusko Tadić a.k.a. "Dule"*, App. no. IT-94-1, Decision on the defence motion for interlocutory appeal on jurisdiction, Decision of 2 October 1995. Dusko Tadic war während des Bosnienkrieges u.a. an der Ermordnung der merheitlich bosnischen Bevölkerung seiner Heimatstadt Kozarak beteiligt, vgl hierzu und zu einem geschichtlichen Aufriss seiner Geschichte *Jergovic*, Zeit Online, 29. August 1997.

33 ICTY, *Prosecuter v. Dusko Tadić a.k.a. "Dule"*, App. no. IT-94-1, Decision on the defence motion for interlocutory appeal on jurisdiction, Decision of 2 October 1995, Rn. 70. Dies kann wie folgt übersetzt werden: "*Ein bewaffneter Konflikt besteht wann immer Waffengewalt zwischen Staaten oder andauernde Waffengewalt zwischen staatlichen Behörden und organisierten bewaffneten Gruppen oder zwischen solchen Gruppen innerhalb eines Staates ausgeübt wird.*".

34 *Bartels*, IRRC (2009), 91 (873), S. 35, 38; *ICRC*, Opinion Paper 2008, S. 2; *ICRC*, 2016 Commentary on the First Geneva Convention, Common Art. 2, Rn. 218.

ICTY betont in diesem Zusammenhang die umfassende Geltung des Humanitären Völkerrechts für vergleichbare Konstellationen:

> „International humanitarian law applies from the initiation of such armed conflicts and extends beyond the cessation of hostilities until a general conclusion of peace is reached; or, in the case of internal conflicts, a peaceful settlement is achieved. Until that moment, international humanitarian law continues to apply in the whole territory of the warring States or, in the case of internal conflicts, the whole territory under the control of a party, whether or not actual combat takes place there".[35]

Welche Bereiche des Humanitären Völkerrechts Anwendung finden hängt jedoch entscheidend von der Frage ab, ob ein internationaler oder nichtinternationaler bewaffneter Konflikt vorliegt. Die Abgrenzung dieser beiden Gebiete soll im Folgenden vorgenommen werden.

B. Internationale bewaffnete Konflikte

Bei der Definition des internationalen bewaffneten Konfliktes bietet der Gemeinsame Art. 2 Abs. 1 GK Ansätze für die Abgrenzung des Anwendungsbereichs des Humanitären Völkerrechts:

> „In addition to the provisions which shall be implemented in peacetime, the present Convention shall apply to all cases of declared war or of any other armed conflict which may arise between two or more of the High Contracting Parties, even if the state of war is not recognized by one of them."[36]

Eine ausdrückliche Legaldefinition des Begriffs des internationalen bewaffneten Konfliktes stellt die Norm zwar ebenfalls nicht dar. Die wesentli-

---

35 ICTY, *Prosecuter v. Dusko Tadić a.k.a. "Dule"*, App. no. IT-94-1, Decision on the defence motion for interlocutory appeal on jurisdiction, Decision of 2 October 1995, Rn. 70.

36 *„Ausser den Bestimmungen, die bereits in Friedenszeiten zu handhaben sind, ist das vorliegende Abkommen in allen Fällen eines erklärten Krieges oder jedes anderen bewaffneten Konflikts anzuwenden, der zwischen zwei oder mehreren der Hohen Vertragsparteien entsteht, und zwar auch dann, wenn der Kriegszustand von einer dieser Parteien nicht anerkannt wird."* Die deutschsprachige Version ist über das Portal der Schweizer Regierung online abrufbar unter https://www.admin.ch/opc/de/classified-compilation/19490186/index.html (Letzter Abruf: 24.05.2019).

chen Charakteristika eines solchen Konfliktes lassen sich ihr nichtsdestotrotz entnehmen. Hinsichtlich der Voraussetzungen für das Vorliegen eines solchen Konfliktes bleibt die Norm allerdings sehr vage. Diese bewusst offene Formulierung diente der Festlegung eines *„objektiven Standards, der anhand bestehender Fakten beurteilt werden"*[37] sollte. Es ist aufgrund dieser sehr offenen Begriffsbestimmung des internationalen bewaffneten Konfliktes jedoch nicht verwunderlich, dass die Feststellung, ob ein solcher (noch bzw. schon) vorliegt, in der Praxis oftmals nur schwer getroffen werden kann.[38] Der Vorteil der offenen Formulierung des Gemeinsamen Art. 2 Abs. 1 GK, die einen weiten Anwendungsbereich zulässt, ist daher zugleich sein größter Nachteil.

I. Ein Konflikt zwischen zwei Vertragsstaaten der Genfer Konventionen

Einigkeit herrscht heutzutage wohl darüber, dass internationale bewaffnete Konflikte in der Regel solche zwischen zwei (oder mehr) Staaten sind.[39]

Beide müssen grundsätzlich Vertragsstaaten der GK sein.[40] Dem steht auch Abs. 3 des Gemeinsamen Art. 2 GK nicht entgegen, der bestimmt, dass

> „Although one of the Powers in conflict may not be a party to the present Convention, the Powers who are parties thereto shall remain bound by it in their mutual relations. They shall furthermore be

37 *ICRC*, 2016 Commentary on the First Geneva Convention, Gemeinsamer Art. 2, Rn. 217 (Eigene Übersetzung). Vgl. auch *ICRC*, Opinion Paper 2008, S. 1.

38 *Rehman*, S. 772.

39 *David*, S. 122; *Kälin/Künzli*, S. 169; *Akande*, in: Wilmshurst (Hrsg.), Oxford 2012, S. 32, 39. Der Konflikt zwischen zwei souveränen Staaten stellt den Standardfall eines internationalen bewaffneten Konfliktes dar. *David*, S. 118 f. weißt jedoch zu Recht darauf hin, dass auch dann von einem internationalen bewaffneten Konflikt gesprochen werden kann, wenn etwa Befreiungskriege oder interne Konflikte unter Anerkennung eines Kriegszustandes, d.h. Anerkennung der nichtstaatlichen Partei als kriegsführende Partei durch den Staat, durchgeführt werden.

40 *ICRC*, 2016 Commentary on the First Geneva Convention, Gemeinsamer Art. 2, Rn. 218; *David*, S. 122. Zum Ratifikationsstatus der GK und ihrer Protokolle, vgl. das fact sheet des IKRK unter http://ihl-databases.icrc.org/applic/ihl/ihl.nsf/xsp/.ibmmodres/domino/OpenAttachment/applic/ihl/ihl.nsf/BE3A87A37FB12979C12583CA002C2C47/%24File/IHL_and_other_related_Treaties.pdf?Open (Letzter Abruf: 24.05.2019).

> bound by the Convention in relation to the said Power, if the latter accepts and applies the provisions thereof."[41]

Zwar bezieht diese Bestimmung auch Konflikte mit solchen Staaten mit ein, die keine Vertragsstaaten der GK sind. Er kann allerdings nicht dahingehend verstanden werden, dass bei Konflikten zwischen lediglich zwei Staaten die Anwendbarkeit der Konvention auch dann gegeben ist, wenn eine der beiden Konfliktparteien kein Vertragsstaat der GK ist. Vielmehr sind die vier GK in einem solchen Fall nur dann anwendbar und liegt ein bewaffneter Konflikt in deren Sinne nur vor, wenn der Staat, der nicht Mitglied der GK ist, ihre Geltung und Anwendung anerkennt. Andernfalls ist auch der Vertragsstaat der GK im konkreten Konflikt nicht an die Vorgaben der GK gebunden.[42] Die dort enthaltenen Regelungen sind sodann nur insoweit einschlägig, als die entsprechenden Normen Völkergewohnheitsrecht kodifizieren.[43]

II. Vorliegen einer Kriegserklärung oder eines sonstigen bewaffneten Konflikts

Der gemeinsame Art. 2 Abs. 1 GK unterscheidet zwischen zwei Arten des internationalen bewaffneten Konfliktes: dem Vorliegen eines Krieges aufgrund formeller Kriegserklärung (1.) oder anderen Fällen bewaffneter Konflikte (2.).

1. Das Bestehen eines Kriegszustandes

Der erste Fall, den der gemeinsame Art. 2 Abs. 1 GK vorsieht, ist der einer formellen Kriegserklärung durch einen Konventionsstaat. Dies entspricht dem ursprünglichen Hauptanwendungsfall des Humanitären Völkerrechts

---

41 *„Wenn eine der im Konflikt befindlichen Mächte am vorliegenden Abkommen nicht beteiligt ist, bleiben die daran beteiligten Mächte in ihren gegenseitigen Beziehungen gleichwohl durch das Abkommen gebunden. Sie sind aber durch das Abkommen auch gegenüber dieser Macht gebunden, wenn diese dessen Bestimmungen annimmt und anwendet.“* Die deutschsprachige Version ist über das Portal der Schweizer Regierung online abrufbar unter https://www.admin.ch/opc/de/classified-compilation/19490186/index.html (Letzter Abruf: 24.05.2019).

42 *ICRC*, 2016 Commentary on the First Geneva Convention, Common Art. 2, Rn. 344.

43 Ebenda.

vor Inkrafttreten der UN-Charta.[44] Kriegserklärungen gründeten auf der Idee, dass Staaten ihre Interessen durch Kriege auf rechtmäßigem Wege durchsetzen konnten.[45] Das Kriegsrecht kam durch die formelle Kriegserklärung einer der Konfliktparteien zur Anwendung. Diese hatte insbesondere die Beendigung sämtlicher diplomatischer Beziehungen zwischen den Konfliktparteien zur Folge.[46] Das Verhältnis der Konfliktparteien zu unbeteiligten Drittstaaten wurde ab diesem Zeitpunkt durch das Neutralitätsrecht geregelt.[47] Ohne eine Kriegserklärung lag selbst bei bestehenden bewaffneten Auseinandersetzungen kein Krieg vor.[48] Gleichzeitig waren bewaffnete Auseinandersetzungen zwischen zwei Staaten für das Bestehen eines Kriegszustandes keine konstitutive Voraussetzung.[49] Einzig wenn zumindest eine Seite die Handlungen ihres Gegenübers als Kriegshandlungen ansah, sollte dies zur Begründung eines Kriegszustandes genügen.[50] Es galt somit der Grundsatz: „Kein Krieg ohne Kriegserklärung".[51]

Die Nachteile einer solchen Herangehensweise liegen auf der Hand: Ungeachtet schwerster Auseinandersetzungen mit entsprechenden Opferzahlen bestand dennoch die Gefahr, dass die Staaten die Anwendung des Humanitären Völkerrechts allein durch eine Formalität verhindern konnten. Für die Betroffenen – Zivilisten wie Soldaten – eine unzumutbare Situation.

Die Unterscheidung zwischen „bloßen" bewaffneten Auseinandersetzungen und tatsächlichem Kriegszustand fand sich insbesondere auch in der verwendeten Terminologie wieder. So wurde zwischen den als „Krieg im materiellen Sinne" oder „de facto Krieg" bezeichneten bloßen bewaffneten Auseinandersetzungen ohne Kriegserklärung und den als „de jure

---

44 *Mancini*, in: Weller (Hrsg.), S. 988.

45 Ebenda.

46 *Wright*, 26 AJIL 1932, S. 362, 363. *McNair*, 1925 Transactions of the Grotius Society 11, S. 29, 33 beschreibt insofern Krieg zu Recht als *"condition of affairs"*. So auch *Mancini*, in: Weller (Hrsg.), S. 989.

47 *Mancini*, in: Weller (Hrsg.), S. 989.

48 Ebenda.

49 *McNair/Watts*, S. 3; *Wright*, 26 AJIL 1932, S. 362, 363.

50 *Wright*, 26 AJIL 1932, S. 362, 365.

51 Auch dieser Grundsatz hatte Ausnahmen. So wurde etwa ein Kriegszustand auch dann angenommen, wenn ein Staat aggressive Handlungen durchführte und hierbei erklärte, dass diese ohne Kriegsabsicht vorgenommen würden (in der Folge ohne entsprechende Erklärung) und dennoch weitere vergleichbare Handlungen vornahm, *Wright*, 26 AJIL 1932, S. 362, 365. Somit musste grundsätzlich ein Kriegsführungswille nachweisbar sein. Dieser konnte jedoch unter Umständen aus den staatlichen Handlungen abgeleitet werden.

Krieg", „Krieg im rechtlichen Sinne", „Krieg im formellen Sinne" oder „Krieg im technischen Sinne" bezeichneten Auseinandersetzungen mit formeller Kriegserklärung unterschieden.[52]

In der ersten Hälfte des zwanzigsten Jahrhunderts kam es zu einer schrittweisen Abkehr der Weltgemeinschaft von der Überzeugung, Kriegsführung sei ein legitimes Mittel zur Durchsetzung eigener Interessen.[53]

Den Grundstein für diese Entscheidung legte insbesondere die Gründung des Völkerbundes im Rahmen der Pariser Friedenskonferenz samt Verabschiedung seiner Satzung.[54] Die internationale Ächtung des Krieges wurde durch den am 27. August 1928 in Paris geschlossenen Vertrag über den Verzicht auf Krieg[55] und durch die Vereinten Nationen weiter zementiert[56]. An prominentester Stelle findet sie sich heute in der Charta der Vereinten Nationen – Nachfolgeorganisation des Völkerbundes: Art. 2 Abs. 3 UN-Charta[57] bestimmt, dass *„[a]ll Members shall settle their international disputes by peaceful means in such a manner that international peace and security, and justice, are not endangered"*[58] und befürwortet hierdurch eine diplomatische Lösung internationaler Konflikte.

Die formelle Kriegserklärung ist seither für das Vorliegen bewaffneter Konflikte nicht länger relevant.[59] Faktisch leiden dennoch weiterhin Menschen weltweit unter bewaffneten Konflikten. Die Ächtung des Krieges führte daher nicht zu seiner Abschaffung.

---

52 Vgl. *Mancini*, in: Weller (Hrsg.), S. 989; *McNair/Watts*, S. 3; *Wright*, 26 AJIL 1932, S. 362.

53 Ebenda, S. 996.

54 *Scott*, S. 14.

55 Briand-Kellogg-Pakt, Paris 1928, in englischer Fassung online abrufbar auf der Website der Yale Law School unter https://avalon.law.yale.edu/20th_century/kbp act.asp (Letzter Abruf: 03.08.2020).

56 *Cerna*, in: Kolshoven/Macalister (Hrsg.), S. 31, 35.

57 Die Charta der Vereinten Nationen ist online abrufbar unter http://www.un.org/en/charter-united-nations/ (letzter Abruf 24.05.2019).

58 Art. 2 Abs. 4 UN-Charta lautet in der deutschen Version: *„Alle Mitglieder unterlassen in ihren internationalen Beziehungen jede gegen die territoriale Unversehrtheit oder die politische Unabhängigkeit eines Staates gerichtete oder sonst mit den Zielen der Vereinten Nationen unvereinbare Androhung oder Anwendung von Gewalt."* Die deutsche Version ist online abrufbar auf der Website des Regionalen Informationszentrums der Vereinten Nationen für Westeuropa UNRIC unter https://www.unric.org/de/charta (Letzter Abruf: 24.05.2019).

59 *David*, S. 121.

2. Das Bestehen eines sonstigen bewaffneten Konfliktes

Besteht kein Kriegszustand, sahen die GK in ihrem Gemeinsamen Art. 2 Abs. 1 GK erstmals[60] das Vorliegen eines *„sonstigen bewaffneten Konfliktes"* als ausreichendes Kriterium für die Anwendung der GK vor. Hiermit reagierte die Staatengemeinschaft auf die realen Gegebenheiten. Auch wenn, wie gesehen, formelle Kriegserklärungen regelmäßig nicht mehr ausgesprochen werden, so sind bewaffnete Konflikte über die Jahrzehnte hinweg dennoch in erschreckender Regelmäßigkeit aufgetreten.[61]

Die Annahme eines solchen bewaffneten Konfliktes i.S.d. Art. 2 Abs. 1 GK erfordert nicht notwendigerweise, dass dieser auch aktiv von beiden Seiten geführt wird.[62] Es ist vielmehr bereits ausreichend, dass ein Staat einseitig Waffengewalt gegen einen anderen ausübt, ohne dass dieser zu Gegenmaßnahmen in der Lage wäre.[63]

Der Gemeinsame Art. 2 Abs. 1 GK unterstreicht nicht nur den Vorrang faktischer bewaffneter Konflikte gegenüber formellen Kriegserklärungen;[64] er öffnet die GK auch für weitere Konflikte, welche durch die klassischen Kriege nicht umfasst wären. So fallen unter den Begriff des bewaffneten Konfliktes auch Fälle der aus Kriegserklärungen oder sonstigen Auseinandersetzungen resultierenden Okkupierungen fremder Territorien.[65] Hierbei erfüllt der Begriff des bewaffneten Konfliktes die ihm bei seiner Formulierung zugedachte Rolle: Die Definierung eines objektiven Merkmals, das unter Analyse der tatsächlichen Umstände überprüfbar sein sollte.[66] Das Bestehen oder Nichtbestehen eines bewaffneten Konfliktes und somit auch die Anwendbarkeit des Humanitären Völkerrechts sollte nicht länger von dem Willen der Staaten abhängen. Hierdurch sollte die Effektivität und Durchsetzbarkeit der einschlägigen Normen gestärkt werden.[67] Selbst wenn die an dem Konflikt beteiligten Staaten das Bestehen eines sol-

---

60 *Vité*, IRRC (2009), 91 (873), S. 69, 72.

61 Das ICRC hatte 2011 etwa festgestellt, dass in den vier vorrangehenden Jahren über 60 Länder bewaffneten Konflikten ausgesetzt waren, *ICRC*, Report 2011, S. 5.

62 *ICRC*, 2016 Commentary on the First Geneva Convention, Common Art. 2, Rn. 223; *Haque*, Just Security, 29. September 2016.

63 Ebenda.

64 *ICRC*, 2016 Commentary on the First Geneva Convention, Common Art. 2, Rn. 211.

65 Ebenda, Rn. 210.

66 Ebenda, Rn. 217; *Vité*, IRRC (2009), 91 (873), S. 69, 72.

67 *Vité*, IRRC (2009), 91 (873), S. 69, 72.

chen nicht anerkennen oder gar eine solche Anerkennung ausdrücklich verweigern, findet das Humanitäre Völkerrecht ab dem Aufflammen erster bewaffneter Auseinandersetzungen nichtsdestotrotz Anwendung.[68]

Es wird vertreten, dass Auseinandersetzungen, um einen internationalen oder nicht-internationalen bewaffneten Konflikt darzustellen, ein bestimmtes Level an Intensität erreichen müssten.[69] Demnach würden bestimmte Konfliktsituationen, die etwa als *„border incursions"*, *„naval incidents"*, *„clashes"* oder andere *„armed provocations"* beschrieben wurden,[70] keine internationalen bewaffneten Konflikte darstellen, da sie objektiv die Intensitätsschwelle nicht überschreiten und die Staaten diese daher auch nicht als internationale bewaffnete Konflikte bezeichnen würden.[71]

So kommt etwa die *International Law Association* (ILA) in ihrem *„Final Report on the Meaning of Armed Conflict in International Law"* zu dem Ergebnis, dass es der Kriterien der Organisation und Intensität bedarf, um „incidents" oder *„border clashes"* von bewaffneten Konflikten zu unterscheiden.[72] Zur Bestimmung der Intensität des Konfliktes führt die ILA aus:

> „Factors relevant to assessing intensity include for example the number of fighters involved; the type and quantity of weapons used; the duration and territorial extent of fighting; the number of casualties; the extent of destruction of property; the displacement of the population; and the involvement of the Security Council or other actors to broker cease-fire efforts."[73]

Demgegenüber sollen einzelne Gewaltakte die Intensitätsschwelle zum bewaffneten Konflikt nicht überschreiten.[74] Dieser Ansicht ist zuzugeben, dass die von ihr geforderte Überschreitung der Intensitätsschwelle aus menschenrechtlicher Sicht Vorteile birgt. Im Anwendungsbereich des Humanitären Völkerrechts sind Eingriffe in Menschenrechte – etwa in das Recht auf Leben – leichter zu rechtfertigen. So erlaubt das Humanitäre Völkerrecht beispielsweise die außergerichtliche Tötung von Kombattan-

---

68 *Mancini*, in: Weller (Hrsg.), S. 1000.

69 *ICRC*, Report 2011, S. 7; *ILA*, Final Report on the Meaning of Armed Conflict in International Law, S. 2.

70 *ICRC*, Report 2011, S. 7.

71 Ebenda.

72 *ILA*, Final Report on the Meaning of Armed Conflict in International Law, S. 28.

73 Ebenda, S. 30.

74 Ebenda.

ten[75] und in begrenztem Maße auch von Zivilisten, sofern diese zulässige „Kollateralschäden" darstellen.

Diese Ansicht ist im Ergebnis dennoch abzulehnen. Sie birgt das Risiko eines Humanitären Völkerrechts *à la carte* für die Staaten, die durch eine entsprechende Feststellung selbst entscheiden könnten, ob ein internationaler bewaffneter Konflikt vorläge und Humanitäres Völkerrecht somit anwendbar sei oder nicht. Des Weiteren hätte dies zu Folge, dass die Anwendung des Humanitären Völkerrechts im schlimmsten Fall von der Bezeichnung eines Konfliktes abhinge, ohne die konkreten Umstände ausreichend zu würdigen. Dies liefe der Zielsetzung des Gemeinsamen Art. 2 Abs. 1 GK – nämlich der Sicherung der Effektivität der Normen des Humanitären Völkerrechts[76] – zuwider. Schließlich wirft diese Ansicht die problematische Frage auf, ab welcher Intensität der Auseinandersetzung ein bewaffneter Konflikt vorliegen soll und führt hierdurch zu Rechtsunsicherheit bei der Klassifizierung bewaffneter Konflikte. Die ILA führt selbst aus, dass isolierte Gewaltakte zur Annahme eines bewaffneten Konfliktes nicht ausreichen und dass keiner der von ihr beispielhaft angeführten Faktoren für sich genommen stets ausreicht, um die Überschreitung der Intensitätsschwelle zu begründen.[77] Dies hätte jedoch, wie *Janik* zutreffend ausführt, ein *„rechtliches Vakuum hinsichtlich der erlaubten Mittel und Methoden der Kampfführung*"[78] zur Folge und würde *„Soldaten, die ohne vorangegangene Gewalthandlung gefangen genommen wurden, vom Schutz der dritten Genfer Konvention [ausnehmen].*"[79]

Die Tatsache, dass das Vorliegen eines bewaffneten Konfliktes stets Gegenstand einer Einzelfallprüfung anhand der konkreten Umstände ist, stellt zugleich eine Schwäche und Stärke des Humanitären Völkerrechts dar. Zum einen birgt sie das sehr reale Risiko, dass Staaten die Anwendung des Humanitären Völkerrechts zu verhindern suchen, indem sie das

---

75 So wurden die Frage des Bestehens eines internationalen bewaffneten Konflikts zwischen den USA und dem Iran und der Notwendigkeit, eine Intensitätsschwelle zu überschreiten, erst kürzlich im Kontext der Tötung des ranghohen iranischen Generals Qasem Soleimani durch einen amerikanischen Drohnenangriff erneut diskutiert, *Janik*, Völkerrechtsblog, 16. Januar 2020.

76 Der Gemeinsame Art. 2 Abs. 1 GK schließt hierbei eine früher bestehende Lücke in den bisherigen Katalogen des Humanitären Völkerrechts, die keine Norm vorsahen, die verbindlich festlegte, unter welchen Voraussetzungen sie Anwendung finden sollten, *ICRC*, 2016 Commentary on the First Geneva Convention, Common Art. 2, Rn. 192.

77 *ILA*, Final Report on the Meaning of Armed Conflict in International Law, S. 30.

78 *Janik*, Völkerrechtsblog, 16. Januar 2020.

79 Ebenda.

Vorliegen eines bewaffneten Konfliktes bestreiten.[80] Zugleich kann die fehlende staatliche Anerkennung eines bewaffneten Konfliktes dessen Vorliegen im Ergebnis keinen Riegel vorschieben: „*The applicability of the Geneva Conventions is independent of official pronouncements in order to avoid cases in which States could deny the protection of the Conventions.*"[81] Und dennoch gibt es auf internationaler Ebene keine, für die Klassifizierung bewaffneter Konflikte zuständige, Instanz.[82] Eine Klassifizierung wird ungeachtet dessen regelmäßig durch das *Internationale Komitee vom Roten Kreuz* vorgenommen.[83]

Zusammenfassend lässt sich der internationale bewaffnete Konflikt nach dem Gemeinsamen Art. 2 Abs. 1 GK somit als jede Form der bewaffneten Auseinandersetzung zwischen Vertragsstaaten definieren, ohne dass es hierbei einer gesonderten formellen Kriegserklärung bedarf. Dies deckt sich auch mit der eingangs vorgestellten Definition des bewaffneten Konfliktes im Fall *Tadić*[84] durch den ICTY. Diese Definition umfasst wiederum neben dem klassischen internationalen bewaffneten Konflikt auch Fälle nicht-internationaler bewaffneter Konflikte, die im Folgenden näher beleuchtet werden sollen.

C. *Nicht-internationale bewaffnete Konflikte*

Im Gegensatz zu internationalen bewaffneten Konflikten zeichnen sich nicht-internationale bewaffnete Konflikte dadurch aus, dass mindestens eine Konfliktpartei kein anerkannter Staat ist.[85] In Betracht kommen etwa interne Konflikte im Sinne von Bürgerkriegen oder Befreiungskämpfen zwischen einem Staat und bewaffneten Gruppierungen oder auch militäri-

---

80 *ICRC*, 2016 Commentary on the First Geneva Convention, Common Art. 2, Rn. 213. Laut ICRC wird diese Vorgehensweise noch immer durch Teile der Staatengemeinschaft mit dem Ziel praktiziert, die Anwendbarkeit des Humanitären Völkerrechts zu verhindern, *ICRC*, Report 2011, S. 5.

81 *ICRC*, 2016 Commentary on the First Geneva Convention, Common Art. 2, Rn. 213. Vgl. Insofern auch *ICRC*, Report 2011, S. 8.

82 *ICRC*, 2016 Commentary on the First Geneva Convention, Common Art. 2, Rn. 214.

83 Ebenda.

84 ICTY, *Prosecuter v. Dusko Tadić a.k.a. "Dule"*, App. no. IT-94-1, Decision on the defence motion for interlocutory appeal on jurisdiction, Decision of 2 October 1995, Rn. 70.

85 *ICRC*, 2016 Commentary on the First Geneva Convention, Common Art. 3, Rn. 393.

sche Interventionen eines Staates außerhalb seines Hoheitsgebietes zur Bekämpfung bewaffneter Gruppen (zuletzt etwa Türkei gegen Kurden im Nordirak und an der syrischen Grenze).[86] Ob die Auseinandersetzungen die Schwelle zum bewaffneten Konflikt überschreiten, wird auch hier anhand der Faktenlage des Einzelfalles beurteilt.[87] Die Genfer Konventionen stellen in ihren Regelungen unterschiedlich hohe Anforderungen für deren Anwendung. Im Folgenden wird daher dargestellt, wann der gemeinsame Art. 3 GK (I.) und wann das zweite Zusatzprotokoll (II.) einschlägig sind. Schließlich wird die durch das *Manual on the Law of Non-International Armed Conflict* des *International Institute of Humanitarian Law* vorgeschlagene Definition des nicht-internationalen bewaffneten Konfliktes im Lichte des zuvor dargestellten Rechtsrahmens des Humanitären Völkerrechts beleuchtet (III.).

I. Gemeinsamer Art. 3 Genfer Konventionen

Der Gemeinsame Art. 3 GK enthielt erstmalig Regelungen zu nicht-internationalen bewaffneten Konflikten in einem multilateralen Vertrag.[88] Die bisherigen Konventionen im Bereich des Humanitären Völkerrechts hatten diese Art des Konfliktes zuvor stets unberücksichtigt gelassen, obwohl nicht-internationale bewaffnete Konflikte nicht erst seit 1949 bittere Realität waren.[89]

Art. 3 GK markiert somit gewissermaßen den Beginn einer neuen Zeitrechnung und zeugt von einem geschärften Bewusstsein der Staatengemeinschaft für die Notwendigkeit der Regelung asymmetrischer Konflikte.[90] Eine eigenständige Legaldefinition des nicht-internationalen bewaffneten Konfliktes enthält Art. 3 GK nicht.[91] Er spricht lediglich von „*armed*

---

86 Vgl. *Fleck*, in: Ders. (Hrsg.), Oxford 2013, S. 12 f; *Bothe*, in: Graf Vitzthum/Proelß (Hrsg.), S. 591, 675.

87 *ICRC*, 2016 Commentary on the First Geneva Convention, Common Art. 3, Rn. 387.

88 *Meron*, in: Ders. (Hrsg.), S. 19, 20.

89 *ICRC*, 2016 Commentary on the First Geneva Convention, Common Art. 3, Rn. 357 f.

90 Für eine umfangreiche Darstellung der geschichtlichen Entwicklung – insbesondere auch des relevanten Art. 3 GC – vgl. *ICRC*, 2016 Commentary on the First Geneva Convention, Common Art. 3, Rn. 357 - 383.

91 *Bartels*, IRRC (2009), 91 (873), S. 35, 38; *Sivakumaran*, S. 162 f. sieht hierin neben den offensichtlichen Nachteilen – insbesondere die hierdurch entstehenden Unklarheiten bzgl. des Geltungsbereichs der einschlägigen Regelungen – auch Vor-

conflict not of an international character". Er stellt Minimalanforderungen an die Handlungen der Parteien in einem solchen Konflikt[92] und zeugt insofern von den Schwierigkeiten der Konsensfindung zwischen den Mitgliedern der *Diplomatic Conference* während seiner Redaktion. Die Ansichten reichten hierbei von einer kompletten Ablehnung jedweder Regelung nicht-internationaler bewaffneter Konflikte bis hin zur Forderung eines detaillierten und extensiven rechtlichen Rahmens für solche Konflikte.[93] Die aus dieser Uneinigkeit resultierende schwammige Formulierung des Art. 3 GK schürte die bis heute andauernde Debatte über den Anwendungsbereich der Norm.[94] Dabei ist die Frage, ob ein nicht-internationaler bewaffneter Konflikt vorliegt, für die Beteiligten und Betroffenen (Zivilbevölkerung) von zentraler Bedeutung, entscheidet er doch über den ihnen zu Teil werdenden Schutz. Zugleich bietet diese weite Formulierung die Sicherheit, dass eine möglichst große Anzahl an Fallkonstellationen vom Anwendungsbereich der GK mitumfasst ist.

Beachtenswert in diesem Zusammenhang ist die bereits aus 1986 stammende Entscheidung des IGH im Fall *Nicaragua v. USA*[95], in der die Richter dem Gemeinsamen Art. 3 GK gewohnheitsrechtlichen Status zuerkannten.[96] Die dort kodifizierten, durch die Vertragsstaaten zu beachtenden, Minimalstandards[97], so die Richter, entsprächen „*elementary considerations of humanity*"[98], wie sie das Gericht zuvor in seiner *Corfu Channel* Entscheidung von 1949[99] identifiziert hatte.[100] Dort hatte der IGH ausgeführt, dass die Pflicht der Albanischen Regierung, britische Kriegsschiffe vor einem bestehenden Minenfeld zu warnen, nicht aus der Haager Konvention von

---

teile: So verhindere man „*over- and under-inclusivity, potentially leading to borderline cases falling outside the scope of the definition*".

92 *Bartels*, IRRC (2009), 91 (873), S. 35, 38.

93 *ICRC*, 2016 Commentary on the First Geneva Convention, Common Art. 3, Rn. 385.

94 Ebenda, Rn. 386.

95 ICJ, *Military and Paramilitary Activities in and against Nicaragua*, Merits, ICJ Rep. 4 1986. Der Fall behandelte den Vorwurf der Unterstützung durch die USA von paramilitärischen Einheiten in Nicaragua, die sich der Bekämpfung der dortigen Regierung verschrieben hatten, vgl. Rn. 18 - 25.

96 Ebenda, Rn. 218 - 220.

97 Ebenda, Rn. 218: Der IGH qualifiziert die Norm hierbei als „*minimum yardstick*".

98 Ebenda, Rn. 215.

99 ICJ, *The Corfu Channel Case*, Merits, ICJ Rep. 1949.

100 ICJ, *Military and Paramilitary Activities in and against Nicaragua*, Merits, ICJ Rep. 4 1986, Rn. 218.

1907 folge, sondern vielmehr aus eben jenen *„elementary considerations of humanity"*[101], die völkerrechtlich allgemeine und anerkannte Grundsätze darstellten – im konkreten Fall der Grundsatz der Freiheit maritimer Kommunikation und die Pflicht eines jeden Staates, nicht wissentlich zuzulassen, dass sein Hoheitsgebiet für Handlungen verwendet wird, die die Rechte anderer Staaten verletzen.[102] Hierdurch vermag der IGH zwar nicht die schwammige Formulierung des Gemeinsamen Art. 3 GK zu präzisieren, geschweige denn bestehende Kontroversen hinsichtlich einer allgemeingültigen Definition des nicht-internationalen bewaffneten Konfliktes auszuräumen. Er stärkt jedoch die Bindungswirkung der Norm unabhängig von eventuellen Vorbehalten einzelner Staaten bei der Ratifizierung der Genfer Konventionen.

II. Zweites Zusatzprotokoll zu den Genfer Konventionen vom 08. Juni 1977

Das zweite Zusatzprotokoll von 1977[103] (ZP II) vertiefte die im Gemeinsamen Art. 3 GK festgelegten Minimalstandards weiter.[104] Dennoch lässt auch dieses Dokument eine Legaldefinition des nicht-internationalen bewaffneten Konfliktes vermissen, obwohl es ausschließlich Regelungen auf diesem Gebiet bereithält.[105] Art. 1 Abs. 1 ZP II enthält eine deutliche Einschränkung des Anwendungsbereichs:

> „This Protocol, which develops and supplements Article 3 common to the Geneva Conventions [...] without modifying its existing conditions of application, shall apply to all armed conflicts which are not covered by Article 1 of [Protocol I] and which take place in the territory of a High Contracting Party between its armed forces and dissident armed forces or other organized armed groups which, under responsible command, exercise such control over a part of its territory as

---

101 ICJ, *The Corfu Channel Case*, Merits, ICJ Rep. 1949, S. 22.

102 Ebenda.

103 Protocol Additional to the Geneva Conventions of 12 August 1949, and relating to the Protection of Victims of Non-International Armed Conflicts (Protocol II), 8 June 1977, Official Records of the Diplomatic Conference on the Reaffirmation and Development of International Humanitarian Law applicable in Armed Conflicts, Bern, Federal Department of Foreign Affairs, 1978 Vol. 1, S. 185 - 198.

104 *Bartels*, IRRC (2009), 91 (873), S. 35, 38.

105 Ebenda, S. 35, 39.

> to enable them to carry out sustained and concerted military operations and to implement this Protocol.“[106]

Die gewählte Formulierung des Art. 1 Abs. 1 ZP II kommt hierbei einer Legaldefinition bereits sehr nahe, beschreibt er doch detailliert, welche Akteure als Parteien eines nicht-internationalen bewaffneten Konfliktes in Betracht kommen. Zunächst fällt jedoch auf, dass das ZP II neben dem Gemeinsamen Art. 3 GK Anwendung findet. Beide Regelungsmaterien schließen sich somit nicht aus, sondern ergänzen sich.[107] Hierbei umfasst der weitere Anwendungsbereich des Gemeinsamen Art. 3 GK die engeren Voraussetzungen[108] des ZP II, sodass durchaus Fälle denkbar sind, in denen lediglich die allgemeine Bestimmung des Gemeinsamen Art. 3 GK greift, das ZP II seinen Schutz jedoch nicht ausüben kann.[109] Dies hat zugleich zur Folge, dass der durch Art. 1 Abs. 1 ZP II vorgenommenen Eingrenzung des Anwendungsbereichs gerade keine derartige Autorität beigemessen werden kann, dass sich hieraus eine allgemeingültige Definition des nicht-internationalen bewaffneten Konfliktes folgern ließe.

Art. 1 Abs. 2 ZP II schließt sodann Fälle innerer Unruhen aus dem Anwendungsbereich aus. Insofern nimmt die Norm eine Abstufung der Auseinandersetzungen nach ihrer Intensität vor; Konflikte, die diese Eskalationsstufe nicht erreichen, sind vom Anwendungsbereich des ZP II nicht umfasst. Allerdings lässt dieses auch hier eine Definition vermissen, sodass die Qualifikation solcher Konflikte schlussendlich einer Analyse im Einzelfall bedarf. Dabei bestünde auch dann angesichts des Fehlens eines zwingend zuständigen Organs[110] das Problem, wer zur Qualifikation der Konflikte berufen wäre.

III. Das Manual on the Law of Non-International Armed Conflict

Die Lücke im Regelwerk der GK hinsichtlich einer Definition des nicht-internationalen bewaffneten Konfliktes versucht unter anderem das *International Institute of Humanitarian Law* zu füllen. In seinem *Manual on the Law of Non-International Armed Conflict* definiert es diese Art des bewaffneten Konfliktes wie folgt:

---

106 Art. 1 Abs. 1 ZP II.

107 *ICRC*, Commentary on the Additional Protocol II, Art. 1, Rn. 4457.

108 *IIHL*, S. 3.

109 *ICRC*, Commentary on the Additional Protocol II, Art. 1, Rn. 4457.

110 Vgl. unten Teil 2, Kap. 5, A., II., 4.

> „Non-international armed conflicts are armed confrontations occurring within the territory of a single State and in which the armed forces of no other State are engaged against the central government.“[111]

Bei dieser Definition fällt auf, dass sie sich deutlich vom Wortlaut des Art. 1 Abs. 1 ZP II unterscheidet. Spricht letzterer wie gesehen von *„dissident armed forces or other organized armed groups"* so schweigt die Definition im *Manual on the Law of Non-International Armed Conflict* hinsichtlich der Zusammensetzung der dem Staat gegenüberstehenden Konfliktpartei. Einzige Voraussetzung ist, dass keine anderen Staaten demjenigen Staat gegenüberstehen, der gegen die bewaffneten Gruppen kämpft. Hierzu präzisiert das *International Institute of Humanitarian Law*, dass bestimmte Ausformungen von dem Begriff des nicht-internationalen bewaffneten Konfliktes ausgeschlossen sind. Dies betrifft Konflikte, in denen sich zwei oder mehrere Staaten bekämpfen, der Konflikt sich auf zwei oder mehr Staatsgebiete erstreckt oder ein Staat einer bewaffneten Gruppierung militärische Unterstützung leistet, die die regulären Streitkräfte eines weiteren Staates auf dessen Staatsgebiet bekämpft.[112] Unterstützt ein Staat jedoch einen anderen Staat militärisch bei dessen Kampf gegen bewaffnete Gruppen auf dessen Hoheitsgebiet, so verbleibt es trotz der Beteiligung eines zweiten Staates bei einem nicht-internationalen bewaffneten Konflikt.[113] Was bedeutet dies nun für die Praxis?

D. Zwischenfazit und Bedeutung für die Praxis

Angesichts der Bekämpfung des IS durch die US-geführte Koalition, der kurdischen YPG durch türkische Streitkräfte, beides auf syrischem bzw. irakischem Gebiet, oder der durch Saudi-Arabien geführten Militäroperation im Jemen gegen die durch den Iran unterstützten Huthi-Rebellen ist die Unterscheidung zwischen internationalem und nicht-internationalem bewaffneten Konflikt von besonderer Bedeutung. Die Involvierung verschiedener Staaten und bewaffneter Gruppen auf beiden Seiten der jeweiligen Konflikte lässt die Grenzen zwischen internationalem und nicht-inter-

111 *IIHL*, S. 2.
112 Ebenda.
113 Ebenda.

nationalem bewaffneten Konflikt verschwimmen und zeigt zugleich die Unterschiede zwischen beiden Formen des bewaffneten Konfliktes auf.

Während, wie gesehen, bei internationalen bewaffneten Konflikten bereits einseitig ausgeübte Gewalt unabhängig von ihrer Intensität zur Anwendung der relevanten Vorschriften der Genfer Konventionen führt, muss hingegen bei nicht-internationalen bewaffneten Konflikten ein „Minimallevel" an Gewalt überschritten werden, bevor insbesondere das ZP II zur Anwendung kommt. Teilweise wird daher gefordert, die Anforderungen für die Anerkennung eines nicht-internationalen bewaffneten Konfliktes in diesem Punkt an die für internationale bewaffnete Konflikte anzupassen, somit also von dem Erfordernis des *„minimum level of intensity"*[114] abzurücken.[115]

Die Schwierigkeiten einer Abgrenzung beider Konflikte sollen anhand der Debatte über das Bestehen oder Nichtbestehen eines internationalen bewaffneten Konfliktes zwischen den USA und Syrien dargestellt werden.[116] Die USA bekämpften in Syrien schon früh nicht nur den IS, sondern unterstützten auch vermeintlich demokratische Rebellen in ihrem Kampf gegen Assad und den so genannten „Islamischen Staat".[117]

Insofern drängt sich die Frage auf, ob die USA hierdurch mittelbar nicht auch den Kampf gegen syrische Streitkräfte unterstützten. Dies wirft die grundsätzliche Frage auf, ob ein internationaler bewaffneter Konflikt durch die Unterstützung nicht staatlicher Akteure in ihrem Kampf gegen die Streitkräfte eines anderen Staates begründet werden kann. Ruft man sich den Gemeinsamen Art. 2 Abs. 1 GK und dessen Auslegung ins Gedächtnis, so liegt ein internationaler bewaffneter Konflikt bei bewaffneten Auseinandersetzungen zwischen zwei Staaten vor. Zwar bestehen solche Auseinandersetzungen in dem vorliegend beschrieben Fall nicht. Anerkannt ist bisweilen jedoch, dass ein internationaler bewaffneter Konflikt

---

114 *Haque*, Just Security, 29. September 2006.

115 Ebenda. Gegen eine solche Angleichung argumentiert u.a. *Pearlstein*, Opinio Juris, 4. Oktober 2016. Hierbei sei insbesondere auf die dortige Diskussion zwischen *Haque* und *Pearlstein* im Kommentarbereich des Aufsatzes hingewiesen, online abrufbar unter http://opiniojuris.org/2016/10/04/the-niac-threshold/ (Letzter Abruf: 24.05.2019).

116 *Goodman*, Just Security, 11. Oktober 2018, fokussiert sich bei der Debatte primär auf die Luftschläge durch die USA gegen terroristische Vereinigungen. *Gill*, 92 ILS 2016, S. 353, 375 f. bringt hierbei auch die militärische Unterstützung syrischer Rebellengruppen durch die USA zur Sprache.

117 Diese Unterstützung scheint mittlerweile beendet worden zu sein, *Sanger/Schmitt/Hubbard*, The New York Times, 19. Juli 2017.

zwischen zwei Staaten auch dann besteht, wenn einer dieser Staaten eine nichtstaatliche Gruppe derart militärisch unterstützt, dass diese faktisch unter dessen Kontrolle steht.[118] In Betracht kommen hierbei im europäischen Kontext der Konflikt zwischen Russland und Moldawien um das Gebiet von Transnistrien sowie zwischen Russland und der Ukraine um die Ost-Ukraine und insbesondere die Krim. Doch ist eine solche Klassifizierung auch für den Konflikt in Syrien denkbar? Die Antwort lautet wohl nein. Zwar bildeten die USA syrische Rebellen für den Kampf – insbesondere gegen den IS – aus.[119] Allerdings war die Ausbildung offensichtlich erstens nicht erfolgreich[120] und zweitens für sich genommen wohl im Unterschied zu den von Russland kontrollierten Separatisten nicht ausreichend, um eine derartige Kontrolle der Rebellengruppen zu erreichen, die eine Zurechnung ihres Handelns zu den USA und damit einen internationalen bewaffneten Konflikt hätte begründen können.

Die Diskussion über das Bestehen oder Nichtbestehen eines internationalen bewaffneten Konfliktes zwischen den USA und Syrien war jedoch 2016 bereits aus einem anderen Grund entbrannt. Spätestens mit Veröffentlichung des neuen Kommentars des *Internationalen Komitees vom Roten Kreuz* zu den Genfer Konventionen im gleichen Jahr mehrten sich nämlich die Stimmen, die die Annahme eines bewaffneten internationalen Konfliktes zwischen beiden Staaten befürworteten. Zwar war man sich wohl darüber einig, dass der Konflikt zwischen den USA und der Terrormiliz IS von nicht-internationaler Qualität war.[121] Allerdings gingen die Meinungen im Hinblick auf das Vorliegen eines internationalen bewaffneten Konfliktes zwischen den USA und Syrien auseinander. So brachte etwa *Goodman* zur Begründung eines solchen Konfliktes drei Argumente an. Zunächst verwies er auf die durch die USA eingeführte Flugverbotszone über Teilen Syriens.[122] Zudem spreche für die Annahme eines solchen Konfliktes die – durch die USA als Versehen qualifizierte – Bombardierung syrischer Streitkräfte sowie die Unterstützung der türkischen Bodenoffensive.[123] Die daraufhin entbrannte Diskussion[124] zeugt nicht nur von

118 *ICRC*, 2016 Commentary on the First Geneva Convention, Common Art. 2, Rn. 265.

119 Vgl. *o.V.*, Zeit Online, 22. Juni 2013.

120 Vgl. *o.V.*, Spiegel Online, 09. Oktober 2015.

121 *Haque*, EJIL:Talk!, 8. April 2016; *Pearlstein*, Opinio Juris, 14. Oktober 2016.

122 *Goodman*, Just Security, 11. Oktober 2016.

123 Ebenda.

124 Vgl. *Rona*, Just Security, 13. Oktober 2016; *Pearlstein*, Opinio Juris, 17. Oktober 2016; *Goodman*, Just Security, 17. Oktober 2016.

der schwierigen Faktenlage, sondern auch von der Problematik bei der juristischen Einordnung.

Dieses Beispiel zeigt die Unvollständigkeit der im *Manual on the Law of Non-International Armed Conflict* enthaltenen Definition des nicht-internationalen bewaffneten Konfliktes auf. Diese beschränkt sich auf Konflikte zwischen staatlichen Streitkräften und auf dem Hoheitsgebiet desselben Staates operierenden nicht-staatlichen Akteuren. Sie lässt jedoch Fälle wie den soeben beschriebenen außer Betracht, in denen Drittstaaten auf dem Gebiet eines anderen Staates gegen nicht-staatliche Akteure militärisch vorgehen. Auch in einem solchen Fall wird man einen nicht-internationalen bewaffneten Konflikt annehmen müssen.

Darüber hinaus wird deutlich, wie stark die Anwendung des Humanitären Völkerrechts im konkreten Einzelfall trotz aller Bemühungen um objektive Bestimmungskriterien von der Kooperation der Staaten abhängt. Die Frage des Vorliegens eines (nicht) internationalen bewaffneten Konfliktes – wenn auch theoretisch unabhängig von der Anerkennung der betroffenen Staaten – bleibt – insbesondere aufgrund der oft unklaren Faktenlage – dennoch vom politischen „goodwill" der Konfliktparteien abhängig. Auch das *Internationale Komitee vom Roten Kreuz* kann hierbei nur die Fakten berücksichtigen, die durch die Konfliktparteien nicht zurückgehalten werden. Die Mitwirkung der beteiligten Staaten ist daher essentiell, um eine juristisch korrekte Qualifikation des Konfliktes zu ermöglichen. Ob eine solche Mitwirkung im Einzelfall tatsächlich erfolgt, bleibt jedoch ungewiss und hängt von den politischen Interessen der beteiligten Staaten an einer Aufarbeitung des Konfliktes ab.

Teil 2: Voraussetzungen einer Anwendbarkeit der EMRK

Teil 2 widmet sich den Voraussetzungen für die Anwendbarkeit der EMRK. Während Kapitel 1 die Rechtsprechung des EGMR zur extraterritorialen Anwendbarkeit der EMRK analysiert, untersucht Kapitel 2 die Besonderheiten bei Beteiligung internationaler Organisationen. Kapitel 3 beschäftigt sich sodann mit Reformansätzen bezüglich der zuvor dargestellten Rechtsprechung des EGMR. In Kapitel 4 werden die Besonderheiten einer etwaigen Derogation nach Art. 15 EMRK in bewaffneten Konflikten in den Fokus genommen. Kapitel 5 trägt schließlich der Tatsache Rechnung, dass die EMRK als Friedensrecht in einem Spannungsverhältnis zum grundsätzlich in Kriegszeiten anwendbaren Humanitären Völkerrecht steht und beantwortet die Frage, ob beide Rechtsgebiete im Rahmen bewaffneter Konflikte nebeneinander anwendbar sind oder das Humanitäre Völkerrecht das Friedensrecht in solchen verdrängt.

Kapitel 1: Grundsätzliche extraterritoriale Anwendbarkeit der EMRK

Art. 1 EMRK legt den Grundstein für die Anwendbarkeit der Konvention[125] und bestimmt, dass "[t]he High Contracting Parties shall secure to everyone within their jurisdiction the rights and freedoms defined in Section I of this Convention"[126]. Hierbei werden die Vertragsstaaten in zweierlei Hinsicht verpflichtet: Zunächst verbietet Art. 1 EMRK als negative Verpflichtung jedwede Beeinträchtigung der Konventionsrechte durch die

---

125 Er flankiert insbesondere den Grundsatz der Subsidiarität, der als weiteres Zulässigkeitskriterium die Beschwerdeführer verpflichtet, vor Anrufung des EGMR sämtliche gerichtliche Instanzen auf vertragsstaatlicher Ebene zu durchlaufen, vgl. *Rainey/Wicks/Ovey*, S. 84. Für eine detaillierte Übersicht zu den Zulässigkeitsvoraussetzungen siehe *Rainey/Wicks/Ovey*, S. 28 - 47.

126 Im deutschen Wortlaut, über die Website des EGMR unter https://www.echr.coe.int/Documents/Convention_DEU.pdf online abrufbar (Letzter Abruf: 24.05.2019) lautet die Vorschrift: „*Die Hohen Vertragsparteien sichern allen ihrer Hoheitsgewalt unterstehenden Personen die in Abschnitt I bestimmten Rechte und Freiheiten zu*".

Vertragsstaaten.[127] Zugleich enthält er eine positive Verpflichtung zur Gewährleistung sämtlicher Rechte bei Ausübung ihrer „jurisdiction".[128]

Ob ein Staat verpflichtet ist, die Rechte der EMRK zu garantieren, hängt hierbei entscheidend davon ab, ob dieser „jurisdiction" über das betreffende Individuum ausübt. Doch was bedeutet dieser Begriff? Er definiert im allgemeinen Völkerrecht regelmäßig die *„Grenzen der legalen Kompetenz eines Staates, Regeln bezüglich des Verhaltens von Personen zu schaffen, anzuwenden und durchzusetzen"*[129]. Der Begriff beschreibt folglich den Rahmen für Staaten, innerhalb dessen sie befugt sind, für die ihnen unterstehenden Individuen verbindliche rechtliche Regelungen zu schaffen.

In der deutschen Wissenschaft und Rechtsprechung wird der Begriff der „jurisdiction" im Rahmen der EMRK regelmäßig durch „Hoheitsgewalt" übersetzt.[130] Dies entspricht auch der deutschen Fassung des Art. 1 EMRK.[131] In der folgenden Diskussion des Anwendungsbereichs der EMRK soll daher der Begriff der „Hoheitsgewalt" als deutsches Äquivalent zum zuvor dargestellten Begriff der „jurisdiction" zugrunde gelegt werden.

Die Frage der Ausübung von Hoheitsgewalt ist jedweder inhaltlichen Prüfung des Bestehens einer Verletzung der Konvention vorgeschaltet.[132] Insofern impliziert das Vorliegen von Hoheitsgewalt *per se* noch keine Verantwortung des Staates für eine Verletzung von Konventionsrechten, oder wie *Milanovic* es ausdrückt: *„State Jurisdiction is not State Responsibility"*[133]. Umgekehrt schließt fehlende Hoheitsgewalt allerdings eine staatliche Verantwortung nach der EMRK aus.

Grundsätzlich umfasst Art. 1 EMRK Menschenrechtsverletzungen durch Organe eines Vertragsstaates innerhalb seiner Landesgrenzen (sog. *„espace juridique"*).[134] Insofern divergiert dieses Verständnis der Hoheitsgewalt von der zuvor beschriebenen Definition im allgemeinen Völkerrecht. Entscheidend für Menschenrechtsverträge ist regelmäßig, ob die Vertragsstaaten im jeweiligen Einzelfall an die Gewährleistungen des Vertrages gebunden

127 *Rainey/Wicks/Ovey*, S. 86.

128 Ebenda.

129 *Morris-Take*, S. 28. Daneben beschreibt der Begriff der Jurisdiktion in internationalen Verträgen teilweise auch die Zuständigkeit eines Gerichts, *Morris-Take*, S. 27.

130 Vgl. *Jankowska-Gilberg*, S. 32.

131 *Morris-Take*, S. 29.

132 *Stewart*, 4 UCL Hum. Rts. Rev. 2011, S. 110, 111; Vgl. auch EGMR, *Issa & Ors. v. Turkey*, App. no. 31821/96, 16. November 2004, Rn. 66.

133 *Milanovic*, 8 HRLR 2008, S. 411, 436.

134 *Jankowska-Gilberg*, S. 32.

sind oder nicht. Das Erfordernis der Hoheitsgewalt lässt sich auf folgende Aussage herunterbrechen: Ohne Hoheitsgewalt keine Menschenrechtsverpflichtung.[135] Art. 1 EMRK stellt der inhaltlichen Prüfung der Menschenrechtsverletzung somit zunächst die Prüfung voran, *ob* Hoheitsgewalt ausgeübt wird.[136] Die Frage, *wie* diese Hoheitsgewalt ausgeübt wird, ist hierdurch noch nicht beantwortet. Darauf wird im Folgenden unter Analyse des Grundsatzes der territorialen Ausübung von Hoheitsgewalt (A.) und seiner Ausnahme, der extraterritorialen Ausübung (B.), eingegangen.

A. *Der Grundsatz: Die territoriale Anwendbarkeit der EMRK*

> „*[C]ertain types of treaty, by reason of their subject-matter, are hardly susceptible of territorial application in the ordinary sense. Most treaties, however, have application to territory and a question may arise as to what is their precise scope territorially.*"[137]

Die Frage des *Wie* der Ausübung der Hoheitsgewalt ist eng verknüpft mit der Frage nach der räumlichen Geltung der Konvention.[138] Wenn auch internationale und regionale Menschenrechtsschutzinstrumente ursprünglich lediglich territoriale Geltung für alle auf dem Hoheitsgebiet eines Staates befindlichen Individuen haben sollten,[139] ist die Frage der extraterritorialen Geltung dieser Konventionen – insbesondere auch der EMRK – in den letzten Jahrzehnten kontinuierlich Thema wissenschaftlicher und rechtspolitischer Diskussionen und wird in regelmäßigen Abständen durch den EGMR in seinen Urteilen aufgegriffen.

Im Zeitpunkt ihrer Ausarbeitung war die EMRK als regionales Menschenrechtsschutzinstrument konzipiert und nicht für eine Anwendung über das Territorium der Vertragsstaaten hinaus gedacht.[140] Als Reaktion

---

135 *Morris-Take*, S. 32.

136 Ebenda, S. 33.

137 *ILC*, 1966 Yb. I.L.C., S. 187, 213.

138 Zwar umfasst die Frage des *Wie* auch die Handlungsform einschließlich der handelnden Organe. Da jedoch insbesondere die räumliche Anwendung Probleme bereitet, beschränkt sich diese Arbeit auf deren Analyse.

139 *Milanovic*, S. 7; *Cerone*, VJTL 2006, S. 1447, 1469 f.

140 Der EGMR selbst beschrieb die EMRK als regionales Instrument in seiner Entscheidung zu *Banković & Ors. v. Belgium & Ors.* [GC], App. no. 52207/99, 12. Dezember 2001, Rn. 80. Vgl. auch *Tomuschat*, S. 98, der anerkennt, dass die Gründungsväter der EMRK zum Zeitpunkt ihrer Verfassung eine etwaige außereuropäische Anwendung wohl nicht im Sinn hatten. So sieht es auch *Law-*

auf die Gräueltaten des zweiten Weltkrieges sollte sie einen dauerhaften Frieden sicherstellen und die Bürger ihrer Vertragsstaaten vor schweren Menschenrechtsverletzungen schützen.[141]

Zwar begründet der Wortlaut des Art. 1 EMRK eine Universalität der in der Konvention festgeschriebenen Rechte.[142] Dieser Schutz sollte jedoch primär einem territorialen Verständnis unterliegen und grundsätzlich am Hoheitsgebiet des jeweiligen Vertragsstaates ausgerichtet sein.[143] Hierfür sprechen insbesondere die Erwägungen der Mütter und Väter der EMRK in den *Travaux Préparatoires* zu Art. 1 EMRK. Diese hatten in dessen Wortlaut zunächst die Formulierung *„all persons residing within the territories of the signatory States“* durch *„within their jurisdiction“* ersetzt, da erstere Formulierung als zu eng angesehen wurde.[144] Zugleich gaben sie jedoch die territoriale Beschränkung nicht auf:

> „It was felt that there were good grounds for extending the benefits of the Convention to all persons in the territories of the signatory States, even those who could not be considered as residing there in the legal sense of the word.“[145]

Somit umfasst der Begriff der Hoheitsgewalt nicht nur Bürger des jeweiligen Staates, sondern auch Menschen, die sich nur vorübergehend dort aufhalten, wie etwa Touristen. Dieses territoriale Verständnis geht so weit, eine widerlegbare Vermutung für das Bestehen von Hoheitsgewalt auf dem Gebiet des jeweiligen Vertragsstaates der EMRK zu begründen.[146]

Grundsätzlich gilt daher: Hoheitsgewalt wird territorial, d.h. auf dem Gebiet der Vertragsstaaten, ausgeübt.

---

son, in: Coomans/Kamminga (Hrsg.), S. 83, 89. Der *CoE*, Legal Protection of Human Rights, stellt die EMRK neben den Amerikanischen und Afrikanischen Menschenrechtsschutzsystemen als Europäischen Ansatz dar. Vgl. auch *Miltner*, 33 Michigan Jnl. Int'l. L. 2012, S. 693, 698.

141 *Rainey/Wicks/Ovey*, S. 3.

142 *Gromien/Harris/Zwaak*, S. 20.

143 *Ress*, ZEuS 6 (2003), S. 73, 79. Dieser Grundsatz spiegelte sich auch in der restriktiven Auslegung des Begriffs der Hoheitsgewalt im *Banković*-Urteil des EGMR wieder, auf das sogleich eingegangen wird.

144 *CoE*, Travaux Préparatoires, Bd. III, S. 261.

145 Ebenda (Hervorhebung durch Verfasser).

146 *Stewart*, 4 UCL Hum. Rts. Rev. 2011, S. 110, 111.

B. *Die Ausnahme: Die extraterritoriale Anwendbarkeit der Konvention*

> *„European participation in the 'war on terror' has transformed the question of the Convention's extraterritorial scope from a doctrinal abstraction into an issue with profound and very real political and legal ramifications.*"[147]

Probleme ergeben sich, wenn Vertragsstaaten Vorschriften der EMRK außerhalb ihres Hoheitsgebiets verletzen – etwa bei Auslandseinsätzen ihrer Truppen.[148] Hierbei stellt sich die Frage der extraterritorialen Anwendbarkeit der EMRK, d.h. ihrer Anwendbarkeit außerhalb der Landesgrenzen eines Vertragsstaates. Hierfür ist erforderlich, dass entgegen dem soeben herausgearbeiteten Grundsatz die Hoheitsgewalt im Einzelfall auch *außerhalb* des Hoheitsgebietes der Vertragsstaaten durch diese ausgeübt wird.

Genau genommen handelt es sich bei der extraterritorialen Anwendbarkeit der EMRK daher um eine extraterritoriale Ausübung von Hoheitsgewalt.

Der EGMR hatte angesichts vermehrter militärischer Interventionen der Vertragsstaaten außerhalb ihres Hoheitsgebietes regelmäßig die Möglichkeit, sich zur extraterritorialen Ausübung der Hoheitsgewalt zu äußern. Diese entpuppte sich über die Jahre als Dauerbrenner in den Verfahren vor dem EGMR. Sie findet sich zu Recht im Herzen dogmatischer Debatten wieder, ist sie doch geeignet, Beschwerden bereits scheitern zu lassen, bevor eine inhaltliche Auseinandersetzung mit den konkreten Vorwürfen stattgefunden hat.

Doch was ist unter extraterritorialer Anwendbarkeit der Konvention überhaupt zu verstehen? Der Begriff beschreibt die Tatsache, dass sich die durch Menschenrechtsverletzungen betroffene Person im Zeitpunkt der Verletzungshandlung außerhalb des Hoheitsgebietes des Staates befindet, dem die Verletzung der Menschenrechte zum Vorwurf gemacht wird.[149] Regelmäßig kommt die Frage der extraterritorialen Anwendbarkeit bei Militäreinsätzen eines Vertragsstaates im Ausland auf.[150] Daher ist es nicht

---

147 *Miller*, 20 EJIL 2009, S. 1223, 1224.

148 Zwar kann sich die Frage der Ausübung von Hoheitsgewalt in bewaffneten Konflikten auch <u>auf</u> dem Gebiet eines Vertragsstaates stellen. Solche Fälle werden im Rahmen dieser Arbeit jedoch nur am Rande behandelt, da diese sich primär mit der Frage von bewaffneten Konflikten der Vertragsstaaten außerhalb ihres Hoheitsgebietes beschäftigt.

149 *Milanovic*, S. 8.

150 Eine extraterritoriale Staatshandlung ist jedoch nicht zwangsläufig notwendig. Es reicht vielmehr bereits aus, dass sich die betroffene Person z.Zt. der Verlet-

verwunderlich, dass vor allem im Zuge des Irak Krieges vermehrt Verfahren vor dem Straßburger Gericht gelandet sind.[151]

Der EGMR war stets bemüht, eine ausufernde Anwendung der Konvention hin zu einem weltweit geltenden Instrument zu vermeiden. Er entwickelte über die Zeit verschiedene begrenzte Fallgruppen, in denen er eine extraterritoriale Anwendbarkeit ausnahmsweise bejaht.[152] Allerdings hat er es hierbei bis heute versäumt, eine einheitliche Linie zu verfolgen.[153] Der Richter am EGMR, *Bonello*, fasste diesen Mangel an Klarheit wie folgt zusammen:

> „The Court's case-law on Article 1 of the Convention [...] has, so far, been bedevilled by an inability or an unwillingness to establish a coherent and axiomatic regime, grounded in essential basics and even-handedly applicable across the widest spectrum of jurisdictional controversies. Up until now, the Court has, in matters concerning the extraterritorial jurisdiction of Contracting Parties, spawned a number of 'leading' judgements based on a need-to-decide basis, patchwork case-law at best."[154]

Diese Einzelfallrechtsprechung schafft nur für solche Fälle Klarheit, die unproblematisch einer der durch den EGMR festgestellten Ausnahmen zugeordnet werden könen. In Grenzfällen verbleibt jedoch ein hohes Maß an Rechtsunsicherheit sowohl für die Antragsteller als auch für die Staaten. Da die Straßburger Richter die jeweiligen Ausnahmen regelmäßig für bestimmte Sachverhalte entwickeln und eine allgemeingültige Formulierung vermeiden, ist die Anwendbarkeit dieser Ausnahmen auf abweichende Sachverhalte regelmäßig unklar.[155] So stellt Richter *Bonello* weiter fest:

> „Principles settled in one judgement may appear more or less justifiable in themselves, but they then betray an awkward fit when mea-

---

zung ihrer Rechte außerhalb des Hoheitsgebietes des Staates befindet, dem die Rechtsverletzung angelastet wird, vgl. *Milanovic*, S. 8.

151 Aktuell sind aufgrund der durch die sog. „*Koalition der Willigen*" 2003 durchgeführten Invasion des Irak über 2000 Fälle vor britischen Gerichten anhängig (vgl. *Goddard*, Just Security, 16. Juni 2015), sodass der EGMR wohl auch in absehbarer Zukunft von der Frage der extraterritorialen Anwendbarkeit nicht verschont bleiben wird.

152 *Cerone*, 2006 VJTL 39, S. 1447, 1481.

153 Vgl. nur *Stewart*, 4 UCL Hum. Rts. Rev. 2011, S. 110, 118.

154 EGMR, *Al-Skeini and others v United Kingdom* [GC], App. no. 55721/07, 07. Juli 2011, Concurring Opinion of Judge Bonello, Rn. 4, 5.

155 Ebenda, Rn. 5.

sured against principles established in another. […] The truth seems to be that Article 1 case-law has, before the present judgement, enshrined everything and the opposite of everything. In consequence, the judicial decision-making process in Strasbourg has, so far, squandered more energy in attempting to reconcile the barely reconcilable than in trying to erect intellectual constructs of more universal application. […] My guileless plea is to return to the drawing board."[156]

Zurück ans Zeichenbrett also, so der eindringliche Appell von Richter *Bonello*. In der Tat ähnelt die Rechtsprechung des EGMR zur extraterritorialen Anwendbarkeit der EMRK oftmals einem Flickenteppich. Die Tatsache, dass eine solch niederschmetternde Feststellung durch einen Richter des EGMR getroffen wurde, zeugt von der dringenden Notwendigkeit einer klareren Rechtsprechung.

In der Zwischenzeit bedarf es zur Beantwortung der Frage des Stellenwertes der EMRK in internationalen und nicht-internationalen bewaffneten Konflikten einer Analyse und Einordnung der bisherigen Urteile zur Extraterritorialität. Die Arbeit konzentriert sich hierbei auf (nicht-)internationale Konflikte außerhalb des Hoheitsgebietes der Vertragsstaaten. Zwar können solche Konflikte auch innerhalb der Grenzen eines Konventionsstaates aufkommen. In diesen Fällen stellt sich die Frage der räumlichen Anwendung der EMRK jedoch regelmäßig nicht.[157]

Zur Bestimmung des Vorliegens extraterritorialer Ausübung von Hoheitsgewalt stützt sich der EGMR in seiner Rechtsprechung auf zwei Modelle: das *räumliche* Modell und das *personelle* Modell. Diese sollen im Folgenden anhand der relevanten Rechtsprechung dargestellt (I.) und sodann zusammengefasst werden (II.).

I. Das „räumliche" und das „personelle" Modell: Zwei Lösungsansätze für ein Problem.

Das *räumliche* Modell war die erste durch den EGMR begründete Ausnahme zur strikt territorial ausgeübten Hoheitsgewalt. Es wird flankiert durch ein sog. *personelles* Modell.[158] Bei beiden findet sich keine Legaldefinition.

---

156 Ebenda, Rn. 5, 7, 8.

157 Dies ließe jedoch die Frage des Verhältnisses von Menschenrechten im Allgemeinen und EMRK im Speziellen zum Humanitären Völkerrecht unberührt. Hierzu siehe unten Teil 2, Kap. 5, A., B.

158 Vgl. *Milanovic*, S. 173 ff.

Vielmehr sind sie das Ergebnis einer kontinuierlichen Weiterentwicklung der Rechtsprechung des EGMR, der es jedoch oftmals an Stringenz mangelt. Teilweise finden sich diese Modelle auch im internationalen Recht, etwa bei den UN-Organen oder den inter-amerikanischen Organen.[159] Im Folgenden soll die relevante EGMR-Rechtsprechung zur extraterritorialen Anwendbarkeit der EMRK aufgezeigt und beiden Modellen zugeordnet werden. Ziel ist zum einen die klare Definition beider Begriffe durch Analyse verschiedener Fallgruppen und zum anderen die Untersuchung alternativer Lösungsansätze in Literatur und Rechtsprechung.

1. Der Fall Loizidou – Geburtsstunde des „räumlichen" Modells

Wenn auch die Europäische Menschenrechtskommission (EKMR) sich zuvor bereits mit dem Zypernkonflikt auseinandersetzen musste[160], gilt der Fall *Loizidou*[161] als Ausgangspunkt des *räumlichen* Modells in der Rechtsprechung des EGMR.

Nach diesem Modell wird extraterritoriale Hoheitsgewalt bei Vorliegen einer *„effektiven Kontrolle über ein Gebiet"*[162] angenommen. Der Fall behandelte die Beschwerde einer griechischstämmigen Zypriotin u.a. wegen Verletzung ihres Rechts auf friedliche Nutzung ihres Eigentums (Art. 1 des 1. Zusatzprotokolls), die im Rahmen der türkischen Invasion Nordzyperns von ihrem Land vertrieben worden war und der die Rückkehr auf ihr Grundstück verweigert wurde.[163] Im Rahmen eines Protestmarsches namens „Women Walk Home" wurde sie durch Angehörige der Polizei der „Turkish Republic of Northern Cyprus" (TRNC) verhaftet und erst nach 10-stündiger Inhaftierung nach Nikosia gebracht und freigelassen.[164]

Entscheidend für die Frage der Verantwortlichkeit unter der EMRK und somit auch für den Ausgang des Falles war das Kriterium der Ausübung von Hoheitsgewalt i.S.v. Art. 1. EMRK. Diese Frage war bereits Gegenstand der *preliminary objections* durch die Türkei, in der diese die Zuständigkeit des EGMR mit dem Argument verneinte, dass nicht sie, sondern

---

159 Ebenda, S. 175 ff.

160 Vgl. EKMR, *Cyprus v. Turkey* (dec.), Apps. Nos. 6780/74 und 7950/75, 26. Mai 1975.

161 EGMR, *Loizidou v Turkey* [GC], App. no. 15318/89, 18. Dezember 1996.

162 *Milanovic*, S. 127 (eigene Übersetzung).

163 EGMR, *Loizidou v Turkey* [GC], App. no. 15318/89, 18. Dezember 1996, Rn. 13; *Heintze*, HuV-I 18 (2005), S. 177, 180.

164 EGMR, *Loizidou v Turkey* [GC], App. no. 15318/89, 18. Dezember 1996, Rn. 14.

die TRNC als eigenständiger Staat[165] (ohne Mitgliedschaft im Europarat) für in Nordzypern begangene Menschenrechtsverletzungen verantwortlich sei.[166] Der EGMR folgte der türkischen Argumentationslinie nicht, sondern stellte fest, dass die TRNC durch die Staatengemeinschaft nicht als eigenständiger Staat anerkannt sei und dass daher die Republik Zypern auch weiterhin legitimiert sei, die Hoheitsgewalt über Nordzypern auszuüben.[167]

Doch wer sollte nun für Menschenrechtsverletzungen in Nordzypern verantwortlich sein, wenn die TRNC selbst kein anerkannter Staat war und die Republik Zypern ihre Hoheitsgewalt über dieses Gebiet faktisch nicht ausüben konnte? Die Entscheidung fiel schlussendlich auf die Türkei. Im Rahmen seiner Prüfung des Art. 1 EMRK stellte der Gerichtshof fest:

> „[A]lthough Article 1 (art. 1) sets limits on the reach of the Convention, the concept of 'jurisdiction' under this provision is not restricted to the national territory of the High Contracting Parties. [...] Bearing in mind the object and purpose of the Convention, the responsibility of a Contracting Party may also arise when as a consequence of military action – whether lawful or unlawful – it exercises effective control of an area outside its national territory. The obligation to secure in such an area, the rights and freedoms set out in the Convention derives from the fact of such control whether it be exercised directly, through its armed forces, or through a subordinate local administration. In this connection the respondent Government have acknowledged that the applicant's loss of control of her property stems from the occupation of the northern part of Cyprus by Turkish troops and the establishment there of the 'TRNC'. Furthermore, it has not been disputed that the applicant was prevented by Turkish troops from gaining access to her property."[168]

165 Die TRNC hatte sich 1983 zu einem von der Republik Zypern unabhängigen Staat erklärt und wurde sodann durch die Türkei als eigenständiger Staat anerkannt. Die USA, die Vereinten Nationen und die europäischen Staaten lehnten eine solche Anerkennung jedoch ab, vgl. (auch zur geschichtlichen Entwicklung) *Palmer*, 4 BUILJ 1986, S. 423, 442 f.

166 EGMR, *Loizidou v. Turkey (Preliminary Objections)*, App. no. 15318/89, 23. März 1995, Rn. 56.

167 EGMR, *Loizidou v. Turkey* [GC], App. no. 15318/89, 18. Dezember 1996, Rn. 44.

168 EGMR, *Loizidou v. Turkey (Preliminary Objections)*, App. no. 15318/89, 23. März 1995, Rn. 62 f. (Eigene Hervorhebung).

Hierdurch fand das *räumliche* Modell erstmals Einzug in die Rechtsprechung des EGMR. Hoheitsgewalt konnte somit auch entstehen, wenn ein Staat aufgrund des Einsatzes seiner Streitkräfte außerhalb seines Staatsgebietes *effektive* Kontrolle über ein fremdes Gebiet ausübte. Ausgehend von dieser Auslegung des Art. 1 EMRK war es nur noch ein kleiner Schritt hin zur Feststellung der Verantwortlichkeit der Türkei. Der EGMR bejahte in der Folge sodann, auch aufgrund der starken Präsenz türkischer Truppen (über 30.000 Mann z.Zt. der Entscheidung[169]) in Nordzypern, die *effektive Kontrolle* der Türkei über dieses Gebiet und entschied, dass diese daher auch für die Handlungen der TRNC verantwortlich sei.[170] Sie habe folglich Hoheitsgewalt i.S.d. Art. 1 EMRK inne und sei verpflichtet, auf dem Gebiet der TRNC die Rechte aus der Konvention zu garantieren.[171] Entgegen der türkischen Argumentation[172] war daher auch sehr wohl entscheidend, dass die TRNC als eigenständiger Staat nicht durch die Staatengemeinschaft anerkannt war. Andernfalls hätte primär dieser die Hoheitsgewalt über das nordzyprische Gebiet ausgeübt – die Zuständigkeit des EGMR wäre dann mangels Mitgliedschaft der TRNC in der EMRK abzulehnen gewesen.

Diese Entscheidung des EGMR erscheint wie eine maßgeschneiderte Antwort auf ein virulentes Problem. Die türkische Invasion Nordzyperns hatte internationale Kritik hervorgerufen und zu einer Welle faktischer Enteignungen von in Nordzypern lebenden Bürgern geführt, denen die Rückkehr zu ihren Grundstücken verweigert wurde.[173] Die Beschwerdeführerin im vorliegenden Fall stand somit exemplarisch für eine Vielzahl von Bürgern, wie es bereits ihre Mitgliedschaft in besagter „Women Walk Home"-Bewegung belegt, in der sie sich für die Rückkehr enteigneter zyprischer Flüchtlinge in ihre Häuser einsetzte.[174]

Weder die TRNC noch die Republik Zypern – als rechtmäßige Inhaberin der Hoheitsgewalt auf dem nordzyprischen Gebiet – konnten für dort begangene Menschenrechtsverletzungen unter der EMRK zur Verantwortung gezogen werden: Erstere war kein anerkannter Staat und konnte daher bereits kein Mitglied des Europarates sein und der EMRK nicht beitreten. Letztere konnte die ihr inhärente Hoheitsgewalt aufgrund der türki-

---

169 EGMR, *Loizidou v. Turkey* [GC], App. no. 15318/89, 18. Dezember 1996, Rn. 16.
170 Ebenda, Rn. 56.
171 Ebenda.
172 EGMR, *Loizidou v. Turkey (Preliminary Objections)*, App. no. 15318/89, 23. März 1995, Rn. 56.
173 Vgl. ebenda, Rn. 58.
174 EGMR, *Loizidou v Turkey* [GC], App. no. 15318/89, 18. Dezember 1996, Rn. 13.

schen Besatzung effektiv nicht ausüben. Es verblieb somit einzig die Türkei als Vertragssstaat der EMRK, dem die Menschenrechtsverletzung in zurechenbarer Weise angelastet werden konnte. Ohne diese Verantwortlichkeit der Türkei wäre es zu einer nicht hinnehmbaren Schutzlücke im System der EMRK gekommen, da Menschenrechtsverletztungen im Einzelfall zwar auf vertragsstaatliche Handlungen zurückführbar, diesen jedoch in Konstellationen wie der vorliegenden nicht zurechenbar gewesen wären.

Zugleich erscheint die Begründung dieser Ausnahme zum Grundsatz der territorialen Ausübung der Hoheitsgewalt auch unabhängig jeglicher „taktischer" Überlegung als sinnvoll und angebracht. Militärische Invasionen – sofern erfolgreich – resultieren regelmäßig in einem Kontrollverlust des angegriffenen Staates bzw. im Zerfall der dort bestehenden staatlichen Strukturen. Autorität wird sodann i.d.R. durch militärische Verbände des Invasionsstaates ausgeübt. Insofern entspricht die Anerkennung der (faktischen) Hoheitsgewalt dieses Staates den tatsächlichen Gegebenheiten.

Ebenso wichtig erscheint die Tatsache, dass der EGMR auch den Umstand nicht gelten ließ, dass die TRNC dieses Gebiet für sich beanspruchte, sondern aufgrund der hohen türkischen Truppenkonzentration eine Ausübung der Hoheitsgewalt durch die Türkei bejahte. Hierdurch verhinderte der EGMR, dass sich sowohl die Türkei als auch andere Staaten (zukünftig) durch den Verweis auf einen vermeintlich bestehenden neuen Staat sich ihrer Verantwortung entziehen könnten, zumal solche Gebilde faktisch aufgrund logistischer, militärischer und finanzieller Unterstützung regelmäßig unter der Kontrolle des Invasionsstaates stehen.[175]

175 Eine vergleichbare Situation besteht hinsichtlich der von Moldawien abtrünnigen Region Transnistrien (Siehe hierzu näher unter Teil 2, Kapitel 1, B., I., 3.) und erscheint im Rahmen des Konflikts in der Ost-Ukraine denkbar, sollte sich bestätigen, dass es sich bei vermeintlichen Söldnern tatsächlich um russische Truppenverbände auf ukrainischem Gebiet handelt(e). In einem solchen Fall wäre hiernach wohl Russland für etwaige in den durch die Separatisten besetzten Gebieten begangene Menschenrechtsverletzungen nach der EMRK verantwortlich. Entsprechend berichtete bspw. der Spiegel von 1500 russischen Soldaten auf ukrainischem Boden und von dem Verdacht der Unterstützung pro-russischer Rebellen durch Russland mittels „Waffen und gut ausgebildeten Soldaten": Der Spiegel, Kiew meldet Invasion von 1500 russischen Soldaten am Wochenende, 09.02.2015, online abrufbar unter http://www.spiegel.de/politik/ausland/ukraine-kiew-meldet-einmarsch-von-1500-soldaten-a-1017479.html (letzter Abruf: 24.05.2019).

2. Banković & Ors. v. Belgium & Ors. – Unterstreichung der Territorialität der EMRK

Fünf Jahre nach *Loizidou* hatten die Richter am EGMR offensichtlich den Eindruck, dass die in *Loizidou* begründete Ausnahme drohte, die extraterritoriale Anwendbarkeit der EMRK ausufern zu lassen. Mit der Entscheidung des EGMR in *Banković*[176] erfuhr das *räumliche* Modell sodann seine erste und zugleich prominenteste Einschränkung.

Die Beschwerdeführer waren mehrheitlich Angehörige getöteter Mitarbeiter des Radio-Televizije Srbije, die bei einem Bombardement der Funkanstalt durch NATO-Verbände gestorben waren.[177] Die Beschwerdeführer beriefen sich auf eine Verletzung von Art. 2, 10 und 13 EMRK.[178] Aufmerksamkeit erhielt das *Banković*-Urteil jedoch nicht aufgrund der Auslegung dieser Artikel. Der EGMR ließ sich auf eine inhaltliche Prüfung einer Verletzung von Konventionsrechten gar nicht erst ein. Nach Ansicht der Beschwerdeführer war Hoheitsgewalt anzunehmen, da die Handlungen der Beschwerdegegner Auswirkungen im ehemaligen Jugoslawien hatten,[179] das zu diesem Zeitpunkt noch außerhalb des Geltungsbereichs der EMRK lag. Dem wurde insbesondere der Standpunkt entgegengehalten, dass nicht die einzelnen Staaten, sondern die NATO richtiger Beschwerdegegner sei, da diese die Kontrolle über die Operation habe.[180] Die Beschwerdegegner beriefen sich somit auf eine fehlende Zuständigkeit des EGMR *ratione personae*.

Hierauf gingen die Richter jedoch nicht ein. Zwar wiesen sie die Beschwerde bereits als unzulässig zurück. Dies geschah allerdings, weil sie das Vorliegen von Hoheitsgewalt eines Konventionsstaates i.S.d. Art. 1 EMRK verneinten. Hierbei setzte der EGMR sich eingehend mit dem Be-

---

176 EGMR, *Banković & Ors. v. Belgium and Ors.* [GC], App. no. 52207/99, 12 Dezember 2001.

177 *Cohen-Jonathan*, 2002 RTDH 52, S. 1069. Die Bombardierung war Teil der im Kosovo intervenierenden Operation "Allied Force" der NATO, vgl. Website der NATO unter https://www.nato.int/cps/en/natohq/topics_49602.htm (Letzter Abruf: 24.05.2019). Erstmals führten NATO-Streitkräfte einen Einsatz außerhalb des Hoheitsgebiets ihrer Mitgliedstaaten druch und handelten hierbei ohne Autorisierung des UNSR, *Ernst*, NZZ, 26. März 2019.

178 EGMR, *Banković & Ors. v. Belgium and Ors.* [GC], App. no. 52207/99, 12 Dezember 2001, Rn. 28.

179 Ebenda, Rn. 30.

180 Ebenda, Rn. 32. Zur Verantwortlichkeit für Menschenrechtsverletzungen bei Beteiligung internationaler Organisationen an Menschenrechtsverletzungen s.u Teil 2, Kap. 2.

griff von Hoheitsgewalt auseinander. Die Richter unterstrichen den essenziell regionalen Charakter der EMRK[181] und folgten unter Verweis auf internationales Recht einer strikt territorialen Konzeption der Konvention:[182]

> „While international law does not exclude a State's exercise of jurisdiction extra-territorially, the suggested bases of such jurisdiction (including nationality, flag, diplomatic and consular relations, effect, protection, passive personality and universality) are, as a general rule, defined and limited by the sovereign territorial rights of the other relevant States."[183]

Die extraterritoriale Anwendung der EMRK sollte stets den Ausnahmefall, die territoriale Anwendbarkeit die Regel darstellen:

> „The Court is of the view, therefore, that Article 1 of the Convention must be considered to reflect this ordinary and essentially territorial notion of jurisdiction, other bases of jurisdiction being exceptional and requiring special justification in the particular circumstances of each case [...]"[184]

Um ihre Position weiter zu untermauern, verwiesen die Richter auf die Staatenpraxis, welche aus ihrer Sicht keine Anzeichen für die extraterritoriale Ausübung von Hoheitsgewalt in vergleichbaren Fällen erkennen ließe.[185] Auch die *travaux préparatoires* ließen keinen anderen Schluss zu.[186]

Der EGMR führte sodann hinsichtlich möglicher Ausnahmefälle weiter aus:

> „The case-law of the Court demonstrates that its recognition of the exercise of extra-territorial jurisdiction by a Contracting State is exceptional: it has done so when the respondent State, through the effective control of the relevant territory and its inhabitants abroad as a conse-

---

181 EGMR, *Banković & Ors. v. Belgium and Ors.* [GC], App. no. 52207/99, 12. Dezember 2001, Rn. 80: Die EMRK sei, so die Richter, ein *"constitutional instrument of European public order"*.

182 *O'Boyle*, in: Coomans/Kamminga, S. 125, 139; *Rainey/Wicks/Ovey*, S. 90.

183 EGMR, *Banković & Ors. v. Belgium and Ors.* [GC], App. no. 52207/99, 12. Dezember 2001, Rn. 59.

184 Ebenda, Rn. 61.

185 Ebenda, Rn. 62.

186 Ebenda, Rn. 63.

> quence of military occupation [...] exercises all or some of the public powers normally to be exercised by that Government."[187]

Banković bekräftigte somit zwar den in *Loizidou* anerkannten Grundsatz, dass die Ausübung von Hoheitsgewalt nicht auf das Hoheitsgebiet der Konventionsstaaten beschränkt sei.[188] Zugleich versuchte sich der EGMR hier an einer Einschränkung der *Loizidou*-Entscheidung. Dort hatte der Gerichtshof extraterritoriale Ausübung von Hoheitsgewalt noch sehr weit ausgelegt und festgestellt, dass eine solche vorliege, wenn „as a consequence of military action – whether lawful or unlawful – it exercises effective control of an area outside its national territory."[189] Seine danach in *Banković* erfolgte Präzisierung des Begriffs der *effektiven Kontrolle* führte anschließend zu einer deutlich engeren Auslegung. Die aufgrund militärischer Besatzung ausgeübte *effektive Kontrolle* musste demnach zu einer Ausübung von öffentlicher Gewalt führen, die im Umfang der regelmäßig durch eine Regierung ausgeübten öffentlichen Gewalt entspricht.[190]

Ausgehend von dieser Auslegung des Begriffs der *effektiven Kontrolle* wäre ein anderes Ergebnis als das sodann verkündete inkonsequent gewesen. Daher verneinten die Richter auch die Ausübung einer *effektiven Kontrolle* über das bombardierte Gebiet. Luftüberlegenheit könne *„keine ausreichende territoriale Kontrolle verschaffen"*[191]. Da ein Staat normalerweise seine Hoheitsgewalt nicht durch die Bombardierung seines eigenen Staatsgebietes ausübe, könne Hoheitsgewalt durch Drittstaaten ebenfalls nicht auf diese Art und Weise ausgeübt werden.[192] Hoheitsgewalt nach Art. 1 umfasst nach dieser Entscheidung somit keine sog. *„instantaneous extraterritorial acts"*.[193]

Der EGMR verneinte in seiner Entscheidung zudem eine an den besonderen Umständen des Einzelfalles orientierte Möglichkeit eines Zuschneidens bzw. Aufteilens der in Art. 1 EMRK enthaltenen Verpflichtung, die Rechte und Freiheiten zu garantieren.[194] Die Antragsteller hatten insofern

---

187 Ebenda, Rn. 71.

188 EGMR, *Loizidou v. Turkey (Preliminary Objections)*, App. no. 15318/89, 23. März 1995, Rn. 62.

189 Ebenda, Rn. 62 f.

190 EGMR, *Banković & Ors. v. Belgium and Ors.* [GC], App. no. 52207/99, 12. Dezember 2001, Rn. 71.

191 *Richter*, in: Giegerich (Hrsg.), S. 257, 281 (Eigene Übersetzung).

192 Ebenda.

193 *Morris-Take*, S. 84; *Moreno-Lax*, 12 HRLR. 2012, S. 574, 581.

194 EGMR, *Banković & Ors. v. Belgium and Ors.* [GC], App. no. 52207/99, 12. Dezember 2001, Rn. 75.

die Ansicht vertreten, dass bei der Feststellung von Hoheitsgewalt das Erfordernis *effektiver Kontrolle* eine dahingehende Anpassung erfahren solle, dass die positiven Verpflichtungen aus Art. 1 im Einzelfall nur so weit reichen sollten, dass sie proportional zur tatsächlich ausgeübten Kontrolle seien.[195] Dies hätte jedoch u.U. zur Folge, dass in vergleichbaren Fällen nicht alle Konventionsrechte in gleichem Umfang gewährt würden.

Die *Banković* -Entscheidung erfuhr in der Literatur deutliche Kritik.[196] Ebenso wie die *Loizidou*-Entscheidung diente auch die *Banković*-Entscheidung offensichtlich – der Erreichung eines bestimmten Zweckes: Die Richter wollten eine Grundsatzentscheidung zur Auslegung des Art. 1 fällen[197] und die Gefahr einer ausufernden Anwendung der EMRK außerhalb des Hoheitsgebietes der Vertragsstaaten verhindern. Man kann spekulieren, ob die Drohung der Beschwerdegegner, eine Anwendung der EMRK würde zukünftige gemeinsame internationale militärische Interventionen gefährden,[198] die Entscheidungsfindung der Richter beeinflusst hat. In jedem Fall mussten sich EMRK-Mitgliedstaaten für durch sie begangene Konventionsverletzungen nicht verantworten. Trotz der u.a. daran anknüpfenden starken Kritik hat sich der EGMR bisher nicht zu einer ausdrücklichen Aufgabe von *Banković* durchringen können. Vielmehr spielt das *räumliche* Modell in der von *Banković* begründeten engen Ausgestaltung bis heute eine zentrale Rolle bei der Determinierung der extraterritorialen Anwendbarkeit der EMRK.

---

195 Ebenda, Rn. 46.

196 Vgl. *Schäfer*, MRM 3/2002, S. 149, 155 ff.; *Morris-Take*, S. 83; *Cerone*, 39 VJTL 2006, S. 1447, 1493, der im Hinblick auf die *Banković*-Entscheidung feststellt: *„However, even within the context of regional obligations, the continuing vitality of the legal space argument is questionable“*. Siehe auch *Cohen-Jonathan*, 2002 RTDH 52, S. 1069, 1082, der Verständnis für das „Gefühl der Frustration und des Unverständnisses der Opfer“ (Eigene Übersetzung) äußert. *Lawson*, in: Coomans/ Kamminga (Hrsg.), S. 83, 85 stellt fest: *„The Court got it all wrong“*. Eine vertiefte Auseinandersetzung findet sich bei *Ress*, welcher sich extensiv mit zwei Hauptkritikpunkten – der territorialen Konzeption der Hoheitsgewalt und den besonderen Voraussetzungen für die extraterritoriale Anwendbarkeit der EMRK – auseinandersetzt, *Ress*, ZEuS 6 (2003), S. 73, 82 ff.

197 *Cohen-Jonathan*, 2002 RTDH 52, S. 1069, 1074.

198 EGMR, *Banković & Ors. v. Belgium and Ors.* [GC], App. no. 52207/99, 12 Dezember 2001, Rn. 43.

3. Das Ilaşcu-Urteil des EGMR

Keine drei Jahre nach dem umstrittenen *Banković*-Urteil musste sich der EGMR erneut mit der Frage der extraterritorialen Anwendbarkeit der EMRK beschäftigen. In seinem *Ilaşcu*-Urteil[199] unterstrich der EGMR zunächst erneut die grundsätzlich territoriale Anwendbarkeit der EMRK.[200]

Der Fall hatte die Beschwerden mehrerer moldawischer Staatsbürger zum Gegenstand, welche zur Zeit ihrer Beschwerdeerhebung in der abtrünnigen aber zu Moldawien gehörenden Region Transnistrien festgehalten wurden, die 1991 einseitig ihre Unabhängigkeit erklärt hatte.[201] Transnistrien war zum Zeitpunkt der Urteilsverkündung nicht durch die Staatengemeinschaft als eigenständiger Staat anerkannt.[202] Dies ist auch bis heute nicht geschehen.[203] Nach dem Zerfall der Sowjetunion waren russische Truppen jedoch auf dem Gebiet Moldawiens verblieben und hatten zur Überzeugung des Gerichtshofes im darauffolgenden Konflikt zwischen Moldawien und der abtrünnigen Region Transnistrien die dortige Separatistenbewegung u.a. mit Soldaten, Waffen und Munition versorgt.[204] Die Beschwerdeführer waren 1992 durch Uniformierte festgenommen worden, die z.T. die Insignien der 14. Armee der UdSSR trugen.[205] Im Rahmen des sodann durchgeführten Gerichtsverfahrens wurden die Beschwerdeführer u.a. des Mordes für schuldig befunden und zu langen Haftstrafen verurteilt.[206] Die Beschwerdeführer erreichten im Rahmen des daraufhin angestrengten Gerichtsverfahrens vor dem EGMR sowohl eine Verurteilung Russlands als auch Moldawiens zur Sicherstellung ihrer Freilassung und zur Zahlung einer Entschädigung.[207]

---

199 EGMR, *Ilaşcu & Ors. v. Moldova and Russia* [GC], App. no. 48787/99, 08. Juli 2004.

200 Ebenda, Rn. 312.

201 *Lawson*, in: Coomans/Kamminga (Hrsg.), S. 83, 101.

202 EGMR, *Ilaşcu & Ors. v. Moldova and Russia* [GC], App. no. 48787/99, 08. Juli 2004, Rn. 2, 30.

203 Insofern zeigen sich hier Parallelen zum Fall Loizidou, da auch die sog. „TRNC“ bis heute nicht als souveräner Staat anerkannt ist.

204 EGMR, *Ilaşcu & Ors. v. Moldova and Russia* [GC], App. no. 48787/99, 08. Juli 2004, Rn. 65.

205 Ebenda, Rn. 188.

206 Ebenda, Rn. 216-219.

207 Ebenda, Rn. 20-22.

a. Moldawische Hoheitsgewalt über die Beschwerdeführer

Die Frage der Ausübung der Hoheitsgewalt i.S.d. Art. 1 hatte einen besonderen Stellenwert: Der EGMR setzte sich nicht nur mit der Frage der Verantwortung Russlands als *de facto* Besatzungsmacht auseinander, sondern beleuchtete zusätzlich auch eventuelle Verfehlungen Moldawiens. Dies mag auf den ersten Blick selbstverständlich erscheinen. Die Besonderheit des Falles lag jedoch in der Tatsache, dass Moldawien zum damaligen Zeitraum nicht mehr in der Lage war, über Transnistrien Hoheitsgewalt auszuüben[208] – eine Situation, die bis heute fortbesteht:

> „On the basis of all the material in its possession, the Court considers that the Moldovan Government [...] does not exercise authority over part of its territory, namely that part which is under the effective control of the ‚MRT'."[209]

In diese Richtung hatten zuvor die Vertreter der moldawischen Regierung argumentiert: Die Beschwerdeführer fielen ihrer Ansicht nach nicht unter die moldawische Hoheitsgewalt. Die moldawische Regierung griff hierbei auf das Verständnis von Hoheitsgewalt im internationalen Recht zurück:

> „In international law, a State's territorial jurisdiction, which had to be exclusive and total, was called territorial sovereignty. That sovereignty enabled it to exercise in a circumscribed area its State functions, made up of legislative, administrative and judicial acts. But a state not in effective control of part of its territory could not really exercise territorial jurisdiction and sovereignty. In such a case, the concepts of 'jurisdiction' and 'territory' were not interchangeable. For the convention to be applicable, it had to be possible for the State to confer and secure the rights set forth in the Convention. Accordingly, the question whether a person came within the jurisdiction of a State was a question of fact; it was necessary to determine whether, at the time of

208 *Leach*, EJIL: Talk!, 19. März 2014; *Grant*, EJIL: Talk!, 22. Mai 2014. Insofern ähnelt die Konstellation der Faktenlage im Zypernkonflikt, in dem wie bereits festgestellt, Zypern die Kontrolle über Teile seines Hoheitsgebietes nicht mehr in der Lage war bzw. ist, auszuüben. Tatsächlich bezog sich die moldawische Regierung im Rahmen ihrer Argumentation auch auf das Verfahren zwischen Zypern und der Türkei, EGMR, *Cyprus v. Turkey* [GC], App. no. 25781/94, 12. Mai 2014.

209 EGMR, *Ilaşcu & Ors. v. Moldova and Russia* [GC], App. no. 48787/99, 08. Juli 2004, Rn. 330. "MRT" steht hierbei für Moldovian Republic of Transdniestria – also Moldawische Republik Transnistrien.

> the conduct complained of, the State authorities did or did not exercise effective control over the alleged victims."[210]

Nach Ansicht der moldawischen Regierung gehört die Region Transnistrien somit bis heute zu ihrem Hoheitsgebiet, es ist den moldawischen Behörden jedoch unmöglich, ihre Hoheitsgewalt dort auszuüben, da ihre effektive Kontrolle über das Gebiet nicht gegeben ist.[211] Moldawien pochte hinsichtlich des Gebietes von Transnistrien also auf die Anwendung der Rechtsprechung zur extraterritorialen Ausübung der Hoheitsgewalt und hoffte, sich durch den Nachweis fehlender *effektiver Kontrolle* der Verantwortung entziehen zu können. Zugleich modifizierte die moldawische Regierung das Verständnis *effektiver Kontrolle* hin zu einer *effektiven Kontrolle* nicht nur über das Gebiet, sondern insbesondere auch über die Beschwerdeführer selbst. Insofern verfocht Moldawien hier eine Anwendung des *personellen* Modells.

Den EGMR konnte dies nicht in Gänze überzeugen. Zwar erkannten die Richter an, dass Moldawien außerstande war, seine Autorität über das Gebiet von Transnistrien auszuüben. Jedoch folge daraus keine gänzliche Befreiung Moldawiens von seinen Verpflichtungen aus der EMRK:

> „The Court considers that where a Contracting State is prevented from exercising its authority over the whole of its territory by a constraining de facto situation [...] it does not thereby cease to have jurisdiction within the meaning of Article 1 of the Convention over that part of its territory [...]."[212]

Die Frage einer entsprechenden Anwendung der Regeln der extraterritorialen Anwendbarkeit der EMRK stellte sich daher gar nicht erst. Es lässt sich dieser Formulierung jedoch eine Tendenz des EGMR hin zu einer Anwendung des räumlichen Modells entnehmen.[213] Auch wenn ein Staat seine Autorität über einen Teil seines Staatsgebietes *de facto* nicht auszuüben in der Lage ist, lässt dies seine Hoheitsgewalt i.S.d. Art. 1 EMRK zunächst einmal unberührt. Die fehlende Autorität kann jedoch zu einer Einschränkung der im Rahmen der EMRK eingegangenen Verpflichtungen führen:[214]

---

210 Ebenda, Rn. 300.

211 Ebenda, Rn. 302.

212 EGMR, *Ilașcu & Ors. v. Moldova and Russia* [GC], App. no. 48787/99, 08. Juli 2004, Rn. 333.

213 Vgl. *Milanovic*, EJIL:Talk!, 21. Oktober 2012.

214 *Schäfer*, Studien zu Grund- und Menschenrechten, S. 21.

> „Nevertheless, such a factual situation reduces the scope of that jurisdiction in that the undertaking given by the State under Article 1 must be considered by the Court only in the light of the Contracting State's positive obligations towards persons within its territory.“[215]

Trotz fehlender Autorität über einen Teil seines Staatsgebiets verbleiben für die betroffene Vertragspartei somit bestimmte positive Verpflichtungen gegenüber den dort lebenden Bürgern. So stellte der EGMR weiter fest:

> „The State in question must endeavour, with all the legal and diplomatic means available to it *vis-à-vis* foreign States and international organisations, to continue to guarantee the enjoyment of the rights and freedoms defined in the Convention.“[216]

Diese Anstrengungen hatte Moldawien nach Ansicht des EGMR nicht ausreichend unternommen. Insbesondere hatten die moldawischen Behörden keine ausreichenden Bemühungen an den Tag gelegt, um eine Freilassung der Beschwerdeführer zu erreichen.[217] Wenn auch die Existenz solcher positiver Verpflichtungen zuvor bereits im Grundsatz festgestellt worden war[218] und dies nicht der erste Fall der faktischen Unmöglichkeit der Autoritätsausübung auf einem Teil des Gebietes eines Staates war,[219] so hatte der EGMR solche positiven Verpflichtungen für Staaten bis dato nicht derart deutlich formuliert.

Durch diese Entscheidung hat der EGMR die Tatsache ausreichend gewürdigt, dass von einem Konventionsstaat, der auf einem Teil seines Staatsgebietes faktisch nicht mehr in der Lage ist, seine Autorität auszuüben, nicht verlangt werden kann, die Gesamtheit der Rechte aus der EMRK für die dort lebenden Menschen zu garantieren. Zugleich gehört ein abtrünniges Gebiet noch immer zum Hoheitsgebiet des fraglichen Staates, solange es nicht durch die Staatengemeinschaft als eigenständiger

---

215 EGMR, *Ilaşcu & Ors. v. Moldova and Russia* [GC], App. no. 48787/99, 08. Juli 2004, Rn. 333.

216 Ebenda. Vgl. auch *Leach*, EJIL: Talk!, 19. März 2014.

217 *Leach*, EJIL: Talk!, 19. März 2014.

218 Vgl. EGMR, *Özgür Gündem v. Turkey*, App. no. 23144/93, 16. März 2000, Rn. 43.

219 Vergleichbare Situationen finden sich bei EGMR, *Loizidou v Turkey* [GC], App. no. 15318/89, 18. Dezember 1996; EGMR, *Assanidze v. Georgia* [GC], App. no. 71503/01, 8. April 2004. Unter anderem auch auf *Ilaşcu* aufbauen fällte der EGMR 2015 sein Urteil im Fall *Sargsyan v. Azerbaijan* [GC], App. no. 40167/06, 16. Juni 2015, in dem es um Menschenrechtesverletzungen in dem von Azerbaijan abtrünnigen Gebiet „Nagorno-Karabakh Republic“ ging.

Staat anerkannt wurde. Man befindet sich daher im Grunde im klassischen Anwendungsbereich des Art. 1 EMRK, nämlich auf dem Hoheitsgebiet eines Staates. Auch diese Tatsache berücksichtigten die Richter in ihrer Urteilsfindung. Eine komplette Befreiung des Staates von seinen EMRK-Verpflichtungen auf dem abtrünnigen Gebiet war daher kein gangbarer Weg. Insofern ist es auch einem Konventionsstaat zumutbar, zumindest alle „*in seiner Macht stehenden rechtlichen und diplomatischen Maßnahmen [zu] ergreifen*"[220], um insbesondere auch die Integrität seines Hoheitsgebietes wieder herzustellen und seinen Staatsbürgern den höchstmöglichen Schutz unter der EMRK zukommen zu lassen. Die Konsequenzen insbesondere für die Bürger im betroffenen Gebiet wären andernfalls unzumutbar. Nähme man in solchen Fällen eine fehlende Hoheitsgewalt i.S.d. Art. 1 EMRK an, so ergäben sich für diese Schutzlücken mit teilweise dramatischen Folgen. Sie wären Menschenrechtsverletzungen schutzlos ausgeliefert und es bestünde auch kein menschenrechtlicher Schutz im Falle militärischer Interventionen des jeweiligen Staates zur Rückeroberung des abtrünnigen Gebietes.[221] Insofern hatte die Entscheidung auch Signalwirkung außerhalb Moldawiens und Russlands.

b. Russlands extraterritoriale Ausübung von Hoheitsgewalt in Transnistrien

Doch nicht nur Moldawien wurde im vorliegenden Urteil durch den EGMR zur Rechenschaft gezogen. Auch Russlands Hoheitsgewalt i.S.d. Art. 1 EMRK über Transnistrien stellten die Richter fest. Laut diesen übte Russland im Gegensatz zu Moldawien *effektive Kontrolle* über das Gebiet aus. Der EGMR stellte fest, dass die dortige sog. „*Moldavian Republic of Transdniestria*"[222] (MRT) mit der Hilfe Russlands aufgebaut und insbesondere mit einer eigenen Verwaltungsstruktur ausgestattet worden war.[223] Weiterhin stellte der EGMR fest, dass die MRT

> „remains under the effective authority, or at the very least under the decisive influence, of the Russian Federation, and in any event that it

---

220 *Leach*, EJIL: Talk!, 19. März 2014 (Eigene Übersetzung).

221 Eine Verantwortlichkeit des Staates nach Humanitärem Völkerrecht bliebe ungeachtet dessen unberührt.

222 EGMR, *Ilaşcu & Ors. v. Moldova and Russia* [GC], App. no. 48787/99, 08. Juli 2004, Rn. 2.

223 Ebenda, Rn. 392.

survives by virtue of the military, economic, financial and political support given to it by the Russian Federation."[224]

Hieraus folgerten die Richter eine Verantwortung Russlands für die Kläger, unabhängig von der Frage, ob russische Agenten an deren Verhaftung unmittelbar beteiligt waren.[225]

Die Entscheidung hinsichtlich der russischen Verantwortlichkeit für Menschenrechtsverletzungen in Transnistrien zeigt deutliche Parallelen zum *Loizidou*-Urteil von 1996. Auch dort bejahte der EGMR die Verantwortlichkeit der Türkei für durch die TRNC begangene Menschenrechtsverletzungen aufgrund der starken türkischen Militärpräsenz.[226] Im Sinne einer einheitlichen Rechtsprechung und der Wahrung der Glaubwürdigkeit der EGMR-Rechtsprechung konnten die Richter hier nicht anders entscheiden, als die russische Verantwortlichkeit festzustellen, zumal Russland vorliegend nicht lediglich militärische Unterstützung geleistet, sondern der transnistrischen Unabhängigkeitsbewegung zusätzlich auch logistisch und finanziell unter die Arme gegriffen hatte.

Es kann im Ergebnis auch keinen Unterschied machen, ob ein Staat das Gebiet eines anderen Staates militärisch besetzt und letzterem hierdurch die Kontrolle hierüber und den Zugang zu den dort lebenden Bürgern unmöglich macht oder ob er bereits ansässige Rebellengruppen militärisch, logistisch, politisch und/oder finanziell derart unterstützt, dass diese in der Lage sind, sich effektiv gegen die eigentlich zuständige Staatsmacht zu wehren und diese aus dem Gebiet zu verdrängen.[227] Ein Verneinen russischer Verantwortlichkeit hätte Vertragsparteien ein Schlupfloch eröffnet, durch das sie im Wege eines Stellvertreterkrieges Einfluss auf das Staatsgebiet anderer Staaten hätten nehmen können, ohne hierbei Gefahr zu laufen, für dort begangene Menschenrechtsverletzungen zur Rechenschaft gezogen zu werden.[228]

---

224 Ebenda.

225 Ebenda, Rn. 393. Diese Frage hätte den EGMR aller Voraussicht nach gezwungen sich mit der Frage der Hoheitsgewalt nach dem *personellen* Modell auseinanderzusetzen und hätte die Entscheidung wohl thematisch in die Nähe der Entscheidung im Fall *Öcalan* gerückt (hierzu näher unter Teil 2, Kap. 1, B., I., 5.).

226 Siehe oben Teil 2, Kap. 1, B., I., 1.

227 Dies gilt unabhängig von der Tatsache, dass russische Truppenverbände wie bereits festgestellt auf dem Gebiet von Transnistrien präsent waren und bis heute sind.

228 Entsprechende Überlegungen dürften, wie bereits im Rahmen der Analyse der *Loizidou*-Entscheidung angemerkt, auch angesichts der Krise in der Ost-Ukraine

c. Bestätigung des *Ilaşcu*-Urteils in der nachfolgenden Rechtsprechung

Das *Ilaşcu*-Urteil wurde durch den EGMR in der Folge durch eine Reihe von Urteilen zu Transnistrien bestätigt. Im *Catan*-Urteil[229] unterstrich der Gerichtshof erneut, dass die in Transnistrien lebenden Beschwerdeführer nach Art. 1 EMRK der Hoheitsgewalt sowohl von Moldawien[230] als auch von Russland[231] unterstanden. Der EGMR nahm hierbei explizit Bezug auf sein *Ilaşcu*-Urteil und übernahm im Wesentlichen die dortige Argumentation. Im Gegensatz zu *Ilaşcu* gingen die Richter dieses Mal jedoch davon aus, dass Moldavien seine Verpflichtungen nach der EMRK eingehalten hatte.[232]

Bestätigung fand das *Ilaşcu*-Urteil zudem in dem 2016 erlassenen Urteil im Fall *Mozer*[233]. Auch hier bejahte der EGMR unter Verweis auf und Übernahme der Argumentation aus seinem *Ilaşcu*-Urteil die Ausübung von Hoheitsgewalt sowohl von Moldawien[234] als auch von Russland[235].

In beiden Fällen wehrte sich Russland vergeblich gegen die Annahme seiner Hoheitsgewalt über Transnistrien. Insbesondere das Argument, dass es sich bei der MRT um ein von Russland unabhängiges *de facto* Regime handele,[236] wiesen die Richter unter Verweis auf die erhebliche militärische, wirtschaftliche und logistische Unterstützung Russlands für das abtrünnige Gebiet ab.[237]

Dies berührt die Problematik der fehlenden Anerkennung von *de facto* Regimen durch den EGMR, die sich bereits seit dem Zypern-Konflikt

---

angebracht sein. Der Konflikt zwischen Russland und der Ukraine hatte zwischenzeitlich auch ein rechtliches Nachspiel. Die Ukraine erhob seit 2014 mehrere Staatenbeschwerden gegen Russland vor dem EGMR. Alle Streitigkeiten in Bezug auf die Krim bis September 2014 wurden unter der App. no. 20958/14 zusammengefasst. Verfahren bzgl. der Ostukraine bis September 2014 finden sich unter der App. no. 8019/16. Im Jahr 2018 erhob die Ukraine zwei weitere Staatenbeschwerden gegen Russland (App. nos. 38334/18 und 55855/18).

229 EGMR, *Catan & Ors. v. The Republic of Moldova and Russia* [GC], App. nos. 43370/04, 18454/06, 8252/05, 19. Oktober 2012.

230 Ebenda, Rn. 109 f.

231 Ebenda, Rn. 111 - 123.

232 *Milanovic*, EJIL: Talk!, 21. Oktober 2012.

233 EGMR, *Mozer v. The Republic of Moldova and Russia* [GC], App. no. 11138/10, 23. Februar 2016.

234 Ebenda, Rn. 99 f.

235 Ebenda, Rn. 101 - 111.

236 Ebenda, Rn. 94.

237 Ebenda, Rn. 103; EGMR, *Catan & Ors. v. The Republic of Moldova and Russia* [GC], App. nos. 43370/04, 18454/06, 8252/05, 19. Oktober 2012, Rn. 117.

stellt.[238] In *Ilaşcu* hatte der Gerichtshof den Gerichten der MRT die Rechtmäßigkeit abgesprochen,[239] da es sich bei dem dortigen höchsten Gericht um eine Institution handelte, die „*was set up by an entity which is illegal under international law and has not been recognised by the international community*“[240]. In diesem Punkt unterscheidet sich insbesondere das *Mozer*- vom *Ilaşcu*-Urteil. Dieses Mal folgerte der EGMR keine Unrechtmäßigkeit des Gerichtes aus der fehlenden internationalen Anerkennung des *de facto* Regimes, sondern ließ sich vielmehr von der Notwendigkeit leiten, Rechtschutzlücken im EMRK-Gefüge zu vermeiden.[241]

Letztmalig bestätigte der EGMR seine Rechtsprechung zur Hoheitsgewalt in Transnistrien in seinem 2018 ergangenen *Sandu*-Urteil[242],[243] wobei er auch hier die Ausübung von Hoheitsgewalt durch beide Staaten bejahte und für Moldawien lediglich feststellte, dass es seinen Verpflichtungen nach der Konvention nachgekommen sei.[244]

4. Der Fall Issa & Ors. v Turkey

Fast zeitgleich mit dem *Ilaşcu*-Urteil entschied der EGMR im Jahr 2004 den Fall *Issa*.[245] Dieses ursprünglich vor der EKMR begonnene Verfahren wurde später durch den EGMR fortgeführt.[246] Die Beschwerdeführerinnen waren die Verwandten von sechs Irakern, welche ihren Angaben zufolge durch türkische Soldaten auf irakischem Gebiet verschleppt und daraufhin tot aufgefunden worden waren.[247] Die türkische Armee bestätigte zwar die Durchführung einer Militäraktion im Nordirak, bestritt jedoch unter Ver-

---

238 Vgl. *Nuridzhanian*, EJIL: Talk!, 09. Oktober 2017.

239 Ebenda.

240 EGMR, *Ilaşcu & Ors. v. Moldova and Russia* [GC], App. no. 48787/99, 8. Juli 2004, Rn. 436.

241 *Nuridzhanian*, EJIL: Talk!, 09. Oktober 2017.

242 EGMR, *Sandu & Ors. v. The Republic of Moldova and Russia*, App nos. 21034/05, 41569/04, 41573/04, 41574/04, 7105/06, 9713/06, 18327/06, 38649/06, 17. Juli 2018.

243 *Milanovic*, EJIL: Talk!, 19. Juli 2018.

244 Ebenda.

245 EGMR, *Issa & Ors. v. Turkey*, App. no. 31821/96, 16. November 2004.

246 *Morris-Take*, S. 87; EGMR, *Issa & Ors. v. Turkey*, App. no. 31821/96, 16. November 2004, Rn. 1. Das EGMR-Verfahren übernahm hierbei die App. no. des EKMR-Verfahrens.

247 EGMR, *Issa & Ors. v. Turkey*, App. no. 31821/96, 16. November 2004, Rn. 10, 19 - 21.

weis auf ihre Armeeaufzeichnungen eine Präsenz türkischer Soldaten in dem Gebiet, in dem die Verwandten der Beschwerdeführerinnen verschleppt und tot aufgefunden worden waren.[248]

Dreh- und Angelpunkt der Entscheidung war damit erneut die Frage des Vorliegens von Hoheitsgewalt nach Art. 1 EMRK. Die türkische Regierung vertrat entsprechend ihrer Interessen eine sehr restriktive Lesart der *Banković*-Entscheidung. Zu Recht wies sie zunächst darauf hin, dass hierdurch nochmals der Ausnahmecharakter extraterritorialer Ausübung von Hoheitsgewalt unterstrichen wurde.[249] Sodann führte die Beschwerdegegnerin weiter aus:

> „That decision also confirmed that the Convention was a treaty operating in an essentially regional context and in the legal space (*espace juridique*)(sic!) of Contracting States and that jurisdiction would only be established when the territory in question was one that would normally be covered by the Convention."[250]

Dieser Aussage kann nur teilweise zugestimmt werden. Zwar war die EMRK von Beginn an als regionales Menschenrechtschutzinstrument konzipiert,[251] sodass man insofern den Grundsatz territorialer Anwendbarkeit der EMRK ableiten kann. Allerdings folgt hieraus nicht, dass die Konvention stets nur dann anwendbar sein solle, wenn das streitgegenständliche Gebiet normalerweise durch den Anwendungsbereich der EMRK abgedeckt wäre. Eine solche Annahme würde die Konvention zu einem starren und sehr unflexiblen Konstrukt verkommen lassen und die Interpretationshoheit des Gerichtshofes stark einschränken. Zudem hat *Banković* zwar, wie gesehen, die extraterritoriale Anwendbarkeit der EMRK eingeschränkt. Ausgeschlossen wurde sie hierdurch jedoch nicht.

Im Rahmen seiner Urteilsbegründung bekräftigte der EGMR erneut unter Verweis auf das *Banković*-Urteil die grundsätzlich territoriale Anwendung der EMRK.[252] Zugleich unterstrich er jedoch die Möglichkeit einer extraterritorialen Anwendbarkeit der Konvention in Ausnahmefällen. *Issa* endete mit der Prüfung der Hoheitsgewalt. Der EGMR stellte fest, dass eine solche nicht vorlag. Dies beruhte primär auf der Unfähigkeit der Beschwerdeführer, den Nachweis zu führen, dass die türkischen Streitkräfte

248 *o.V.* Issa and Others v. Turkey, 15 HRCD 2004-2005, S. 451, 452.
249 EGMR, *Issa & Ors. v. Turkey*, App. no. 31821/96, 16. November 2004, Rn. 56.
250 Ebenda.
251 Vgl. Teil 2, Kap. 1, A.
252 EGMR, *Issa & Ors. v. Turkey*, App. no. 31821/96, 16. November 2004, Rn. 67.

zur Zeit der Tötung ihrer Angehörigen in dem entsprechenden Gebiet aktiv waren. Die türkische Regierung hatte zuvor bekräftigt, dass ihre Streitkräfte lediglich in einem Gebiet 10 km nördlich vom Fundort der Leichen aktiv gewesen seien.[253]

Besonders interessant gestaltet sich die Entscheidung des EGMR mit Blick auf die Erwägungen im Rahmen der Gründe für die Annahme der Ausübung extraterritorialer Hoheitsgewalt. Nach einem Verweis auf das *räumliche* Modell[254] zogen die Richter weitere Möglichkeiten der Ausübung von Hoheitsgewalt außerhalb des eigenen Territoriums in Betracht und stellten fest:

> „Moreover, a State may also be held accountable for violation of the Convention rights and freedoms of persons who are in the territory of another State but who are found to be under the former State's authority and control through its agents operating – whether lawfully or unlawfully - in the latter State [...]."[255]

Dies kann gewissermaßen als Geburtsstunde des *personellen* Modells in der Rechtsprechung des EGMR gesehen werden. Zu seiner Begründung verwiesen die Richter *mutatis mutandis* auf die Entscheidungen der Europäischen Kommission für Menschenrechte (EKMR) im Fall *M. v. Denmark*[256] und *Ramirez Sánchez v. France*[257].[258]

Der Fall *M. v. Denmark* hatte die Beschwerde eines deutschen Staatsangehörigen zum Gegenstand, der nach erfolglosem Übersiedlungsersuchen von der damaligen DDR in die BRD als Teil einer größeren Gruppe die dänische Botschaft in Ost-Berlin aufgesucht hatte, um Verhandlungen über ihre sichere Ausreise zu erzwingen.[259] Nachdem die Gruppe das Angebot von Straffreiheit und neuen Verhandlungen über ihre Ausreise abgelehnt hatte, wurden die Mitglieder mehrmals aufgefordert, das Botschaftsgelände zu verlassen und schlussendlich durch Beamte der DDR hinausgeleitet. In der Folge wurde der Beschwerdeführer durch Beamte der DDR verhört und nach 33-tägiger Inhaftierung zu einer Bewährungsstrafe verurteilt und freigelassen.[260]

---

253 Ebenda, Rn. 58.
254 Ebenda, Rn. 69.
255 Ebenda, Rn. 71.
256 EKMR, *M v. Denmark*, App. no. 17392/90, 14. Oktober 1992.
257 EKMR, *Ramirez Sánchez v France*, App. no. 28780/95, 24. Juni 1996.
258 EGMR, *Issa & Ors. v. Turkey*, App. no. 31821/96, 16. November 2004, Rn. 71.
259 EKMR, *M v. Denmark*, App. no. 17392/90, 14. Oktober 1992, The Facts.
260 Ebenda.

Die EKMR folgte in ihrer Entscheidung bereits dem *personellen* Modell, wie es sodann durch *Issa* in die Rechtsprechung des EGMR eingeführt wurde und bejahte mit folgender Begründung Hoheitsgewalt aufgrund der Handlungen der dänischen Konsulatsbeamten:

> „The Commission notes that these complaints are directed mainly against Danish diplomatic authorities in the former DDR. It is clear, in this respect, from the constant jurisprudence of the Commission that authorised agents of a State, including diplomatic or consular agents, bring other persons or property within the jurisdiction of that State to the extent that they exercise authority over such persons or property by their acts or omissions, the responsibility of the State is engaged [...].“[261]

Der Fall *Ramirez Sánchez v. France* lag der EKMR 1996 zur Entscheidung vor. Der Beschwerdeführer wurde in Frankreich im Zusammenhang mit einem Bombenattentat gesucht.[262] Er war nach eigenen Angaben im Sudan entführt, gefesselt und sediert worden; man hatte ihm die Augen verbunden und zum Flughafen verbracht, wo er vor einem Flugzeug zwei Franzosen ausmachen konnte.[263] In diesem wurde er fixiert und nach Frankreich ausgeflogen, wo er dem französischen Geheimdienst übergeben und sodann dem Ermittlungsrichter vorgeführt wurde, der ihm einen Haftbefehl eröffnete.[264] Die Beschwerde wurde durch die EKMR schlussendlich als unzulässig abgewiesen.[265] Diese hatte sich auch in diesem Fall zumindest am Rande mit der extraterritorialen Ausübung von Hoheitsgewalt auseinandergesetzt und festgestellt, dass – die Richtigkeit der Angaben des Beschwerdeführers unterstellt – dieser sich ab dem Zeitpunkt der Übergabe an französische Beamte auf sudanesischem Gebiet unter der Autorität Frankreichs befunden und dieses daher Hoheitsgewalt über ihn ausgeübt habe.[266] Insofern folgte die EKMR auch in diesem Fall dem *personellen* Modell.

Der EGMR erkannte erst in *Issa* erstmals die Möglichkeit an, dass ein Staat zwar keine effektive Kontrolle über das Gebiet eines anderen Staates i.S.d. *räumlichen* Modells ausüben, durch seine auf fremden Gebiet statio-

261 Ebenda, The Law, Rn. 1.

262 EKMR, *Ramirez Sánchez v France*, App. no. 28780/95, 24. Juni 1996, D.R. 86-B, S. 156.

263 Ebenda.

264 Ebenda.

265 Ebenda, S. 162.

266 Ebenda, S. 161.

nierten Agenten dennoch Autorität und Kontrolle über die dort befindlichen Menschen haben kann. Die extraterritoriale Ausübung von Hoheitsgewalt knüpft daher beim *personellen* Modell nach dem Verständnis von *Issa* nicht an die territoriale Kontrolle über ein Gebiet an, sondern an die direkte, insbesondere physische, Kontrolle Staatsbediensteter über ein Individuum.

Dieser Ansatz ist geeignet, Schutzlücken dort zu schließen, wo das *räumliche* Modell mangels effektiver Gebietskontrolle nicht greift, eine Verneinung der Hoheitsgewalt jedoch unerträglich erschiene. Dennoch wohnt diesem Ansatz das große Risiko inne, dass hierdurch der Anwendungsbereich der EMRK zu stark ausgeweitet und der Grundsatz territorialer Hoheitsgewalt, wie Art. 1 EMRK ihn bestimmt, ausgehöhlt wird.

5. Öcalan v. Turkey

Ein Jahr nach *Issa* entschied der EGMR den Fall *Öcalan.*[267] Dieser betraf die extraterritoriale Anwendbarkeit der EMRK lediglich am Rande. Die Entscheidung soll dennoch kurz dargestellt werden, um die Entwicklung der Straßburger Rechtsprechung zu verdeutlichen.

Der Entscheidung zugrunde lag die Beschwerde des PKK-Führers Öcalan. Dieser hatte sich nach seiner Ausweisung aus Syrien und mehreren erfolglosen Asylanträgen in Griechenland und Italien mithilfe griechischer Botschaftsmitarbeiter in die griechische Botschaft in Kenia begeben und dort zunächst Zuflucht erhalten, ohne jedoch auf einen erneuten Asylantrag eine Antwort zu erhalten.[268] Als Öcalan aufgrund politischen Drucks von Seiten Kenias das Land verlassen musste, wurde er durch die kenianischen Behörden zu einem durch türkische Vertreter bemannten Flugzeug gebracht, durch diese dort festgenommen, seine Augen wurden verbunden und er wurde in die Türkei ausgeflogen und schließlich in ein türkisches Gefängnis überstellt.[269] Der EGMR stellte eine Verletzung Öcalans in seinen Rechten aus Art. 3, 5 und 6 EMRK fest.[270]

Mit Übergabe an die türkischen Behörden geriet Öcalan nach Ansicht des EGMR unter deren *effektive Kontrolle.*[271] Der EGMR folgte in seiner

---

267 EGMR, *Öcalan v. Turkey* [GC], App. no. 46221/99, 12. Mai 2005.

268 Ebenda, Rn. 14 - 16.

269 Ebenda, Rn. 17 - 19.

270 *Trilsch/Rüth*, 100 AJIL 2006, S. 180.

271 *Jankowska-Gilberg*, AVR 50 (2012), S. 61, 68.

knappen Begründung der Anwendbarkeit der EMRK dem *personellen* Modell:

> „It is true, that the applicant was physically forced to return to Turkey by Turkish officials and was under their authority and control following his arrest and return to Turkey (see, in this respect, the aforementioned decisions in *Sánchez Ramirez* and *Freda*, and, by converse implication, *Banković and Others v. Belgium and Others* (dec.) [GC], no. 52207/99, ECHR 2001-XII).“[272]

Der EGMR handelte die Frage der extraterritorialen Hoheitsgewalt im vorliegenden Fall fast schon wie eine Nebensächlichkeit ab. Er widmete der Frage keinen eigenen Gliederungspunkt, sondern gerade einmal 10 Zeilen im Rahmen der Prüfung der Frage, ob die Verhaftung mit türkischem Recht vereinbar sei. Dies mag an der Tatsache liegen, dass Öcalan sich ab dem Moment der Übergabe an die türkischen Behörden in einem türkischen Flugzeug und demnach – wie auch bereits in *Banković* durch den EGMR festgestellt – unter *effektiver Kontrolle* der Türkei befand.

Die Richter distanzierten sich ausdrücklich von *Banković*, indem sie die Entscheidung als Gegenbeispiel zur Stärkung ihrer These anbrachten.[273] Vorliegend sprachen die Richter außerdem von Ausübung von Autorität und Kontrolle durch türkische Staatsbedienstete. Dies entspricht dem Vokabular des *personellen* Modells. Lediglich die Entscheidung *Ramirez Sánchez*[274] wurde hierbei zur Begründung herangezogen. Kein Wort zu *Issa*. Dies ist umso erstaunlicher, als *Issa*[275] u.a. auf den Fall *Ramirez Sanchez* lediglich *mutatis mutandis* verwiesen hatte,[276] diesen also gerade nicht wortlautgetreu übernommen hatte. Kann *Ramirez Sanchez* jetzt plötzlich doch direkt zur Stützung des *personellen* Modells herangezogen werden?

Dabei ist fraglich, ob ein Rückgriff auf das *räumliche* oder *personelle* Modell überhaupt notwendig war. Der EGMR hatte in seiner *Banković* Entscheidung bereits festgestellt, dass u.a. Völkergewohnheitsrecht die extraterritoriale Ausübung von Hoheitsgewalt bejaht, wenn Handlungen durch diplomatische oder konsularische Agenten eines Staates an Bord von Flug-

---

272 EGMR, *Öcalan v. Turkey* [GC], App. no. 46221/99, 12. Mai 2005, Rn. 91.

273 Ebenda.

274 EKMR, *Ramirez Sánchez v France*, App. no. 28780/95, 24. Juni 1996.

275 EGMR, *Issa & Ors. v. Turkey*, App. no. 31821/96, 16. November 2004.

276 Siehe zuvor Teil 2, Kap. 1, B., I., 4.

zeugen bzw. Schiffen ihres Heimatstaates vorgenommen werden.[277] Die verschiedenen Fallgruppen der extraterritorialen Ausübung von Hoheitsgewalt stellt *Miller* prägnant dar.[278] Hierbei wird deutlich, dass dies hauptsächlich solche Fälle betrifft, in denen Handlungen konsularischer Bediensteter auf dem Gebiet der Botschaft einer Hohen Vertragspartei im Ausland betroffen sind oder Entscheidungen den dortigen Botschaftsmitarbeitern zugerechnet werden.[279] Die Besonderheit dieser Fälle liegt in der *de facto* Kontrolle einer Hohen Vertragspartei über das Hoheitsgebiet eines Drittstaates auf ihrem Botschaftsgelände.[280] Eine zweite Möglichkeit zur Begründung extraterritorialer Hoheitsgewalt folgt aus der Ausübung hoheitlicher Rechte gegenüber den eigenen Staatsbürgern.[281] Vorliegend handelten Mitglieder des türkischen Geheimdienstes gegenüber dem ebenfalls türkischen[282] Beschwerdeführer. Zwar waren die türkischen Agenten augenscheinlich keine konsularischen Bediensteten. Allerdings übten sie, indem sie den Beschwerdeführer in Gewahrsam nahmen und in die Türkei überstellten, faktisch Hoheitsgewalt über ihn aus. Es wäre daher nicht interessengerecht, würde die Ausübung von Hoheitsgewalt von der Zugehörigkeit des handelnden Agenten zum konsularischen Personal abhängen.

6. Pad v. Turkey

Die Beschwerde im Fall *Pad*[283] betraf den Tod von sieben Iranern, die vermeintlich durch türkische Soldaten gefoltert und anschließend getötet wurden.[284] Der Sachverhalt ähnelte stark dem im Fall *Issa*.[285] Auch wenn die Beschwerde aufgrund der fehlenden Ausschöpfung nationaler Rechtsmittel als unzulässig zurückgewiesen wurde, hatte der EGMR dennoch die

277 EGMR, *Banković & Ors. v. Belgium and Ors.* [GC], App. no. 52207/99, 12 Dezember 2001, Rn. 73; *Papastravridis*, 59 ICLQ 2010, S. 867, 870; *Miller*, 20 EJIL 2009, S. 1223, 1227.

278 *Miller*, 20 EJIL 2009, S. 1223, 1238 - 1240.

279 Ebenda.

280 Ebenda, S. 1223, 1245.

281 Ebenda.

282 EGMR, *Öcalan v. Turkey* [GC], App. no. 46221/99, 12. Mai 2005, Rn. 1.

283 EGMR, *Pad & Ors. v. Turkey*, App. no. 60167/00 (admissibility decision), 28. Juni 2007.

284 Ebenda, Rn. 1 - 3.

285 *Morris-Take*, S. 88.

Gelegenheit, zur extraterritorialen Anwendbarkeit der Konvention Stellung zu beziehen.

Die Türkei hatte einen Beschuss des Gebietes nahe der türkisch-iranischen Grenze, in dem sich die verstorbenen Iraner befunden hatten, durch Militärhelikopter zugegeben.[286] Die Beschwerdeführer behaupteten, die Getöteten hätten sich zunächst auf iranischem Boden befunden und seien, nachdem sie durch türkische Helikopter beschossen worden seien, durch türkische Soldaten auf türkisches Gebiet verschleppt, dort gefoltert und im Anschluss erschossen worden.[287] Die Türkei behauptete demgegenüber, sie habe Informationen über einen bevorstehenden Grenzübertritt aus Iran durch eine Gruppe Terroristen erhalten, woraufhin ihre Kampfhelikopter das Feuer auf die Gruppe eröffnet hätten.[288] Erst am nächsten Tag seien Fußsoldaten eingetroffen, die jedoch keine Leichen, sondern lediglich Waffen, Munition, Nahrungsmittel und Nutztiere entdeckt hätten. Blutspuren am Fundort hätten darauf hingewiesen, dass die vermeintlichen Terroristen verletzt oder ihre Leichen von anderen abtransportiert worden seien.[289]

Insofern begnügte sich der EGMR auch mit der Aussage, dass es keiner genauen Feststellung darüber bedürfe, wo genau die Tötungen erfolgten, da die Türkei ihre Hoheitsgewalt über die Getöteten nicht in Frage gestellt hatte und bereits zugegeben hatte, dass die Schüsse durch ihre Helikopter abgegeben worden waren.[290] Zusätzlich bekräftigten die Richter nach erneutem Verweis auf *Banković*, dass

> „[A] State may be held accountable for violations of the Convention rights and freedoms of persons who are in the territory of another State which does not necessarily fall within the legal space of the Contracting States, but who are found to be under the former State's authority and control through its agents operating – whether lawfully or unlawfully – in the latter State […].“[291]

286 EGMR, *Pad & Ors. v. Turkey*, App. no. 60167/00 (admissibility decision), 28. Juni 2007, Rn. 24.
287 Ebenda, Rn. 6-8.
288 Ebenda, Rn. 23 - 24.
289 Ebenda, Rn. 23 - 25.
290 *Morris-Take*, S. 88 f.
291 EGMR, *Pad & Ors. v. Turkey*, App. no. 60167/00 (admissibility decision), 28. Juni 2007, Rn. 53.

Hierdurch unterstrich der EGMR die Daseinsberechtigung des *personellen* Modells und untermauerte damit insbesondere sein *Issa*-Urteil[292]. Da die Türkei nicht bestritt, dass sie Hoheitsgewalt im Sinne des Art. 1 EMRK ausgeübt hatte, äußerte der EGMR sich nicht zu der Frage, ob bereits die Schüsse aus Kampfhelikoptern zur Begründung von Hoheitsgewalt ausgereicht hätten. Mit *Banković* ist daher im Zweifel weiterhin davon auszugehen, dass diese *„instantaneous extraterritorial acts"* dargestellt hätten und als solche für die Begründung von Hoheitsgewalt nach Art. 1 EMRK nicht ausreichend gewesen wären.[293] Hätte die Türkei ihre Ausübung von Hoheitsgewalt nicht anerkannt und vorgetragen, die Handlungen hätten auf türkischem Gebiet stattgefunden, so wären im Lichte der *Banković*-Rechtsprechung auch hier die Beschwerden aufgrund der fehlenden Ausübung von Hoheitsgewalt wohl zurückgewiesen worden.

7. Isaak v. Turkey

Im Jahr 2008 entschied der EGMR den Fall *Isaak v. Turkey*[294]. Auch diese Entscheidung war eine direkte Folge des Zypern-Konflikts. Die Beschwerdeführer waren Verwandte des bei einer Demonstration entlang verschiedener Punkte der zwischen beiden Teilen Zyperns eingerichteten UN-Pufferzone verstorbenen Anastasios Isaak.[295] Die genauen Umstände seines Todes waren zwischen den Parteien umstritten. Fest steht, dass die Demonstranten in die Pufferzone vorgedrungen waren und dort mit Demonstranten und Sicherheitsbeamten der „TRNC" aneinander geraten waren. Während die Antragsteller behaupteten, der unbewaffnete Isaak sei durch die Gegendemonstranten und TRNC-Sicherheitskräfte zu Tode geprügelt worden,[296] stellte die türkische Regierung Herrn Isaak als Rädelsführer einer Gruppe dar, die Steine auf TRNC-Polizisten geworfen hätte, wobei Isaak auch Gegendemonstranten und Polizisten mit Steinen und Stöcken angegriffen habe und schließlich durch diese Gegendemonstranten getötet worden sei.[297]

---

292 EGMR, *Issa & Ors. v. Turkey*, App. no. 31821/96, 16. November 2004, Rn. 71.
293 Vgl. oben Teil 2, Kap. 1, B., I., 2.
294 EGMR, *Isaak v. Turkey*, App. no. 44587/98, 24. Juni 2008.
295 Ebenda, Rn. 7 - 8.
296 Ebenda, Rn. 14 - 17.
297 Ebenda, Rn. 26.

Im Rahmen der Entscheidung über die Zulässigkeit der Beschwerde setzte sich der EGMR auch im vorliegenden Fall mit Art. 1 EMRK auseinander. Nach dem obligatorischen Verweis auf die grundsätzlich territoriale Ausgestaltung der Hoheitsgewalt fassten die Richter das *räumliche* und das *personelle* Modell nochmals kurz zusammen.[298] Aus den darauf folgenden Ausführungen lässt sich die Fassungslosigkeit der Richter über die Abläufe im Rahmen der Demonstration herauslesen. Nicht nur trügen beide Seiten Schuld an der Eskalation, indem sie Demonstranten in die UN Pufferzone gelassen hätten.[299] Vielmehr habe es die türkische Seite zudem zugelassen, dass sich nicht nur bewaffnete Demonstranten, sondern auch „TRNC"-Polizisten in die Pufferzone begaben und nichts dagegen unternommen, den Angriff zu unterbinden oder dem Opfer Hilfe zukommen zu lassen.[300] Dies veranlasste die Richter zu dem Schluss, türkische extraterritoriale Hoheitsgewalt auch innerhalb der neutralen UN Pufferzone anzunehmen, indem sie auf das *personelle* Modell zurückgriffen.[301]

Zu Recht verwiesen die Richter in diesem Kontext auf das *Issa*-Urteil[302]. Insofern reiht sich das Urteil nahtlos in die Rechtsprechungsreihe zum *personellen* Modell ein. Es übernimmt hierbei nicht nur Elemente aus dem Grundsatzurteil *Issa*, sondern greift insoweit auch auf Elemente des *räumlichen* Modells zurück, als es auf den Fall der EKMR *Cyprus v. Turkey*[303] verweist, in dem nach Übernahme der Beschwerde durch den EGMR, ebenso wie im Fall *Loizidou*[304] festgestellt wurde, dass die Türkei aufgrund ihrer starken Militärpräsenz die effektive Kontrolle nach dem *räumlichen* Modell über Nordzypern ausübt.[305]

---

298 EGMR, *Isaak v. Turkey*, App. no. 44587/98, 28. September 2006 (admissibility decision), HUDOC PDF-Version, S. 19 f.

299 Ebenda, S. 20.

300 Ebenda, S. 21.

301 Ebenda.

302 EGMR, *Issa & Ors. v. Turkey*, App. no. 31821/96, 16. November 2004.

303 EKMR, *Cyprus v. Turkey*, no. 25781/94, 28. Juni 1996, D.R. 86-A.

304 EGMR, *Loizidou v Turkey* [GC], App. no. 15318/89, 18. Dezember 1996.; s.o. Teil 2, Kap. 1., B., I., 1.

305 EGMR, *Cyprus v. Turkey* [GC], no. 25781/94, 10. Mai 2001, Rn. 81.

8. Medvedyev v France

Der Fall *Medvedyev*[306] eröffnete dem EGMR eine der seltenen Möglichkeiten[307], sich mit der Frage der extraterritorialen Anwendbarkeit der EMRK bei Marineeinsätzen einer Vertragspartei auseinanderzusetzen.[308] Französische Marineeinheiten hatten in internationalen Gewässern ein kambodschanisches Schiff namens *Winner* gestoppt und geentert, auf dem sie große Mengen Drogen vermuteten.[309] Die Crew wurde in ihren Quartieren eingesperrt und das Schiff in das französische Brest gebracht, in dem es 13 Tage später ankam; am selben Tag wurden die Crewmitglieder Ermittlungsrichtern vorgeführt.[310] Die Besatzung der *Winner* beklagte eine Verletzung von Art. 5 Abs. 1 und Abs. 3 EMRK. Im Ergebnis bejahte der EGMR lediglich eine Verletzung von Art. 5 Abs. 1 EMRK,[311] verneinte jedoch einen Eingriff in die Rechte aus Art. 5 Abs. 3 EMRK aufgrund der Tatsache, dass die Länge der Freiheitsentziehung auf hoher See dem außergewöhnlichen Umstand geschuldet gewesen sei, dass die *Winner* zunächst in einen französischen Hafen geschleppt werden musste.[312]

Hinsichtlich Art. 1 EMRK stellte der EGMR fest, dass durch die Enterung und anschließende Inbesitznahme der *Winner* durch die französischen Marineeinheiten Schiff und Crew unter die effektive Kontrolle Frankreichs gebracht wurden.[313] Durch diese Entscheidung schaffte der EGMR leider nur wenig Klarheit. Zu Beginn ihrer Ausführungen zu Art. 1 EMRK vollzogen die Richter vergleichsweise detailliert die Entwicklung der Rechtsprechung zum *räumlichen* Modell nach.[314] Die Begründung von Hoheitsgewalt folgerten sie dann jedoch aus einer Mischung aus *räumli-*

306 EGMR, *Medvedyev & Ors. v. France* [GC], App. no. 3394/03, 29. März 2010.

307 *Papastavridis*, 59 ICLQ 2010, S. 867.

308 Zum Zusammenspiel von Menschenrechten und Seerecht, siehe *Cacciaguidi-Fahy*, 2007 Panóptica 9, S. 1 - 20.

309 *Guilfoyle*, EJIL: Talk!, 19. April 2010; *Treves*, 2010 Berk. J. Intnl. L. 28, S. 1, 7.

310 EGMR, *Medvedyev & Ors. v. France* [GC], App. no. 3394/03, 29. März 2010, Rn. 15, 18 - 19; Vgl. auch *Papastavridis*, in: Fitzmaurice/Merkouris (Hrsg.), S. 125.

311 EGMR, *Medvedyev & Ors. v. France* [GC], App. no. 3394/03, 29. März 2010, Rn. 103.

312 *Papastavridis*, 59 ICLQ 2010, S. 867, 869.

313 *Hathaway*, 43 Ariz. St. L. J. (2011), S. 389, 408.

314 EGMR, *Medvedyev & Ors. v. France* [GC], App. no. 3394/03, 29. März 2010, Rn. 63 - 65.

chem und *personellem* Modell, indem sie von *„voller und exklusiver Kontrolle“*[315] über Besatzung und Schiff sprachen.

Man mag den Richtern entnervt zurufen „Was denn nun?“. Es scheint als hätte man sich in Straßburg nicht einig werden können, auf welchem Wege die Hoheitsgewalt begründet werden solle. Zwar erging die Entscheidung über die Hoheitsgewalt einstimmig. Die Formulierung lässt jedoch zumindest Raum für Zweifel an der Einigkeit auf der Richterbank. Die Verwirrung wird mit dem Verweis auf das *Banković*-Urteil als Gegenbeispiel[316] perfekt. Während die *„volle und exklusive Kontrolle über die Besatzung“*[317] eine Begründung nach dem *personellen* Modell nahe legt, spricht die *„volle und exklusive Kontrolle über das Schiff“*[318] für eine Anwendung des *räumlichen* Modells.

Diese mangelnde Klarheit wurde auch in der Literatur z.T. kritisch aufgenommen.[319] Dabei wäre eine Begründung nach dem *räumlichen* Modell grundsätzlich zwar möglich. Eine überzeugende Lösung gestaltet sich jedoch umso schwerer, je kleiner das Gebiet ist, das unter der effektiven Kontrolle der Vertragspartei stehen soll, da die Kontrolle über das Gebiet hierbei immer mehr zu einer direkten physischen Kontrolle über die Personen wird.

Teilweise wurde argumentiert, dass ohnehin die in der *Banković*-Entscheidung vorgesehene Ausnahme gegeben sei, wonach eine extraterritoriale Ausübung der Hoheitsgewalt bei *„Aktivitäten diplomatischer oder konsularischer Agenten […] an Bord von Flugzeugen oder Schiffen“*[320] gegeben sei. *Papastavridis* führt insofern aus:

> „It is not even necessary in the present context to argue against *Bankovic* [sic!] judgement, since the instance of a State vessel intercepting another vessel on the high seas fits squarely within that judgement's exclusion of 'the activities...on board...vessels flying the flag of that State'.“[321]

Unabhängig von der Frage, ob es sich im vorliegenden Fall überhaupt um konsularische oder diplomatische Agenten Frankreichs handelte, verkennt

315 Ebenda, Rn. 67 (Eigene Übersetzung).
316 Ebenda.
317 Ebenda.
318 Ebenda.
319 Vgl. nur *Milanovic*, S. 164.
320 EGMR, *Banković & Ors. v. Belgium and Ors.* [GC], App. no. 52207/99, 12. Dezember 2001, Rn. 73 (Eigene Übersetzung).
321 *Papastavridis*, 59 ICLQ 2010, S. 867, 870.

dies jedoch, dass es sich gerade um ein Schiff handeln muss, dass unter der Flagge des Staates fährt, dessen Staatsangehörigkeit die Agenten haben. Die Handlungen der französischen Marine fanden ausschließlich an Bord der *Winner* statt. Dort wurden auch die Besatzungsmitglieder entwaffnet und während der 13-tägigen Fahrt festgehalten. Die *Winner* fuhr jedoch unter kambodschanischer und nicht französischer Flagge, sodass die von *Papastavridis* herangezogene Ausnahme nicht greift.[322]

Es erscheint vorzugswürdig in Fällen wie dem vorliegenden, in denen die Kontrolle auf Schiffen oder in Flugzeugen ausgeübt wird, zur Begründung der extraterritorialen Anwendbarkeit der EMRK auf das *personelle* Modell zurück zu greifen. Insofern erscheint der oben genannte letzte Satz in den Ausführungen des EGMR praxisnäher. Eine Kontrolle über die Besatzung wird in solchen Fällen zwangsläufig durch die anwesenden Soldaten ausgeübt werden, um zu verhindern, dass diese sich gegen die Inbesitznahme des Schiffes wehrt oder Beweismittel vernichtet. Ein Rückgriff auf das *personelle* Modell umgeht auch Begründungsschwierigkeiten, wie sie bei Anwendung des *räumlichen* Modells auftreten können. Da dieses regelmäßig eine *effektive Kontrolle* über das jeweilige Gebiet erfordert, führt dies in Fallkonstellationen wie *Medvedyev* stets zu der Frage, wie groß das kontrollierte Gebiet sein muss, um noch unter das *räumliche* Modell fallen zu können. *Milanovic* stellt zu Recht fest, dass *„the more an area diminishes in size, the more artificial it becomes to our ears to call it an area.“*[323] Je kleiner das kontrollierte Gebiet wird, desto mehr verwandelt sich die Kontrolle über eben jenes Gebiet in eine Kontrolle über die Person selbst.[324]

Warum also nicht gleich auf das *personelle* Modell zurückgreifen? Die regelmäßige Zurückhaltung des EGMR bei der Anwendung dieses Modells kann nur mit Befürchtungen einer ausufernden extraterritorialen Anwendung der EMRK begründet werden. Ein chronisch überlasteter und unterfinanzierter EGMR wird nur ungern durch eine weite Auslegung des Art. 1 EMRK seine Arbeitsbelastung weiter erhöhen. Des Weiteren lebt das System von der Unterstützung seiner Vertragsstaaten. Das für den Menschenrechtsschutz so essentielle *personelle* Modell ist nur schwer mit der in den *travaux préparatoires* von den Vertragsparteien vertretenen territorialen Les-

---

322 So sieht es wohl auch *Guilfoyle*, in: Symmons (Hrsg.), S. 83, 88 f., der in seinen Ausführungen zwischen Handlungen der Marineeinheiten auf dem untersuchten Schiff und solchen auf dem eigenen Schiff unterscheidet.

323 *Milanovic*, S. 129.

324 Ebenda, S. 134.

art des Begriffs der Hoheitsgewalt zu vereinbaren.[325] Und auch der EGMR betont in jeder Entscheidung zu Art. 1 EMRK die territoriale Konzeption der EMRK. Hiermit kollidiert das *personelle* Modell. Eine gewisse Zurückhaltung bei seiner Anwendung, gewissermaßen zur „Schonung" der Vertragsparteien, ist, wenn auch nicht wünschenswert, zumindest nachvollziehbar.

Schlussendlich erscheint es aufgrund der vorherigen Ausführungen daher sinnvoll und dogmatisch sauberer, diesen Fall nach dem *persönlichen* Modell zu lösen. Dass ein Rückgriff auf dieses Modell denk- und durchführbar ist, zeigen trotz der angesprochenen Bedenken bereits die oben behandelten Fälle *Issa*, *Öcalan*, *Pad* und *Isaak*.[326]

9. Al-Saadoon and Mufdhi v. United Kingdom

Im Jahr 2010 entschied der EGMR den Fall *Al-Saadoon and Mufdhi v. The United Kingdom*.[327] Beide Beschwerdeführer – frühere hochrangige Mitglieder der Baath Partei – befanden sich im Irak aus Sicherheitsgründen in britischer Gefangenschaft, da sie unter dem Verdacht standen, an Angriffen auf die westliche Koalition beteiligt gewesen zu sein.[328] Nachdem Ermittlungen sie mit der Ermordung zweier britischer Soldaten in Verbindung gebracht hatten, verständigten sich die britischen und irakischen Behörden, dass beide Beschwerdeführer bis zu ihrer Gerichtsverhandlung in britischer Gefangenschaft verbleiben sollten.[329] Entgegen einer einstweiligen Anordnung des EGMR lieferte das Vereinigte Königreich auf Bitten des *Iraki High Tribunal* die Beschwerdeführer an den Irak aus,[330] obwohl diese behaupteten, ihnen drohe dort die Todesstrafe.[331] Dies würde, so die Beschwerdeführer, ihre Rechte aus der EMRK verletzen, die aufgrund der durch das Vereinigte Königreich ausgeübten Hoheitsgewalt anwendbar

---

325 *CoE*, Travaux Préparatoires, Bd. III, S. 261.

326 Siehe oben Teil 2, Kap. 1., B., I., 4 - 7.

327 EGMR, *Al-Saadoon and Mufdhi v. The United Kingdom*, App. no. 61498/08, 02. März 2010.

328 *Cross/Williams*, 2009 ICLQ 58, S. 689.

329 Ebenda, S. 689 f.

330 EGMR, *Al-Saadoon and Mufdhi v. The United Kingdom*, App. no. 61498/08, 02. März 2010, Rn. 80.

331 Ebenda, Rn. 101.

sei.[332] Um jedoch eine Verletzung insbesondere von Art. 2 EMRK feststellen zu können, musste diese zunächst einmal anwendbar sein.

Wenig überraschend übte das Vereinigte Königreich nach Ansicht der Richter über die Beschwerdeführer Hoheitsgewalt aus.[333] Hierbei stellte der EGMR fest, dass die britischen Gefängnisse auf irakischem Boden mithilfe militärischer Gewalt begründet worden seien und dass die Beschwerdeführer sich dort unter der Kontrolle und Autorität des Vereinigten Königreichs befanden.[334] Diese *de facto* Kontrolle stand laut EGMR auch auf einer rechtlichen Basis, da die vorläufige Verwaltung der Koalitionskräfte (CPA) – Zwischenorganisation mit Gesetzgebungsbefugnis, die mit der Wahl einer neuen irakischen Regierung aufgelöst werden sollte[335] – sämtliche durch die Koalition genutzten Stätten unter deren ausschließliche Kontrolle und Autorität stellen sollte.[336]

Die durch den EGMR gewählte Formulierung ist jedoch ungenau und potenziell irreführend. Zunächst stellten die Richter fest: „*The United Kingdom exercised control and authority over the individuals detained in [the detention facilities] initially solely as a result of the use or threat of military force.*“[337] Die Verwendung der Formulierung „*Autorität und Kontrolle über Insassen*" deutet auf das *personelle* Modell hin. Sodann fuhren die Richter wie folgt fort:

> „Subsequently, the United Kingdom's *de facto* control over these premises was reflected in law. In particular, on 24 June 2004, CPA order No. 17 [...] provided that all premises used by the [Multi-National Force] should be inviolable and subject to the exclusive control and authority of the MNF. [...] The Court considers that, given the total and exclusive *de facto*, and subsequently also *de jure*, control exercised by the United Kingdom authorities over the premises in question, the individuals detained there, including the applicants, were within the United Kingdom's jurisdiction (see *Hess v. the United Kingdom*, no. 6231/73, Commission decision of 28 May 1975, Decision & Reports vol. 2, p. 72) [sic!].“[338]

---

332 *Cross/Williams*, 2009 ICLQ 58, S. 689.

333 *Janik/Kleinlein*, 2009 GoJIL 1, S. 459, 486.

334 EGMR, *Al-Saadoon and Mufdhi v. The United Kingdom* (admissibility decision), App. no. 61498/08, 30. Juni 2009, Rn. 87.

335 Ebenda, Rn. 4.

336 Ebenda, Rn. 87.

337 Ebenda.

338 Ebenda, Rn. 87 f. (Hervorhebung durch Verfasser).

Auch bei mehrmaligem Lesen bleibt eine gewisse Verwirrung bestehen. Der EGMR beschreibt das Vorliegen exklusiver Kontrolle und Autorität über die Haftanstalten und zieht hieraus den Schluss des Bestehens einer Ausübung von Hoheitsgewalt über die Insassen. Während auch hier „Autorität und Kontrolle" Begriffe des *personellen* Modells sind, wird diese nicht unmittelbar über die Insassen ausgeübt, sondern über die Haftanstalt selbst, was vielmehr für das *räumliche* Modell spricht. Für eine Annahme des letzteren bedürfte es jedoch einer Formulierung im Sinne einer effektiven Kontrolle. Die durch den EGMR bevorzugte Lösung erscheint daher zunächst wie der missglückte Versuch, zwei grundsätzlich verschiedene Welten miteinander zu vereinen.

Auch der Verweis auf die *Hess*-Entscheidung[339] der EKMR vermag keine Klarheit zu schaffen. Im Zusammenhang mit der Frage, ob der frühere Nazi-Funktionär *Rudolf Hess* während des Zeitraumes seiner Inhaftierung im Alliierten-Gefängnis Berlin-Spandau britischer Hoheitsgewalt unterworfen war, sprach die Kommission lediglich von *„supreme authority"*[340] bzw. *„executive authority"*.[341] Diese Autorität muss jedoch im Kontext der Entscheidung als Ausübung einer Organisations- bzw. Verwaltungshoheit verstanden werden und passt nicht in das *personelle* Modell.

Zwar deutet die Formulierung des EGMR im Fall *Al-Saadoon* schwerpunktmäßig auf einen Rückgriff auf das *personelle* Modell hin. Eine klare Zuordnung zu einem der beiden Modelle lässt sich dennoch nicht bewerkstelligen, zumal auch beide Modelle zur Begründung der Hoheitsgewalt herangezogen werden könnten. Das Bestehen einer effektiven Kontrolle über das Gebiet der Haftanstalt lässt sich bereits aus der Tatsache ableiten, dass sämtliche durch die Koalition genutzten Gelände bzw. Räumlichkeiten ihrer exklusiven Kontrolle unterliegen sollten.[342] Doch auch Autorität und Kontrolle über die Insassen im Sinne des *personellen* Modells wird durch die Wärter der Haftanstalt ausgeübt. In jedem Fall handelt es sich bei der Entscheidung zwischen *räumlichen* und *personellen* Modell um eine wichtige Weichenstellung. *Janik* and *Kleinlein* vertreten die Ansicht, dass die Formulierungen des EGMR auf einen Rückgriff auf das *personelle* Mo-

339 EKMR, *Hess v. the United Kingdom*, No. 6231/73, 28. Mai 1975, D.R. Vol. 2, S. 72.

340 Ebenda, S. 72, 73.

341 Ebenda.

342 EGMR, *Al-Saadoon and Mufdhi v. The United Kingdom* (admissibility decision), App. no. 61498/08, 30. Juni 2009, Rn. 87 f.

dell hindeuten, insofern als sie das *Öcalan*-Urteil zu unterstreichen scheinen.[343] Eine Anwendung des *räumlichen* Modells verneinen sie wie folgt:

> „Although the Court also points to the UK's de jure control over the premises, this is not decisive for that case since the Court found the United Kingdom's *de facto* control over the premises was only 'reflected in law'. If something is only a reflection, conceptually it cannot be a constitutive factor but only declarative of something else – here the *de facto* control."[344]

Diese im Grundsatz richtige Feststellung ist im vorliegenden Fall jedoch verfehlt. Die Formulierung des EGMR *„reflected in law"* kann hier gerade nicht wie eine Reflektion gleich der eines Spiegels verstanden werden. Gerade hierauf deutet der Wortlaut der Entscheidung hin, wenn der EGMR feststellt, dass *„[s]ubsequently, the United Kingdom's de facto control over these premises was reflected in law"*.[345] *„Subsequently"* muss hierbei als nachfolgend verstanden werden. Hierdurch bekommt der Wortlaut der Entscheidung eine grundsätzlich andere Bedeutung als die durch *Janik* und *Kleinlein* vertretene. Der EGMR wies hierdurch auf die Tatsache hin, dass die *de facto* Kontrolle, die aufgrund der militärischen Invasion und der Inbesitznahme der Örtlichkeiten entstanden war,[346] zunächst keine rechtliche Grundlage besaß und eine solche lediglich zu einem späteren Zeitpunkt aufgrund des *CPA order no. 17*[347] erhielt.[348] In diesem Fall mag man zu den Ausführungen von *Janik* und *Kleinlein* allenfalls feststellen, dass die *de jure* Kontrolle eine Reflektion der *de facto* Kontrolle war. Das *räumliche* Modell ist daher noch nicht aus dem Rennen.

Zum einen weisen *Janik* und *Kleinlein* zu Recht darauf hin, dass die Formulierung *„The United Kingdom exercised control and authority"* der Wortwahl des EGMR in *Öcalan* entspricht.[349] Zugleich erinnert die Formulierung des EGMR hinsichtlich der *„totalen und exklusiven de jure und de facto*

343 *Janik/Kleinlein*, 2009 GoJIL 1, S. 459, 487.

344 Ebenda.

345 EGMR, *Al-Saadoon and Mufdhi v. The United Kingdom* (admissibility decision), App. no. 61498/08, 30. Juni 2009, Rn. 87.

346 Vgl. insofern EGMR, *Al-Saadoon and Mufdhi v. The United Kingdom* (admissibility decision), App. no. 61498/08, 30. Juni 2009, Rn. 87. Dort stellt der EGMR fest, dass die Haftanstalten durch "*the exercise of military force*" entstanden waren.

347 *Coalition Provisional Authority*, Order Number 17, CPA/ORD/26 June 2003/17.

348 EGMR, *Al-Saadoon and Mufdhi v. The United Kingdom* (admissibility decision), App. no. 61498/08, 30. Juni 2009, Rn. 87.

349 *Janik/Kleinlein*, 2009 GoJIL 1, S. 459, 487. Vgl. zur Formulierung EGMR, *Öcalan v. Turkey* [GC], App. no. 46221/99, 12. Mai 2005, Rn. 91.

Kontrolle"[350] über die Haftanstalt stark an das *räumliche* Modell. Diese Formulierung erweckt den Eindruck, dass die Kontrolle über die Insassen aus der Kontrolle über die Haftanstalt folgen soll. In diesem Fall wäre zur Begründung der Hoheitsgewalt das *räumliche* Modell geeigneter, zumal das Vereinigte Königreich über das Gelände der Haftanstalt wie gesehen auch rechtlich die vollständige Kontrolle ausübte. Fraglich bliebe in diesem Zusammenhang einzig, ob eine Begründung des *personellen* Modells hierdurch erreicht werden könnte, dass zunächst die Autorität und Kontrolle über die Insassen lediglich durch Gewaltanwendung bzw. Drohung mit einer solchen erreicht wurde.[351] Dies schließt aber zum einen nicht aus, dass diese *personelle* Kontrolle im weiteren Verlauf in eine *räumliche* Kontrolle überging. Zum anderen ist bereits fraglich, ob die Aufrechterhaltung einer Drohung mit Gewaltanwendung zur Begründung der Hoheitsgewalt nach dem *personellen* Modell ausreichen kann und ob – sofern man dies annimmt – eine solche Drohkulisse mit der nötigen Dauerhaftigkeit aufrechterhalten werden kann. Insgesamt sprechen daher im vorliegenden Fall die besseren Argumente für eine Begründung der Hoheitsgewalt nach dem *räumlichen* Modell.

10. Al-Skeini v. UK – Abkehr von Banković?

Die Entscheidung des EGMR im Fall *Al-Skeini*[352] bedarf besonderer Aufmerksamkeit. In diesem erhoben die Angehörigen sechs verstorbener Iraker[353], die durch Handlungen der britischen Streitkräfte ums Leben gekommen waren, Beschwerden vor dem EGMR. Während vier Bürger erschossen worden waren, ertrank das fünfte Opfer in einem Fluss, in den es zu steigen gezwungen worden war, nachdem es von britischen Soldaten festgenommen und körperlich misshandelt worden war.[354] Die sechste Person erlag in britischer Gefangenschaft den ihr dort vermeintlich zugefügten Misshandlungen.[355]

---

350 EGMR, *Al-Saadoon and Mufdhi v. The United Kingdom* (admissibility decision), App. no. 61498/08, 30. Juni 2009, Rn. 88.

351 Ebenda, Rn. 87.

352 EGMR, *Al-Skeini and others v. United Kingdom* [GC], App. no. 55721/07, 07. Juli 2011.

353 *Milanovic*, 23 EJIL 2012, S. 121, 125.

354 EGMR, *Al-Skeini and others v. United Kingdom* [GC], App. no. 55721/07, 07. Juli 2011, Rn. 56.

355 *Milanovic*, 23 EJIL 2012, S. 121, 125.

Das Vereinigte Königreich erkannte seine Hoheitsgewalt über den in Gefangenschaft verstorbenen Iraker an, lehnte eine solche jedoch gegenüber den weiteren Opfern ab, da eine effektive Kontrolle im Irak außerhalb der britischen Militärstützpunkte nicht gegeben sei.[356] *Al-Skeini* ist kein Einzelfall. Zwischen Mai 2003 und März 2004 wurden nach offiziellen Angaben 49 irakische Zivilisten durch britische Soldaten getötet.[357] Dem Urteil des EGMR im vorliegenden Fall kann daher für die vielen vor britischen Gerichten anhängigen Verfahren Grundsatzwirkung beigemessen werden, vollzieht es doch eine zentrale Weichenstellung für die Frage der Ausübung extraterritorialer Hoheitsgewalt durch das Vereinigte Königreich im Rahmen des Irak-Konflikts. Die Frage des Bestehens von Hoheitsgewalt war ein zentraler Streitpunkt zwischen den Parteien und nimmt auch in der Entscheidung des Gerichtshofes fast 15 Seiten in Anspruch.

Durch die differenzierende Anwendung der Hoheitsgewalt plädierte das Vereinigte Königreich für eine sich an der *Banković*-Rechtsprechung orientierende enge Auslegung von Art. 1. Es folgte insofern der Auslegung des britischen *House of Lords*, das die *effektive Kontrolle* des Vereinigten Königreichs im Irak ebenfalls auf Gefängniscamps begrenzt hatte.[358] Den EGMR konnte das Vereinigte Königreich jedoch nicht überzeugen. Zwar lösten sich die Straßburger Richter auch in *Al-Skeini* nicht ausdrücklich von ihrer *Banković*-Rechtsprechung.[359] Alle Bemühungen, diese und vorherige Entscheidungen in eine logische Reihenfolge zu bringen und als Nachfahren

356 *Hathaway*, 43 Ariz. St. L. J. (2011), S. 389, 410.

357 EGMR, *Al-Skeini and others v. United Kingdom* [GC], App. no. 55721/07, 07. Juli 2011, Rn. 23.

358 *Richter*, Humanitarian Law and Human Rights, S. 257, 285.

359 Eine solche Lossagung hat bis heute nicht stattgefunden, vgl. *Rainey/Wicks/Ovey*, S. 90. Vielmehr versucht der EGMR regelmäßig seine Entscheidungen zu Art. 1 EMRK als logische Fortsetzungen seines *Banković*-Urteils darzustellen. Überzeugen kann dies nicht. Auch auf vertragsstaatlicher Gerichtsebene wurde dieser Mangel an Klarheit kritisiert. So stellte Richter *Leggatt* vom britischen High Court of Justice in seinem Urteil im Fall *Serdar Mohammed v. Ministry of Defence* fest: „*A disappointing feature of the judgment of the European Court in the Al-Skeini case is its lack of transparency in dealing with its previous decision in the Bankovic case. Nowhere did the Court confront or expressly acknowledge the fact that it was departing from its previous approach or explain why it was doing so. [...]It is clear, however, that in the Al-Skeini case the European Court has indeed departed from its approach in the Bankovic case [...].*“, vgl. High Court of Justice, *Serdar Mohammed v. Ministry of Defence*, [2014] EWHC 1369 (QB), Rn. 136 f.

des *Banković*-Urteils darzustellen, können i.E. jedoch nicht überzeugen.[360] Vielmehr stellt *Al-Skeini* eine Abkehr hiervon dar. Dies lässt sich an zwei zentralen Punkten des Urteils festmachen.

a. Eine Verknüpfung des räumlichen und personellen Modells

Zu Beginn ihrer Ausführungen zu Art. 1 EMRK bekräftigten die Straßburger Richter erneut die territoriale Konzeption der Konvention und den Ausnahmecharakter einer extraterritorialen Anwendbarkeit der EMRK.[361] Sie stellten hierbei fest, dass das Vereinigte Königreich im fraglichen Zeitraum die öffentliche Gewalt innegehabt habe, die in ihrer Ausprägung der eines souveränen Staates gleichkomme.[362] Sodann verknüpften die Richter dieses Element des *räumlichen* Modells mit Voraussetzungen des *personellen* Modells[363]:

> „In these exceptional circumstances, the Court considers that the United Kingdom, through its soldiers engaged in security operations in Basrah during the period in question, exercised authority and control over individuals killed in the course of such security operations, so as

360 *Milanovic*, 23 EJIL 2012, S. 121, 127. Insofern ist auch Richter Bonello in seiner „Concurring Opinion" zuzustimmen, der auf die Inkohärenz der Straßburger Rechtsprechung zu Art. 1 EMRK hinweist: EGMR, *Al-Skeini and others v. United Kingdom* [GC], App. no. 55721/07, 07. Juli 2011, Concurring Opinion of Judge Bonello, Rn. 4 ff.

361 EGMR, *Al-Skeini and others v. United Kingdom* [GC], App. no. 55721/07, 07. Juli 2011, Rn. 131; *Zgonec-Rožej*,106 AJIL 2012, S. 131,136.

362 EGMR, *Al-Skeini and others v. United Kingdom* [GC], App. no. 55721/07, 07. Juli 2011, Rn. 149.

363 Anders sieht es insbesondere *Stewart*, 4 UCL Hum. Rts. Rev. 2011, S. 110, 114, der die *„Ausübung öffentlicher Gewalt, wie sie normalerweise durch einen souveränen Staat ausgeübt wird"*, als Unterfall des *personellen* Modells ansieht. Hiernach läge keine Verknüpfung von *räumlichem* und *personellem* Modell vor. Dies kann jedoch nicht überzeugen, da sich das *personelle* Modell regelmäßig durch eine physische Kontrolle über eine Person kennzeichnet (vgl. unten II.), eine Ausübung öffentlicher Gewalt durch einen Staat jedoch nur im Einzelfall – etwa im Bereich des Polizeirechts oder des Strafvollzugs – einer solchen Kontrolle gleichkommt. In der Regel übt ein Staat seine Kontrolle abstrakt aus, in dem Sinne als er durch die drei Gewalten und seine Organe das gesamte Staatsgebiet Regeln unterwirft, an die sich die Bürger zu halten haben und deren Einhaltung er auch kontrolliert.

> to establish a jurisdictional link between the deceased and the United Kingdom for the purposes of Article 1 of the Convention."[364]

Der EGMR wandte somit bei allen getöteten Irakern zur Begründung der Hoheitsgewalt das *personelle* Modell an. Er stellte durch die Formulierung jedoch klar, dass diese Möglichkeit nur aufgrund der gleichzeitigen Ausübung öffentlicher Gewalt durch das Vereinigte Königreich im fraglichen Gebiet bestand.[365] Zu einer endgültigen Abkehr von *Banković* konnten sich die Richter somit noch immer nicht durchringen. *Milanovic* kritisiert zu Recht, dass der EGMR zu einer unterschiedlichen Bewertung in *Banković* und *Al-Skeini* kam.[366] In der Tat ist es nur schwer nachvollziehbar, dass Tötungshandlungen staatlicher Bediensteter bei gleichzeitiger Ausübung öffentlicher Gewalt durch den Konventionsstaat Autorität und Kontrolle darstellen, während eine solche bei der Bombardierung fremden Hoheitsgebietes durch Streitkräfte fehlen soll.[367] Hierdurch werden potenziell schwerere Menschenrechtsverletzungen dem Schutz der EMRK entzogen. Insofern belässt es der EGMR bei der restriktiven Auslegung von *Banković*. So schrecklich die Erschießung eines Zivilisten durch Streitkräfte auch ist, birgt das Bombardieren ziviler Strukturen das Risiko deutlich höherer Opferzahlen. Die durch den EGMR scheinbar bevorzugte Verknüpfung beider Modelle verstärkt nicht nur die Unklarheiten in der Straßburger Rechtsprechung. Sie wirft auch die Frage auf, wie diese Verknüpfung und die damit einhergehende restriktivere Anwendung des *personellen* Modells mit früheren Entscheidungen wie *Issa* oder *Pad* vereinbart werden kann.[368]

Einerseits erhält der EGMR in *Al-Skeini* die Auslegung von Art. 1 EMRK in *Banković* in abgeschwächter Form aufrecht. Andererseits greift er auch auf Elemente des *personellen* Modells zurück, ohne diese konsequent anzuwenden. Insgesamt erscheint es nur schwer nachvollziehbar, warum es in *Al-Skeini* zusätzlich einer effektiven Kontrolle über das Gebiet i.S.d. *räumlichen* Modells zur Bejahung der Hoheitsgewalt bedurfte. Diese Herangehensweise verstärkt den Eindruck, dass die EGMR-Richter einmal mehr einem zielorientierten Ansatz folgten. Die Anwendbarkeit der EMRK im konkreten Fall war erwünscht, aber mit dem *räumlichen* Modell allein offensichtlich nicht erreichbar. Zugleich sträubte man sich vor einem zu ausufernden Rückgriff auf das *personelle* Modell, wodurch man sich schluss-

364 Ebenda.

365 *Milanovic*, 23 EJIL 2012, S. 121, 130.

366 Ebenda.

367 Ebenda.

368 Ebenda, S. 131.

endlich wohl auf einen Mittelweg einigte. Wenn auch das *Al-Skeini*-Urteil in der Literatur positiv aufgenommen wurde,[369] zeigt es erneut die Notwendigkeit eines einheitlichen Ansatzes bei der Frage des Vorliegens von Hoheitsgewalt im Einzelfall, wie es Richter *Bonello* in seiner *Concurring Opinion* forderte.[370]

b. Die Teilbarkeit der Rechte der EMRK

Die zumindest partielle Abkehr von *Banković* durch den EGMR in *Al-Skeini* zeigt sich zudem durch die Feststellung, die Rechte der EMRK könnten *„geteilt und zugeschnitten"*[371] werden. In *Banković* hatte der EGMR dem noch eine Absage erteilt.[372] Nun folgte in *Al-Skeini* zehn Jahre später die Kehrtwende:

> „It is clear that, whenever the State, through its agents, exercises control and authority over an individual, and thus jurisdiction, the State is under an obligation under Article 1 to secure to that individual the rights and freedoms [...] that are relevant to the situation of that individual. In this sense, therefore, the Convention rights can be ‚divided and tailored' (compare *Banković and Others*, cited above, § 75)."[373]

Miltner fasst diese Neuerung treffend wie folgt zusammen: *„[C]herry-picking Convention rights is now endorsed by the Court [...]"*[374]. Zeugte die Feststellung der Unteilbarkeit in *Banković* noch von einer *„Alles-oder-nichts-Auffassung"*[375] des EGMR, wonach Hoheitsgewalt nur gegeben sei, wenn der entsprechende Staat sämtliche Konventionsrechte garantieren könne,[376] scheint der Gerichtshof nun endlich der Kritik der Literatur an dieser Vorgehensweise zumindest teilweise nachgegeben zu haben. Ein Staat muss daher nicht mehr in der Lage sein, sämtliche Rechte der Konvention zu ga-

---

369 Vgl. nur *Zgonec-Rožej*,106 AJIL 2012, S. 131, 134.

370 S.o. Teil 2, Kap. 1, B., am Anfang.

371 EGMR, *Al-Skeini and others v. United Kingdom* [GC], App. no. 55721/07, 07. Juli 2011, Rn. 137 (Eigene Übersetzung).

372 EGMR, *Banković & Ors. v. Belgium and Ors.* [GC], App. no. 52207/99, 12. Dezember 2001, Rn. 75; *Mallory*, 61 ICLQ 2012, S. 301, 306.

373 EGMR, *Al-Skeini and others v. United Kingdom* [GC], App. no. 55721/07, 07. Juli 2011, Rn. 137.

374 *Miltner*, 33 Michigan Jnl. Int'l. L. 2012, S. 693, 697.

375 *Jankowska-Gilberg*, AVR 50 (2012) S. 61, 64.

376 *Jankowska-Gilberg*, S. 154.

rantieren, um wegen der Verletzung eines bestimmten Konventionsrechtes einer bestimmten Person in Anspruch genommen zu werden.[377]

Dieses 'Rosinenpicken' ist jedoch nur im Rahmen des *personellen* Modells ausdrücklich durch die Richter zugestanden worden.[378] Wann immer ein Staat somit i.S.d. *räumlichen* Modells Hoheitsgewalt ausübt, muss dieser auch weiterhin die Gesamtheit der EMRK-Rechte auf dem jeweiligen Gebiet garantieren.[379] Insgesamt dürfte dies den Schutz durch die EMRK verbessern. Diese Teilung der Rechte der EMRK wird den Anforderungen an ein modernes Schutzsystem gerecht. Probleme bereiten regelmäßig nicht solche Fälle, in denen der betroffene Staat unproblematisch in der Lage ist, sämtliche Rechte aus der EMRK zu garantieren. Vielmehr zeigen die zuvor erläuterten Urteile des EGMR anhand der teils komplizierten Faktenlagen die Notwendigkeit einer flexiblen Anpassung der Konvention an die Gegebenheiten des Einzelfalles auf, um einen größtmöglichen Menschenrechtsschutz zu gewährleisten. Zwar dient die nun zulässige Teilung der Rechte primär der Legitimierung des *personellen* Modells angesichts der restriktiven *Banković*-Rechtsprechung.[380] Allerdings wird sie auch der Realität gerecht: In Fällen des *personellen* Modells zeigen die einschlägigen Entscheidungen des EGMR, dass oftmals ohnehin faktisch die Garantie aller in der EMRK verbrieften Rechte durch die Vertragspartei im konkreten Einzelfall nicht gewährleistet werden kann. Dies hat aufgrund der höheren Flexibilität insbesondere den Vorteil, dass die EMRK auch in Fällen Anwendung findet, in denen andernfalls die Konvention als Ganzes keine Anwendung finden könnte. Zugleich birgt dies das Risiko von Einzelfallentscheidungen zu der Frage, welche Rechte konkret anwendbar sein sollen und könnte insofern auch Rechtsunsicherheit hervorrufen. Hier zeigt sich die Stärke des „klassischen“ Ansatzes: Entweder die EMRK findet komplett Anwendung oder nicht. Hierdurch riskiert man jedoch die Unanwendbarkeit der Konvention in Fällen, in denen ein Schutz wünschenswert und geboten erscheint.

---

377 *Stewart*, 4 UCL Hum. Rts. Rev. 2011, S. 110.

378 *Miltner*, 33 Michigan Jnl. Int'l. L. 2012, S. 693, 697 f.

379 Ebenda, S. 698.

380 Insofern stellt Richter *Leggatt* am britischen High Court of Justice fest: *„Holding that Convention rights can after all be ‚divided and tailored‘ opened the door to accepting the notion, which had been rejected in Banković, that extraterritorial jursidication can be based simply on the state's control over an individual“*, vgl. High Court of Justice, *Al-Saadoon & Ors. v. Secretary of State for Defence*, [2015] EWHC 715 (Admin), Rn. 58.

Demgegenüber kennzeichnen sich Fälle des *räumlichen* Modells nach den bisherigen Erkenntnissen durch eine oftmals umfassende Kontrolle über ein Gebiet. Hierbei muss es dem Konventionsstaat zugemutet werden können, innerhalb dieses Bereiches die Gesamtheit der Konventionsrechte zu garantieren. Dass auch hier eine gewisse Flexibilität besteht, zeigt bereits das *Ilaşcu*-Urteil[381], in dem der EGMR der Tatsache Rechnung trug, dass Moldawien außerstande war und weiterhin ist, seine Hoheitsgewalt in Gänze über Transnistrien auszuüben. Der Gerichtshof entließ Moldawien dennoch nicht völlig aus der Verantwortung für die dort befindlichen Personen.[382]

Schlussendlich sprechen die besseren Gründe für eine Teilung der EMRK-Rechte in sämtlichen Situationen. Zwar ist das Risiko von Rechtsunsicherheit bei Einzelfallentscheidungen nicht von der Hand zu weisen und auch nicht gänzlich vermeidbar. Jedoch kann eine solche Unsicherheit durch fortschreitende, sich festigende Rechtsprechung entschärft werden. Zugleich wird auch für die Zukunft die Anpassungsfähigkeit der Konvention als „*living instrument*"[383] erhalten.

11. Hirsi Jamaa and Others v. Italy

Der Fall *Hirsi*[384] zwang den EGMR, sich erneut mit Menschenrechten auf Hoher See auseinander zu setzen. Die Beschwerdeführer aus Somalia und Eritrea hatten sich mit anderen Flüchtlingen von Libyen aus per Boot auf den Weg nach Italien gemacht und waren 35 Seemeilen südlich der Küste von Lampedusa u.a. durch die italienische Küstenwache aufgegriffen worden.[385] Die italienischen Behörden handelten hierbei im Rahmen eines 2007 mit Libyen geschlossenen Abkommens, in dem sich beide Seiten zur gegenseitigen Unterstützung bei der Bekämpfung illegaler Migration verpflichtet hatten.[386] Die Beschwerdeführer wurden aufgefordert, sich auf

---

381 EGMR, *Ilaşcu & Ors. v. Moldova and Russia* [GC], App. no. 48787/99, 08. Juli 2004.

382 Ebenda, Rn. 333; s.o. Teil 2, Kap. 1, B., 3., a.

383 Siehe hierzu näher etwa *Letsas*, The ECHR as a Living Instrument; *Rainey/Wicks/Ovey*, S. 77.

384 EGMR, *Hirsi Jamaa and Others v. Italy* [GC], App. no. 27765/09, 23. Februar 2012.

385 Ebenda, Rn. 9 f.

386 *Papanicolopulu*, 107 AJIL 2013, S. 417 ; *Dembour*, Strasbourg Observers, 01. März 2012.

die italienischen Schiffe zu begeben, ohne Angaben hinsichtlich des Reiseziels nach Tripolis (Libyen) zurückgebracht und den dortigen Behörden übergeben.[387] Während der zehntägigen Fahrt wurde ihre Identität durch die italienischen Behörden nicht überprüft und ihre persönlichen Gegenstände inklusive Ausweisdokumenten wurden konfisziert.[388]

Der Fall steht exemplarisch für eine über die letzten Jahre konstante Flüchtlingsbewegung von Afrika nach Europa.[389] Wenn auch *Hirsi* und *Medvedyev* einige Gemeinsamkeiten aufweisen, unterscheiden sich beide Fälle hinsichtlich der Begründung von Hoheitsgewalt in zentralen Punkten. Nach dem obligatorischen Hinweis auf die im Grundsatz strikt territoriale Konzeption der EMRK erfolgte ein Kurzüberblick über die bisherige Entwicklung der EGMR-Rechtsprechung zu den Ausnahmen der extraterritorialen Anwendbarkeit der Konvention. Nach Verweis auf die Urteile *Loizidou*[390] und *Banković*[391] stellte der EGMR mit Blick auf *Al-Skeini*[392] und *Medvedyev*[393] fest:

> „In each case, the question whether exceptional circumstances exist which require and justify a finding by the Court that the State was exercising jurisdiction extraterritorially must be determined with reference to the particular facts, for example full and exclusive control over a prison or a ship."[394]

Diese Entscheidung zeugt sowohl von einer großen Stärke als auch Schwäche der EGMR-Rechtsprechung. Einerseits kann sich der Gerichtshof im Rahmen seines Interpretationsmonopols[395] aktuellen Gegebenheiten

---

387 EGMR, *Hirsi Jamaa and Others v. Italy* [GC], App. no. 27765/09, 23. Februar 2012 Rn. 11.

388 *Messineo*, EJIL:Talk!, 24. Februar 2012.

389 Eine regelmäßig aktualisierte Aufstellung der Flüchtlingsströme und insbesondere der verunglückten Flüchtlinge in den verschiedenen Krisenregionen bietet die Internationale Organisation für Migration im Rahmen ihres „Missing Migrants Project". Dieses ist online abrufbar unter https://missingmigrants.iom.int/ (letzter Abruf: 24.05.2019).

390 EGMR, *Loizidou v Turkey* [GC], App. no. 15318/89, 18. Dezember 1996.

391 EGMR, *Banković & Ors. v. Belgium and Ors.* [GC], App. no. 52207/99, 12. Dezember 2001.

392 EGMR, *Al-Skeini and Others v. The United Kingdom* [GC], App. no. 55721/07, 07. Juli 2011. Siehe hierzu näher unter Teil 2, Kapitel 1, B., I., 10.

393 EGMR, *Medvedyev & Ors. v. France* [GC], App. no. 3394/03, 29. März 2010.

394 EGMR, *Hirsi Jamaa & Ors. v. Italy* [GC], App. no. 27765/09, 23. Februar 2012, Rn. 73.

395 Vgl. Art. 32 EMRK; *Addo*, S. 289.

schnell anpassen.[396] Andererseits fehlt z.T. ein roter Faden in der Rechtsprechung. Dies gilt insbesondere für die Frage der Hoheitsgewalt, wenn der EGMR in jedem Einzelfall gesondert anhand der dortigen Besonderheiten Art. 1 EMRK prüfen muss. So geschah dies auch im vorliegenden Fall:

> „The Court observes that [...] the events took place entirely on board ships of the Italian armed forces, the crews of which were composed exclusively of Italian military personnel. In the Court's opinion, in the period between boarding the ships of the Italian armed forces and being handed over to the Libyan authorities, the applicants were under the continuous and exclusive *de jure* and *de facto* control (sic!) of Italian authorities. Speculation as to the nature and purpose of the intervention of the Italian ships on the high seas would not lead the Court to any other conclusion."[397]

Zuvor hatten die Richter zum einen die Daseinsberechtigung des *personellen* Modells bekräftigt.[398] Zum anderen hatten sie festgestellt, dass zur Bejahung der Hoheitsgewalt bereits ausreichend sei, dass ein Schiff unter der Fahne der jeweiligen Vertragspartei der EMRK fahre.[399] Im Gegensatz zu *Medvedyev* stellt *Hirsi* im Grunde den klassischen Fall extraterritorialer Ausübung von Hoheitsgewalt an Bord von Schiffen einer Vertragspartei dar. Bereits in seiner *Banković*-Entscheidung hatte der EGMR festgehalten, dass insbesondere nach Völkergewohnheitsrecht die extraterritoriale Ausübung von Hoheitsgewalt eines Staates an Bord von Schiffen, die unter dessen Flagge fahren, anerkannt ist.[400] Dennoch argumentierten die Richter mit einer *de jure* und *de facto* Kontrolle der italienischen Behörden über die Beschwerdeführer.[401] Insofern folgten sie dem *personellen* Modell. Zugleich wiesen sie hiermit auch die Ansicht Italiens zurück, die italienischen

---

396 Dies entspricht der Konzeption der EMRK als „living instrument", die im Lichte aktueller Umstände interpretiert werden muss. Siehe hierzu näher *Letsas*, The ECHR as a Living Instrument.

397 EGMR, *Hirsi Jamaa & Ors. v. Italy* [GC], App. no. 27765/09, 23. Februar 2012, Rn. 81.

398 Ebenda, Rn. 74.

399 EGMR, *Hirsi Jamaa & Ors. v. Italy* [GC], App. no. 27765/09, 23. Februar 2012, Rn. 75.

400 EGMR, *Banković & Ors. v. Belgium and Ors.* [GC], App. no. 52207/99, 12. Dezember 2001, Rn. 73.

401 EGMR, *Hirsi Jamaa & Ors. v. Italy* [GC], App. no. 27765/09, 23. Februar 2012, Rn. 81.

Behörden hätten lediglich die Kläger auf Hoher See gerettet und eine solche Rettungsaktion begründe keine Hoheitsgewalt über die Geretteten.[402]

12. Jaloud v. Netherlands

Das *personelle* Modell fand auch im Fall *Jaloud v. The Netherlands*[403] Anwendung. Niederländische Soldaten hatten an einem Checkpoint im Irak Azhar Sabah Jaloud erschossen, nachdem dieser sich mit hoher Geschwindigkeit dem Checkpoint genähert und auch nach Kollision mit auf der Straße zum Schutz platzierten Fässern sein Fahrzeug nicht verlangsamt hatte.[404] Der Beschwerdeführer – Vater des Getöteten – beklagte eine mangelnde Untersuchung des Vorfalles durch die niederländischen Behörden und eine daraus folgende Verletzung von Art. 2 EMRK.[405] Die Niederlande wehrten sich gegen eine Annahme ihrer Hoheitsgewalt.[406] Nicht nur hätten die USA und das Vereinigte Königreich als Besatzungsmächte die vollständige öffentliche Gewalt inne.[407] Des Weiteren sei der Schusswaffengebrauch nicht ausreichend, um Hoheitsgewalt nach Art. 1 EMRK zu begründen.[408]

Zumindest diesem Argument folgte der EGMR: Auch nach der *Jaloud*-Entscheidung ist Schusswaffengebrauch für sich allein genommen nicht ausreichend, um Hoheitsgewalt zu begründen.[409] Allerdings war eine solche Ausdehnung des *personellen* Modells aus Sicht des EGMR offensichtlich auch nicht notwendig. Vielmehr begründeten die Richter gewissermaßen einen neuen Unterfall des *personellen* Modells: Nach Ansicht des EGMR sind Checkpoints wie der vorliegende darauf ausgelegt, „*Autorität und Kontrolle*“ über die Personen auszuüben, die diesen durchfahren bzw. -schreiten.[410] Zuvor hatten die Richter das erste Argument der Niederlande entkräftet, indem sie feststellten, dass die Frage, ob ein Staat Besatzungsmacht sei oder nicht, für die Frage der Hoheitsgewalt nicht *per se* entschei-

---

402 *Moreno-Lax*, 12 HRLR 2012, S. 574, 579.
403 EGMR, *Jaloud v. The Netherlands* [GC], App. no. 47708/08, 20. November 2014.
404 Ebenda, Rn. 12 ff.
405 *Sari*, EJIL:Talk!, 24. November 2014.
406 *Parekh*, Just Security. 04. Dezember 2014.
407 *Sari*, EJIL:Talk!, 24. November 2014.
408 Ebenda.
409 Ebenda.
410 EGMR, *Jaloud v. The Netherlands* [GC], App. no. 47708/08, 20. November 2014, Rn. 152.

dend sei.[411] Vielmehr komme es auf die Umstände des Einzelfalles an,[412] aus denen sich vorliegend ergebe, dass die Niederlande unter Ausschluss anderer Mitgliedstaaten der unter dem Mandat der UN-Sicherheitsratsresolution 1483 operierenden „*Stabilization Force in Iraq*"[413] die Verantwortung für die Sicherheitslage in dem betreffenden Gebiet übernommen hatten.[414]

Besonders interessant erscheint die Auslegung des EGMR, wonach solche Militärcheckpoints auf die Ausübung von Autorität und Kontrolle über die sie durchquerenden Zivilisten ausgelegt seien. Es würde demnach nicht einer tatsächlichen Ausübung der Autorität und Kontrolle zur Annahme von Hoheitsgewalt im konkreten Fall bedürfen. Vielmehr wäre hiernach ausreichend, dass es das Ziel eines solchen Checkpoints sei, die durchquerenden Menschen unter die Kontrolle der dort stationierten Sicherheitskräfte zu bringen. Dies entspricht jedoch nicht den bisherigen Erkenntnissen zum *personellen* Modell, das die faktische Ausübung von Autorität und Kontrolle gerade erfordert.

Eine solche Herangehensweise wirft die Frage auf, wann im konkreten Fall der Geschädigte in die „Sphäre" der Autorität und Kontrolle eintritt. Ist dies bereits mit dem Zufahren auf den Checkpoint der Fall, da dieser das Abbremsen der Fahrzeuge verlangt? Oder erst beim Anhalten im Rahmen der eigentlichen Kontrolle? Wie verhält es sich, wenn der KFZ-Führer lediglich ohne weitergehende Beachtung bzw. Kontrolle durchgewunken würde? Insofern erschiene es dogmatisch sauberer, das *räumliche* Modell anzuwenden und bzgl. des Checkpoints aufgrund der militärischen Präsenz niederländischer Soldaten eine effektive Kontrolle über das Gebiet durch die Niederlande anzunehmen. Nähme man das *personelle* Modell als besser geeignet für die Annahme von Hoheitsgewalt im konkreten Fall an, stünde die Frage der Schussabgabe als Begründungskriterium im Raum. Die Annahme von Hoheitsgewalt aufgrund der Schussabgabe war durch den EGMR jedoch offenbar nicht erwünscht.[415]

411 Ebenda, Rn. 142.

412 *Sari*, EJIL:Talk!, 24. November 2014.

413 *Parekh*, Just Security. 04. Dezember 2014.

414 Ebenda.

415 Die Frage, ob eine solche Ausweitung des *persönlichen* Modells mit der Rechtsprechung des EGMR vereinbar und im Sinne des Menschenrechtsschutzes der EMRK auch wünschenswert wäre, wird in Teil 2, Kapitel 3 näher beleuchtet.

II. Synthese: Räumliches und personelles Modell in der Rechtsprechung des EGMR

Wie können beiden Modelle nun zusammengefasst werden? Zentraler Aspekt des *räumlichen* Modells ist der Begriff der effektiven Kontrolle über ein Gebiet. Doch was bedeutet nun dieser Begriff? *Milanovic* beschreibt dies wie folgt: „*In the most general terms, the state needs to have enough power over the territory and its inhabitants to broadly do as it pleases*".[416] Da dies von Fall zu Fall unterschiedlich sein kann, erklärt sich hierdurch auch die Notwendigkeit einer Einzelfallrechtsprechung. Neue Grundsätze können daher lediglich in sehr allgemeiner Form entwickelt werden. Die Ausnahme der effektiven Kontrolle über ein Gebiet ist also – genau wie der Grundsatz des Art. 1 EMRK – eine territoriale. Die effektive Kontrolle knüpft nicht an dem jeweiligen Geschädigten selbst, sondern an dem Gebiet an, auf dem er sich befindet an, etwa eine bestimmte Region eines Landes, eine Stadt oder gar ein Haus. Insofern ist die von *Milanovic* genannte Definition etwas missverständlich formuliert. Die Kontrolle über die Bewohner des Gebietes existiert zwar. Sie ist jedoch mittelbar ausgestaltet, denn sie folgt aus der effektiven Kontrolle des Gebietes.

Eine allgemeine Definition angelehnt an jene von *Milanovic* könnte daher lauten:

> Der Staat muss genug Macht über das Gebiet und daraus resultierend auch über die dortigen Einwohner ausüben, dass er mit diesem/n nach Belieben verfahren kann.

Nach der *Loizidou*-Rechtsprechung begründet eine faktisch ausgeübte Kontrolle über fremdes Territorium zudem Hoheitsgewalt i.S.v. Art. 1 EMRK, unabhängig davon, ob diese Arten von Kontrolle über das fremde Territorium mit dem Völkerrecht (insbesondere mit Art. 2 Ziff. 4 UN-Charta) vereinbar sind. Soweit ein Konventionsstaat räumliche Kontrolle unter Einbeziehung nicht-staatlicher Akteure ausübt, genügt es für die Annahme seiner Hoheitsgewalt nach Art. 1 EMRK, dass er diese nicht-staatlichen Akteure durch logistische, finanzielle und/oder militärische Unterstützung dazu befähigt, dem eigentlich die Hoheitsgewalt über das Gebiet ausübenden Staat in dem betreffenden Gebiet die effektive Ausübung seiner Hoheitsgewalt zu verwehren, so geschehen im *Ilaşcu*-Urteil.[417] Entscheidend ist, dass der betreffende Konventionsstaat seinerseits eine Gesamtkontrolle

416 *Milanovic*, S. 137.
417 S.o. Teil 2, Kapitel 1, B. I., 3.

über das Gebiet ausübet, weil die nicht-staatlichen Akteure bei der Aufrechterhaltung ihrer Kontrolle vollständig von seiner militärischen und sonstigen Unterstützung abhängig sind. Sie fungieren gewissermaßen als Marionetten des sie unterstützenden Staates in einem Stellvertreterkrieg[418]. Die Motive des dahinter stehenden Staates sind, wie man am Beispiel des Ukraine-Konfliktes beobachten kann, vielfältig.[419]

Diese Rechtsprechung des EGMR zur Verantwortlichkeit der Konventionsstaaten für durch nicht-staatliche Akteure begangene Menschenrechtsverletzungen dürfte einen strengeren Maßstab begründen, als die allgemeine völkerrechtliche Verantwortlichkeit von Staaten für von nicht-staatlichen Akteuren begangene Völkerrechtsverletzungen. Diese in Art. 8 der Artikel über Staatenverantwortlichkeit kodifizierte Verantwortlichkeit beruht auf der Rechtsprechung des IGH im Nicaragua-Fall.[420] Dort hatte der IGH festgestellt:

> „The Court has taken the view (paragraph 110 above) that United States participation, even if preponderant or decisive, in the financing, organizing, training, supplying and equipping of the *contras*, the selection of its military or paramilitary targets, and the planning of the whole of its operation, is still insufficient in itself, [...] for the purpose of attributing to the United States the acts committed by the *contras* in the course of their military or paramilitary operations in Nicaragua. All the forms of United States participation mentioned above, and even the general control by the respondent State over a force with a higher degree of dependency on it, would not in themselves mean, without further evidence, that the United States directed or enforced the perpetration of the acts contrary to human rights and humanitarian law alleged by the applicant State. Such acts could well be committed by members of the *contras* without the control of the United Stats.

418 Der Begriff ist hierbei im untechnischen Sinne zu verstehen. Entscheidend ist nicht das Vorliegen eines Krieges nach dem Humanitären Völkerrecht, sondern die Tatsache, dass der Unterstützerstaat der Separatisten diese den Konflikt an seiner Statt austragen lässt.

419 Ein Hauptgrund scheint die Verhinderung des NATO-Beitritts der Ukraine und eine damit einhergehende Einflussvergrößerung des Westens zum Nachteil Russlands zu sein: *Tagesschau.de*, 10. März .2014. Hinzu kommt sicherlich auch die strategisch wichtige Lage der Krim am Schwarzen Meer für die russische Schwarzmeerflotte sowie die Unterstützung der dort ansässigen Russland-affinen bzw. russischstämmigen Bevölkerung.

420 ICJ, *Case concerning military and paramilitary activities in and against Nicaragua*, 27. Juni 1986, ICJ Reports 1986, S. 14.

> For this conduct to give rise to legal responsibility of the United States, it would in principle have to be proved that that State had effective control of the military or paramilitary organisations in the course of which the alleged violations were committed."[421]

Diese allgemeine völkerrechtliche Veranwortlichkeit steht der Vereinbarung eines strengeren Maßstabs für die Konventionsstaaten der EMRK nicht entgegen. Es steht Regionalgruppen von Staaten jederzeit frei, untereinander einen solchen strengeren Maßstab zu vereinbaren.

Die beiden Fallgruppen eigener militärischer Intervention und der Unterstützung einer dritten Partei können wie folgt definitorisch zusammengefasst werden:

> Die extraterritoriale Anwendbarkeit der EMRK ist nach dem räumlichen Modell anzunehmen, wenn ein Staat unmittelbar oder mittelbar ausreichend Macht über ein Gebiet und daraus resultierend auch über dessen Einwohner ausübt, dass er mit diesen nach Belieben verfahren kann.
> Dies kann insbesondere durch eigene Militärpräsenz auf dem Hoheitsgebiet des anderen Staates oder durch logistische, finanzielle, militärische Unterstützung einer auf dem Gebiet des anderen Staates agierenden separatistischen Bewegung erfolgen, durch die diese erst in die Lage versetzt wird, sich effektiv der staatlichen Bemühungen zur Erhaltung seiner Hoheitsgewalt zu erwehren und eigene staatliche Strukturen aufzubauen.

Demgegenüber knüpft das *personelle* Modell an die physische Kontrolle eines Individuums durch staatliche Bedienstete an. Eine effektive Kontrolle über ein Gebiet, wie sie das *räumliche* Modell gebietet, ist hier gerade nicht Voraussetzung. Vielmehr resultiert die Fähigkeit des Staates, mit den Betroffenen nach Belieben zu verfahren, beim *personellen* Modell aus der Ausübung körperlichen Zwanges über letztere und der entsprechenden Nähe seiner Agenten zu diesen. Eine administrative Übermacht wandelt sich zu einer körperlichen.

Im Hinblick auf die Abgrenzung beider Ansätze tauchen mehrere Probleme auf. Der EGMR betont bei jeder seiner Entscheidungen zu Art. 1 EMRK die grundsätzlich territoriale Konzeption der EMRK. Im Gegensatz zu dem *personellen* Modell ist das *räumliche* Modell das dem Territorialitätsgrundsatz konzeptionell näherliegende. Wie also den Rückgriff auf das

421 Ebenda, Rn. 115 (Kursivschrift im Original).

personelle Modell bei Nichtvorliegen der Voraussetzungen des *räumlichen* Modells überzeugend begründen? Und wie begründen, wenn die Voraussetzungen des *räumlichen* Modells sogar gegeben sind und die Richter sich dennoch für eine Anwendung des *personellen* Modells entscheiden? Ab wann entspricht die effektive Kontrolle über ein Gebiet aufgrund dessen geringer Größe faktisch der Ausübung von Kontrolle und Autorität über die dort befindlichen Individuen? Bei näherer Betrachtung erscheint das *personelle* Modell immer mehr als ein Notanker für den EGMR in Fällen gravierender Menschenrechtsverletzungen durch Konventionsstaaten außerhalb ihres Hoheitsgebietes für den Fall, dass das *räumliche* Modell nicht durchgreift. Es gleicht der letzten Bastion des EGMR im Kampf für den Respekt der Menschenrechte. Doch sind beim *personellen* Modell angesichts dieser fehlenden Konnexität zur Territorialität die Hürden für die Begründung höher.

Dabei entspricht das *personelle* Modell der bitteren Realität: Wenn militärische Invasionen bzw. Besetzungen fremder Staaten durch Konventionsstaaten noch immer vorkommen, handeln diese vermehrt im Ausland ohne tatsächliche Kontrolle über das Gebiet zu besitzen. Dies gilt bei Entführungen wie im Fall *Öcalan* oder den Vorwürfen im Fall *Pad* vergleichbaren Handlungen von Militärangehörigen. In all diesen Fällen entstünde ohne Anwendung des *personellen* Modells eine Schutzlücke im EMRK-Gefüge. Der Rückgriff auf das *personelle* Modell ist in diesem Zusammenhang somit ebenso notwendig wie begrüßenswert.[422]

Kapitel 2: Besonderheiten bei Beteiligung internationaler Organisationen

Die Frage der Ausübung extraterritorialer Hoheitsgewalt durch Vertragsstaaten der EMRK verkompliziert sich weiter, wenn diese unter Beteiligung bzw. unter der Führung internationaler Organisationen handeln.[423]

---

422 Vgl. insofern auch die Ausführungen am Ende der Analyse der *Medvedyev*-Entscheidung des EGMR, s.o. Teil 2, Kap. 1, B., I., 8.

423 Insofern soll im Einklang mit der Ausrichtung dieser Arbeit lediglich auf die Fälle militärischer Operationen eingegangen werden. Sonstige Fälle internationaler Beteiligung – etwa der Fall *Matthews v. The United Kingdom* [GC], App no. 24833/94, 18. Februar 1999 der die Frage zum Gegenstand hatte, ob Vorschriften der EMRK auch für EU-Primärrecht gelten – werden außer Betracht gelassen.

Regelmäßig beteiligen sich Europas Staaten an Militärinterventionen im Rahmen von NATO[424] oder UN-Mandaten[425]. Das kontroverse EGMR-Urteil im Fall *Banković*[426] selbst hatte bekanntermaßen den Einsatz von Bombern der durch die NATO geführten Streitkräfte zum Gegenstand.[427] Wann immer Staaten im Rahmen von Einsätzen mit Mandat internationaler Organisationen handeln, wirft dies die Frage auf, ob die Staaten selbst für eventuelle Menschenrechtsverletzungen unter der EMRK zur Verantwortung gezogen werden können oder ob das Verhalten von Soldaten der einzelnen Vertragsparteien vielmehr ebendiesen internationalen Organisationen zugerechnet werden muss. Dies hängt regelmäßig von der Kommandostruktur und der Art der Beteiligung der jeweiligen Vertragsparteien an diesen Einsätzen ab.

A. *Internationale Organisationen in Banković und Markovic*

Leider setzten sich die Richter in *Banković* nicht vertieft mit der Frage auseinander, ob die Handlungen der NATO oder direkt den Vertragsparteien zurechenbar waren. Vielmehr verneinten sie die Ausübung von Hoheitsgewalt der Staaten wie gesehen bereits aufgrund der fehlenden *effektiven Kontrolle*[428] und gingen auf die Rolle der NATO nicht weiter ein.

Der Fall *Markovic and Others v. Italy*[429] behandelte Beschwerden, die sich ebenfalls mit den Umständen des Falles *Banković* befassten. Wer jedoch da-

424 Aktuelle NATO-Missionen umfassen Einsätze in Afghanistan, dem Kosovo, dem Mittelmeer, eine Ausbildungsmission im Irak oder auch Unterstützungsmissionen für die Afrikanische Union. Nähere Informationen hierzu finden sich auf der Website der NATO unter https://www.nato.int/cps/en/natohq/topics_52060.htm (Letzter Abruf: 24.05.2019).

425 Aktuell unterhalten die Vereinten Nationen 14 Friedensmissionen weltweit (Stand 19.02.2019) mit Schwerpunkten im arabischen Raum (Golan [UNDOF], Libanon [UNIFIL], und Mittlerer Osten [UNTSO]), in Indien und Pakistan [UNMOGIP] sowie in Afrika (Westsahara [MINURSO], Republik Zentralafrika [MINUSCA], Mali [MINUSMA], Demokratische Republik Kongo [MONUSCO], Darfur [UNAMID] Sudanesische Region Abyei [UNISFA], Südsudan [UNMISS]). Eine regelmäßig aktualisierte interaktive Karte findet sich auf der Website der United Nations Peacekeeping unter https://peacekeeping.un.org/en/where-we-operate (Letzter Abruf: 24.05.2019).

426 EGMR, *Banković & Ors. v. Belgium and Ors.* [GC], App. no. 52207/99, 12. Dezember 2001.

427 Ebenda, Rn. 10.

428 S.o. Teil 2, Kap. 1, B., I., 2.

429 EGMR, *Markovic & Ors. v. Italy* [GC], App. No. 1398/03, 14. Dezember 2006.

rauf hoffte, endlich eine Antwort auf die Frage extraterritorialer Ausübung von Hoheitsgewalt bei Beteiligung internationaler Organisationen wie der NATO zu erhalten, wurde erneut enttäuscht.

B. Die Entscheidung des EGMR in den Fällen Behrami und Saramati

I. Faktenlage

Im Jahr 2007 befasste sich der EGMR mit den Beschwerden von *Behrami and Behrami v. France* und *Saramati v. France, Germany and Norway*.[430] Ursächlich für beide Fälle war die Intervention der NATO in den Konflikt zwischen Serbien und Kosovo-Albanern.[431] Nach dem Scheitern der Friedensverhandlungen unter Vermittlung der NATO bombardierten deren Truppenverbände zwischen dem 24. März und dem 8. Juni 1999 das Gebiet der ehemaligen Bundesrepublik Jugoslawien (im Folgenden „FRY").[432]

Ein UN-Mandat ermöglichte sodann, nach dem Rückzug der jugoslawischen Truppenverbände aus dem Kosovo, die Einrichtung einer Schutztruppe für den Kosovo, der Kosovo Force, kurz KFOR.[433] Diese erfolgte unter *„substantial North Atlantic Treaty Organization participation"*[434], zugleich aber unter "*unified command*".[435] Während die NATO-Truppen im Rahmen der KFOR-Mission somit also die militärische Präsenz sicherstellten, organisierten die Vereinten Nationen die Zivilverwaltung durch die United Nations Mission in Kosovo (UNMIK).[436]

Die Beschwerde im Fall *Behrami* gründete *inter alia* auf dem Vorwurf des Agim Behrami, dass die für das Gebiet, in dem er lebte, zuständigen französischen KFOR Truppen es versäumt hätten, scharfe Streubomben-

430 EGMR, *Behrami and Behrami v. France, Saramati v. France, Germany and Norway*, admissibility decisions [GC], App. nos. 71412/01 & 78166/01, 02. Mai 2007.

431 Ebenda, Rn. 2.

432 Ebenda.

433 UNSR 1244 (1999), operativer Paragraph 5: "*Decides on the deployment in Kosovo, under United Nations auspices, of international civil and security presences, with appropriate equipment and personnel as required [...]*"; *Bell*, 2010 ILP 42, S. 501, 506.

434 Ebenda, Annex 2, operative Paragraph 4.

435 Ebenda.

436 *Milanovic/Papić*, 2009 ICLQ 58, S. 267, 269.

Munition zu markieren bzw. zu entschärfen.[437] Zuvor war sein Sohn Gadaf beim Spielen auf solche Streubomben-Munition gestoßen, ein Überbleibsel der Bombardierungen durch die NATO-Streitkräfte.[438] Beim Spielen mit der Munition explodierte diese, tötete Gadaf und verletzte seinen Bruder Bekim schwer.[439] Zur Zeit des Unglücks führte Frankreich die Multinationale Brigade in dem streitgegenständlichen Gebiet an. Die Multinationalen Brigaden („MNB") dienten der Aufteilung der KFOR Truppenkontingente auf die verschiedenen Gebiete der Mission.[440] Sie bestanden aus Angehörigen der Streitkräfte mehrerer Staaten und wurden von einem der Staaten geleitet.[441]

Der Fall *Saramati* hatte die Beschwerde des Herrn *Saramati* zum Gegenstand, der durch Polizeikräfte der UNMIK Mission aufgrund des Verdachtes des versuchten Mordes und des illegalen Waffenbesitzes verhaftet worden war.[442] In der Folge ging er erfolgreich gerichtlich gegen seine Untersuchungshaft vor,[443] wurde kurze Zeit später jedoch erneut durch UNMIK-Polizeikräfte auf Befehl des KFOR-Kommandanten mit der Begründung festgenommen, er stelle eine Gefahr für die Sicherheit der KFOR und der Kosovaren dar.[444] Nachdem er daraufhin infolge einer Verurteilung wegen versuchten Mordes in ein UNMIK-Gefängnis in Pristina überstellt worden war, erwirkte er nach knapp sechs Monaten einen Freispruch durch den *Supreme Court* des Kosovo und erhob sodann Beschwerde vor dem EGMR mit der Begründung, seine Haft habe ihn in seinen Rechten aus Art. 5 und Art. 13 EMRK verletzt.[445]

---

437 EGMR, *Behrami and Behrami v. France, Saramati v. France, Germany and Norway,* admissibility decisions [GC], App. nos. 71412/01 & 78166/01, 02. Mai 2007, Rn. 61.

438 Ebenda, Rn. 5.

439 Ebenda.

440 Ebenda, Rn. 3.

441 Ebenda.

442 Ebenda, Rn. 8; *Milanovic/Papić*, 2009 ICLQ 58, S. 267, 269; *Sari*, 8 HRLR. 2008, S. 151, 153.

443 *Sari*, 8 HRLR. 2008, S. 151, 153; *Milanovic/Papić*, 2009 ICLQ 58, S. 267, 269.

444 *Sari*, 8 HRLR. 2008, S. 151, 153.

445 Ebenda.

II. Die rechtliche Bewertung des EGMR

In beiden Fällen vertraten die Beschwerdeführer die Ansicht, sie unterfielen der Hoheitsgewalt der Beschwerdegegner gem. Art. 1 EMRK.[446] In beiden Fällen wurden die Beschwerden im Ergebnis als unzulässig *ratione personae* zurückgewiesen.[447]

Dies entsprach der Rechtsansicht der Beschwerdegegner. Diese beharrten auf dem Standpunkt, weder die Beschwerdeführer in *Behrami* noch die Beschwerdeführer in *Saramati* unterfielen ihrer jeweiligen Hoheitsgewalt i.S.d. Art. 1 EMRK.[448] Deshalb seien die Beschwerden *ratione personae* unzulässig, der Gerichtshof folglich unzuständig.[449]

Die Vereinten Nationen – als Dritte am Verfahren *Behrami* beteiligt – verneinten ihre Verantwortlichkeit für die fehlende Minenbeseitigung.[450] Zwar falle diese unter das UNMACC-Mandat der UNMIK, aufgrund mangelnder Informationen durch die KFOR hinsichtlich der Lage der Streubombenmunition sei eine Entschärfung allerdings nicht möglich gewesen und der UNMIK daher auch nicht zurechenbar.[451]

Der EGMR kam in seiner Analyse zu dem vorläufigen Ergebnis, dass entscheidend für die Zulässigkeit der Beschwerden weniger die extraterritoriale Ausübung von Hoheitsgewalt durch die einzelnen Staaten i.S.d. Art. 1 EMRK sei als vielmehr die Frage, ob der Gerichtshof zuständig sei für die Überprüfung der Beteiligung der einzelnen Staaten an den UNMIK- und KFOR-Missionen.[452] Er konzentrierte sich in der Folge auf die Frage seiner Zuständigkeit *ratione personae*[453] und ging – nachdem er diese abgelehnt hatte – nicht mehr auf die Frage der extraterritorialen Ausübung von Hoheitsgewalt ein.[454]

Im Rahmen der Prüfung vollzog der Gerichtshof hierbei einen Dreischritt: Unter Analyse des bestehenden rechtlichen Rahmens der KFOR-

446 EGMR, *Behrami and Behrami v. France, Saramati v. France, Germany and Norway*, admissibility decisions [GC], App. nos. 71412/01 & 78166/01, 02. Mai 2007, Rn. 66.

447 Ebenda, Rn. 153.

448 Ebenda, Rn. 67.

449 Ebenda.

450 Ebenda.

451 Ebenda.

452 Ebenda, Rn. 71; *Knoll*, ZaöRV (2008), S. 431, 439.

453 EGMR, *Behrami and Behrami v. France, Saramati v. France, Germany and Norway*, admissibility decisions [GC], App. nos. 71412/01 & 78166/01, 02 Mai 2007, Rn. 72, 121, 144 - 152.

454 Ebenda, Rn. 153.

und UNMIK-Missionen stellte er zunächst fest, dass die Inhaftierung von *Saramati* dem zweiten Mandat, die Entschärfung von Streubomben dem ersten Mandat unterfiel.[455]

Sodann beschäftigten sich die Richter mit der Frage, ob die streitgegenständlichen Handlungen – die Inhaftierung und die fehlende Entschärfung – den Vereinten Nationen zugerechnet werden könnten.[456] Der EGMR kam zu dem Schluss, dass sowohl die Handlungen der KFOR als auch der UNMIK auf unter Kapitel VII der UN-Charta delegierten Befugnissen des Sicherheitsrats der Vereinten Nationen gründeten.[457] Hieraus folgerten die Richter, dass sowohl die Maßnahmen der KFOR-Truppen, als auch der UNMIK-Verwaltung – eines Unterorgans des Sicherheitsrats der Vereinten Nationen – direkt und ausschließlich ebendiesen Vereinten Nationen zurechenbar seien.[458]

Zur Begründung der Verantwortung des Sicherheitsrats der Vereinten Nationen verwendete der EGMR nicht den im allgemeinen Völkerrecht üblichen Standard der „effektiven Kontrolle", sondern stützte sich auf den durch ihn neu eingeführten Begriff der *„ultimate authority and control"*.[459] Während der EGMR für Vertragsstaaten der EMRK einen vom allgemeinen Völkerrecht abweichenden Standard in zulässigerweise hätte verwenden können, ist die völkerrechtliche Zulässigkeit der Anwendung eines solchen abweichenden Maßstabs auf dritte Völkerrechtssubjekte, die nicht an die EMRK gebunden sind, hier die Vereinten Nationen, zweifelhaft.

In einem dritten Schritt zogen Sie hieraus die Konsequenzen für die Zuständigkeit des EGMR.[460] Die Entscheidung war nach den vorherigen Ausführungen des Gerichtshofs wenig überraschend. Die Richter lehnten die Beschwerden als unzulässig ab und begründeten dies mit der fehlenden Kompetenz des EGMR *ratione personae* zur Kontrolle von Handlungen von

---

455 Ebenda, Rn. 123 - 127; *Sari*, 8 HRLR 2008, S. 151, 156; *Milanovic/Papić*, 2009 ICLQ 58, S. 267, 274.

456 EGMR, *Behrami and Behrami v. France, Saramati v. France, Germany and Norway*, admissibility decisions [GC], App. nos. 71412/01 & 78166/01, 02. Mai 2007, Rn. 128 - 143; *Sari*, 8 HRLR 2008, S. 151, 156.

457 *Sari*, 8 HRLR 2008, S. 151, 156; *Milanovic/Papić*, 2009 ICLQ 58, S. 267, 276; *De Sena/Vitucci*, EJIL (2009), S. 193, 205.

458 *Farrior*, 46 ILM 2007, S. 743, 744.

459 EGMR, *Behrami and Behrami v. France, Saramati v. France, Germany and Norway*, admissibility decisions [GC], App. nos. 71412/01 & 78166/01, 02. Mai 2007, Rn. 132 - 140.

460 EGMR, *Behrami and Behrami v. France, Saramati v. France, Germany and Norway*, admissibility decisions [GC], App. nos. 71412/01 & 78166/01, 02. Mai 2007, Rn. 144 - 152. *Sari*, 8 HRLR 2008, S. 151, 157.

Konventionsstaaten, die im Rahmen eines UN-Mandats ausgeführt wurden.[461] Den Richtern zufolge seien die Handlungen der einzelnen Staaten „*directly attributable to the UN, an organisation of universal jurisdiction fulfilling its imperative collective security objective*"[462].

III. Würdigung der Entscheidung

Die Entscheidung stieß auf wenig Zuspruch in der Literatur.[463] Viele beklagten, dass der EGMR zu Unrecht die Frage der extraterritorialen Ausübung von Hoheitsgewalt unbeantwortet gelassen habe.[464] Dies überrascht, hätte man doch erwartet, dass sich die Entscheidung in die EGMR-Rechtsprechung zur extraterritorialen Ausübung von Hoheitsgewalt einfügen würde. Stattdessen verzichteten die Richter auf eine Anwendung des Tests der effektiven Kontrolle, der womöglich zu einem anderen Ergebnis geführt hätte.[465] Wollte der EGMR also bewusst eine Verantwortlichkeit der Staaten nach der EMRK verhindern? Und wäre die Entscheidung anders ausgefallen, hätte man auf die Ausübung von Hoheitsgewalt nach Art. 1 abgestellt?

Erinnert sei in diesem Zusammenhang an den Fall *Banković*. Dort hatten die Richter die Anwendbarkeit der EMRK verneint und festgestellt, dass Mitgliedstaaten der NATO-Verbände durch die Bombardierung des Radio-Televizije Srbije (RTS) nicht extraterritorial Hoheitsgewalt i.S.v. Art. 1 EMRK ausgeübt hatten.[466]

Sowohl der Fall *Behrami* als auch der Fall *Banković* stehen in direktem Zusammenhang mit der Intervention der NATO im Kosovo-Konflikt. In beiden Fällen war Ausgangspunkt die Bombardierung durch NATO-Truppenverbände. In beiden Fällen wurde die Beschwerde jedoch nicht gegen die NATO als Organisation, die ja selbst nicht an die EMRK gebunden ist, sondern gegen die an der konkreten Maßnahme beteiligten Mitgliedstaa-

---

461 EGMR, *Behrami and Behrami v. France, Saramati v. France, Germany and Norway*, admissibility decisions [GC], App. nos. 71412/01 & 78166/01, 02. Mai 2007, Rn. 152.

462 Ebenda, Rn. 151.

463 Vgl. *Sari*, 8 HRLR 2008, S. 151, 158 ff.; *Milanovic*, 23 EJIL 2012, S. 121, 134; 137.

464 *Milanovic/Papić*, 2009 ICLQ 58, S. 267, 272, beklagen etwa, dass der EGMR eine Auslegung von Art. 1 vermeiden wollte.

465 So sieht es etwa *Istrefi*, CIRR (2917), 23 (80), S. 131, 146.

466 EGMR, *Banković & Ors. v. Belgium and Ors.* [GC], App. no. 52207/99, 12. Dezember 2001, Rn. 62 f.

ten gerichtet. Beide Beschwerden wurden als unzulässig zurückgewiesen. Im Fall *Banković* geschah dies jedoch unter Berufung auf die fehlende Ausübung von Hoheitsgewalt i.S.d. Art. 1 EMRK; also die fehlende Zuständigkeit des EGMR *ratione loci*; im Fall *Behrami* jedoch unter Verweis auf die fehlende Zuständigkeit des EGMR *ratione personae*. Warum?

Ein erster Unterschied zwischen beiden Fällen findet sich in der Verletzungshandlung, an die die Beschwerdeführer jeweils anknüpften. Während im Fall *Banković* Ausgangs- und Endpunkt die durch die Bombardierung des RTS bedingte Tötung der dort anwesenden Zivilisten war,[467] also ein aktives Tun, beklagten die Beschwerdeführer im Fall *Behrami* das Unterlassen einer erforderlichen Handlung, nämlich die fehlende Entschärfung der Streubombenmunition durch Frankreich.[468] Letzteres war zu diesem Zeitpunkt – wie bereits erwähnt – Anführer der multinationalen Brigade der KFOR-Truppen in diesem Gebiet. Im Kern ging es somit auch hier um die extraterritoriale Ausübung von Hoheitsgewalt durch Frankreich – wobei wohl das *räumliche* Modell im Raum stand.

Wäre die Entscheidung also eine andere gewesen, hätte der EGMR auf die extraterritoriale Ausübung von Hoheitsgewalt abgestellt? Das *personelle* Modell ist für die Beantwortung dieser Frage nicht zielführend, knüpft es doch an die physische Kontrolle eines Individuums durch staatliche Bedienstete an,[469] die im Fall *Behrami* jedoch nicht ausgeübt wurde. Einzig das *räumliche* Modell könnte der Beschwerde zum Erfolg verhelfen. Hierzu müsste Frankreich über das Gebiet die *effektive Kontrolle* ausgeübt haben. Hier beginnen jedoch bereits die Schwierigkeiten in der gerichtlichen Überprüfung. Zwar war Frankreich in dem entsprechenden Gebiet Anführer der Multinationalen Brigade (MNB).[470] Es ist jedoch fraglich, ob dies zur Annahme *effektiver Kontrolle* über das Gebiet von Mitrovica bereits ausreicht. Wie zuvor herausgearbeitet,[471] wäre hierfür erforderlich gewesen, dass Frankreich unmittelbar oder mittelbar genug Macht über das Gebiet und daraus resultierend auch über die dortigen Einwohner ausübte, dass es mit diesem/n nach Belieben verfahren konnte. Dies hängt wiederum ent-

---

467 *Cohen-Jonathan*, 2002 RTDH 52, S. 1069.

468 EGMR, *Behrami and Behrami v. France, Saramati v. France, Germany and Norway*, admissibility decisions [GC], App. nos. 71412/01 & 78166/01, 02. Mai 2007, Rn. 61.

469 S.o. Teil 2, Kap. 1, B., II.

470 EGMR, *Behrami and Behrami v. France, Saramati v. France, Germany and Norway*, admissibility decisions [GC], App. nos. 71412/01 & 78166/01, 02 Mai 2007, Rn. 3.

471 S.o. Teil 2, Kap. 1, B., II.

scheidend von der Ausgestaltung der Befugnisse im Rahmen der KFOR bzw. den MNB ab. Den Ausgangspunkt hierfür bildet die Sicherheitsratsresolution 1244 der Vereinten Nationen vom 10. Juni 1999.[472] Der Sicherheitsrat autorisierte darin

> „Member States and relevant international organizations to establish the international security presence in Kosovo as set out in point 4 annex 2 with all necessary means to fulfil its responsibilities under paragraph 9 below[.]“[473]

Die in Paragraph 9 beschriebenen Aufgaben der internationalen Sicherheitspräsenz umfassten insbesondere die Überwachung der Entschärfung von Sprengsätzen bis zur Übernahme der Aufgaben durch die internationale zivile Präsenz, die Unterstützung letzterer und die Grenzüberwachung.[474] Diese Aufgaben sollten wie zuvor ausgeführt unter erheblicher Beteiligung der NATO und einheitlichem Kommando erfolgen.[475] Die Sicherheitsratsresolution enthält jedoch keine Angaben zur genauen Ausgestaltung dieser Kommandostruktur. Nähere Angaben hierzu sind nur schwer auffindbar. Die NATO selbst stützt ihr KFOR-Mandat neben der UNSR 1244 auch auf das mit der Bundesrepublik Jugoslawien geschlossene *„Military-technical agreement“* vom 09. Juni 1999 (MTA).[476]

Ein erster Anhaltspunkt für die Fülle an Kompetenzen, die dem KFOR-Kommandeur (COMKFOR) zuerkannt wurden, findet sich in Appendix B zum MTA.[477] Diese beziehen sich allerdings primär auf die Durchsetzung der Regelungen des MTA und weniger auf die Rechte und Pflichten der intervenierenden KFOR-Staaten im Rahmen des Einsatzes. Auch aus den durch den Gerichtshof seiner Entscheidung zugrunde gelegten Dokumenten lässt sich die Verteilung der Verantwortung und Aufgaben zwischen COMKFOR und Führungsstaaten in den MNB nicht ersehen. Es verbleibt daher bei der recht schwammigen Formulierung *„under unified command“*[478] in der UNSR 1244.

---

472 UNSR 1244 (1999).

473 Ebenda, operativer Paragraph 7.

474 UNSR 1244 (1999), operativer Paragraph 9, lit. (e) bis (g).

475 UNSR 1244 (1999), Annex 2, operative Paragraph 4.

476 Das Military-technical agreement im englischen Original findet sich im „Letter Dated 15 June 1999 from the Secretary-General Adressed to the President of the Security Council“, UN Doc. S/1999/682, 15. Juni 1999.

477 Ebenda, S. 9 f.

478 UNSR 1244 (1999), Annex 2, operativer Paragraph 4.

Ob die Aufgabenverteilung derart war, den Führungsstaaten in den MNB Befugnisse gleich einer *effektiven Kontrolle* i.S.d. Art. 1 EMRK zukommen zu lassen, kann daher nicht mit Sicherheit festgestellt werden. War dies jedoch der Fall, so hätte der Fall durchaus anders entschieden werden können. Zumindest spricht bereits die Aufteilung des Kosovo in verschiedenen Zonen (die MNB) unter Führung eines NATO-Mitgliedstaates für eine Ausübung *effektiver Kontrolle*. Sollte die *effektive Kontrolle* allein durch die KFOR als Unterorganisation der NATO ausgeübt werden, so wäre eine Aufteilung des Kosovo unter Leitung einzelner Staaten nicht notwendig gewesen.

Es scheint im Ergebnis, als sei dem EGMR daran gelegen gewesen, eine Verantwortung der EMRK-Vertragspartei zu verhindern. Hierbei mag zum einen die komplizierte, unklare Faktenlage bei der Feststellung der Aufgabenverteilung innerhalb der KFOR-Kontingente eine Rolle gespielt haben. Viel mehr noch werden sich die Richter jedoch darum gesorgt haben, welche Konsequenzen eine solche Entscheidung für die Bereitschaft der Vertragsparteien gehabt hätte, sich auch in Zukunft an NATO-Schutzmissionen zu beteiligen. Insofern steht die *Behrami*-Entscheidung anders als zunächst erwartet dennoch in einer Linie mit der *Banković*-Entscheidung. In beiden Fällen spielten (sicherheits-)politische Erwägungen bei der Entscheidungsfindung in Straßburg eine entscheidende Rolle.

Kritikwürdig ist in diesem Zusammenhang jedoch der Rückgriff des EGMR auf den von ihm neu geschaffenen Standard der „ultimate authority and control" (siehe oben), statt der Verwendung des Standards der „effektiven Kontrolle". Entsprechend distanzierte sich auch der UN-Generalsekretär von diesen Ausführungen des EGMR:

> „It is understood that the international responsibility of the United Nations will be limited in the extent of its effective operational control"[479]

Die International Law Commission griff die Entscheidung des EGMR im Rahmen ihrer Beratungen zur völkerrechtlichen Verantwortlichkeit von internationalen Organisationen auf und überprüfte im Lichte dieser Entscheidung ihren Standpunkt. Im Ergebnis folgte auch sie nicht dem EGMR.[480]

479 Vgl. *ILC*, 2011 Yb. I.L.C., S. 46, 58 f.

480 Ebenda.

Was also lässt sich hieraus für die extraterritoriale Ausübung von Hoheitsgewalt in bewaffneten Konflikten bei Beteiligung internationaler Organisationen folgern?

Die wichtigste Erkenntnis ist zugleich keine Überraschung: Internationale Organisationen sind grundsätzlich nicht an die EMRK gebunden. Diese ist, wie zunächst einmal jeder völkerrechtliche Vertrag, nur für die unterzeichnenden Staaten bindend. Diese wiederum sind grundsätzlich an die Konvention gebunden, unter Umständen auch bei Auslandseinsätzen ihrer Streitkräfte. Die Beteiligung internationaler Organisationen wie etwa der NATO oder der Vereinten Nationen kann gewissermaßen eine Rückausnahme zur extraterritorialen Ausübung von Hoheitsgewalt darstellen. Dies hängt entscheidend von der Ausgestaltung des jeweiligen Mandates ab: Liegt die wesentliche Entscheidungsgewalt bei den einzelnen am Einsatz beteiligten Vertragsparteien der EMRK, so kommt eine extraterritoriale Ausübung von Hoheitsgewalt i.S.d. Art. 1 in Betracht – unter der Voraussetzung, dass eine der Ausnahmen zur territorialen Ausübung von Hoheitsgewalt (*räumliches* bzw. *personelles* Modell) greift. Ähneln die Staaten in ihrem Handeln jedoch eher einem „unselbstständigen Glied" der internationalen Organisation, so wird eine Beschwerde vor dem EGMR wohl regelmäßig an der fehlenden Zuständigkeit *ratione personae* des Gerichtshofs scheitern. Anhaltspunkte hierfür bietet etwa die Ausgestaltung der Kommandostruktur, die Fülle der übertragenen Aufgaben oder auch die Ausgestaltung der Haftung für Fehlverhalten der Streitkräfte.

Es erscheint, als prüfe der EGMR die Zuständigkeit *ratione personae* grundsätzlich bevor er sich mit der Frage der extraterritorialen Ausübung von Hoheitsgewalt beschäftigt. Ausdrücklich hat er dies bisher nicht klargestellt und eine strikte Prüfungsreihenfolge ist regelmäßig in der Zulässigkeit nicht gegeben. Eine solche Vorgehensweise erscheint auch wünschenswert: Vor der Klärung, ob eine EMRK-Vertragspartei (extraterritorial) Hoheitsgewalt ausgeübt hat, muss sinnvollerweise festgestellt werden, ob die entsprechenden Handlungen überhaupt von einem Vertragsstaat der EMRK ausgehen.

C. *Al-Jedda v. UK*

I. Faktenlage

Zeitgleich zu *Al-Skeini*[481]fällte der EGMR ein zweites vielbeachtetes Urteil im Fall *Al-Jedda*[482].[483] Das Verfahren hatte die Beschwerde des britisch-irakischen Staatsbürgers[484] Hilal Abdul-Razzaq Ali Al-Jedda zum Gegenstand, der im Oktober 2004 im Haus seiner Schwester im Irak durch amerikanische Soldaten festgenommen und in ein britisches Gefängnis in Basra verbracht worden war.[485] Seine mehr als drei Jahre[486] andauernde Inhaftierung wurde mit seiner vermuteten Unterstützung und Anwerbung von Terroristen und der damit von ihm ausgehenden Gefahr für die Sicherheit im Irak begründet.[487] Nach seiner Inhaftierung wehrte der Beschwerdeführer sich erfolglos gegen den Entzug seiner britischen Staatsbürgerschaft.[488]

II. Die rechtliche Bewertung und Einordnung

Das Vereinigte Königreich wehrte sich gegen die Annahme seiner Hoheitsgewalt und verwies auf die Vereinten Nationen, unter deren Verantwortlichkeit das Vereinigte Königreich als Teil einer durch den UN Sicherheitsrat genehmigten „Multinational Force" die Inhaftierung vorgenommen habe.[489] Es folgte der obligatorische Verweis auf die zuvor besprochenen

481 EGMR, *Al-Skeini and others v United Kingdom* [GC], App. no. 55721/07, 07 Juli 2011.
482 EGMR, *Al-Jedda v. The United Kingdom* [GC], App. no. 27021/08, 07. Juli 2011.
483 Im folgenden soll hierbei lediglich auf die Besonderheiten im Kontext der extraterritorialen Ausübung von Hoheitsgewalt nach Art. 1 EMRK eingegangen werden. Die Ausführungen des EGMR zur Frage der Verletzung von Art. 5 EMRK werden gesondert unter Teil 2, Kap. 5, B. besprochen.
484 Ebenda, Rn. 1.
485 Ebenda, Rn. 10.
486 Ebenda.
487 Ebenda, Rn. 11.
488 *Pejic*, IRRC (2011), 93 (883), S. 837, 839.
489 EGMR, *Al-Jedda v. The United Kingdom* [GC], App. no. 27021/08, 07. Juli 2011, Rn. 64.

Entscheidungen in *Behrami und Saramati*[490].[491] Das Vereinigte Königreich stützte seine Ansicht unter anderem auf UNSR 1511[492] und 1546[493].[494] In Ersterer hatte der Sicherheitsrat entschieden, dass er *„authorizes a multinational force under unified command to take all necessary measures to contribute to the maintenance of security and stability in Iraq [...].*"[495] Dies hatte der Sicherheitsrat sodann in UNSR 1546 nochmals bekräftigt.[496] Der Wortlaut der beiden Resolutionen kommt hierbei dem in *Behrami* und *Saramati* sehr nahe.[497] Dennoch kam der EGMR im vorliegenden Fall nicht zu dem gleichen Ergebnis wie in *Behrami und Saramati*. Ebenso wie der Beschwerdeführer[498] stellte der Gerichtshof fest, dass das Vereinigte Königreich seine Hoheitsgewalt nach Art. 1 EMRK zunächst anerkannt habe und erst vor dem britischen House of Lords auf seine ablehnende Haltung umgeschwenkt sei.[499]

Sodann verwies der EGMR darauf, dass die Invasion des Irak durch die Militärkoalition im Jahr 2003 nicht durch eine entsprechende Resolution des UN Sicherheitsrats gedeckt gewesen sei.[500] Vielmehr habe die Militärkoalition für das Gebiet des Irak eine sog. Coalition Provisional Authority (CPA) eingesetzt.[501] In einem gemeinsamen Brief der Ständigen Vertreter des Vereinigten Königreichs und der USA an den UN-Sicherheitsrat vom 08. Mai 2003, auf den der EGMR in seiner Analyse verwies,[502] beschrieben sie die Rolle der Koalitionsparteien u.a. wie folgt:

490 EGMR, *Behrami and Behrami v. France, Saramati v. France, Germany and Norway*, admissibility decisions [GC], App. nos. 71412/01 & 78166/01, 02. Mai 2007.

491 EGMR, *Al-Jedda v. The United Kingdom* [GC], App. no. 27021/08, 07. Juli 2011, Rn. 64.

492 UNSR 1511, S/RES/1511 (2003), 16. Oktober 2003.

493 UNSR 1546, S/RES/1546 (2004), 08. Juni 2004.

494 EGMR, *Al-Jedda v. The United Kingdom* [GC], App. no. 27021/08, 07. Juli 2011, Rn. 66.

495 UNSR 1511, S/RES/1511 (2003), 16. Oktober 2003, operative Rn. 13.

496 UNSR 1546, S/RES/1546 (2004), 08. Juni 2004, Operative Rn. 10.

497 Vgl. zuvor B.

498 EGMR, *Al-Jedda v. The United Kingdom* [GC], App. no. 27021/08, 07. Juli 2011, Rn. 69.

499 Ebenda, Rn. 75.

500 Ebenda, Rn. 77.

501 Ebenda. Siehe hierzu auch die Analyse im Fall *Al-Saadoon and Mufdhi*, oben Teil 2, Kap. 1, B., 9.

502 EGMR, *Al-Jedda v. The United Kingdom* [GC], App. no. 27021/08, 07. Juli 2011, Rn. 27, 77.

„The United States, United Kingdom, and Coalition Partners continue to act together to ensure the complete disarmament of Iraq of weapons of mass destruction and means of delivery in accordance with United Nations Security Council resolutions.
[...] In order to meet these objectives and obligations in the postconflict period in Iraq, the United States, United Kingdom, and Coalition partners, acting under existing command and control arrangements through the Commander of Coalition Forces, have created the Coalition Provisional Authority, [...] to exercise powers of government temporarily, and as necessary, especially to provide security [...].
The United States, United Kingdom, and Coalition partners, working through the Coalition Provisional Authority, shall, inter alia, provide for security in and for the provisional administration of Iraq, including by: deterring hostilities; [...]; maintaining civil law and order, including through encouraging international efforts to rebuild the capacity of the Iraqi civilian police force; eliminating all terrorist groups are denied safe haven (sic!); supporting and coordinating de-mining and related activities; promoting accountability for crimes and atrocities committed by the previous Iraqi regime; and assuming immediate control of Iraqi institutions responsible for military and security matters and providing, as appropriate, for the demilitarisation, demobilisation, control, command, reformation, disestablishment, or reorganisation of those institutions so that they no longer pose a threat to the Iraqi people or international peace and security but will be capable of defending Iraqi's sovereignty and territorial integrity."[503]

Hieraus geht hervor, dass die Aufrechterhaltung von Sicherheit und die in diesem Zusammenhang zu ergreifenden Maßnahmen Aufgabe der CPA waren. Hierbei diente sie gewissermaßen als „Medium" für die Koalitionsstaaten, die durch die CPA handelten.[504]

---

503 Brief der ständigen Vertreter der Vereinigten Staaten von Amerika und des Vereinigten Königreichs, John D. Negroponte und Jeremy Greenstock an den Präsidenten des Sicherheitsrats der Veinten Nationen Munir Akram, New York, 08. Mai 2003, online abrufbar unter _https://webarchive.nationalarchives.gov.uk/20171123122259/http://www.iraqinquiry.org.uk/media/222821/2003-05-08-letter-greenstock-and-negroponte-to-president-of-the-security-council-untitled.pdf (Letzter Abruf: 24.05.2019) (Hervorhebung durch Verfasser).

504 Ebenda.

Erst nach diesem Brief, nämlich am 22. Mai 2003[505], erließ der Sicherheitsrat seine erste Resolution zur Situation im Irak,[506] indem er auch auf soeben genannten Brief verwies.[507] Die Resolution begründete jedoch aus Sicht des EGMR keine Kontrolle bzw. Verantwortung der Vereinten Nationen. Vielmehr forderte der Sicherheitsrat die Koalitionsstaaten auf, durch die CPA

> „to promote the welfare of the Iraqi people through the effective administration of the territory, including in particular working towards the restoration of conditions of security and stability and the creation of conditions in which the Iraqi people can freely determine their own political future."[508]

Unter anderem hieraus leitete der EGMR eine Verantwortlichkeit der Koalitionsstaaten und nicht der Vereinten Nationen ab.[509] Auch aufgrund der folgenden, zuvor bereits angesprochenen, Resolutionen kam der Gerichtshof zu keinem anderen Ergebnis. Insbesondere könne aus der in UNSR 1511 enthaltenen Genehmigung einer „Multinational Force" kein Übergang der Verantwortung auf die Vereinten Nationen mit gleichzeitigem Erlöschen der Verantwortung der einzelnen Staaten folgen.[510] Schließlich verneinten die Richter auch auf Basis von UNSR 1546 eine Verantwortung der Vereinten Nationen unter Entbindung der Koalitionsstaaten,[511] wobei sie besonders hervorhoben, dass selbst originäre UN-Organe die Dauer der sicherheitsbedingen Inhaftierung von Zivilisten durch die „Multinational Force" beklagt hatten und gar mit der Amerikanischen Botschaft in Kontakt getreten seien, um eine Beendingung dieser Praxis zu erreichen.[512] Aus alledem leitete der EGMR sodann das Bestehen von Hoheitsgewalt des Vereinigten Königreichs nach Art. 1 EMRK im vorliegenden Fall ab.[513]

Al-Jedda ähnelt in vielerlei Hinsicht der Entscheidung in *Behrami und Saramati*. So wurde etwa auch Herr *Saramati* durch Kosovo-Truppen vorsorg-

505 UNSR 1483, S/RES/1483 (2003), 22. Mai 2003.
506 EGMR, *Al-Jedda v. The United Kingdom* [GC], App. no. 27021/08, 07. Juli 2011, Rn. 78.
507 UNSR 1483, S/RES/1483 (2003), 22. Mai 2003, Erwägungsgründe.
508 Ebenda, operative Rn. 4.
509 EGMR, *Al-Jedda v. The United Kingdom* [GC], App. no. 27021/08, 07. Juli 2011, Rn. 78.
510 Ebenda, Rn. 80.
511 Ebenda, Rn. 81 f.
512 Ebenda, Rn. 82.
513 Ebenda, Rn. 86.

lich inhaftiert, um von ihm ausgehende Sicherheitsrisiken bereits im Vorfeld auszuschließen.[514] Die Entscheidung in *Al-Jedda* war, ebenso wie *Behrami und Saramati*, Ziel deutlicher Kritik in der Literatur und zwar weniger aufgrund des Ausgangs des Verfahrens, als aufgrund des Entscheidungsfindungsprozesses. Zum einen akzeptierte der EGMR die Draft Articles on the Responsibility of International Organizations der International Law Commission[515] (Draft Articles)[516] und nahm an, dass eine Verantwortung der Vereinten Nationen aufgrund fehlender effektiver Kontrolle sowie Autorität und Kontrolle des Sicherheitsrats nicht gegeben sei.[517] Zum anderen ignorierten die Richter jedoch die in Art. 9 Draft Articles vorgesehene Möglichkeit, einer internationalen Organisation ein Handeln zuzuschreiben, wenn diese eine Handlung anerkennt und als eigene annimmt.[518] Es war zumindest nicht auszuschließen, dass die Vereinten Nationen durch ihre Resolutionen die Voraussetzungen des Art. 9 Draft Articles erfüllten, indem sie etwa in Resolution 1546 ausführten:

> „*Notes* that the presence of the multinational force in Iraq is at the request of the incoming Interim Government of Iraq and therefore *reaffirms* the authorization for the multinational force under unified command established under resolution 1511 (2003), having regard to the letters annexed to this resolution [sic!]."[519]

Dies geht weiter als eine bloße Legitimierung des Einsatzes. Es bestätigt erneut die enge Bindung zwischen der „Multinational Force" und den Vereinten Nationen. Dies wurde noch untermauert durch die Entscheidung des Sicherheitsrates, dass

---

514 *Milanovic*, 23 EJIL 2012, S. 121, 134.

515 *International Law Commission*, Draft Articles on the Responsibility of International Organizations, Adopted by the International Law Commission at its sixty-third session, in 2011, and submitted to the General Assembly as part of the Commission's report covering the work of that session (A/66/10, para. 87), Yearbook of the International Law Commission 2011, Volume II, Part Two, A/CN.4/SER.A/2011/Add.1 (Part 2).

516 *Szydlo*, 12 ICLR 2012, S. 271, 277 f. Vgl. auch *Milanovic*, 23 EJIL 2012, S. 121, 137.

517 EGMR, *Al-Jedda v. The United Kingdom* [GC], App. no. 27021/08, 07. Juli 2011, Rn. 84; *Szydlo*, 12 ICLR 2012, S. 271, 277 f.

518 Ebenda, S. 278. *Szydlo* verweist hier auf Art. 7 Draft Articles, dessen Wortlaut sich nach Veröffentlichung jedoch im heutigen Art. 9 Draft Articles wiederfindet.

519 UNSR 1546, S/RES/1546 (2004), 08. Juni 2004, operative Rn. 9.

> „the multinational force shall have the authority to take all necessary measures to contribute to the maintenance of security and stability in Iraq in accordance with the letters annexed to this resolution [...] setting out its tasks, including by preventing and deterring terrorism, so that, inter alia, the United Nations can fulfil its role in assisting the Iraqi people as outlined in paragraph seven above and the Iraqi people can implement freely and without intimidation the timetable and programme for the political process and benefit from reconstruction and rehabilitation activities."[520]

Dies lässt vielmehr darauf schließen, dass die Friedensarbeit der Vereinten Nationen zumindest in Teilen vom Erfolg der Maßnahmen der „Multinational Force" abhing. Die Vereinten Nationen hatten daher im Sinne des Art. 9 Draft Articles nicht nur Kenntnis von den Handlungen der Koalition, sondern machten sich diese auch zu eigen.

Hervorzuheben ist jedoch, dass der EGMR eine doppelte Verantwortlichkeit – d.h. neben der der Hohen Vertragspartei auch die der Vereinten Nationen – wohl für möglich hält,[521] insofern als er ausführt, dass

> „[t]he Court does not consider that, as a result of the authorisation contained in Resolution 1511, the acts of soldiers within the Multinational Force became attributable to the United Nations or – more importantly for the purpose of this case – ceased to be attributable to the troop-contributing nations."[522]

Dennoch würde eine Verantwortlichkeit der Vereinten Nationen nach der EMRK auch hier angesichts der fehlenden Mitgliedschaft im Europarat und der nicht-Ratifizierung der Konvention nicht in Betracht kommen.

Im Ergebnis wäre es daher dogmatisch richtiger gewesen, die Verantwortlichkeit des Vereinigten Königreichs unabhängig von der Tatsache zu untersuchen, ob eine Verantwortlichkeit der Vereinten Nationen bestand und nicht aus dem fehlenden Übergang der effektiven Kontrolle auf die Vereinten Nationen auf deren Verbleib beim Vereinigten Königreich zu schließen. In beiden Fällen wäre das Ergebnis jedoch gleich geblieben.

---

520 Ebenda, operative Rn. 10.

521 *Milanovic*, 23 EJIL 2012, S. 121, 136.

522 EGMR, *Al-Jedda v. The United Kingdom* [GC], App. no. 27021/08, 07. Juli 2011, Rn. 80.

D. Zwischenfazit

Die Beurteilung der Ausübung von Hoheitsgewalt durch Hohe Vertragsparteien bei Beteiligung internationaler Organisationen hängt somit entscheidend von der Ausgestaltung einzelner Missionen und der dortigen Kommandostruktur ab. Handeln die Mitgliedstaaten aufgrund eines Mandats einer internationalen Organisation und stellen ihre Streitkräfte der Organisation derart zur Verfügung, dass diese die effektive Entscheidungsgewalt über den Einsatz der Truppen erhält, wird man nach derzeitigem Stand regelmäßig eine Ausübung von Hoheitsgewalt nach Art. 1 EMRK für die beteiligten Hohen Vertragsparteien ablehnen müssen. Dass die Grenzen hierbei fließend sind, zeigt die Argumentation des EGMR im Fall *Al-Jedda*. Lehnt man die Ausübung von Hoheitsgewalt durch eine Hohe Vertragspartei jedoch ab, drohen erhebliche Rechtschutzlücken unter der EMRK, da bislang keine der wichtigen internationalen Organisationen der Konvention beigetreten ist.

Kapitel 3: Neue Ansätze bei der extraterritorialen Anwendbarkeit der EMRK

Angesichts der anhaltenden Kritik an der Rechtsprechung des EGMR zur extraterritorialen Anwendbarkeit der Konvention stellt sich die Frage, ob eine dogmatisch sauberere, den tatsächlichen Entwicklungen ausreichend Rechnung tragende Herangehensweise denkbar wäre, die das Konzept der EMRK als regionales Instrument des Menschenrechtsschutzes nicht aushebeln würde und dennoch eine ausreichende Flexibilität böte. Hierbei sollen drei Ansätze dargestellt und analysiert werden. Zunächst wird auf die durch den Richter *Leggatt* am britischen High Court of Justice vorgenommene Auslegung eingegangen (A. I.) und diese zur Rechtsprechung des EGMR in Kontext gesetzt (A. II.). Sodann wird die Ansicht beleuchtet, wonach Hoheitsgewalt nur bei gezielten Tötungen angenommen werden solle (B.). Richter *Bonello*'s „funktionaler Test" ist Gegenstand der darauf folgenden Analyse (C.), bevor die EMRK mit ähnlichen Menschenrechtsschutzinstrumenten verglichen wird, um etwaige Lehren aus der dortigen Praxis zu ziehen (D.).

A. Neue Ansätze auf vertragsstaatlicher Ebene anhand des Falles Al-Saadoon & Ors. im Vereinigten Königreich

I. Hintergrund und Faktenlage des Verfahrens

„*One of the legacies of the Iraq war is litigation.*“[523]

Die Invasion des Irak durch die „*Koalition der Willigen*“[524] im Jahr 2003 führte insbesondere im Vereinigten Königreich zu einer Fülle an Gerichtsverfahren.[525] Seither waren die dortigen Richter regelmäßig mit der Auslegung des britischen Human Rights Act (HRA)[526], dem Umsetzungsgesetz der EMRK im Vereinigten Königreich, betraut und mussten sich hierbei mit der Frage der extraterritorialen Anwendbarkeit auseinandersetzen.

Eine diskussionswürdige Herangehensweise wählte hierbei Richter *Leggatt* am *High Court of Justice* in der Sache *Al-Saadoon & Ors.*[527] Zuletzt entschied der *Court of Appeal* in dieser Sache.[528] Eine Entscheidung des *Supreme Court* liegt bislang nicht vor. Das Verfahren diente der Beantwortung einer Reihe von Vorfragen.[529] Insbesondere sollte hierdurch die extraterritoriale Reichweite der durch den HRA in britisches Recht umgesetzten EMRK geklärt werden.[530] Im Rahmen eines der Ausgangsverfahren war zuvor die Frage aufgeworfen worden, ob eine Anwendung der EMRK bereits bejaht werden müsse, wenn ein Zivilist durch patrouillierende britische Soldaten erschossen werde.[531] Im konkreten Fall war ein Iraker erschossen worden, nachdem er an einer Tankstelle in Basra mit seinem Au-

---

523 High Court of Justice, *Al-Saadoon & Ors. v. Secretary of State for Defence*, [2015] EWHC 715 (Admin), Rn 1.

524 *LPB-BW*, Der Irak Krieg 2003.

525 Über 2000 Verfahren sind in diesem Zusammenhang vor britischen Gerichten anhängig, vgl. *Goddard*, 91 ILS 2015, 402, 404.

526 *United Kingdom*, Human Rights Act, 09. November 1998, online abrufbar unter http://www.legislation.gov.uk/ukpga/1998/42 (letzter Abruf 24.05.2019).

527 High Court of Justice, *Al-Saadoon & Ors. v. Secretary of State for Defence*, [2015] EWHC 715 (Admin). Bei diesem Verfahren handelt es sich nicht um das Verfahren *Al-Saadoon & Mufdhi v. UK* (App. no. 61498/08), das bereits vor dem EGMR entschieden wurde, sondern um ein neues Verfahren, das unter anderem auch durch die Kläger des Falles vor dem EGMR angestrengt wurde.

528 Court of Appeal, *Al-Saadoon & Ors. v. Secretary of State for Defence*, [2016] EWCA Civ 811.

529 *Goddard*, 91 ILS 2015, S. 402, 404.

530 High Court of Justice, *Al-Saadoon & Ors. v. Secretary of State for Defence*, [2015] EWHC 715 (Admin), Rn. 4.

531 Ebenda, Rn. 7.

to zurückgesetzt und versehentlich einen britischen Soldaten angefahren hatte.[532]

Sollte also das „bloße" Erschießen – eine Gewaltanwendung ohne direkte physische Kontrolle des Opfers – bereits ausreichen, um die EMRK zur Anwendung zu bringen? Die Brisanz dieser Fragestellung ist offensichtlich: Sie hat das Potenzial, den Anwendungsbereich der EMRK beträchtlich auszudehnen und die Zahl der Verfahren sowohl vor den nationalen Gerichten als auch vor dem EGMR im Rahmen bewaffneter Konflikte explodieren zu lassen. Unweigerlich fühlt man sich an *Al-Skeini* erinnert. Dort hatte der EGMR die extraterritoriale Anwendbarkeit der EMRK aufgrund einer Verknüpfung von *räumlichem* und *personellem* Modell bejaht.[533]

In seiner Analyse wagte *Leggatt* den Schritt ins Ungewisse und vollzog eine Abkehr von *Banković*, wie sie sich viele bereits seit geraumer Zeit vom EGMR wünschen.[534] Er sprach sich ausdrücklich für die Zufügung physischer Gewalt als ausreichendes Begründungskriterium von Hoheitsgewalt aus.[535] Hierbei ging er in seiner Analyse des Art. 1 EMRK sehr detailliert und methodisch vor und sah sich mit der neuen *Al-Skeini*-Rechtsprechung des EGMR konfrontiert, die über die bisher geltenden restriktiven Grundsätze von *Banković* hinausgeht.[536] Er stellte fest, dass über die gesamte Dauer britischer Militärpräsenz im Irak die extraterritoriale Anwendbarkeit der EMRK, anhand eben dieser *Banković*-Rechtsprechung zu beurteilen war und hiernach eine Verantwortung des Vereinigten Königreiches nach der EMRK lediglich für in britischer Gefangenschaft befindliche Iraker in Betracht kam.[537] Erst im Jahr 2011 habe die *Al-Skeini*-Entscheidung diese enge Interpretation des Art. 1 EMRK aufgeweicht.[538]

Die Kläger im vorliegenden Verfahren stellten sich auf den Standpunkt, dass Gewaltausübung – insbesondere das Erschießen eines Zivilisten durch einen britischen Soldaten – das Opfer der Hoheitsgewalt des Vereinigten

532 Ebenda, Rn. 80.

533 Siehe näher hierzu oben Teil 2, Kap. 1, B., I., 10.

534 Auch wenn Richter *Leggatt* als erstinstanzlicher Richter am High Court of Justice nur ein geringes Risiko einging, ist dieser Schritt umso wichtiger, als er geeignet ist, eine durch die vertragsstaatliche Justiz angestoßene Rechtsprechungsfortentwicklung in Gang zu setzen.

535 *Goddard*, 91 ILS 2015, S. 402, 403.

536 High Court of Justice, *Al-Saadoon & Ors. v. Secretary of State for Defence*, [2015] EWHC 715 (Admin), Rn. 34.

537 Ebenda.

538 Ebenda.

Königreichs i.S.d. Art. 1 EMRK unterstelle.[539] Die Verwendung von (potenziell) tödlicher Gewalt unterwerfe das Opfer der Autorität und Kontrolle des Konventionsstaates.[540] Sie plädierten somit für eine Ausweitung des *personellen* Modells im Wege einer Ausdehnung des Begriffs der „Ausübung von Autorität und Kontrolle über Individuen“. Zur Untermauerung ihrer Ansicht stützten die Kläger sich insbesondere auf Entscheidungen des EGMR wie *Pad*[541], *Issa*[542], *Isaak*[543] oder *Solomou*[544], in denen der EGMR die extraterritoriale Hoheitsgewalt eines Staates ohne Gefangennahme des Opfers angenommen hatte.[545]

Naturgemäß folgte der britische *Secretary of State for Defence* dieser Auslegung nicht, sondern erkannte lediglich die Hoheitsgewalt für in britischer Gefangenschaft verstorbene Zivilisten an.[546] Überzeugt hatten die Argumente der Klägerseite jedoch offensichtlich Richter *Leggatt*. Die Schwierigkeiten lagen für diesen weniger bei der Bejahung der Ausübung von Autorität und Kontrolle bei Schusswaffengebrauch, als vielmehr bei der vorherigen Bejahung extraterritorialer Hoheitsgewalt.[547] Wenn diese Hürde jedoch einmal genommen sei, sei es ihm unmöglich, die Erschießung eines anderen Menschen nicht unter diese Ausnahme fallen zu lassen.[548] Seine Ausführungen hierzu prangern durch ihre Klarheit die Inkonsequenz in der EGMR-Rechtsprechung an:

> „[...] I find it impossible to say that shooting someone dead does not involve the exercise of physical power and control over that person. Using force to kill is indeed the ultimate exercise of physical control over another human being. Nor as it seems to me can a principled system of human rights law draw a distinction between killing an individual after arresting him and simply shooting him without arresting

539 Ebenda, Rn. 89.

540 Ebenda.

541 EGMR, *Pad & Ors. v. Turkey*, App. no. 60167/00 (admissibility decision), 28. Juni 2007.

542 EGMR, *Issa & Ors. v. Turkey*, App. no. 31821/96, 16. November 2004.

543 EGMR, *Isaak v. Turkey*, App. no. 44587/98, 24. Juni 2008.

544 EGMR, *Solomou and Ors. v. Turkey*, App. no. 36832/97, 24. Juni 2008.

545 High Court of Justice, *Al-Saadoon & Ors. v. Secretary of State for Defence*, [2015] EWHC 715 (Admin), Rn. 89 ff.

546 Ebenda, Rn. 93.

547 Ebenda, Rn. 95.

548 Ebenda.

him first, such that in the first case there is an obligation to respect the person's right to life yet in the second case there is not."[549]

Leggatt spricht hiermit aus, was viele denken. Die Tötung eines Menschen ist die ultimative Verletzung seines in Art. 2 EMRK verbrieften Rechtes auf Leben. Dieses Recht zu achten, ist die Verpflichtung der Vertragsparteien der EMRK. Angesichts der schweren Konsequenzen solch einer Rechtsverletzung erscheint es unerträglich, Hohen Vertragsparteien zu ermöglichen, sich ihrer Verpflichtung aufgrund einer vermeintlichen Formalität zu entziehen.

II. Wünschenswerter Ansatz ohne Grundlage in der Rechtsprechungspraxis

Zur Stützung seiner These berief sich Richter *Leggatt* an zentralen Stellen auf die *Al-Skeini*-Entscheidung des EGMR. Er vertrat die Ansicht, dass die Urteile, auf die sich der Gerichtshof zur Begründung seiner Entscheidung berufen hatte, zwar Fälle behandelten, in denen die Geschädigten jeweils durch Staatsbedienstete festgenommen worden waren. Diese Fälle seien jedoch nichts anderes als Anwendungsfälle eines weitergehenden Grundsatzes, wonach extraterritoriale Hoheitsgewalt nach der EMRK bei jedweder Gewaltanwendung staatlicher Bediensteter außerhalb des Hoheitsgebietes des Konventionsstaates entstehen könne.[550] Die Tatsache, dass die Richter in *Al-Skeini* sich ausdrücklich nicht auf Urteile bezogen hatten, in denen Zivilisten ohne vorherige Gefangennahme erschossen worden waren, tat Richter *Leggatt* mit dem Hinweis ab, dass diese Fälle ebenfalls durch den von ihm identifizierten Grundsatz mitumfasst seien.[551] Im Grunde ist an dieser Aussage zunächst einmal nichts auszusetzen. Fraglich ist jedoch, ob aus der Rechtsprechung des EGMR tatsächlich der Grundsatz herausgelesen kann, dass eine Hohe Vertragspartei, die durch ihr zurechenbare Handlungen, physische Gewalt gegenüber Personen ausübt, verpflichtet ist sicherzustellen, dass die Konventionsrechte nicht verletzt werden.[552]

Im Ergebnis fehlt jedoch eine Grundlage für eine solch extensive Auslegung des *personellen* Modells in der Rechtsprechung des EGMR. Wie eingangs bereits erwähnt, folgte der britische *Court of Appeal* (*CoA*) dieser Ar-

549 Ebenda.
550 Ebenda, Rn. 97.
551 Ebenda.
552 Ebenda, Rn. 106.

gumentation nicht, sondern orientierte sich vielmehr an der Entscheidung des *House of Lords* im Fall *Al-Skeini*[553], bevor dieser dem EGMR unterbreitet wurde. Dort war entschieden worden, dass Art. 1 EMRK hinsichtlich seines Anwendungsbereiches nicht weitergehender ausgelegt werden dürfe, als die EGMR-Rechtsprechung es rechtfertige.[554] Erforderlich sei die Herausarbeitung und Befolgung solcher Grundsätze, die der EGMR-Rechtsprechung zugrunde lägen.[555] Im Ergebnis kam der *CoA* zu dem einzig richtigen Ergebnis und kassierte die Entscheidung von Richter *Leggatt*, da die Rechtsprechung des EGMR eine solche extensive Auslegung des Art. 1 EMRK nicht rechtfertige. Weder *Al-Skeini* noch *Isaak* und dessen Vorgängerentscheidungen können Richter *Leggatt's* Ansicht stützen.

Es kann nicht angenommen werden, dass der EGMR in seiner *Al-Skeini*-Entscheidung die Grundlage für eine derart weite Auslegung der Konvention legen wollte.[556] So sah es auch der *CoA*, der die Ansicht vertrat, dass, wenn der EGMR eine solch extensive Auslegung des Art. 1 EMRK hätte vornehmen und seine Rechtsprechung hätte entsprechend ändern wollen, es einer entsprechenden ausdrücklichen Willensäußerung bedurft hätte.[557] Auch die Formulierung des EGMR selbst in *Al-Skeini* spricht gegen Richter *Leggat's* Auslegung:

> „[T]he Court's case-law demonstrates that, in certain circumstances, the use of force by a State's agents operating outside its territory may bring the individual thereby brought under the control of the State's authorities into the State's Article 1 jurisdiction."[558]

Wenn jedoch die Geschädigten bei extraterritorialen Einsätzen seiner Agenten nur *„unter bestimmten Umständen"* unter die Hoheitsgewalt des Staates nach Art. 1 EMRK fallen sollen, so soll dies gerade nicht bei jeder Zufügung physischer Gewalt der Fall sein. *Al-Skeini* bestätigte somit den Ausnahmecharakter des *personellen* Modells und begründete keine neue

---

553 House of Lords, *Al-Skeini and Ors. v. Secretary of State for Defence*, [2007] UKHL 26.

554 CoA, *Al-Saadoon and Ors. v. The Secretary of State for Defence*, [2016] EWCA Civ. 811, Rn. 28.

555 Ebenda. Die Richter am CoA waren sich hierbei der Schwierigkeit dieser Aufgabe angesichts der inkonsistenten Straßburger Rechtsprechung durchaus bewusst.

556 *Milanovic*, EJIL:Talk!, 14. September 2016.

557 CoA, *Al-Saadoon and Ors. v. The Secretary of State for Defence*, [2016] EWCA Civ. 811, Rn. 63.

558 EGMR, *Al-Skeini v. United Kingdom* [GC], App. no. 55721/07, 07. Juli 2011, Rn. 136.

Regel. Der EGMR führte weiter aus, dass „*[t]his principle has been applied where an individual is taken into the custody of State agents abroad*"[559] und bezog sich auf seine Entscheidungen in *Öcalan*, *Issa* und *Medvedyev*. Alle diese Fälle hatten gemein, dass die Geschädigten gefangen genommen wurden bzw. im Fall *Issa* eine Gefangennahme behauptet wurde. Nur in letzterem Fall wurden die Geschädigten umgebracht. Aus *Al-Skeini* einen dahingehenden Grundsatz abzuleiten, dass Hoheitsgewalt bereits bei der Ausübung physischer Gewalt gegeben sei, stünde daher in direktem Widerspruch mit der durch den EGMR zur Stützung seiner Argumentation in *Al-Skeini* zitierten Rechtsprechung.

Al-Skeini war in der Folgezeit auch nicht Grundlage einer entsprechenden Rechtsprechungsänderung des EGMR. In *Jaloud*[560] hatte der EGMR die Hoheitsgewalt – wie gesehen – durch Rückgriff auf das *personelle* Modell bejaht und argumentiert, militärische Checkpoints seien auf die Ausübung von Autorität und Kontrolle ausgelegt.[561] Trotz der tödlichen Schussabgabe durch niederländische Soldaten auf das spätere Opfer wurde diese Handlung allein nicht als ausreichend für die Begründung von Hoheitsgewalt i.S.d. Art. 1 EMRK betrachtet. Vielmehr begründete der EGMR einen neuen Unterfall des *personellen* Modells für militärische Checkpoints. Hätte der EGMR in *Al-Skeini* eine Ausnahme entsprechend der durch Richter *Leggatt* identifizierten begründen wollen, hätte er extraterritoriale Hoheitsgewalt ohne Weiteres aufgrund der Schussabgabe durch niederländische Soldaten bejahen können.

Etwas anderes ergibt sich auch nicht aus der *Isaak*-Entscheidung und ihren Vorgängern. In *Al-Skeini* begründete der EGMR das Vorliegen von Hoheitsgewalt durch eine verwirrende Verbindung von *personellem* und *räumlichem* Modell. Auf *Isaak* oder etwa *Pad* verwiesen die Richter nicht, obwohl diese die Tötung von Zivilisten ohne vorherige Gefangennahme zum Gegenstand hatten und daher Hoheitsgewalt deutlich einfacher anzunehmen gewesen wäre, hätte der EGMR aus ihnen den Grundsatz abgeleitet, dass stets bereits die Ausübung physischer Gewalt gegen eine Person zur Begründung von Hoheitsgewalt über diese ausreiche. Eine solche Grundsatzwirkung wurde dieser Rechtsprechungsreihe daher durch den EGMR nicht zugestanden. Auch der *CoA* war der Ansicht, dass eine solche

---

559 Ebenda.
560 EGMR, *Jaloud v. The Netherlands* [GC], App. no. 47708/08, 20. November 2014.
561 Ebenda, Rn. 152.

Auslegung einer ausdrücklichen Willensäußerung des EGMR bedurft hätte, die dieser jedoch nicht vorgenommen hatte.[562]

Nichtsdestotrotz kann die durch Richter *Leggatt* vorgenommene Auslegung begrüßt werden. Die Zivilbevölkerung leidet trotz internationaler Verträge, die ihrem Schutz in Kriegszeiten dienen, auch im 21. Jahrhundert unter den Folgen bewaffneter Konflikte. Nicht nur terroristische Vereinigungen wie der sog. „Islamische Staat" missbrauchen Zivilisten als menschliche Schutzschilde.[563] Die Vielzahl an Verfahren vor dem EGMR im Kontext des Irak-Krieges zeugen von einem ebenso schonungslosen Umgang mit der Zivilbevölkerung durch Soldaten der internationalen Koalition.

Richter *Leggatt* vertritt die Ansicht, die Ausübung tödlicher Gewalt sei *„the ultimate exercise of physical power and control [...]"*.[564] Dem wird teilweise entgegnet, dass bei gezielten Tötungen die Dauer der Kontrolle über das Individuum deutlich schwächer sei als bei Sachverhalten, die etwa die Gefangennahme eines Zivilisten zum Gegenstand hätten.[565] Die Konsequenzen für das Opfer der Gewalt sind schlussendlich jedoch identisch.[566] *Leggatt's* Auslegung kommt insbesondere solchen Sachverhalten zugute, in denen Zivilisten ohne vorherige Gefangennahme erschossen werden. Zugleich hat der Ansatz hier seine größte Schwäche. Die tatsächliche Kontrolle über das Opfer liegt nur für eine Sekunde vor: Wenn die Kugel das Opfer trifft. Es bietet sich daher an, die Frage der tatsächlichen Kontrolle vorzuverlagern. Kann bereits die Kontrolle über die Konsequenzen für das Opfer ausreichend sein, um Hoheitsgewalt nach dem *personellen* Modell zu bejahen?[567] Oder bedarf es einer zwischengeschalteten Gefangennahme durch den oder die Täter? Die besseren Argumente sprechen dafür, die Kontrolle über die Konsequenzen als ausreichend anzusehen, da der staatliche Agent allein die Entscheidung treffen kann, dem Geschädigten das Leben zu nehmen oder nicht.[568] Er kann bis zum letzten Moment die Durchführung der Tötungshandlung unterlassen und hat insofern die absolute Kontrolle inne.[569]

---

562 Vgl. *Hart*, UK Human Rights Blog, 11. September 2016.

563 *O.V.*, Zeit Online, 16. Juni 2017.

564 High Court of Justice, *Al-Saadoon & Ors. v. Secretary of State for Defence*, [2015] EWHC 715 (Admin), Rn. 95.

565 *Strüwer*, S. 161.

566 *Biehl*, Saar Blueprints, S. 15.

567 *Lubell*, IRRC (2005) 87 (860), S. 737, 741.

568 *Biehl*, Saar Blueprints, S. 16.

569 *Strüwer*, S. 161.

Umgekehrt bestehen für den Geschädigten in der Regel keine Möglichkeiten, sich den Konsequenzen der Entscheidung des staatlichen Agenten zu entziehen.[570] Es gebietet sich auch nicht, auf das subjektive Empfinden des Opfers abzustellen, welches u.U. dazu geeignet wäre, zu einem anderweitigen Ergebnis zu kommen. Zwar kann es im konkreten Einzelfall denkbar sein, dass das Opfer sich eines Angriffes nicht versieht und sich folglich auch einer etwaigen Ausweglosigkeit nicht bewusst ist, was demgegenüber bei einer Gefangennahme regelmäßig nicht der Fall sein wird.[571] Würde man allerdings zur Grundlage der Entscheidung darüber, ob Autorität und Kontrolle über ein Individuum ausgeübt wird, die Frage machen, ob dieses sich des Angriffes versieht, setzte man sich erheblicher Rechtsunsicherheit aus, da diese subjektive Tatsache im konkreten Fall nur schwer nachweisbar und durch den beschwerdegegnerischen Staat leicht bestreitbar wäre.[572] Hierdurch würde auch anderen Bedenken die Brisanz entzogen, wie etwa *Hart*'s Befürchtung, dass *„it may be said that a sniper picking off a civilian at 1 km would be non-justiciable, whereas soldiers cornering a group of civilians up an alley-way before swiftly despatching them would arguably give rise to a justiciable killing.*"[573] Stellte man auf die Kontrolle über die Konsequenzen für das Opfer ab, wären solche Überlegungen nicht länger vonnöten.[574]

Gestützt wird diese Ansicht durch einen Richter am EGMR. In seiner *„concurring opinion*" im Fall *Assanidze v. Georgia*[575] führte Richter *Loucaides* aus:

> „To my mind 'jurisdiction' means actual authority, that is to say the possibility of imposing the will of the State on any person, whether exercised within the territory of the High Contracting Party or outside that territory. Therefore, a High Contracting Party is accountable under the Convention to everyone directly affected by any exercise of authority by such Party in any part of the world. [...] And it may, in my opinion, take the form of any kind of military or other State action on the part of the high Contracting Party concerned in any part of the world. The test should always be whether the person who claims to be within the 'jurisdiction' of a High Contracting Party to the Conven-

---

570 *Biehl*, Saar Blueprints, S. 16.
571 Ebenda.
572 Ebenda.
573 *Hart*, UK Human Rights Blog, 11. September 2016.
574 *Biehl*, Saar Blueprints, S. 17.
575 EGMR, *Assanidze v. Georgia* [GC], App. no. 71503/01, 08. April 2004.

> tion, in respect of a particular act, can show that the act in question was the result of the exercise of authority by the State concerned. […] I believe that a reasonable interpretation of the provisions of the Convention in the light of its object must lead to the conclusion that the Convention provides a code of behaviour for all high Contracting Parties whenever they act in the exercise of their State authority with consequences for individuals."[576]

Hierdurch spricht sich Richter *Loucaides* sogar für eine noch weitergehende Auslegung der Hoheitsgewalt nach Art. 1 EMRK aus. Es soll bereits jede einer Vertragspartei zurechenbare Handlung ausreichen, die Konsequenzen für den Betroffenen hat. Zu Recht weist Richter *Loucaides* darauf hin, dass andernfalls ein Verhalten, das auf dem Gebiet eines Vertragsstaates gegen die Konvention verstieße, außerhalb des Hoheitsgebietes nicht geahndet würde.[577] Zugleich ist dies jedoch auch die logische Konsequenz der Ausgestaltung der EMKR als regionales Menschenrechtsinstrument.[578] Eine dauerhafte Geltung der EMRK außerhalb des Hoheitsgebietes der Vertragsstaaten würde dieser Konzeption zuwiderlaufen. Die Frage der extraterritorialen Anwendbarkeit und der Ausdehnung dieser Anwendbarkeit – insbesondere angesichts des Vorstoßes von Richter *Loucaides* – betrifft daher zugleich auch die Frage der Ausgestaltung der Konvention als solche und rüttelt an ihrer regionalen Ausrichtung.

B. Hoheitsgewalt nur bei gezielten Tötungen?

Eine andere Ansicht befürwortet ebenfalls eine Ausweitung des *personellen* Modells und möchte eine teilweise Einschränkung erreichen, indem sie Hoheitsgewalt nur bei gezielten Tötungen bejaht.[579] Allerdings scheint eine Differenzierung aufgrund dieses Kriteriums wenig erfolgsversprechend, da es in der Praxis regelmäßig nur schwer zu klären sein wird, ob eine Tötung gezielt erfolgte.[580] Zwar mag bei Tötungen in Form von *targeted killings* von sog. „*High Value Targets*" – man denke beispielhaft an die Tötung von Osama Bin Laden durch US-Streitkräfte – im Einzelfall aufgrund der Dokumentation der Vorgänge ein solcher Nachweis möglich

---

576 Ebenda, concurring opinion of Judge Loucaides.
577 Ebenda.
578 Siehe oben Teil 2, Kap. 1, A.
579 *Strüwer*, S. 163.
580 *Biehl*, Saar Blueprints, S. 18.

sein. Dies setzt jedoch nicht nur die Bereitschaft des entsprechenden Vertragsstaates voraus, seine Dokumentation offen zu legen. Solche Fälle stellen zudem grundsätzlich die Ausnahme dar.

Regelmäßig gleichen Sachverhalte vor dem EGMR dem Fall *Al-Skeini* und stützen sich primär und oftmals auch ausschließlich auf Zeugenaussagen von Überlebenden oder anderen Zivilisten. Das Merkmal der gezielten Tötung durch einen Staat lässt sich durch diesen in solchen Fällen leicht bestreiten, die Zeugenaussagen lassen sich in Zweifel ziehen. Unabhängig hiervon kann sich dieses Problem auch in Fällen stellen, in denen man dem Staat zunächst keinen direkten Vertuschungsvorwurf machen kann. Wie nämlich wäre die Frage der extraterritorialen Hoheitsgewalt zu beantworten, wenn ein Staat militärische Ziele gezielt bombardiert, hierbei jedoch auch Zivilisten getroffen werden? Und wie verhält es sich, wenn etwa eine Zielperson ausgeschaltet werden soll, diese sich jedoch im Folgenden als unschuldiger Zivilist entpuppt? Diese Fragen zeigen die Schwächen dieser Herangehensweise auf. Sind zivile Kollateralschäden mitumfasst, selbst wenn diese nicht das eigentliche Ziel waren? Stellte man auf das Kriterium der gezielten Tötung ab, könnte dies mit guten Argumenten verneint werden. Der zweite geschilderte Fall würde in deutschem Strafrecht wohl einen klassischen *error in persona* darstellen und wäre i.E. für die Frage der Strafbarkeit unerheblich. Nun ist jedoch das Merkmal der Gezieltheit nicht identisch mit der Frage des Vorsatzes. Zudem lassen sich Grundsätze des deutschen Strafrechts nicht ohne Weiteres auf Bereiche des internationalen Rechts übertragen. Es ließe sich grds. noch vertreten, dass die Frage der Gezieltheit einer Tötung in einem solchen Fall nicht anders beurteilt werden kann, als die Frage des Vorsatzes hinsichtlich einer Tötungshandlung. Ginge man allerdings von dieser Prämisse aus, müsste in einem solchen Fall gleichwohl die extraterritoriale Hoheitsgewalt des jeweiligen Konventionsstaates bejaht werden, da sich die streitgegenständliche Handlung gezielt auf die Person des oder der Geschädigten bezog. All diese Beispiele zeigen die großen Rechtsunsicherheiten, die mit der Einführung dieses Unterscheidungskriteriums einhergingen. Selbst wenn man den Konventionsstaaten keine Böswilligkeit unterstellte und ihre volle Kooperation voraussetzte, verblieben doch erhebliche Lücken im Schutzgefüge der EMRK. Auch Missbrauch wäre nicht ausgeschlossen.

C. *Richter Bonello's „funktionaler Test"*

In der viel beachteten *Al-Skeini*-Entscheidung[581] präsentierte Richter *Bonello* einen weiteren Ansatz für eine Lösung des Problems der extraterritorialen Anwendbarkeit der Konvention.[582] In seiner *Concurring Opinion* brachte er sein Unverständnis hinsichtlich der Undurchsichtigkeit der EGMR-Rechtsprechung zur extraterritorialen Anwendbarkeit der Konvention zum Ausdruck.[583] Wie bereits zu Beginn dieses Teils aufgezeigt war er von der Herangehensweise in *Al-Skeini* nicht gänzlich überzeugt[584] und forderte seine Amtskollegen zur *„Rückkehr an das Zeichenbrett"*[585] auf. Es folgte ein Aufruf zur Rückbesinnung auf das gemeinsame Hauptziel der Väter und Mütter der EMRK sowie jedes weiteren Vertragsstaates der Konvention: *„Die Vorherrschaft der Menschenrechte"*[586]. *Bonello* hält seinen Amtskollegen den Spiegel vor und zieht für seine Argumentation die Präambel der EMRK selbst heran:

> „In Article 1 [the founding members] undertook to secure *to everyone within their jurisdiction* the rights and freedoms enshrined in the Convention. That was, and remains, the agenda heralded in its Preamble: ‚the *universal* and effective recognition and observance' of fundamental human rights. ‚Universal' hardly suggests an observance parcelled off by territory on the checkerboard of geography."[587]

Hierzu forderte er den Rückgriff auf einen sog. *„funktionalen Test"*.[588] Dieser Test sei geeignet sicherzustellen, dass die Vertragsstaaten immer dann Hoheitsgewalt i.S.d. Art. 1 EMRK ausübten, wenn es in ihrer Macht stünde, eine von fünf Funktionen auszuüben, mit denen sie die Beachtung von

---

581 Siehe hierzu näher oben Teil 2, Kapitel 1, B., 10.

582 EGMR, *Al-Skeini and others v. United Kingdom* [GC], App. no. 55721/07, 07. Juli 2011, Concurring Opinion of Judge Bonello.

583 Hierbei steht er keinesfalls alleine dar. Insbesondere in der Literatur wird die fehlende Geradlinigkeit und Klarheit in der Rechtsprechung des EGMR zur extraterritorialen Anwendbarkeit der EMRK regelmäßig kritisiert. Vgl. insofern nur *Miller*, 20 EJIl 2009, S. 1223, 1225.

584 EGMR, *Al-Skeini and others v. United Kingdom* [GC], App. no. 55721/07, 07. Juli 2011, Concurring Opinion of Judge Bonello, Rn. 3.

585 Ebenda, Rn. 8 (Eigene Übersetzung).

586 Ebenda, Rn. 9 (Eigene Übersetzung).

587 Ebenda (Hervorhebung im Original).

588 Ebenda, Rn. 11 ff.

Menschenrechten sicherstellten.[589] Diese Funktionen hatte *Bonello* zuvor wie folgt beschrieben:

> „States ensure the observance of human rights in five primordial ways: firstly, by not violating (through their agents) human rights; secondly by having in place systems which prevent breaches of human rights; thirdly, by investigating complaints of human rights abuses; fourthly, by scourging those of their agents who infringe human rights; and, finally, by compensating the victims of breaches of human rights."[590]

Insofern als *Bonello* in diesem Kontext feststellt, dass Hoheitsgewalt nichts anderes bedeutet als „Autorität über" oder „Kontrolle von",[591] geht er mit der bisherigen Rechtsprechung des EGMR durchaus konform. Nichts anderes ergibt sich aus den verschiedenen Ansätzen des Gerichtshofes im Rahmen der extraterritorialen Anwendung der EMRK, wenn dieser von der Ausübung von Autorität und Kontrolle i.S.d. *personellen* Modells oder von effektiver Kontrolle beim *räumlichen* Modell spricht. Er zieht hieraus jedoch einen anderen Schluss: Für ihn bedarf es nicht im Einzelfall des Nachweises der Ausübung effektiver Kontrolle über ein Gebiet oder von Autorität und Kontrolle über eine Person. Vielmehr gibt *Bonello* zu bedenken,

> „that when it is within a State's authority and control whether a breach of human rights is, or is not, committed, whether its perpetrators are, or are not, identified and punished, whether the victims of violations are, or are not, compensated, it would be an imposture to claim that, ah yes, that State had authority and control, but, ah no, it had no jurisdiction."[592]

Entscheidend wäre also, ob der Staat es in der Hand hatte, im konkreten Fall die Verletzung von Konventionsrechten zu verhindern. Insofern ähnelt seine Argumentation derjenigen von Richter *Loucaides*, der ebenfalls gefordert hatte, dass Hoheitsgewalt immer dann angenommen werden solle, wenn ein staatliches Handeln mit Konsequenzen für den Einzelnen vorliege.[593] Gewissermaßen begründet Richter *Bonello* hierdurch einen Kausalitätstest: Wenn eine Verletzung von Menschenrechten durch einen Staat

---

589 Ebenda, Rn. 11.
590 Ebenda, Rn. 10.
591 Ebenda, Rn. 12.
592 Ebenda.
593 S.o. Teil 2, Kapitel 3, A., 2.

positiv herbeigeführt wurde oder eine Gegenmaßnahme zur Verhinderung einer solchen Verletzung unterlassen wurde – wenn also das Vorliegen einer Menschenrechtsverletzung von dem Willen eines Staates abhängt –, soll dessen Hoheitsgewalt nach Art. 1 EMRK vorliegen. Die Unterscheidung zwischen territorial und extraterritorial ausgeübter Hoheitsgewalt wäre demnach obsolet.[594]

Fraglich erscheint jedoch, ob dies mit dem Wortlaut des Art. 1 EMRK vereinbar ist, wonach „*[t]he High Contracting Parties shall secure to everyone within their jurisdiction the rights and freedoms defined in Section I of this Convention*". Dies erscheint nicht undenkbar. Wie *Milanovic* bereits 2008 überzeugend darlegte und wie die vorherige Analyse der Rechtsprechung des EGMR zum *räumlichen* und *personellen* Modell verdeutlicht hat, entspricht der Begriff der Hoheitsgewalt in Menschenrechtsverträgen – insbesondere der EMRK – der Ausübung von Kontrolle bzw. Autorität und Gewalt über ein Gebiet bzw. Individuen.[595] Zwar enthält Art. 1 EMRK eine widerlegbare Vermutung für die Ausübung von Hoheitsgewalt auf dem Gebiet der Vertragsparteien der Konvention.[596] Diese begründet jedoch kein strikt territoriales Verständnis des Art. 1. EMRK. Vielmehr ist sie eine logische Konsequenz der Ausrichtung des Begriffs der Hoheitsgewalt anhand von Fragen der Ausübung von Kontrolle, Autorität und Gewalt. Diese wird zwar regelmäßig durch einen Staat auf seinem Hoheitsgebiet ausgeübt. Wie die besprochenen Fälle jedoch belegen, kann es durchaus auch Situationen geben, in denen diese Hoheitsgewalt auf dem eigenen Staatsgebiet nicht (mehr) ausgeübt werden kann.[597]

Vergegenwärtigt man sich erneut diese Konzeption der Hoheitsgewalt, so erscheint *Bonellos* funktionaler Test zunächst hiermit vereinbar, fordert er doch, die Hoheitsgewalt eines Staates anzunehmen, wenn es in dessen Autorität und Kontrolle liegt, ob Menschenrechte verletzt werden oder nicht.[598] Diese Herangehensweise unterscheidet sich jedoch insofern von den bisherigen Ansätzen, als nicht länger an die konkrete Kontrolle über ein Gebiet oder eine Person angeknüpft wird, sondern an eine konkrete Kontrolle über die (Nicht-)Vornahme von Menschenrechtsverletzungen. Fraglich ist daher, ob dieser Ansatz mit der generellen Ausrichtung der

---

594 *Stewart*, 4 UCL Hum. Rts. Rev. 2011, S. 110.

595 *Milanovic*, 8 HRLR 2008, S. 411, 428.

596 *Stewart*, 4 UCL Hum. Rts. Rev. 2011, S. 110, 111.

597 Vgl. die Ausführungen zu EGMR, *Ilaşcu & Ors. v. Moldova and Russia* [GC], App. no. 48787/99, 08. Juli 2004, s.o. Teil 2, Kap. 1, B., I., 3., a.

598 EGMR, *Al-Skeini and others v. United Kingdom* [GC], App. no. 55721/07, 07. Juli 2011, Concurring Opinion of Judge Bonello, Rn. 12.

EMRK vereinbar ist. Bedarf es bei einem *regionalen* Menschenrechtsinstrument nicht gerade einer territorialen Begrenzung, um eine Ausweitung ihres Anwendungsbereichs hin zu einem Instrument des universellen Menschenrechtsschutzes zu vermeiden?

Diese Frage wirft i.E. ein Scheinproblem auf. Die Begrenzung des Anwendungsbereichs der EMRK als regionales Schutzinstrument erfolgt in einem ersten Schritt bereits durch die Mitgliedschaft im Europarat. Mitglieder der EMRK sind immer auch Mitglieder des Europarates (Art. 59 EMRK). Die Aufnahme in den Europarat richtet sich nach Art. 2 ff. Statut des Europarates. Während Art. 3 Statut des Europarates die Voraussetzungen für einen Beitritt festlegt, bestimmt Art. 4 Statut des Europarates: *„Any European State which is deemed to be able and willing to fulfil the provisions of Article 3 may be invited to become a member of the Council of Europe by the Committee of Ministers. […]*"[599]. Lediglich europäische Staaten[600] können also Mitglieder des Europarates werden. Dies im Zusammenhang mit Art. 1 EMRK gelesen, stellt eine überwiegend territoriale und daher auch regionale Anwendung der EMRK sicher. Fälle extraterritorialer Anwendung der EMRK stellen daher bereits aus diesem Grund die Ausnahme dar. Ob und inwieweit die EMRK sodann extraterritorial Anwendung findet, liegt einzig und allein im Verantwortungsbereich der Vertragsstaaten. Insofern erscheint der Ansatz von Richter *Bonello* konsequent. Dieser würde auch nicht zu einer unerwünschten ausufernden Ausweitung des Anwendungsbereichs der EMRK führen. Die Fälle extraterritorialer Anwendung der Konvention gleich denen in *Al-Skeini* führen lediglich zu einer temporären Anwendung der EMRK außerhalb des Gebietes der Vertragsstaaten. Von einer dauerhaften Ausdehnung des Anwendungsbereichs kann daher keine Rede sein. Des Weiteren liegt es in der Hand der Vertragsstaaten, ob und wie lange sie Hoheitsgewalt außerhalb ihres Hoheitsgebietes ausüben. Richter *Bonello* ist daher zuzustimmen, wenn er feststellt:

> „Any State that worships fundamental rights on its own territory but then feels free to make a mockery of them anywhere else does not […]

---

599 Art. 4 Statut des Europarates, ETS 1 – Statute of the Council of Europe, 5.V.1949, online abrufbar unter https://rm.coe.int/1680306052 (Letzter Abruf 24.05.2019).

600 Dies ist hierbei nicht mit Staaten der Europäischen Union gleichzusetzen die ohnehin bereits Mitglieder des Europarates sind und zeigt sich an der weitaus größeren Mitgliederzahl des Europarates. Entscheidend ist vielmehr die geographische Lage bzw. die Zugehörigkeit zum europäischen Kontinent.

belong to that comity of nations for which the supremacy of human rights is both mission and clarion call."[601]

Legt man also ein Verständnis des Begriffs der Hoheitsgewalt zugrunde, wonach diese nicht mehr und nicht weniger als „Kontrolle über" bzw. „Autorität über" den Verletzungsakt bedeutet,[602] so ließe sich hiermit die Rechtsprechung des EGMR zur extraterritorialen Hoheitsgewalt deutlich klarer, nachvollziehbarer und im Sinne der Rechtssicherheit auch vorhersehbarer gestalten und zugleich sicherstellen, dass die Vertragsstaaten ihrem Bekenntnis zu Menschenrechten nicht nur auf dem Papier gerecht würden.

D. Vergleich mit anderen Menschenrechtsschutzinstrumenten

Fraglich ist schließlich, ob und inwiefern aus anderen Menschenrechtsinstrumenten Lehren für die Verbesserung der extraterritorialen Anwendbarkeit der EMRK gezogen werden können. Bestehen vergleichbare Regelungen zu extraterritorialer Anwendung und könnten bzw. sollten diese und die entsprechende Rechtsprechung zum Vorteil der EMRK auf diese übertragen werden?

I. Der Internationale Pakt über Bürgerliche und Politische Rechte (IPBPR)

Das auf internationaler Ebene wohl bedeutendste Instrument des Menschenrechtsschutzes stellt der IPBPR[603] dar. Dieses durch die Vereinten Nationen verabschiedete Regelwerk bildet das Gegenstück zu regionalen Menschenrechtsschutzinstrumenten wie der EMRK, der American Convention on Human Rights oder auch der African Charter on Human and Peoples Rights und stellt die *„umfassendste Kodifikation der Menschenrechte der ersten Generation auf universeller Ebene"*[604] dar.

601 EGMR, *Al-Skeini and others v. United Kingdom* [GC], App. no. 55721/07, 07. Juli 2011, Concurring Opinion of Judge Bonello, Rn. 18.

602 Ebenda, Rn. 12.

603 Internationaler Pakt über bürgerliche und politische Rechte der Vereinten Nationen, New York, 16. Dezember 1966, UNTS Vol. 999, S. 171 - 346, BGBl. 1973 II 1553.

604 *Kälin/Künzli*, S. 43.

1. Allgemeine Voraussetzungen der Anwendbarkeit des Paktes

Auch wenn der IPBPR aufgrund der Vielzahl[605] seiner Mitglieder ohnehin beinahe weltweit gilt, hält auch er eine dem Art. 1 EMRK in seinem Regelungsinhalt vergleichbare Norm zur Hoheitsgewalt bereit. So bestimmt Art. 2 Abs. 1 IPBPR:

> „Each State Party to the present Covenant undertakes to respect and to ensure to all individuals within its territory and subject to its jurisdiction the rights recognized in the present Covenant, without distinction of any kind, such as race, colour, sex, language, religion, political or other opinion, national or social origin, property, birth or other status.“[606]

Entgegen der EMRK differenziert der IPBPR somit in seinem Wortlaut klar zwischen Territorialität und Hoheitsgewalt.[607] Notwendig für den Schutz durch den IPBPR wäre demnach das kumulative Vorliegen von Hoheitsgewalt und räumlichem Aufenthalt auf dem Territorium des jeweiligen Vertragsstaates.

Allerdings darf die Vorschrift keiner strengen Wortlautauslegung. Entsprechend hat der MRA in seinem General Comment 31 festgestellt, dass

> „[t]his means that a State party must respect and ensure the rights laid down in the Covenant to anyone within the power or effective control

---

605 Aktuell sind 171 Staaten Mitglieder des IPBPR. Sechs Staaten (China, Comoros, Kuba, Nauru, Palau, Saint Lucia) haben den Vertrag unterschrieben, sind ihm jedoch noch nicht beigetreten. Zwanzig weitere (Cook Islands, Fiji, der Heilige Stuhl, Kiribati, Malaysia, Mikronesien, Myanmar, Niue, Oman, Saint Kitts and Nevis, Saudi-Arabien, Singapur, die Solomon Inseln, Süd-Sudan, Tonga, Tuvalu, Vereinigte Arabische Emirate) haben bisher keine Schritte zum Beitritt unternommen. Der aktuelle Ratifikationsstand ist über die Website des Hohen Kommissars für Menschenrechte der Vereinten Nationen abrufbar unter http://indicators.ohchr.org/ (Letzter Abruf: 24.05.2019).

606 Hervorhebung durch Verfasser.

607 Die travaux préparatoires der EMRK belegen vielmehr, dass die Gründungsväter bewusst auf die explizite Einbeziehung des Territoriums in den Art. 1 EMRK verzichtet hatten. Anerkannt ist jedoch die Existenz einer widerlegbaren Vermutung, dass ein Staat auf seinem Hoheitsgebiet regelmäßig auch Hoheitsgewalt ausübt, s.o. Teil 2, Kapitel 1, A.

> of that State Party, even if not situated within the territory of the State Party.“[608]

Der MRA geht somit davon aus, dass in Art. 2 Abs. 1 IPBPR das „und“ als „oder“ zu lesen ist. Hintergrund der durch die USA forcierten Formulierung[609] war der Wille, Staaten von der Pflicht zu entbinden, Personen den Schutz des Paktes zukommen zu lassen, die zwar ihrer Hoheitsgewalt unterliegen (typischerweise ihre Staatsangehörigen), sich jedoch außerhalb des Hoheitsgebietes aufhielten.[610] Umgekehrt sollen Staaten auch keine Verantwortung für Menschenrechtsverletzungen durch Personen übernehmen müssen, die sich zwar auf ihrem Staatsgebiet befinden, jedoch ihrer Hoheitsgewalt nicht unterliegen.[611] *Nowak* führte hierzu bereits in der zweiten Auflage seines CCPR-Kommentars aus, dies orientiere sich an der Pflicht der Staaten unter internationalem Recht.[612] Diese seien grundsätzlich nur verpflichtet Menschen zu schützen, die sich sowohl auf ihrem Hoheitsgebiet befänden und zugleich ihrer Hoheitsgewalt unterfielen.[613] Im Kern entspricht das Verständnis des Art. 2 Abs. 1 IPBPR somit dem des Art. 1 EMRK.

Eine frühere Literaturansicht, die eine wortlautgetreue Lesart des Art. 2 Abs. 1 IPBPR befürwortete,[614] konnte auch den Menschenrechtsausschuss (MRA) der Vereinten Nationen nicht überzeugen.[615] Dieser ist vielmehr bemüht, seine Auslegung am Zweck des Paktes zu orientieren und nahm bereits in den 1980er Jahren Individualbeschwerden nach dem ersten Fakultativprotokoll[616] von Beschwerdeführern gegen Uruguay an, die ins Ausland geflohen waren.[617] In weiteren Fällen bejahte er zudem die

---

608 Vgl. MRA, General Comment 31, CCPR/C/21/Rev.1/Add. 1326 May 2004, Rn. 10.

609 *Schabas*, Nowak's CCPR Commentary 2019, Art. 2, Rn. 32.

610 Ebenda.

611 *Nowak*, CCPR Commentary 2005, Art. 2, Rn. 27.

612 Ebenda, Art. 2, Rn. 28.

613 Ebenda.

614 *Schwelb*, 62 AJIL 1968, S. 827, 863; *Meißner*, S. 44.

615 *Milanovic*, S. 222.

616 Erstes Fakultativprotokoll zum Internationalen Pakt für Bürgerliche und Politische Rechte, New York 16. Dezember 1966, UNTS Vol. 999, S. 171 - 346 (302).

617 *Massiotti v. Uruguay* (No. 25/1978), Auffassung vom 26. Juli 1982, CCPR/C/16/D/25/1978, Rn. 7.2; *Estrella v. Uruguay* (No. 74/1980), Auffassung vom 29. März 1983, CCPR/C/18/D/74/1980, Rn. 4.1; *Acosta v. Uruguay* (No. 110/1981), Auffassung vom 29. März 1984, CCPR/C/21/D/110/1981, Rn. 6.

Zulässigkeit von Individualbeschwerden gegen Uruguay aufgrund von Entführungen durch dessen Agenten in Nachbarstaaten.[618]

Insofern gelten hinsichtlich der extraterritorialen Anwendbarkeit des Paktes vergleichbare Grundsätze wie bei der EMRK. Auch der Pakt lässt eine Verletzung von Menschenrechten durch einen Staat außerhalb seines Hoheitsgebietes nicht zu, sofern die Geschädigten seiner Hoheitsgewalt unterliegen.[619] Hierbei ist jedoch zu berücksichtigen, dass die Auslegung des IPBPR durch den MRA für die Vertragsstaaten nicht verbindlich ist. Eine dem Art. 46 EMRK vergleichbare Vorschrift fehlt im IPBPR. Entsprechend lehnen etwa die USA die Auslegung des Art. 2 Abs. 1 IPBPR durch den MRA ab und sind der Ansicht, dass sie an die Rechte aus dem Pakt lediglich auf ihrem Territorium gebunden sind.[620]

Gegen eine strikt am Wortlaut orientierte Auslegung des Art. 2 Abs. 1 IPBPR spricht zudem Art. 1 Fakultativprotokoll. Dieser sieht vor, dass

> „A State Party to the Covenant that becomes a Party to the present Protocol recognizes the competence of the Committee to receive and consider communications from individuals subject to its jurisdiction who claim to be victims of a violation by that State Party of any of the rights set forth in the Covenant [...]."[621]

Dem Wortlaut nach erfordert Art. 1 Fakultativprotokoll lediglich, dass der Einzelne der Hoheitsgewalt des jeweiligen Staates unterworfen ist und steht somit im Widerspruch zum Wortlaut des Art. 2 Abs. 1 IPBPR. Zum einen begründet die Vorschrift primär die Anerkennung der Kompetenz

---

618 *Schabas,* Nowak's CCPR Commentary 2019, Art. 2, Rn. 31; MRA, *Lopez Burgos v. Uruguay* (No. 52/1979), Auffassung vom 29. Juli 1981, CCPR/C/13/D/52/1979, Rn. 12.3; MRA, *Celiberti De Casariego v. Uruguay* (No. 56/1979), Auffassung vom 29. Juli 1981, CCPR/C/13/D/56/1979, Rn. 10.3. Hierbei wurde Art. 2 Abs. 1 IPBPR im Zusammenhang mit Art. 5 Abs. 1 IPBPR gelesen, der die Umgehung oder Aushebelung der Rechte des Paktes verbietet. Allerdings wäre es konsequenter gewesen, darauf abzustellen, dass eine wortlautgetreue Auslegung des Art. 2 Abs. 1 IPBPR wie gesehen nicht geboten ist.

619 Vgl. *Schabas,* Nowak's CCPR Commentary 2019, Art. 2, Rn. 31.

620 *Janik,* Völkerrechtsblog, 16. Januar 2020; *Van Schaack,* 90 Int'l L. Stud. 20 (2014), S. 20, 23.

621 *„Jeder Vertragsstaat des Paktes, der Vertragspartei dieses Protokolls wird, erkennt die Zuständigkeit des Ausschusses für die Entgegennahme und Prüfung von Mitteilungen seiner Herrschaftsgewalt unterstehender Einzelpersonen an, die behaupten, Opfer einer Verletzung eines in dem Pakt niedergelegten Rechts durch diesen Vertragsstaat zu sein. Der Ausschuss nimmt keine Mitteilung entgegen, die einen Vertragsstaat des Paktes betrifft, der nicht Vertragsparteidieses Protokolls ist."* (Hervorhebungen durch Verfasser).

des MRA zur Annahme und rechtlichen Bewertung von Individualbeschwerden durch dem Fakultativprotokoll unterworfene Staaten. Zum anderen müssen die Beschwerdeführer lediglich zum Zeitpunkt der Verletzungshandlung der Hoheitsgewalt des Staates unterstanden haben, dem sie diese vorwerfen. Zwar stellt das Fakultativprotokoll einen eigenständigen völkerrechtlichen Vertrag dar.[622] Aufgrund seiner Nähe zum IPBPR und der Tatsache, dass es sich um einen den Pakt ergänzenden Mechanismus handelt, muss es jedoch im Zusammenhang mit diesem gelesen werden.[623]

Es ist nicht ersichtlich, warum Pakt und Fakultativprotokoll unterschiedliche Anforderungen an die Zulässigkeit *ratione loci* stellen sollten. Diese Formulierung des Art. 1 Fakultativprotokoll im Zusammenhang mit der zuvor besprochenen Auslegung des Art. 2 Abs. 1 IPBPR ist ein deutlicher Hinweis darauf, dass entgegen dem Wortlaut der gesamte Pakt (einschließlich Fakultativprotokoll) bereits anwendbar sein soll, wenn ein Beschwerdeführer der Hoheitsgewalt des Staates unterworfen war, dem die Verletzungshandlung zugerechnet wird.[624]

2. Die extraterritoriale Anwendbarkeit des Paktes

Was bedeutet diese Lesart des Art. 2 Abs. 1 IPBPR und des Art. 1 Fakultativprotokoll nun für die extraterritoriale Anwendbarkeit des Paktes? Wie bereits angeklungen, ist eine Anwendbarkeit des Paktes außerhalb des Gebietes eines Vertragsstaates nicht von vornherein ausgeschlossen. Aus dem zuvor Gesagten ergibt sich vielmehr, dass der MRA Staaten auch dann in der Verantwortung sieht, wenn diese durch ihre Organe Menschenrechtsverletzungen außerhalb ihres Hoheitsgebietes begangen haben. Entscheidend ist, ob sich die Geschädigten zur Zeit der Verletzung ihrer Menschenrechte unter der Hoheitsgewalt des jeweiligen Staates befanden.[625] Hierbei sei der Vollständigkeit halber angemerkt, dass der MRA jedoch keine Kompetenz zu völkerrechtlich verbindlichen Entscheidungen besitzt.

---

622 MRA, *General Comment Nr. 24* vom 11. November 1994, CCPR/C/21/Rev.1/Add.6, Rn. 13.

623 *Costa*, S. 44.

624 Dies hatte *Meißner*, S. 44, siehe dort Fn. 99, im Jahr 1976 noch zu der Schlussfolgerung veranlasst, das Fakultativprotokoll könne in seinem Anwendungsbereich nicht über den IPBPR hinausgehen.

625 *Costa*, S. 44.

In den sog. *passport cases*[626] wurde im Ausland lebenden Staatsbürgern von Uruguay durch dessen Behörden die Erneuerung ihrer Reisepässe grundlos verweigert.[627] Der Einwand Uruguays, die Beschwerdeführer seien zum Zeitpunkt ihrer Beschwerde nicht seiner Hoheitsgewalt unterworfen gewesen, konnte nicht überzeugen.[628] Der MRA setzte sich jedoch nicht ausschließlich mit der Frage der Hoheitsgewalt auseinander, sondern verknüpfte sie mit der Natur der verletzten Rechte.[629] So stellte er etwa im Fall *Lichtensztejn*[630] fest:

> „[A]rticle 1 applies to individuals subject to the jurisdiction of the State concerned who claim to be victims of a violation by that State of any of the Covenant rights. The issue of a passport to a Uruguayan citizen is clearly a matter within the jurisdiction of the Uruguayan authorities and he is 'subject to the jurisdiction' of Uruguay for that purpose. Moreover, a passport is a means of enabling him 'to leave any country, including his own', as required by article 12 (2) of the Covenant. Consequently, the Committee found that it followed from the very nature of that right that, in the case of a citizen resident abroad, article 12 (2) imposed obligations both on the State of residence and on the State of nationality and that, therefore, article 2 (1) of the Covenant could not be interpreted as limiting the obligations of Uruguay under article 12 (2) to citizens within its own territory."[631]

Wenn auch die Schlussfolgerung, d.h. die Bejahung der Hoheitsgewalt Uruguays, als richtig angesehen wurde, wurde die vorgenommene Verknüpfung mit der Natur der verletzten Rechte kontrovers diskutiert.[632]

---

626 Vgl. etwa MRA, *Vidal Martins v. Uruguay* (57/1979), Auffassung vom 23. März 1982, CCPR/C/15/D57/1979; Menschenrechtsausschuss, *Montero v. Uruguay* (106/1981), Auffassung vom 31. März 1983, CCPR/C/18/D/106/1981; MRA, *Nuñez v. Uruguay* (108/1981), Auffassung vom 22. Juli 1983, CCPR/C/19/D/108/1981.

627 *Costa*, S. 45 f.

628 Ebenda, S. 45.

629 Ebenda.

630 *Lichtensztejn v. Uruguay* (77/1980), Auffassung vom 31. März 1983, CCPR/C/18/D/77/1980.

631 Ebenda, Rn. 6.1.

632 *Costa*, S. 46; *Nowak, CCPR Commentary 2005*, Art. 3 OP, Rn. 34 stellte etwa fest: *„Whether a State party is responsible for the actions of its organs abroad has nothing to do with the very nature of the violated right. Rather a more sensible result is reached based on the object and purpose of the Covenant, as well as on the intentions of the*

Auch im Rahmen der zuvor angesprochenen Entführungsfälle[633] bejahte der MRA die extraterritoriale Anwendbarkeit des IPBPR.[634]

Es wäre jedoch wünschenswert gewesen, hätte der MRA sich bei seiner Begründung nicht auf Art. 5 Abs. 1 IPBPR gestützt.[635] Anstatt zu bekräftigen, dass entgegen dem Wortlaut Art. 2 Abs. 1 IPBPR auch Fälle erfasse, in denen Staaten außerhalb ihres Territoriums Hoheitsgewalt ausübten, suchte er den Ausweg über das Verbot der Aushebelung der Konventionsrechte in Art. 5 Abs. 1 IPBPR und argumentierte:

> „In line with this, it would be unconscionable to so interpret the responsibility under article 2 of the Covenant as to permit a State party to perpetrate violations of the Covenant on the territory of another State, which violations it could not perpetrate on its own territory."[636]

Streng genommen ist jedoch genau dies der Kern einer Territorialklausel, wie sie dem Wortlaut nach in Art. 2 Abs. 1 IPBPR gegeben zu sein scheint. Nähme man die Vorschrift wörtlich, so wäre die Konsequenz, dass Menschenrechtsverletzungen außerhalb des eigenen Hoheitsgebietes dem jeweiligen Staat nicht von den Vertragspflichten des jeweiligen Staates aus dem IPBPR erfasst würden. Anstatt also in diesen Fällen eine Aushebelung bzw. Umgehung der Rechte des Paktes i.S.d. Art. 5 Abs. 1 IPBPR zu konstruieren, wäre es wünschenswert gewesen, hätte der MRA sich um eine konsequente Auslegung des Art. 2 Abs. 1 IPBPR bemüht.

Ungeachtet dessen deutet die Wortwahl des MRA auf ein *personelles* Verständnis von Hoheitsgewalt hin.[637] So stellt er im Hinblick auf Art. 1 Fakultativprotokoll fest:

---

drafters of Art. 2 of the Covenant ans Art. 1 OP." Demgegenüber begrüßte etwa *Gondek*, S. 135 f. *„that a person may be within the jurisdiction of a state with regard to some rights obligations, and not necessarily others. [...] It may be reasonably assumed that at least some rights have such a nature as to make it possible or even necessary to apply the Covenant to a person not in its entirety, but proportionally to the extent of power exercised by a state over such persons*".

633 MRA, *Lopez Burgos v. Uruguay* (No. 52/1979), Auffassung vom 29. Juli 1981, CCPR/C/13/D/52/1979; MRA, *Celiberti De Casariego v. Uruguay* (No. 56/1979), Auffassung vom 29. Juli 1981, CCPR/C/13/D/56/1979.

634 Vgl. etwa MRA, *Lopez Burgos v. Uruguay* (No. 52/1979), Auffassung vom 29. Juli 1981, CCPR/C/13/D/52/1979, Rn. 12.1 ff.

635 Ebenda, Rn. 12.3.

636 Ebenda.

637 So sieht es auch *Milanovic*, S. 176. Vgl. auch *Scheinin*, in: Coomans/Kamminga (Hrsg.), S. 73, 74.

> „[T]he reference in that article is not to the place where the violation occurred, but rather to the relationship between the individual and the State in relation to a violation of any of the rights set forth in the Covenant, wherever they occurred."[638]

Entscheidend ist hiernach somit nicht der Ort des Geschehens, sondern das Verhältnis des Staates zu dem einzelnen Individuum, dessen Rechte durch diesen verletzt wurden. Der MRA verzichtet somit auf ein *räumliches* Modell, wie es durch den EGMR in seiner Rechtsprechung entwickelt wurde. Zugleich enthält diese Aussage ein Bekenntnis zur Universalität der Menschenrechte.[639] Die Frage nach dem „wo" der Menschenrechtsverletzung soll die Feststellung von und den Schutz vor solchen Verletzungen nicht untergraben.

Diese Position hat der MRA in der Folge untermauert. In seiner *Allgemeinen Bemerkung Nr. 31* stellte er fest:

> „States Parties are required by article 2, paragraph 1, to respect and to ensure the Covenant rights to all persons who may be within their territory and to all persons subject to their jurisdiction. This means that a State party must respect and ensure the rights laid down in the Covenant to anyone within the power or effective control of that State Party, even if not situated within the territory of the State Party."[640]

Unter Verweis auf seine *Allgemeine Bemerkung Nr. 15*[641] bekräftigte der MRA, dass der Schutz nicht auf Staatsangehörige der Konventionsstaaten begrenzt sei, sondern jeden – auch Flüchtlinge oder Migranten – mitumfasse, *„who may find themselves in the territory or subject to the jurisdiction of the State Party."*[642] Auffallend ist hier der von Art. 2 Abs. 1 IPBPR abweichende Wortlaut, der nicht länger von „und", sondern von „oder" spricht und somit die dem Wortlaut entgegenstehende Auslegung der Norm untermauert.[643]

---

638 MRA, *Lopez Burgos v. Uruguay* (No. 52/1979), Auffassung vom 29. Juli 1981, CCPR/C/13/D/52/1979, Rn. 12.2.

639 *Milanovic*, S. 177.

640 MRA, *General Comment Nr. 31* vom 26. Mai 2004, CCPR/C/21/Rev.1/Add. 13, Rn. 10 (Hervorhebung durch Verfasser).

641 MRA, *General Comment Nr. 15* vom 30. September 1986.

642 MRA, *General Comment Nr. 31* vom 26. Mai 2004, CCPR/C/21/Rev.1/Add. 13, Rn. 10 (Hervorhebung durch Verfasser).

643 Vgl. *Milanovic*, S. 178; *Lubell*, S. 195 ff. Eine solche Lesart unterstützt auch *Meron*, 89 AJIL 1995, S. 78, 79 ff. Erstmals vertrat diese Lesart *Buergenthal*, in: Henkin (Hrsg.), S. 72, 73 ff.

Schließlich stellte der MRA fest:

> „This principle also applies to those within the power or effective control of the forces of a State Party acting outside its territory, regardless of the circumstances in which such power or effective control was obtained, such as forces constituting a national contingent of a State Party assigned to an international peace-keeping or peace-enforcement operation.“[644]

Hierdurch machte der MRA nochmals unmissverständlich seinen *personellen* Ansatz bei der extraterritorialen Anwendung des Paktes deutlich. Überraschend ist hierbei auch der letzte Halbsatz, in dem der MRA klarstellt, dass dies auch für solche Fälle gilt, in denen die staatlichen Truppen Teil einer internationalen Friedensmission – etwa der Vereinten Nationen – sind. Unbeachtet lässt er hierbei das zuvor im Rahmen der EMRK bereits erörterte[645] Problem der Zurechnung der Handlungen von Truppenverbänden im Rahmen von NATO oder UN-Einsätzen.[646]

Durch den Verzicht auf das *räumliche* Modell und den alleinigen Rückgriff auf das *personelle* wahrt der MRA nicht nur eine klare und einheitliche Auslegungslinie und verhindert die Begründung einer Reihe von Einzelfallentscheidungen. Er ermöglicht allen voran auch einen umfassenden Schutz vor Menschenrechtsverletzungen unabhängig vom Aufenthaltsort des Geschädigten und bietet einen im Vergleich zur EMRK weitergehenden Schutz.

II. Die Amerikanische Menschenrechtskonvention

Die extraterritoriale Anwendbarkeit spielt auch im System der Amerikanischen Menschenrechtskonvention (AMRK)[647] eine wichtige Rolle. Anknüpfungspunkt ist hierbei Art. 1 Abs. 1 AMRK. Dieser bestimmt:

> „The States Parties to this Convention undertake to respect the rights and freedoms recognized herein and to ensure to all persons subject to their jurisdiction the free and full exercise of those rights and free-

644 MRA, *General Comment Nr. 31* vom 26. Mai 2004, CCPR/C/21/Rev.1/Add. 13, Rn. 10 (Hervorhebung durch Verfasser).

645 S.o. Teil 2, Kap. 2.

646 *Milanovic*, S. 179.

647 *Organization of American States*, American Convention on Human Rights, "Pact of San Jose", Costa Rica, 22. November 1969.

doms, without any discrimination for reasons of race, color, sex, language, religion, political or other opinion, national or social origin, economic status, birth, or any other social condition."[648]

Im Gegensatz zum IPBPR und im Einklang mit der EMRK spricht somit auch die AMRK nur von „*jurisdiction*" – also Hoheitsgewalt. Dies ist insofern auch nicht verwunderlich, als die AMRK deutlich nach der EMRK verabschiedet wurde und diese als Inspirationsquelle nutzen konnte bzw. dies auch tat.[649]

Erstmalig prangerte die *Interamerikanische Menschenrechtskommission* (IAMRK) extraterritoriale Menschenrechtsverletzungen unter der AMRK in ihren Länderberichten, allen voran in dem *Bericht zur Menschenrechtslage in Chile im Jahr 1985*[650] an.[651] In Letzterem ging die IAMRK auf Exekutionen von Gegnern der Pinochet-Diktatur im Ausland (USA und Argentinien) ein.[652]

Im Rahmen des Verfahrens von *Victor Saldaño gegen Argentinien*[653] aus dem Jahr 1999 stellte die IAMRK fest:

> „The Commission does not believe, however, that the term 'jurisdiction' in the sense of Article 1(1) is limited to or merely coextensive with national territory. Rather, the Commission is of the view that a state party to the American Convention may be responsible under certain circumstances for the acts and omissions of its agents which produce effects or are undertaken outside that state's own territory."[654]

---

648 „*Die Vertragsstaaten dieser Konvention verpflichten sich, die hierin anerkannten Rechte und Freiheiten zu respektieren und für alle Personen, die ihrer Hoheitsgewalt unterliegen, die freie und vollständige Ausübung dieser Rechte und Freiheiten zu gewährleisten, ohne Diskriminierung aufgrund von Rasse, Hautfarbe, Geschlecht, Sprache, Religion, politischer oder anderer Meinung, nationaler oder sozialer Herkunft, wirtschaftlichem Status, Geburt oder jedweder anderen sozialen Bedingung*" (Eigene Übersetzung).

649 *Cerna*, in: Coomans/Kamminga (Hrsg.), S. 141, 143 bestätigt, dass die AMRK nach der EMRK geformt („*modelled*") sei.

650 IAMRK, *Bericht zur Menschenrechtslage in Chile*, OAS/Ser.L/V/II.66 Doc. 17, 09. September 1985.

651 *Cerna*, in: Coomans/Kamminga (Hrsg.), S. 141, 143.

652 IAMRK, *Bericht zur Menschenrechtslage in Chile*, OAS/Ser.L/V/II.66 Doc. 17, 09. September 1985, Chapter III, Rn. 80 ff.

653 IAMRK, *Victor Saldaño v. Argentinien*, Report Nr. 38/99, 11. März 1999, Jahresbericht der Interamerikanischen Menschenrechtskommission 1998, OEA/Ser.L/V/II.102, Doc. 6 rev, Chapter III, C.

654 Ebenda, Rn. 17.

Zur Begründung dieser Auslegung bezog sich die IAMRK auf die durch die Europäischen Menschenrechtskommission und den EGMR vorgenommene Auslegung des Begriffs der „Hoheitsgewalt“ in Art. 1 EMRK.[655]

Auch im Hinblick auf die verschiedenen Arten der extraterritorialen Ausübung von Hoheitsgewalt verwies die IAMRK auf die Rechtsprechung des EGMR und auf die Notwendigkeit des Bestehens von *„effektiver Kontrolle“*[656] bzw. *„Autorität“*[657].

Cassel merkt hierbei an, dass die IAMRK besonderes Augenmerk auf effektive Kontrolle über die <u>Person</u> lege.[658] Wenn ein Staat die Möglichkeit habe, einen Menschen außerhalb seines Hoheitsgebietes umzubringen, verfüge er über eine ausreichende Kontrolle über diesen Menschen, um sein Recht auf Leben i.S.d. AMRK zu verletzen.[659] Dies stellt eine sehr weitgehende Auslegung des *personellen* Modells dar und steht im Kontrast zur Rechtsprechung des EGMR, der den reinen Tötungsakt für eine Bejahung des *personellen* Modells bislang noch nicht ausreichen ließ.[660] Die IAMRK, wenn auch stark durch die EMRK und die Rechtsprechung des EGMR beeinflusst, geht somit weiter bei der extraterritorialen Anwendung der AMRK als Letzterer bei der EMRK.[661]

Im Fall *Armando Alejandro Jr. & Ors. v. Cuba*[662] etwa bejahte die IAMRK eine Verletzung des Rechts auf Lebens der Besatzung zweier Kleinflugzeuge, die durch kubanische Kampfjets außerhalb des 12-Meilen-Radius Kubas abgeschossen wurden.[663] Die IAMRK bekräftigte ihre Kompetenz zur Beurteilung extraterritorialer Menschenrechtsverletzungen unter der AMRK und unterstrich, die extraterritoriale Ausübung von Hoheitsgewalt werde in bestimmten Fällen sogar durch die entsprechenden Vorschriften der Konvention verlangt.[664] Unter Verweis auf die o.g. Berichte zur Menschenrechtslage in Chile und Suriname sprach sich die IAMRK erneut für das *personelle* Modell aus:

---

655 Ebenda.
656 Ebenda, Rn. 19.
657 Ebenda.
658 *Cassel*, in: Coomans/Kamminga (Hrsg.), S. 175, 177.
659 Ebenda.
660 Vgl. zu einem entsprechenden Ansatz und seiner Realisierbarkeit im EMRK-System oben Teil 2, Kap. 3, A.
661 *Cassel*, in: Coomans/Kamminga (Hrsg.), S. 175, 178.
662 IAMRK, *Armando Alejandro Jr. And Others v. Cuba*, Report Nr. 86/99, 22. September 1999.
663 Ebenda, Rn. 5 - 8.
664 Ebenda, Rn. 23.

„In principle, the investigation refers not to the nationality of the alleged victim or his presence in a particular geographic area, but to whether, in those specific circumstances, the state observed the rights of a person subject to its authority and control.“[665]

Zur Begründung stützte sich die IAMRK auch hier auf die Rechtsprechung der Europäischen Menschenrechtskommission im Verfahren von Zypern gegen die Türkei.[666]

III. Die Afrikanische Charta der Menschenrechte und Rechte der Völker (Banjul Charta)

Die Banjul Charta[667] (BC) legt den Grundstein für den Menschenrechtsschutz auf dem afrikanischen Kontinent.[668] Neben Rechten der Bürger kodifiziert die Charta auch Pflichten des Einzelnen, die dieser etwa gegenüber seiner Familie oder der Gesellschaft zu beachten hat.[669]

Die extraterritoriale Anwendbarkeit der Banjul Charta wird in der Literatur wenig bis gar nicht diskutiert. Dies mag daran liegen, dass die Charta selbst keine Grundlage für entsprechende Auseinandersetzungen bietet. So fehlt eine dem Art. 1 EMRK vergleichbare Klausel. Art. 1 BC verpflichtet die Mitgliedstaaten der *Organisation der Afrikanischen Einheit* (OAU) zur Anerkennung der in der Charta enthaltenen Rechte:

665 Ebenda.

666 Ebenda, Rn. 24.

667 African [Banjul] Charta on Human and Peoples' Rights, verabschiedet am 27. Juni 1981, OAU Doc. CAB/LEG/67/3 rev. 5, 21 I.L.M. 58 (1982), in Kraft getreten am 21. Oktober 1986.

668 Unterschrieben und ratifiziert haben die Banjul Charta zum gegenwärtigen Zeitpunkt 53 Staaten: Algerien, Angola, Ägypten, Äthiopien, Äquatorial Guinea, Benin, Botswana, Burkina Faso, Burundi, Comoros, die Demokratische Arabische Republik Sahara, die Demokratische Republik Kongo, Djibouti, die Elfenbeinküste, Eritrea, Gabun, Gambia, Ghana, Guinea, Guinea-Bissau, Kamerun, Kap Verde, Kenia, der Kongo, Lesotho, Liberia, Libyen, Madagaskar, Malawi, Mali, Mauretanien, Mauritius, Mozambik, Namibia, Niger, Nigeria, Ruanda, Sambia, São Tomé und Príncipe, der Senegal, die Seychellen, Sierra Leone, Somalia, Südafrika, der Sudan, Swasiland, Tansania, Togo, der Tschad, Tunesien, Uganda, die Zentralafrikanische Republik, Zimbabwe. Bislang weder signiert noch ratifiziert hat der Süd-Sudan.

669 *Breutz*, in: Kirchmeier/Krennerich (Hrsg.), S. 373, 374.

> „The Member States of the Organization of African Unity parties to the present Charter shall recognize the rights, duties and freedoms enshrined in this Chapter and shall undertake to adopt legislative or other measures to give effect to them."[670]

Weder in diesem Artikel, noch in Art. 2 BC finden sich jedoch Anhaltspunkte zu den Grenzen der den Vertragsstaaten unter der Charta auferlegten Pflichten. Art. 2 BC sieht vor:

> „Every individual shall be entitled to the enjoyment of the rights and freedoms recognized and guaranteed in the present Charter without distinction of any kind such as race, ethnic group, color, sex, language, religion, political or any other opinion, national and social origin, fortune, birth or other status."[671]

Art. 2 BC spricht lediglich von „jedem Individuum", legt jedoch nicht fest, unter welchen Umständen eine Berufung auf die Rechte der BC möglich sein soll. Auch aus den übrigen Normen der Charta, die die einzelnen Rechte festlegen, ergibt sich nichts anderes. Diese beginnen mit der immer gleichen Formulierung („Every individual") und geben ebenfalls keine Antwort auf die Anwendbarkeit *ratione loci* der Banjul Charta.

In ihrer *Allgemeinen Anmerkung Nr. 3*[672] stellte die Afrikanische Kommission für Menschenrechte und Rechte der Völker („Afrikanische Kommission"/„ACHPR") fest:

> „States must hold to account private individuals and corporations, including private military and security companies, that are responsible for causing or contributing to arbitrary deprivations of life in the State's territory or jurisdiction. Home States also should ensure accountability for any extraterritorial violations of the right to life, including

670 *„Die Mitgliedstaaten der Organisation der Afrikanischen Einheit, Mitglieder dieser Charta, erkennen die in diesem Kapitel verankerten Rechte, Pflichten und Freiheiten an und verpflichten sich, gesetzgeberische oder andere Maßnahmen zu ihrer Umsetzung zu erlassen."* (Eigene Übersetzung).

671 *„Jeder Einzelne hat Anspruch auf den Genuss der in dieser Charta anerkannten und garantierten Rechte und Freiheiten, ohne Unterscheidung jeglicher Art, wie Rasse, ethnische Gruppe, Hautfarbe, Geschlecht, Sprache, Religion, politische oder sonstige Meinung, nationale und soziale Herkunft, Vermögen, Geburt oder anderer Status."* (Eigene Übersetzung).

672 Allgemeine Anmerkung Nr. 3, angenommen während der 57. Ordentlichen Sitzung der Afrikanischen Kommission für Menschenrechte und Rechte der Völker vom 04. bis 18. November 2015 in Banjul, Gambia.

> those committed or contributed to by their nationals or by businesses domiciled in their territory or jurisdiction."[673]

Hiernach müssen also Staaten private Menschenrechtsverletzungen auf ihrem Hoheitsgebiet oder unter dem Einfluss ihrer Hoheitsgewalt ahnden und zudem sicherstellen, dass extraterritoriale Menschenrechtsverletzungen durch ihre Staatsangehörigen oder auf ihrem Hoheitsgebiet ansässige Unternehmen ebenso geahndet werden. Im Umkehrschluss bedeutet dies, dass die Vertragsstaaten der BC ebenfalls für durch ihre Agenten bzw. Behörden begangene extraterritoriale Menschenrechtsverletzungen zur Verantwortung gezogen werden können. Unklar bleibt allerdings, ob hierbei ein dem *personellen* oder *räumlichen* Modell entsprechendes Verständnis von extraterritorialer Ausübung von Hoheitsgewalt zugrunde zu legen ist. Im Gegensatz zur EMRK unterscheidet die BC ihrem Wortlaut nach jedoch auch zwischen Territorialität und Hoheitsgewalt. Die konkrete Ausgestaltung der Verantwortlichkeit für extraterritoriale Menschenrechtsverletzungen bleibt jedoch unklar.

IV. Die ASEAN Human Rights Declaration

In den vergangenen Jahren wurde das Bewusstsein für die Notwendigkeit eines kollektiven Menschenrechtsschutzes auch in anderen Regionen geschärft. Die *Association of Southeast Asian Nations* (ASEAN)[674] etwa gründete bereits im Jahr 2009 die ASEAN Intergovernmental Commission on Human Rights (AICHR) und verabschiedete im November 2012 die ASEAN Human Rights Declaration (AHRD)[675].[676]

Ebenso wie die Banjul Charta mangelt es der AHRD an starken Institutionen zur Durchsetzung der in ihr verbürgten Rechte.[677] Zwar hat die AICHR die Aufgabe zur Verteidigung und Förderung der Menschenrechte

---

673 Ebenda, Rn. 18 (Hervorhebung durch Verfasser).

674 Mitglieder der ASEAN sind Brunei, Indonesien, Kambodscha, Laos, Malaysia, Myanmar, die Philippinen, Singapur, Thailand und Vietnam.

675 *Association of Southeast Asian Nations*, ASEAN Human Rights Declaration ration and Phnom Penh Statement on the Adoption of the ASEAN Human Rights Declaration, 21st ASEAN Summit in Phnom Penh, Cambodia, online abrufbar unter https://www.asean.org/storage/images/ASEAN_RTK_2014/6_AHRD_Booklet.pdf (Letzter Abruf: 24.05.2019).

676 *Clarke*, 11 NJIHR 2012, S. 1.

677 Ebenda, S. 1, 24.

der Bürger der ASEAN Staaten.[678] Allerdings ermächtigen weder die ASEAN Charta[679] noch die Terms of Reference der AICHR (TOR AICHR) oder die AHRD die Kommission zur Rechtsprechung bzw. zur Entgegennahme von Beschwerden.

Art. 4 TOR AICHR präzisiert das Mandat der Kommission. Die Aufgaben bestehen jedoch hauptsächlich in der Entwicklung von Strategien, der Unterstützung regionaler ASEAN Organe in Menschenrechtsfragen oder auch der Anfertigung von Jahresberichten über seine Aktivitäten. Hierdurch bleibt der Menschenrechtsschutz in der ASEAN hinter dem Schutz der EMRK oder der AMRK zurück. Die AHRD sollte den Standards der Allgemeinen Erklärung der Menschenrechte (AEMR) genügen.[680] So überrascht es auch nicht, in Art. 40 AHRD eine der AEMR vergleichbare Formulierung zu finden:

> „Nothing in this Declaration may be interpreted as implying for any State, group or person any right to perform any act aimed at undermining the purposes and principles of ASEAN, or at the destruction of any of the rights and fundamental freedoms set forth in this Declaration and international human rights instruments to which ASEAN Member States are parties."

Diese Formulierung findet sich auch in Art. 5 Abs. 1 IPBPR und wurde durch den MRA verwendet, um die Verantwortlichkeit Uruguays für außerhalb seines Hoheitsgebietes begangene Menschenrechtsverletzungen zu begründen.[681] Ob der AICHR in der Praxis die gleiche Möglichkeit eröffnet wird, ist jedoch fraglich. Immerhin – möchte man fast sagen – ist es eine Aufgabe der Kommission *„to obtain information from ASEAN Member States on the promotion and protection of human rights"*[682]. Doch was dann? Was wenn die Vertragsstaaten die Standards der AHRD nicht einhalten? Hierzu schweigen sich die relevanten Dokumente aus.

---

678 Art. 1.1 Terms of Reference of ASEAN Intergovernmental Commission on Human Rights ("TOR AICHR"), online abrufbar unter http://www.refworld.org/docid/4a6d87f22.html (Letzter Abruf: 24.05.2019).

679 *Association of Southeast Asian Nations*, The ASEAN Charter, 13th ASEAN Summit, Singapur, 20. November 2007, online abrufbar unter https://www.asean.org/wp-content/uploads/2012/05/11.-October-2015-The-ASEAN-Charter-18th-Reprint-Amended-updated-on-05_-April-2016-IJP.pdf (Letzter Abruf: 24.05.2019).

680 *Renshaw*, 13 HRLR 2013, S. 557, 559.

681 S.o. Teil 2, Kap. 3, I., 2.

682 Art. 4.10 TOR AICHR.

Auch beschreibt keine Norm der AHRD ihren genauen Anwendungsbereich. Art. 2 AHRD legt lediglich das „*jeder Person*“[683] zugutekommende Diskriminierungsverbot fest. Art. 3 AHRD führt zudem aus, dass „*[e]very person has the right of recognition everywhere as a person before the law.*“[684] Selbstredend wird hierdurch keine Bindung außerhalb der Staatengemeinschaft der ASEAN bezweckt. Es verbleibt daher die Frage, ob eine Verantwortlichkeit der Staaten für extraterritoriale Verletzungen der in der AHRD verbürgten Menschenrechte denkbar ist. Unklar ist zudem, ob in diesem Kontext auf die Hoheitsgewalt abgestellt werden soll, vergleichbar mit Art. 1 EMRK, oder ob ein von der Hoheitsgewalt unabhängiges, territoriales Verständnis zugrunde gelegt werden muss. Eine Zuordnung zu einem der bestehenden Modelle ist aus diesem Grund ebenfalls nicht möglich.

Es wäre wünschenswert gewesen, hätte die AICHR über ihr Mandat zur Entwicklung der AHRD[685] hinaus auch ein eindeutiges Mandat zur Überprüfung der Einhaltung der Erklärung und zur Entgegennahme von Beschwerden erhalten. Möglicherweise wäre dies jedoch ein zu diesem Zeitpunkt zu großer Schritt für die Gemeinschaft gewesen, die sich durch die AHRD erstmals die Möglichkeit zur Diskussion der Menschenrechte erlaubte.[686] Dies stellt bereits einen Paradigmenwechsel dar. Die Einrichtung einer entsprechenden Rechtsprechungsinstanz, vergleichbar dem EGMR, ist hierdurch auch nicht ausgeschlossen und liegt zudem angesichts des Mandats der AICHR zum Austausch mit anderen internationalen Menschenrechtsinstitutionen[687] nicht fern.

V. Die Arabische Charta der Menschenrechte

Neben dieser Entwicklung im Rahmen der ASEAN Gruppe wurde auch im arabischen Raum ein Menschenrechtsschutzinstrument entwickelt: Die Arabische Charta der Menschenrechte (ACMR).[688] Die erste Version der Charta wurde durch die Arabische Menschenrechtskommission bereits in

683 Übersetzung durch Verfasser.
684 Hervorhebung durch Verfasser.
685 *Davies*, 14 GJIA 2013, S. 51, 54.
686 Ebenda.
687 Art. 4.9 TOR AICHR.
688 *League of Arab States*, Arab Charter on Human Rights, 22. Mai 2004, in Kraft getreten am 15. März 2008. Eine englische Übersetzung der Charta bieten *Al-Midani/Cabanettes/Akram*, 24 BUILJ 2006, S. 147 - 164.

den 60er Jahren entwickelt und durch die Mitgliedstaaten der Arabischen Liga 1994 bestätigt,[689] allerdings durch keinen der Mitgliedstaaten ratifiziert.[690] Im Jahr 2004 wurde eine überarbeitete Form der Charta angenommen und trat in der Folge nach entsprechender Ratifizierung in Algerien, Bahrein, Jordanien, Kuweit, Syrien, Libyen und den Vereinigten Arabischen Emiraten in Kraft.[691]

Im Gegensatz zur ASEAN Erklärung hält die ACMR mit Art. 3 (a) eine Vorschrift zu ihrem Anwendungsbereich bereit:

> „Each State party to the present Charter undertakes to ensure to all individuals subject to its jurisdiction the right to enjoy the rights and freedoms set forth herein, without distinction on grounds of race, colour, sex, language, religious belief, opinion, thought, national or social origin, wealth, birth or physical or mental disability."[692]

Ebenso wie Art. 1 EMRK greift die ACMR auf den Begriff der Hoheitsgewalt zurück. Zusätzlich ergänzt sie die Vorschrift durch das bereits durch Art. 2 Abs. 1 IPBPR bekannte Diskriminierungsverbot und stellt somit eine Mischung beider Instrumente dar.

Unklar ist jedoch weiterhin die Lesart des Art. 3 (a) ACMR. Folgt sie der teils verwirrenden Rechtsprechung des EGMR zu Art. 1 EMRK? Legt sie dem Begriff der Hoheitsgewalt ein territoriales Verständnis zugrunde? Oder geht die ACMR gänzlich neue Wege? Zumindest Letzteres erscheint unwahrscheinlich, orientiert sich die Charta doch an den rechtlichen Entwicklungen im internationalen Recht und den internationalen Menschenrechtsorganen.[693] Angesichts dessen erscheint es näherliegend, dass die ACMR dem Begriff der Hoheitsgewalt ein *personelles* Verständnis der Hoheitsgewalt zugrunde legt und bei dessen Auslegung die Kontrolle über Individuen in den Mittelpunkt stellt. Dieses Verständnis scheint auch konsensfähig zu sein: Die wesentlichen Menschenrechtsschutzinstrumente

---

689 *Rishmawi*, MPEPIL, Rn. 1.

690 *Rishmawi*, 5 HRLR 2005, S. 361, 362.

691 *Rishmawi*, MPEPIL, Rn. 4, 9.

692 Art. 3 (a) ACMR (Hervorhebung durch Verfasser): *„Jeder Vertragsstaat dieser Charta verpflichtet sich, allen seiner Hoheitsgewalt unterworfenen Personen, das Recht zu gewähren, die hierin verankerten Rechte und Freiheiten ohne Unterscheidung aufgrund von Rasse, Hautfarbe, Geschlecht, Sprache, religiöser Überzeugung, Meinung, Gedanke, nationaler oder sozialer Herkunft, Vermögen, Geburt oder körperlicher oder geistiger Behinderung auszzu genießen."* (Eigene Übersetzung).

693 *Rishmawi*, MPEPIL, Rn. 25.

stützen sich wie gesehen bei der Frage der extraterritorialen Anwendbarkeit (zumindest teilweise) auf das *personelle* Modell.

Eine abschließende Bewertung kann aktuell jedoch nicht erfolgen. *Traveaux préparatoires* in englischer Sprache sind zum derzeitigen Zeitpunkt nicht verfügbar. 2014 hatte die Arabische Liga das *Statut des Arabischen Gerichtshofs für Menschenrechte* (SArGMR/Statut) angenommen.[694] Hierdurch öffneten die Staaten den Weg für einen zumindest potenziell effektiven Menschenrechtsschutz in der Region.[695] Ob der in Bahrein angesiedelte Gerichtshof (ArGMR) jedoch in der Lage sein wird, entsprechende Aussagen zu treffen, ist mehr als fraglich. Das Statut sieht keine Möglichkeit zur Individualbeschwerde vor.[696] Eingeräumt wird ein Beschwerderecht lediglich für die Staaten, deren Bürger Opfer einer Menschenrechtsverletzung geworden sind.[697] Von dieser Möglichkeit wird durch die Vertragsstaaten in anderen regionalen Menschenrechtsschutzsystem, etwa der EMRK, jedoch regelmäßig nur vergleichsweise selten Gebrauch gemacht.[698] Die Effektivität des ArGMR erscheint vor diesem Hintergrund deutlich eingeschränkt.[699]

Ähnlich ergeht es der bereits bestehende Arabische Menschenrechtskommission. Diese hat keine Möglichkeit zur Entscheidung über Individualbeschwerden oder Staatenbeschwerden.[700]

E. Zwischenfazit

Es ist zu begrüßen, dass der Anwendungsbereich der EMRK nicht strikt auf das Hoheitsgebiet ihrer Vertragsstaaten beschränkt ist. Die Rechtsprechung des EGMR zur extraterritorialen Anwendbarkeit kann jedoch im Ergebnis nicht überzeugen. Sie gleicht weniger einem kohärenten System,

---

694 *Council of the League of Arab States*, Statute of the Arab Court of Human Rights, 142. reguläre Sitzung, 07. September 2014, Resolution 7790, E.A (142) C 3, 07/09/2014. Englische Version online abrufbar unter https://acihl.org/texts.htm?article_id=44 (Letzter Abruf 24.05.2019).

695 *Magliveras/Naldi*, 29 RQDI 2016, S. 147, 149.

696 Ebenda, S. 147, 161.

697 Art. 19 Abs. 1 SArGMR.

698 *Magliveras/Naldi*, 29 RQDI 2016, S. 147, 161. Zur Frage einer „Renaissance“ der Staatenbeschwerde im System der EMRK vgl. *Küchler*, Die Renaissance der Staatenbeschwerde – Potenzial und Gefahr der vermehrten Nutzung des Art. 33 EMRK, Baden-Baden 2020.

699 So sieht es wohl auch die *International Commission of Jurists*, A flawed Statute.

700 *Magliveras/Naldi*, 29 RQDI 2016, S. 147, 155.

als vielmehr einem Flickenteppich an Einzelfallrechtsprechung, die der EGMR stets versucht, dem *personellen* oder *räumlichen* Modell zuzuordnen, um so den Anschein von Systematik zu kreieren. Dies gelingt ihm jedoch nur bedingt. Vielmehr scheint der EGMR seinen Entscheidungen Billigkeitserwägungen zugrunde zu legen und zugleich zu versuchen, sämtliche Urteile als Teil einer in sich schlüssigen Rechtsprechungsreihe darzustellen. Anders ist etwa die *Al-Skeini*-Entscheidung[701] nicht zu erklären. Dass es jedoch faktisch an einem kohärenten System fehlt, zeigt nicht zuletzt Richter *Bonello*'s Aufruf zu einem Neuanfang.[702]

Der „große Wurf" ist bislang jedoch auch den bestehenden Reformbestrebungen nicht gelungen. Tendenziell scheinen sie zugunsten des *personellen* Modells dem *räumlichen* Modell den Rücken zu kehren. Dies wäre insofern begrüßenswert, als sich zukünftig nicht länger die Frage stellen würde, ab wann ein Gebiet derart klein ist, dass sich die effektive Kontrolle darüber faktisch als eine Autorität und Kontrolle über die Person darstellte. Der Vergleich mit anderen Menschenrechtsinstrumenten bekräftigt die Notwendigkeit einer Abkehr vom *räumlichen* Modell. Dort, wo sich die Frage der extraterritorialen Anwendbarkeit bereits gestellt hat, lässt sich ebenfalls eine Tendenz zum Rückgriff auf ein *personelles* Verständnis des Begriffs der Hoheitsgewalt feststellen, losgelöst vom Hoheitsgebiet der Vertragsstaaten.

Das Kriterium der *effektiven Kontrolle* über ein Gebiet, das auch weiterhin gerne durch den EGMR herangezogen wird, findet sich hingegen wenig bis kaum in den Ausführungen anderer Menschenrechtsschutzinstitutionen. Dies sollte Wind in den Segeln der Kritiker der Rechtsprechung des EGMR zum *räumlichen* Modell darstellen und lässt hoffen, dass Straßburg mit der Zeit von seiner *Banković*-Rechtsprechung abrücken wird, wie es zuletzt in *Al-Skeini* zumindest angeklungen war.

Überdies ähneln sich zumindest die drei großen Verträge – die EMRK, der IPBPR und die AMRK – in ihrer Ausgestaltung und bieten daher wenig „food for thought". Dies liegt wohl an der Tatsache, dass bei der Entwicklung neuer regionaler Instrumente zum Schutz der Menschenrechte die bereits bestehenden Instrumente als Inspirationsquelle genutzt wurden, insbesondere auch die EMRK.

---

701 EGMR, *Al-Skeini and others v United Kingdom* [GC], App. no. 55721/07, 07. Juli 2011.

702 EGMR, *Al-Skeini and others v United Kingdom* [GC], App. no. 55721/07, 07. Juli 2011, Concurring Opinion of Judge Bonello, Rn. 8.

Kapitel 4: Art. 15 EMRK im extraterritorialen Kontext

Die extraterritoriale Anwendbarkeit der EMRK hat u.a.[703] zur Folge, dass sich auch die Frage der Derogation von Menschenrechten nach Art. 15 EMRK neu stellt. Während diese im Inland keiner besonderen Erläuterungen bedarf, ist etwa bei Auslandseinsätzen der Streitkräfte einer Hohen Vertragspartei die Rechtslage weniger eindeutig.

A. *Derogation von EMRK-Rechten bei Auslandseinsätzen der Streitkräfte*

> „*We will repay them with gratitude and put an end to the industry of vexatious claims that has pursued those who served in previous conflicts.*“[704]

So ließ es *Theresa May* Anfang Oktober 2016 im Rahmen der Konferenz ihrer Conservative Party verlauten und meinte damit allen voran den Schutz der britischen Streitkräfte bei Auslandseinsätzen gegenüber Beschwerden vor dem EGMR. Die Leistungen der vermeintlich *„besten Armee der Welt“*[705] sollten nicht durch ungerechtfertigte, schikanöse Beschwerden einer „Beschwerdeindustrie“ geschmälert werden. Das mediale Echo – auch außerhalb der Fachliteratur – war, wenig überraschend, groß.[706] Dieser Versuch der Premierministerin, die politischen Reihen in ihrer eigenen Partei hinter sich zu schließen, ist geeignet, der Konvention und ihrem Gerichtshof nachhaltigen Schaden zuzufügen, unterstellt er doch Beschwerdeführern und ihren Rechtsbeiständen, durch ihre Beschwerden das EMRK-System ausnutzen zu wollen. Unklar ist, ob hierdurch auch unterstellt wird, der EGMR unterstütze diese Vorhaben zumindest passiv durch Nichtvornahme entsprechender Verhinderungsmaßnahmen.

Ungeachtet dessen verbleibt die Frage, ob das Vereinigte Königreich tatsächlich Beschwerden vor dem EGMR verhindern könnte. Für bereits vorgenommene Handlungen verhindert Art. 58 Abs. 2, 3 EMRK, dass sich ein Mitgliedstaat durch Austritt aus der Konvention seinen Verpflichtungen nach der EMRK entzieht. Für zukünftige Beschwerden wäre zudem denkbar, dass das Vereinigte Königreich sich in bewaffneten Konflikten auf

---

703 Zur Auslegung des Art. 5 EMRK im extraterritorialen Kontext, s.u. Teil 2, Kap. 3, B.

704 *MOD*, 04. Oktober 2016.

705 Ebenda (Eigene Übersetzung).

706 Vgl. nur *Walker/Bowcott*, The Guardian, 04. Oktober 2016; *Goulard*, Politico, 04. Oktober 2016.

Art. 15 EMRK beriefe. Hierfür sprach sich die britische Regierungschefin bei der Konferenz der Conservative Party ausdrücklich aus.[707] Im Folgenden soll daher analysiert werden, ob und wenn ja, unter welchen Voraussetzungen dies möglich wäre. Hierbei wird besonders auf den extraterritorialen Kampf gegen den internationalen Terrorismus eingegangen.

Art. 15 EMRK hält, wie andere Menschenrechtsverträge auch, eine sog. Opt-Out- bzw. Derogationsklausel[708] bereit.[709] Zweck dieser Vorschrift ist es, die Möglichkeit für Vertragsstaaten vorzuhalten, in Notstandszeiten Konventionsrechte einzuschränken, den ihrer Hoheitsgewalt unterworfenen Subjekten somit nicht die volle Bandbreite der Rechte zukommen zu lassen.[710] Ohne diese z.T. als *„notwendiges Übel“*[711] bezeichnete Möglichkeit fiele die Bereitschaft der Staaten zum Beitritt wohl weitaus geringer aus.[712]

Zuletzt griffen etwa Frankreich[713] und die Türkei[714] auf die Derogationsmöglichkeiten des Art. 15 EMRK zurück. Allerdings berief sich bis heute noch nie ein Staat in einem extraterritorialen Kontext auf Derogationsklauseln – sei es aus der EMRK oder dem IPBPR.[715] Dies schließt ein solches Vorgehen für die Zukunft jedoch nicht *per se* aus, wie die entsprechenden Überlegungen im Vereinigten Königreich beweisen. Dies erscheint auch insofern nicht überraschend, als es die logische nächste Stufe

---

707 *MOD*, 04. Oktober 2016; *Milanovic*, EJIL:Talk!, 05. Oktober 2016.

708 Derogationen sind hierbei von Vorbehalten („reservations“) abzugrenzen. *Kirchner*, 3 BJLP 2010, S. 1, 9 zeigt die Unterschiede anschaulich auf: *„While derogations are general with regard to the subject matter and specific with regard to the circumstances, reservations are specific with regard to the subject matter and may not, by law, be general in nature“*.

709 Vgl. Art. 27 AMRK, Art. 4 IPBPR. Das dritte große regionale Menschenrechtsinstrument, die Banjul Charta, enthält wiederum keine Derogationsklausel. Dies gilt ebenso für die ASEAN Human Rights Declaration, die jedoch ihrerseits aktuell auch noch kein effektives Rechtschutzsystem vergleichbar dem der EMRK oder AMRK vorsieht.

710 *Milanovic*, in: Bhuta (Hrsg.), S. 55; *Smith*, S. 185; vgl. *Meyer-Ladewig/Schmaltz*, in: Meyer-Ladewig/Nettesheim/von Raumer (Hrsg.), Art. 15, Rn. 1.

711 *Joseph/ Castan*, S. 910 (Eigene Übersetzung).

712 *Schabas*, S. 587;*Burchill*, 9 YNZJ 2005, S. 95, 96.

713 *Generalsekretär des Europarates*, 25. November 2015; *Meyer-Ladewig/Schmaltz*, in: Meyer-Ladewig/Nettesheim/von Raumer (Hrsg.), Art. 15, Rn. 5. Bereits im Jahr 2002 hatte die Parlamentarische Versammlung des Europarates die Mitgliedstaaten dazu aufgerufen, im Kampf gegen den Terrorismus nicht auf die Derogationsrechte des Art. 15 zurückzugreifen, *Parliamentary Assembly*, Combatting terrorism and respect for human rights, Resolution 1271 (2002), Rn. 9.

714 *Generalsekretär des Europarates*, 21. Juli 2016; *Meyer-Ladewig/Schmaltz*, in: Meyer-Ladewig/Nettesheim/von Raumer (Hrsg.), Art. 15, Rn. 5.

715 *Milanovic*, in: Bhuta (Hrsg.), S. 55.

vertragsstaatlicher Verteidigung gegen als unrechtmäßig empfundene Beschwerden vor dem EGMR ist, nun da das Argument der Unanwendbarkeit der Konvention im extraterritorialen Kontext regelmäßig nicht mehr durchgreift.[716] Was sind also die Voraussetzungen des Art. 15 EMRK? Sind diese bei Auslandseinsätzen überhaupt erfüllt?

I. Ein probates Mittel zum Schutz der eigenen Streitkräfte bei Auslandseinsätzen?

Art. 15 Abs. 1 EMRK normiert die Möglichkeit eines Abweichens der in der EMRK verbrieften Rechte im Notstandsfall:

> „In time of war or other public emergency threatening the life of the nation any High Contracting Party may take measures derogating from its obligations under this Convention to the extent strictly required by the exigencies of the situation, provided that such measures are not inconsistent with its other obligations under international law."[717]

Art. 15 Abs. 2 EMRK wiederum enthält eine Rückausnahme und eine Aufzählung sog. derogationsfester Rechte[718], die ein *„notstandsfestes Minimum"*[719] darstellen.[720] Eine Sonderstellung nimmt hierbei das Recht auf Leben aus Art. 2 EMRK ein. Derogationen hiervon sind nach dem Wortlaut der Vorschrift nur im Falle rechtmäßiger Kriegshandlungen möglich.

Wann sind die Voraussetzungen des Art. 15 EMRK nun gegeben? Art. 15 Abs. 1 EMRK unterscheidet zwischen „Kriegen" oder „anderen öffentlichen Notständen". Für die Feststellung des Bestehens eines Notstands hat der EGMR in seiner Rechtsprechung vier Voraussetzungen ent-

---

716 Ebenda, S. 56.

717 *„Wird das Leben der Nation durch Krieg oder einen anderen öffentlichen Notstand bedroht, so kann jede Hohe Vertragspartei Maßnahmen treffen, die von den in dieser Konvention vorgesehenen Verpflichtungen abweichen, jedoch nur, soweit es die Lage unbedingt erfordert und wenn die Maßnahmen nicht im Widerspruch zu den sonstigen völkerrechtlichen Verpflichtungen der Vertragspartei stehen"*.

718 Hierbei handelt es sich um die Art. 3, 4 Abs. 1 und 7 EMRK.

719 *Menzel*, DÖV 1968, S. 1, 2; *Meyer-Ladewig/Schmaltz*, in: Meyer-Ladewig/Nettesheim/von Raumer (Hrsg.), Art. 15, Rn. 1. Teilweise wird bei den Notstandsfesten Rechte auch von einem *noyeau dur* – einem harten Kern – der Menschenrechte gesprochen, *Schabas*, S. 592.

720 Durch diese Unterteilung in derogationsfeste und -unfeste Rechte wird zugleich eine Hierarchisierung der EMRK-Rechte vorgenommen, *Schabas*, S. 592.

wickelt.[721] Zunächst ist erforderlich, dass der Notstand „*besteh[t] oder unmittelbar bevorsteh[t]*“[722].

In einem zweiten Schritt muss dieser Notstand in Anlehnung an die *Lawless*-Entscheidung[723] die gesamte Bevölkerung betreffen und das organisierte Leben der Gemeinschaft des Staates bedrohen.[724] In der *Lawless* Entscheidung hatte der EGMR festgestellt, dass der Begriff „*other public emergency threatening the life of the nation*“ ausreichend klar sei und hierunter eine „*exceptional situation of crisis or emergency which affects the whole population and constitutes a threat to the organised life of the community of which the State is composed*“[725] zu verstehen sei. Nicht zwingend erforderlich ist hingegen, dass das gesamte Staatsgebiet betroffen oder die staatlichen Einrichtungen gefährdet sind.[726] Im Anschluss an die Attentate vom 11. September 2001 ergänzte der EGMR seine Ausführungen dahingehend, dass „*[t]he requirement of imminence cannot be interpreted so narrowly as to require a State to wait for disaster to strike before taking measures to deal with it*“[727]. Dies bedeutet jedoch nicht, dass bei einer bloß abstrakten Gefahr ohne Weiteres auf Art. 15 EMRK zurückgegriffen werden kann. Entscheidend, so der EGMR, seien die zur Zeit der Derogationserklärung verfügbaren Informationen.[728] Zudem sei der Gerichtshof nicht daran gehindert, in der Folgezeit auftauchende neue Informationen in die Bewertung miteinzubeziehen.[729] Dies würde wohl insbesondere im Rahmen der Feststellung des Fortbestehens der Notlage ins Gewicht fallen.

Schließlich muss die Notstandssituation derart außergewöhnlich sein, dass die normalen Maßnahmen unter Einhaltung der Konventionspflichten nicht mehr ausreichend sind, um der Lage Herr zu werden.[730] Bei der Frage, ob ein Notstand vorliegt, wird den Staaten ein weiter Beurteilungs-

---

721 *Burchill*, 9 YNZJ 2005, S. 95, 104. Vergleichbar hierzu sind die Voraussetzungen für eine Derogation unter dem IPBPR und die hierzu entwickelten Paris Standards, vgl. *Joseph/Castan*, S. 911.

722 *Meyer-Ladewig/Schmaltz*, in: Meyer-Ladewig/Nettesheim/von Raumer (Hrsg.), Art. 15, Rn. 7.

723 EGMR, *Lawless v. Ireland (No. 3)*, App. no. 332/57, 01. Juli 1961.

724 EGMR, *A. and Ors. v. UK* [GC], App. no. 3455/05, 19. Februar 2009, Rn. 176.

725 EGMR, *Lawless v. Ireland (No. 3)*, App. no. 332/57, 01. Juli 1961, Rn. 28.

726 *Meyer-Ladewig/Schmaltz*, in: Meyer-Ladewig/Nettesheim/von Raumer (Hrsg.), Art. 15, Rn. 7.

727 EGMR, *A. and Others v. UK [GC]*, App no. 3455/05, 19. Februar 2009, Rn. 177.

728 Ebenda.

729 Ebenda.

730 Ebenda, Rn. 176.

spielraum eingeräumt.[731] Der das Leben der Nation bedrohende Notstand muss dem Kriegszustand hierbei *„zumindest vergleichbar sein“*[732].

Diese Verknüpfung der Intensität des das Leben der Nation bedrohenden Notstandes und des Kriegszustandes hält jedoch weder konkrete Kriterien für die Intensitätsanforderungen an einen Kriegszustand bereit noch bietet sie Anhaltspunkte für das Verständnis des EGMR vom Bestehen eines solchen. Eine Definition hat der EGMR bis heute nicht geliefert. Während Kriege im formellen Sinne – d.h. solche Konflikte mit ausdrücklicher Kriegserklärung durch eine oder beide Konfliktparteien[733] – vom Wortlaut unproblematisch mitumfasst sind,[734] bleibt fraglich, ob dies auch für sonstige bewaffnete Konflikte gilt.[735] Aus menschenrechtlicher Sicht kann der Kriegsbegriff insofern als unbestimmter Rechtsbegriff angesehen werden, der einer weiteren Konkretisierung bedarf. Hierbei kann auf die Wertungen des Humanitären Völkerrechts zurückgegriffen werden, das als besonderes Kriegsrecht neben Kriegen im formellen Sinne auch sonstige internationale bewaffnete Konflikte mitumfasst.[736]

Eine solche Auslegung wäre auch im Sinne der Fortentwicklung der EMRK als *„living instrument“*, wonach die EMRK im Lichte der tagesaktuellen Umstände – der sog. *„present day conditions“* – ausgelegt werden muss.[737] Eine Einengung des Kriegsbegriffs, die lediglich Kriege im formellen Sinne von der EMRK umfasst sähe,[738] ginge an der heutigen Realität vorbei.[739] Der mittlerweile relevanteste Teil des Humanitären Völkerrechts würde danach in die Rechtsprechung des EGMR zu Art. 15 EMRK keinen Eingang finden. Das Merkmal „Krieg“ muss daher im Sinne einer effekti-

---

731 *Meyer-Ladewig/Schmaltz*, in: Meyer-Ladewig/Nettesheim/von Raumer (Hrsg.), Art. 15, Rn. 7; *Burchill*, 9 YNZJ 2005, S. 95, 102 f.; *Kirchner*, 3 BJLP 2010, S. 1, 3f.

732 *Meyer-Ladewig/Schmaltz*, in: Meyer-Ladewig/Nettesheim/von Raumer (Hrsg.), Art. 15, Rn. 3.

733 S.o. Teil 1, B., II., 1.

734 *Frowein*, in: Frowein/Peukert (Hrsg.), Art. 15, Rn. 6.

735 Auch die travaux préparatoires zu Art. 15 enthalten keine näheren Ausführungen zu dem Verständnis der Väter und Mütter der EMRK vom Begriff des „Krieges“.

736 S.o. Teil 1, B.

737 *Letsas*, The ECHR as a Living Instrument, S. 2; *Rainey/Wicks/Ovey*, S. 76.

738 Zur Zeit der Ausarbeitung der EMRK war der formelle Kriegsbegriff noch immer praxisrelevant. Heutzutage hat er angesichts der verschwindend geringen Zahl formeller Kriegserklärungen jedoch an Bedeutung verloren, *Schabas*, S. 594.

739 Vgl. oben Teil 1.

ven Anwendung des Art. 15 EMRK unter Berücksichtigung dieser Entwicklungen auch bewaffnete Konflikte mitumfassen.[740]

Einigkeit wird insofern bestehen, als Verteidigungskriege eines Staates die gesamte Bevölkerung betreffen und das organisierte Leben der Gemeinschaft des Staates bedrohen. Sie stellen gewissermaßen den Prototyp des Notstandes dar. Fraglich ist jedoch, ob der Begriff des „Krieges" i.S.d. Art. 15 EMRK nur solche Fälle der Landesverteidigung mitumfassen soll. Hierfür spricht zunächst die regionale Ausgestaltung der Konvention. Auch deutet der Wortlaut der Vorschrift in diese Richtung, wonach auch im Kriegsfalle das Leben der Nation bedroht sein muss, was bei Auslandseinsätzen regelmäßig nur schwer vorstellbar ist.[741] In ihrer Präambel bezieht sich die EMRK zudem auf die durch die Vereinten Nationen am 10. Dezember 1948 verabschiedete Allgemeine Erklärung der Menschenrechte (AEMR). Deren Präambel wiederum kann als Ausdruck der durch die Vereinten Nationen erfolgten Ächtung des Krieges gewertet werden.[742] Durch den Verweis der EMRK auf die AEMR macht sich die EMRK deren Wertung zu eigen.

Demgegenüber stellt die Präambel der EMRK jedoch auch klar, dass das Ziel des Europarates darin besteht,

> „[to achieve] greater unity between its members and that one of the methods by which that aim is to be pursued is the maintenance and further realisation of Human Rights and Fundamental Freedoms."[743]

Im Sinne eines umfassenden Menschenrechtsschutzes wäre es daher wünschenswert, sämtliche Formen bewaffneter Konflikte unter Art. 15 EMRK zu subsumieren. Dies würde nicht nur im Einzelfall eine Derogation ermöglichen, sondern zugleich auch notstandsfeste Rechte stärken.

Der Wortlaut des Art. 15 Abs. 1 EMRK („*[...] or other public emergency threatening the life of the nation [...]*") lässt weiterhin den Schluss zu, dass

---

740 So sieht es wohl auch *Schabas*, S. 594 f.

741 Siehe zuvor House of Lords, *R (Al-Jedda) v. Secretary of State for Defence* [2007] UKHL 58, [2008] 1 AC 332, Rn. 38.

742 Die Präambel der AEMR stellt insofern fest: „*Whereas disregard and contempt for human rights have resulted in barbarous acts which have outraged the conscience of mankind [...], Whereas it is essential to promote the development of friendly relations between nations*".

743 Präambel der EMRK, 3. Erwägungsgrund: „*in der Erwägung, dass es das Ziel des Europarats ist, eine engere Verbindung zwischen seinen Mitgliedern herzustellen, und dass eines der Mittel zur Erreichung dieses Zieles die Wahrung und Fortentwicklung der Menschenrechte und Grundfreiheiten ist [...]*".

nicht nur der Notstand dem Kriegszustand zumindest vergleichbar sein muss,[744] sondern dass im Umkehrschluss eine Derogation von EMRK-Rechten im Kriegsfall nur zulässig wäre, sofern auch hier zugleich das Leben der Nation gefährdet wäre.[745] Dies führt bei bewaffneten Konflikten im Ausland[746] jedoch zu Problemen: Es sei, so Lord *Bingham* im Verfahren *Al-Jedda* vor dem britischen *House of Lords*,[747] „*hard to think that these conditions could ever be met when a state had chosen to conduct an overseas peacekeeping operation*“[748],[749] auch wenn der ehemalige Bundesverteidigungsminister *Struck* womöglich eine andere Ansicht vertreten hätte.[750]

Zugleich weist *Milanovic* darauf hin, dass nicht zum einen die extraterritoriale Anwendung der EMRK angenommen, im gleichen Atemzug jedoch lediglich aufgrund dieser Extraterritorialität die Erklärung von Abweichungen i.S.d. Notstandsklausel abgelehnt werden kann.[751] Vielmehr müsste, folgte man *Milanovic*, derjenige, der eine extraterritoriale Ausübung von Hoheitsgewalt annimmt, konsequenterweise dem jeweiligen Staat auch zugestehen, sich in solchen Fällen auf Art. 15 EMRK zu berufen, wenn die konkreten Umstände es erfordern. „In for a penny, in for a pound!“ hört man *Theresa May* rufen. Auch der Wortlaut der Vorschrift steht dem nicht ausdrücklich entgegen. Wie bereits ausgeführt, unterscheidet das einschlägige Humanitäre Völkerrecht zwischen Krieg und bewaffneten Konflikten.[752] Diese werden wiederum in internationale und nicht-

---

744 *Meyer-Ladewig/Schmaltz*, in: Meyer-Ladewig/Nettesheim/von Raumer (Hrsg.), Art. 15, Rn. 3.

745 Vgl. *Milanovic*, in: Bhuta (Hrsg.), S. 56.

746 Unabhängig davon, ob es sich um formelle Kriege, internationale oder nicht-internationale bewaffnete Konflikte handelt.

747 House of Lords, *R (Al-Jedda) v. Secretary of State for Defence* [2007] UKHL 58, [2008] 1 AC 332.

748 Ebenda, Rn. 38.

749 Ebenso skeptisch äußert sich *Pejic*, IRRC (2011), 93 (883), S. 837, 850. Vgl. auch *Landais/Bass*, IRRC (2015), 97 (900), S. 1295, 1303.

750 Im Rahmen des deutschen Afghanistan-Einsatzes polarisierte *Peter Struck* mit der Aussage: „*Die Sicherheit der Bundesrepublik Deutschland wird heute auch am Hindukusch verteidigt.*“, vgl. *o.V.* Spiegel Online, 19. Dezember 2012. Zu beachten ist hierbei jedoch, dass der Afghanistan-Einsatz im Rahmen des ISAF Mandats und z.T. der durch die USA geleiteten „*Operation Enduring Freedom*“, im Gegensatz zum Irak-Einsatz, nicht der Bekämpfung der staatlichen Truppen, sondern vielmehr des Terrorismus in Gestalt der Taliban dienen sollte und dies auch bis heute tut.

751 *Milanovic*, in: Bhuta (Hrsg.), S. 71.

752 S.o. Teil 1, B., II.

internationale bewaffnete Konflikte unterteilt.[753] In allen Fällen können sich diese Konflikte auf dem Gebiet eines EMRK-Vertragsstaates oder außerhalb dieses Gebietes abspielen. Der Verweis in Art. 15 Abs. 1 EMRK ist daher unpräzise und enthält noch keine Auskunft über die (Extra-)Territorialität des Konfliktes.

Ebensowenig geben die *travaux préparatoires* Auskunft über die Möglichkeit einer extraterritorialen Anwendung des Art. 15 EMRK. Letzteres ist jedoch wenig verwunderlich, war doch die extraterritoriale Ausübung von Hoheitsgewalt angesichts der Ausgestaltung der EMRK als regionales, auf Europa begrenztes Menschenrechtsinstrument zur Zeit ihrer Ausarbeitung nicht angedacht.[754] Die unmittelbare zeitliche Nähe der EMRK zu den beiden Weltkriegen lässt jedoch den Schluss zu, dass der Kriegsbegriff bei Verabschiedung des Konventionstextes an die Erfahrungen aus diesen Weltkriegen angelehnt war. Allerdings ist eine Evolution der Begrifflichkeit hierdurch nicht ausgeschlossen.

Verteidigungskriege sind heutzutage auf dem europäischen Kontinent die Ausnahme. Vielmehr intensivieren die europäischen Staaten ihre militärischen Aktivitäten fernab der Heimat. Beispiele sind die Konflikte im Irak und in Afghanistan oder die französische Intervention in Mali. Keiner der genannten Konflikte spielt sich in Europa ab. In allen Konflikten steht die Anwendung der EMRK jedoch zumindest im Raum bzw. wurde im Fall des Irak in mehreren Urteilen des EGMR bestätigt.[755]

Für eine Anwendung des Art. 15 EMRK im extraterritorialen Kontext spricht zunächst, dass das Erfordernis der *„Gefahr für das Leben der Nation"* bereits bei räumlich begrenzten, nur einen (kleinen) Teil des Staatsgebietes betreffenden Notständen angenommen wird.[756] In einem solchen Fall kann nicht ohne Weiteres von einer die Existenz des Staates bedrohenden Lage die Rede sein.[757] Auch wenn dies bereits die Anforderungen des Art. 15 EMRK erfüllt, kann dennoch nicht mit *Milanovic* angenommen werden, die Derogationsmöglichkeiten auch bei lokalen Notständen außerhalb des Hoheitsgebietes zu gewähren,[758] da sodann eine endgültige Loslösung vom Territorium der jeweiligen Vertragspartei erfolgen würde. Während selbst bei nur lokalen Gefahren auf dem Hoheitsgebiet einer

---

753 Ebenda.

754 S.o. Teil 2, Kap. 1, A.

755 Vgl. nur die Urteile des EGMR im Fall *Al-Skeini* (s.o. Teil 2, Kap. 1, B. I., 10.) oder im Fall *Al-Saadoon* (s.o. Teil 2, Kap. 1, B. I., 9.).

756 *Milanovic*, in: Bhuta (Hrsg.), S. 72.

757 Ebenda.

758 Ebenda.

Vertragspartei zumindest ein Teil der Bevölkerung betroffen sein wird, wäre dies bei einer extraterritorialen Anwendung des Art. 15 EMRK gänzlich ausgeschlossen. Nicht überzeugen dürfte in diesem Fall eine Argumentation, die darauf abstellte, dass bei Konflikten im Ausland insofern die Bevölkerung betroffen wäre, als die dort eingesetzten Angehörigen der Streitkräfte es wären. Dies würde dem Sinn und Zweck der Vorschrift nicht mehr entsprechen, die bezweckt, das *„organisierte Gemeinschaftswesen“*[759], also das friedliche Zusammenleben der Bevölkerung auf dem Hoheitsgebiet der Hohen Vertragspartei zu schützen.

II. Art. 15 EMRK im Kontext der Terrorismusbekämpfung im Ausland

Der Kampf gegen den internationalen Terrorismus, insbesondere gegen Organisationen wie den sog. Islamischen Staat oder die Al-Nusrah-Front stellt die Staatengemeinschaft vor neue Herausforderungen. Nach den Anschlägen in Paris im Jahr 2015 verhängte die damalige Regierung in Frankreich den Ausnahmezustand und informierte den Europarat über Derogationen nach Art. 15 EMRK.[760] Während anhaltende terroristische Anschläge auf dem Hoheitsgebiet eines EMRK- Vertragsstaates wie zuletzt in Frankreich wohl recht unproblematisch die Verhängung des Notstandes und eine Derogationserklärung i.S.d. Art. 15 EMRK rechtfertigen,[761] stellt sich die Frage, ob eine solche auch im Hinblick auf die Bekämpfung terroristischer Vereinigungen im Ausland möglich wäre.

Solche Konflikte treten regelmäßig in Gestalt eines nicht-internationalen bewaffneten Konfliktes auf. Diese unterscheiden sich insofern von den übrigen Fallgruppen, als sich hier nicht zwei Staaten, sondern ein Staat und eine nicht-staatliche bewaffnete Gruppe gegenüberstehen.[762] Eine Ausdehnung des Kriegsbegriffs der EMRK auf nicht-internationale bewaffnete Konflikte erscheint jedoch deutlich schwieriger, da auch das Humanitäre Völkerrecht in seinen Regelungswerken ausdrücklich zwischen beiden

759 *Meyer-Ladewig/Schmaltz*, in: Meyer-Ladewig/Nettesheim/von Raumer (Hrsg.), Art. 15, Rn. 7.

760 *Generalsekretär des Europarates*, 25. November 2015.

761 Hierbei wird ohne weiteres auf die Fallgruppe des *„anderen öffentlichen Notstandes“* in Art. 15 Abs. 1 zurückzugreifen sein.

762 S.o. Teil 2, C.

Konfliktformen unterscheidet und lediglich internationale bewaffnete Konflikte und formelle Kriege begrifflich zusammen behandelt.[763]

Es erscheint auch mit dem Wortlaut des Art. 15 Abs. 1 EMRK nur schwer vereinbar. Eine Auslegung des Kriegsbegriffs in Art. 15 Abs. 1 EMRK hin zu einer Mitumfassung nicht-internationaler bewaffneter Konflikte kann auch nicht ohne Weiteres mit dem Rückgriff auf den Grundsatz des *„living instrument"* begründet werden. Es fehlt regelmäßig bereits an einer „Waffengleichheit" beider Parteien. Bewaffnete Gruppen verfügen nur selten über eine den Staaten vergleichbare logistische, waffentechnische und personelle Ausstattung. Auch haben sie regelmäßig keine Repräsentationsfunktion bzw. nehmen nur in Ausnahmefällen Staatsfunktionen war oder ersetzen diese.[764] Vielmehr betreffen nicht-internationale bewaffnete Konflikte regelmäßig innerstaatliche Aufstände bewaffneter Teile der eigenen Bevölkerung – etwa Bürgerkriege oder Befreiungskämpfe.[765] Ruft man sich die Kriterien des EGMR für die Annahme eines Notstandes ins Gedächtnis,[766] so wird man feststellen, dass solche innerstaatlichen Konflikte bzw. Aufstände den typischen Fall des Art. 15 Abs. 1, 2. Alt. EMRK darstellen, indem sie gerade – als Gegenstück zum „Krieg" in Alt. 1 – solche Fälle umfassen, in denen sich keine Staaten in einem militärischen Konflikt gegenüberstehen. Andernfalls wäre eine Unterscheidung zwischen beiden Alternativen nicht erforderlich.

Nimmt man folglich an, dass bewaffnete Aufstände, die – wie man am Beispiel von „Boko Haram", dem „Islamischen Staat" oder den „Taliban" unschwer erkennen kann – oftmals terroristischer Natur sind, der zweiten Alternative des Art. 15 Abs. 1 EMRK unterfallen, so wird man dies konse-

---

763 Regelungen zu nicht-internationalen bewaffneten Konflikten finden sich im gemeinsamen Art. 3 GK und im zweiten Zusatzprotokoll von 1977. Der Großteil der Regelungen der GK betrifft Kriege und sonstige internationale bewaffnete Konflikte entsprechend dem gemeinsamen Art. 2 GK und spiegelt die ursprüngliche Zielsetzung des Humanitären Völkerrechts wieder, ein gemeinsames Regelwerk für zwischenstaatliche Konflikte festzulegen, vgl. zu den Begriffen der (nicht-)internationalen bewaffneten Konflikte auch oben Teil 1. Zur Entwicklung des Humanitären Völkerrechts s.u. Teil 2, Kapitel 5, A., I., 1.

764 Eine solche staatsähnliche Stellung konnte etwa beim sog. „Islamischen Staat" zum Zeitpunkt seiner stärksten Ausbreitung über Syrien und den Irak angenommen werden. Mit der Frage der *„stateness"*, also der Staatsähnlichkeit des sog. „Islamischen Staates" befasste sich etwa im Jahr 2015 der Journalist *Mecham*, The Washington Post, 05. Februar 2015. Vgl. auch *Abdul-Ahad*, The Guardian, 29. Januar 2018.

765 S.o. Teil 1, C.

766 Siehe zuvor unter 1.

quenterweise auch dann annehmen müssen, wenn nicht der Staat selbst die Aufständischen auf seinem Hoheitsgebiet bekämpft, sondern Drittstaaten diese Aufgabe übernehmen.[767] Der Konflikt wandelt sich nicht von einem nicht-internationalen zu einem internationalen bewaffneten Konflikt, wenn er außerhalb des Hoheitsgebietes des Staates stattfindet, der die jeweilige bewaffnete Gruppe bekämpft.[768]

Dies bedeutet jedoch in der Konsequenz, dass in solchen Fällen ein Berufen auf Art. 15 EMRK nur möglich wäre, wenn die Voraussetzungen von Abs. 1, Alt. 2 vorlägen, also durch die Handlungen der terroristischen Gruppierung im Ausland das Leben der Nation im Inland bedroht wäre. Hierbei wird es jedoch nicht ausreichen, wenn lediglich eine abstrakte Gefahr von Terroranschlägen durch Angehörige dieser terroristischen Gruppierung im Inland besteht. In diesem Fall wird eine Gefahr für das Leben der Nation nicht gegeben, eine *„exceptional situation of crisis or emergency which affects the whole population and constitutes a threat to the organised life of the community of which the State is composed"*[769] nicht begründbar sein.

Dies wird sich auch nicht dadurch umgehen lassen, dass eine Hohe Vertragspartei, vergleichbar einer Nothilfe, zugunsten eines Drittstaates interveniert, um eine Gefahr für das Leben von dessen Nation abzuwenden.[770] Zwar ließe sich argumentieren, dass der Wortlaut des Art. 15 Abs. 1 EMRK dem nicht absolut entgegenstehe. Nach Sinn und Zweck der Vorschrift wird jedoch auszuschließen sein, dass ein Mitgliedstaat der EMRK nach Art. 15 Abs. 1 EMRK von seinem Derogationsrecht Gebrauch machen kann, wenn er einem Drittstaat zu Hilfe eilt, der die Voraussetzung der *„Gefahr für das Leben der Nation"* erfüllt. Art. 15 EMRK soll Hohen Vertragsparteien der EMRK die Möglichkeit geben, im Falle sie betreffender

---

767 Unberührt bleibt hiervon die Frage der Rechtmäßigkeit der Intervention von Drittstaaten auf dem Hoheitsgebiet des jeweiligen Staates. Zur rechtlichen Bewertung vergleichbarer aktueller Fälle, vgl. nur *Akande*, EJIL: Talk!, 11. September 2015.

768 Solche Fälle militärischer Interventionen von Drittstaaten gegen auf dem Hoheitsgebiet eines Staates ansässige terroristische Vereinigungen sind nicht selten, *Moir*, in: Weller (Hrsg.), S. 720, 721.

769 EGMR, *Lawless v. Ireland (No. 3)*, App. no. 332/57, 01. Juli 1961, Rn. 28.

770 Hieran schließt sich die Frage nach der Rechtmäßigkeit militärischer Interventionen durch Staaten im Ausland im Sinne einer Selbstverteidigung an. Mit dem *„right to use defensive force in foreign territory against [Non State Actors]"* nach der UN-Charta beschäftigt sich u.a. *Trapp*, in: Weller (Hrsg.), S. 679 - 696. Das Nothilferecht ist gewohnheitsrechtlich abgesichert, *Gillich*, 55 AVR 2017, S. 43, 44. Art. 51 UN-Charta erkennt dieses *„Recht zur […] kollektiven Selbstverteidigung"* ebenfalls an.

nationaler Notstände die notwendigen Maßnahmen zu ergreifen, um den Rechtsstaat dauerhaft zu schützen, auch wenn dies vorübergehend die Einschränkung bestimmter Rechte erfordert.[771] Eine Beistandsklausel stellt Art. 15 EMRK jedoch nicht dar. Die Konvention ist ebensowenig als solch ein Vertrag konzipiert, der auf die gegenseitige Unterstützung der Vertragsstaaten gerichtet wäre. Zwar ist ein Ziel des Europarates *„the achievement of greater unity between its members"*[772]. Auch soll dies durch *„the maintenance and further realisation of Human Rights and Fundamental Freedoms"*[773] erreicht werden. Allerdings sieht die EMRK mit dem Staatenbeschwerdeverfahren aus Art. 33 (*„Any High Contracting Party may refer to the Court any alleged breach of the provisions of the Convention and the Protocols thereto by another High Contracting Party"*[774]) die Möglichkeit für Hohe Vertragsparteien vor, die Menschenrechtsverletzung anderer Vertragsstaaten vor dem EGMR anzuprangern. Die Hohen Vertragsparteien fungieren insofern als "watch dogs" und sollen den Menschenrechtsschutz der EMRK absichern, indem sie sich (theoretisch) gegenseitig bei der Einhaltung ihrer Pflichten überwachen. Eine gegenseitige Unterstützung bei Aussetzung der Rechte ist demnach nicht intendiert.

B. Zwischenfazit

Art. 15 ist nur bedingt zur Anwendung im extraterritorialen Kontext geeignet. Zwar muss der Begriff des Krieges begrifflich auch sonstige internationale bewaffnete Konflikte mitumfassen. Das Erfordernis einer Gefahr für das Leben der Nation, das nach dem Wortlaut des Art. 15 Abs. 1 auch im Kriegsfalle gegeben sein muss, macht eine Derogation bei Auslandseinsätzen der Streitkräfte wenn nicht unmöglich, so zumindest sehr schwer.

Im Kampf gegen den internationalen Terrorismus wird Art. 15 Abs. 1 zwar bei einer direkten nationalen Bedrohungslage, d.h. insbesondere terroristischen Anschlägen auf dem Hoheitsgebiet einer Hohen Vertragspartei, Anwendung finden können. Bei nicht-internationalen bewaffneten Konflikten, d.h. militärischen Interventionen der Hohen Vertragsparteien

771 *Kirchner*, 3 BJLP 2010, S. 1, 16.

772 Präambel der EMRK, 3. Erwägungsgrund.

773 Ebenda.

774 *„Jede Hohe Vertragspartei kann den Gerichtshof wegen jeder behaupteten Verletzung dieser Konvention und der Protokolle dazu durch eine andere Hohe Vertragspartei anrufen"*.

gegen terroristische Gruppen im Ausland, bei einer nur abstrakten Gefahr von Anschlägen im Inland, ist eine Anwendung des Art. 15 Abs. 1 EMRK nicht möglich. Daran wird auch der durch den EGMR eingestandene weite Beurteilungsspielraum nichts ändern können.

Im Ergebnis wird es wohl auch nicht möglich sein, wegen Terroranschlägen im Inland Notstandsmaßnahmen für im Ausland befindliche Soldaten zu ergreifen. Die durch den EGMR aufgestellten Bedingungen setzen im Kern alle voraus, dass eine Notstandslage auf dem Gebiet einer Hohen Vertragspartei besteht bzw. bevorsteht. Hierbei muss eine „*Bedrohung für das organisierte Gemeinschaftswesen*" bestehen.[775] Zugleich müssen die durch die Hohe Vertragspartei ergriffenen Maßnahmen den Verhältnismäßigkeitsgrundsatz wahren,[776] d.h. sie müssen sich in ihrem Umfang auf das zur Lösung der Bedrohungslage unbedingt Erforderliche beschränken.[777] Dies wird jedoch nur bedingt den umfangreichen Einsatz von Streitkräften im Ausland umfassen.

Kapitel 5: Die EMRK und das Humanitäre Völkerrecht

Militärische Interventionen im Ausland werfen nicht nur Fragen zur menschenrechtlichen Verantwortlichkeit der jeweiligen Staaten auf. Sie bringen auch das Humanitäre Völkerrecht auf den Plan. Dieses *ius in bello* kennt verschiedene Regelungskataloge, die gewissermaßen als „Spielregeln" für kriegerische Auseinandersetzungen dienen. Aufgrund der gleichzeitigen Verpflichtung der Staaten aus den diversen Menschenrechtsverträgen ergibt sich bei Kriegseinsätzen ein Spannungsverhältnis zwischen dem *ius ad bellum* und dem *ius in bello*. Die Frage der EMRK in bewaffneten internationalen und nicht-internationalen Konflikten ist daher zwangsläufig mit der nach dem Verhältnis beider Rechtsgebiete verknüpft, das im Folgenden unter Analyse der historischen und dogmatischen Entwicklung (A) und der Position des EGMR zum Verhältnis EMRK-Humanitäres Völkerrecht (B) dargestellt werden soll.

---

775 *Meyer-Ladewig/Schmaltz*, in: Meyer-Ladewig/Nettestheim/von Raumer (Hrsg.) Art. 15, Rn. 7.

776 Ebenda, Rn. 9.

777 *Grabenwarter/Pabel*, § 2, Rn. 11.

A. *Menschenrechte und Humanitäres Völkerrecht: Zwei Seiten einer Medaille*

> *„Peace is the underlying condition for the full observance of human rights and war is their negation."*[778]

Dieser erste Satz der Erwägungsgründe der *International Conference on Human Rights* in ihrer *Resolution XXIII* zeugt von den großen Differenzen zwischen Menschenrechten und Humanitärem Völkerrecht zum Zeitpunkt der Verabschiedung der Resolution.

Die Menschenrechte und das Humanitäre Völkerrecht in ihrer heutigen Form sind das Ergebnis einer konstanten Weiterentwicklung beider Rechtsgebiete (I.). Ihr Verhältnis zueinander war stets Thema dogmatischer Kontroversen, wobei die Konzeption einer parallelen Anwendung beider Rechtsgebiete (III.) mittlerweile die wohl früher vorherrschende Ansicht einer strikten Trennung von Menschenrechten und Humanitärem Völkerrecht (II.) ersetzt hat.

I. Abgrenzung und Entwicklung beider Begriffe

Das Humanitäre Völkerrecht und die Menschenrechte entwickelten sich über lange Zeit unabhängig voneinander.[779] Doch wie vollzogen sich diese Entwicklungen? Und wie werden die Begriffe „Humanitäres Völkerrecht" und „Menschenrechte" abgegrenzt?

1. Das Humanitäre Völkerecht – Rechtlicher Rahmen in Zeiten des Krieges

Das Humanitäre Völkerrecht ist das Rechtsgebiet, das auf den Schutz der Armeeangehörigen und Zivilbevölkerung (Soldaten, Kriegsgefangene) in Kriegszeiten abzielt.[780] Dieses „Kriegsrecht" hat über die Jahrhunderte eine

---

778 UN-Resolution XXIII „Human Rights in Armed Conflicts" der International Conference on Human Rights, Teheran, 12. Mai 1968.

779 *Schindler*, in: Häfelin/Haller/Schindler (Hrsg.), S. 327.

780 *Meron*, in: Ders. (Hrsg.), S. 1, 7; *Meron*, in: Ders. (Hrsg.), S. 42, 43. *Rehman*, S. 765 definiert Humanitäres Völkerrecht gar als das Recht, das dem Schutz der Menschenrechte in internationalen oder nicht-internationalen bewaffneten Konflikten dient. Hiernach müsste man Humanitäres Völkerrecht als Teilgebiet des Menschenrechtsschutzes sehen. So sahen es 1996 bereits *Robertson/Merrils*,

stetige konzeptionelle Weiterentwicklung erfahren.[781] Es wurzelt in den mittelalterlichen Kriegen auf dem europäischen Kontinent und hielt zunächst Einzug in die Kriegsordnungen der verschiedenen Staaten.[782]

Primär enthielt dieses *jus in bello* zunächst Vorschriften zur Regelung zwischenstaatlicher Beziehungen.[783] Eine Missachtung dieser Vorschriften berechtigte den benachteiligten Staat zu Gegenmaßnahmen, die sich auch gegen die Zivilbevölkerung richten konnten.[784] Diese Qualifizierung des Kriegsrechts als zwischenstaatliches Recht findet sich auch in den Schriften des Philosophen *Rousseau*, der spätestens mit seinem „Gesellschaftsvertrag“ nachhaltig auf den Begriff des Krieges einwirkte:

> „La guerre n'est donc point une relation d'homme à homme, mais une relation d'État à État. [...] Les déclarations de guerre sont moins des avertissements aux puissances qu'à leurs sujets. L'étranger [...] qui vole, tue, ou détient les sujets, sans déclarer la guerre au prince, n'est pas un ennemi, c'est un brigand. Même en pleine guerre, un prince juste s'empare bien, en pays ennemi, de tout ce qui appartient au public ; mais il respecte la personne et les biens particuliers [...]. La fin de la guerre étant la destruction de l'État ennemi, on a droit d'en tuer les défenseurs tant qu'ils ont les armes à la main ; mais sitôt qu'ils les posent et se rendent, cessant d'être ennemis ou instruments de l'ennemi, ils redeviennent simplement hommes, et l'on n'a plus de droit sur leur vie.“[785]

S. 310 und stellten sich ausdrücklich der Position von *Jean Pictet* entgegen, der die Gegenansicht vertrat, wonach die Menschenrechte ein Teilbereich des Humanitären Völkerrechts sind. Näher zum Verhältnis beider Rechtsgebiete zueinander s.u. Teil 2, Kapitel 5, A., II und III.

781 Vgl. *Bothe*, in: Fischer/Froissart/Heintschel von Heinegg/Raap (Hrsg.), S. 37, 38 f.

782 *Schindler*, in: Häfelin/Haller/Schindler (Hrsg.), S. 327. Einen wesentlichen Einfluss übte auch die Religion auf das Kriegsrecht aus, *Rehman*, S. 766 - 768.

783 *Cerone*, 40 Isr. L. Rev. 2007, S. 396; *Droege*, IRRC (2008), 90 (871), S. 501, 503; *Sivakumaran*, S. 9.

784 *Meron*, in : Ders (Hrsg.), S. 42, 43.

785 *Rousseau*, Chapitre IV – L'esclavage (Hervorhebung durch Verfasser): *„Der Krieg ist somit kein Verhältnis zwischen Menschen, sondern zwischen Staaten . [...] Kriegserklärungen sind weniger an die Mächte gerichtete, als an ihre Untertanen gerichtete Warnungen. Der Fremde [...], der stiehlt, tötet oder die Untertanen gefangen hält, ohne dem Prinzen den Krieg zu erklären, ist kein Gegner, er ist ein Bandit. Selbst im Krieg, verleibt sich ein guter Prinz im gegnerischen Land alles ein, das der Gemeinschaft gehört; aber er respektiert die Person und die privaten Gegenstände [...]. Da das Ende des Krieges die Zerstörung des gegnerischen Staates ist, darf man dessen Verteidi-*

Kriege wurden also von Staaten ausgefochten. Die tatsächlichen Akteure und Opfer des Krieges – Soldaten und Zivilisten – waren nur wenig bis kaum geschützt.[786] Entschädigungen für unrechtmäßige Kriegshandlungen durch Soldaten eines Staates wurden nicht an die Opfer, sondern an deren Staat gezahlt.[787] Und dennoch fanden sich bereits Elemente des Humanitären Völkerrechts, wie wir es heute kennen. So verloren nach *Rousseau* gegnerische Kämpfer mit dem Niederlegen der Waffen ihre „Gegnereigenschaft" und werden wieder zu einfachen Bürgern, welche nicht getötet werden dürfen. Insofern bezog *Rousseau* Aspekte des mittelalterlichen Prinzips der Ritterlichkeit[788] mit ein.

Bis zu einer Kodifikation des Kriegsrechts in Form multilateraler Verträge sollte es jedoch noch über ein Jahrhundert dauern. Erst in der zweiten Hälfte des 19. Jahrhunderts trugen entsprechende Bestrebungen Früchte.[789] Den wohl größten Fortschritt auf diesem Gebiet stellt die *Genfer Konvention von 1864 über den Schutz verwundeter Militärpersonen* dar, die im Folgenden zu den *Vier Genfer Konventionen von 1949* – dem *„Flaggschiff"*[790] der Rechtsentwicklung nach dem zweiten Weltkrieg – weiterentwickelt wurde.[791] Als Geburtsstunde der *Genfer Konvention von 1864* gilt die Schlacht von *Solferino*, die *Henri Dunant* angesichts der dortigen Gräuel[792] zur Gründung des Internationalen Komitees vom Roten Kreuz[793] veran-

---

ger töten, solange sie die Waffen in Händen halten ; aber sobald sie diese ablegen und sich ergeben, verlieren sie die Eigenschaft eines Gegners beziehungsweise des Instruments eines Gegners und werden wieder zu einfachen Menschen und man hat kein Recht über ihr Leben mehr ." (Eigene Übersetzung und Hervorhebungen).

786 *Cerna*, in: Kalshoven/Macalister (Hrsg.), S. 31, 34.

787 *Meron*, in: Ders. (Hrsg.) S. 42, 43.

788 Vgl. zur Ritterlichkeit als einer Grundlage des Humanitären Völkerrechts: *Kolb*, IRRC (1998), 38 (324), S. 409, 410; *Schindler*, in: Häfelin/Haller/Schindler (Hrsg.), S. 327; *Meron*, 94 AJIL 2000, S. 239, 242; *Noone*, 47 Naval L. Rev. 2000, S. 176, 185.

789 *Schindler*, in: Häfelin/Haller/Schindler (Hrsg.), S. 327 f; *Meron*, in: Ders. (Hrsg.), S. 42, 43; *Cerna*, in: Kalshoven/Macalister (Hrsg.), S. 31, 34; *Sivakumaran*, S. 9.

790 *Meron*, in: Ders. (Hrsg.), S. 19, 20.

791 Ebenda, S. 328. Eine kommentierte Fassung der vier Genfer Konventionen samt ihrer Zusatzprotokolle in englischer Sprache findet sich auf der Website des ICRC unter https://ihl-databases.icrc.org/applic/ihl/ihl.nsf/vwTreaties1949.xsp (Letzter Abruf: 24.05.2019).

792 Das ganze Ausmaß des Grauens beschreibt *Henri Dunant* anschaulich und erschreckend detailliert in seinem Werk „Eine Erinnerung an Solferino".

793 Genau genommen gründete Henri Dunant zunächst das *„Committee of Five"* bestehend aus General Guillaume-Henri Dufour, Gustave Moynier, Louis Appia,

lasste, welches den Abschluss der *Genfer Konvention von 1864* maßgeblich vorantrieb.[794]

Fast zeitgleich zum Abschluss der *Genfer Konvention von 1864* entstand infolge des Amerikanischen Bürgerkrieges der *Lieber Code*, Grundstein der *Haager Konventionen*.[795] Dieser *Lieber Code* entsprang der Feder von *Francis Lieber*, Experte auf dem Gebiet des Kriegsgewohnheitsrechts.[796] Im Auftrag von Präsident Lincoln verfasste er die sog. *„Instructions for the Government of the United States Armies in the Field"*, die das bereits erwähnte Kriegsgewohnheitsrecht in Handlungsanweisungen für die Mitglieder der Kommandostruktur der amerikanischen Landstreitkräfte zusammenfasste.[797] Der *Lieber Code* diente im Folgenden als Grundlage für eine erste (gescheiterte) Konferenz in Brüssel im Jahre 1874 und sodann für die erste (1899) und zweite (1907) Haager Friedenskonferenz.[798] Eine zentrale Rolle nahm hierbei der russische Rechtsprofessor *Frederic de Martens* ein, auf den die sog. *„Martens Clause"*[799] zurückzuführen ist.[800] Ursprünglich eine Deklaration von *de Martens* als Reaktion auf die Uneinigkeit der Staaten hinsichtlich der Behandlung von Zivilisten, die gegenüber einer Besatzungsmacht zum bewaffneten Widerstand übergingen, hielt die *„Martens Clause"* erstmals in die Präambel der Haager Konvention von 1899 Einzug und wurde seither in unterschiedlicher Weise durch weitere internationale Verträge übernommen.[801]

Théodore Maunoir und Henri Dunant. Dieses wurde später zum *„International Committee for the Relief of Wounded Combatants"* und schließlich zum heute bekannten IKRK ausgebaut, vgl. *Sivakumaran*, S. 30.

794 *Cerna*, in: Kolshoven/Macalister (Hrsg.), S. 31, 34; Meyer/McCoubrey (Hrsg.), S. 69 f.

795 *Meron*, in: Ders. (Hrsg.), S. 19.

796 *Meyer/McCoubrey* (Hrsg.), S. 70.

797 Ebenda, S. 70 f.; *Rodenhäuser*, S. 33 f.

798 *Meyer/McCoubrey* (Hrsg.), S. 71.

799 Die *„Martens Clause"* hat folgenden Wortlaut: *„Until a more complete code of the laws of war is issued, the High Contracting Parties think it right to declare that in cases not included in the Regulations adopted by them, populations and belligerents remain under the protection and empire of the principles of international law, as they result from the usages established between civilized nations, from the laws of humanity and the requirements of the public conscience"*, vgl. *Ticehurst*, IRRC (1997), 37 (317), S. 125.

800 *Meyer/McCoubrey* (Hrsg.), S. 71; *Ticehurst*, IRRC (1997), 37 (317), S. 125.

801 *Ticehurst*, IRRC (1997), 37 (317), S. 125 f. merkt dabei an, dass eine allgemein akzeptierte Auslegung der *„Martens Clause"* bis heute nicht existiert, die ihr zuteilwerdende Interpretation daher z.T. sehr eng und teilweise sehr weit ausfällt.

Neben diesem Recht der *inter*nationalen Konflikte entwickelte sich – wenn auch langsamer – das Recht der *intra*nationalen Konflikte. Lange Zeit scheuten die Staaten eine Regulierung nicht-internationaler bewaffneter Konflikte.[802] Dieses staatliche *domaine réservé*[803] sollte der Regulierung des jeweils betroffenen Staates nicht entzogen werden. Die einzig existente Regulierung nicht-internationaler bewaffneter Konflikte erschöpfte sich in zwei Ansätzen: Erstens der Möglichkeit einer Anerkennung der Aufständischen als kriegsführende Parteien und zweitens der Regulierung durch bilaterale Abkommen oder einseitige Erklärungen der Staaten.[804]

Eine systematische Regulierung nicht-internationaler bewaffneter Konflikte entwickelte sich erst durch und parallel zu der soeben beschriebenen Kodifizierung des Rechtes der internationalen bewaffneten Konflikte. Hierbei war eine solche Regulierung keine Selbstverständlichkeit. Dies lässt sich bereits anhand der vergleichsweise spärlichen heutigen Regulierungslage erkennen. Auch das IKRK wehrte sich gegen seine Einbeziehung in interne Konflikte oder eine wie auch immer geartete Geltung der GK in Bürgerkriegsszenarien:[805]

> „The Committee agreed, first and foremost, that, in its opinion, no action should be contemplated during civil wars, and that the [national] Committees should concern themselves only with European wars. After a few years' experience, the welfare scheme, once universally adopted and established, could of course be extended in various ways, but for the moment we should confine ourselves to the question of large-scale conflicts between European Powers."[806]

Nach Ansicht der Mitglieder des „Committee of Five", der Zusammenkunft der Gründungsväter des IKRK[807], war das internationale Recht auf Bürgerkriege schlicht nicht anwendbar.[808] Bis ins Jahr 1875 vertrat es die Ansicht, die GK habe keinen Einfluss auf das Verhältnis der Staaten zu

---

802 *Sivakumaran*, S. 9.

803 Ebenda.

804 Ebenda.

805 Ebenda, S. 30.

806 *International Committee for the Relief of the Wounded*, IRRC (1963), 3 (23), S. 63, 67.

807 Mitglieder des „Committee of Five" waren Guillaume Henri Dufour, Henry Dunant, Gustave Moynier, Louis Appia und Théodore Maunoir, vgl. Website der ICRC Audiovisual Archives unter https://avarchives.icrc.org/Picture/3174 (Letzter Abruf: 24.05.2019).

808 Vgl. *Moynier*, Etude, S. 304.

ihren Bürgern.[809] Im Folgejahr kam dann die Wende: Nach Ansicht von *Moynier* und den übrigen Mitgliedern des „Committee of Five" steht der Wortlaut der GK ihrer Anwendung auf Konflikte mit nicht-Mitgliedern nicht entgegen,[810] zumal mangels Gegenseitigkeitscharakters der GK die Vertragsstaaten auch im Kampf mit bewaffneten Gruppen zu ihrer Berücksichtigung verpflichtet sind.[811] Diese Entwicklung[812] gipfelte sodann in der *Diplomatic Conference* von 1949 und der Einführung des Gemeinsamen Art. 3 GK.[813]

Die Folgezeit war geprägt durch Bestrebungen einer umfangreicheren Kodifikation des Rechts der nicht-internationalen bewaffneten Konflikte.[814] So wurde das IKRK neben der Staatengemeinschaft im Rahmen der *Zwanzigsten Internationalen Konferenz des Roten Kreuzes* aufgefordert, weitere Anstrengungen zu unternehmen, um den Schutz der Opfer nicht-internationaler bewaffneter Konflikte sicherzustellen.[815]

Dennoch stellt sich das Regelwerk zu nicht-internationalen bewaffneten Konflikten bis heute als deutlich weniger umfangreich dar als Regelungen zu internationalen bewaffneten Konflikten. Dies ist umso erstaunlicher, als Erstere im Vergleich zu Letzteren nicht nur vermehrt an Bedeutung gewonnen haben, sondern geschichtlich gesehen auch zuerst aufkamen.[816]

---

809 *Committee of Five*, Bulletin International des Sociétés de Secours aux Militaires Blessés (1875), 6 (24), S. 175: *„[Q]uoique le gouvernement turc ait signé la Convention de Genève, cette Convention ne le lie pas envers ses propres sujets,"* (*„Wenn auch die türkische Regierung die Genfer Konvention unterschrieben hat, bindet diese sie nicht gegenüber ihrer eigenen Bürger"* [Eigene Übersetzung]).

810 *Sivakumaran*, S. 31.

811 *Moynier*, La Croix-Rouge, S. 218 f.

812 *Sivakumaran*, S. 31 - 39 liefert eine anschauliche Beschreibung des Erkenntnisprozesses vom ersten Umdenken der Mitglieder des „Committee of Five" bis zu besagter Diplomatic Conference von 1949.

813 Ebenda, S. 30.

814 Ebenda, S. 42.

815 *Twentieth International Conference of the Red Cross*, Resolution XXXI, IRRC (1965), 5 (56), S. 591, 592 (*„[U]rges the ICRC to continue its work with the aim of strengthening the humanitarian assistance of the Red Cross to victims of non-international conflicts. [R]ecommends that Governments of States parties to the Geneva Conventions and National Societies support these efforts in their respective countries."*).

816 *Daboné*, IRRC (2011), 93 (882), S. 395.

2. Die Menschenrechte – Schutz des Einzelnen vor staatlichem Machtmissbrauch

> *„The great innovation of human rights law was that it regulated the way a state treated those within its jurisdiction.“*[817]

Die Menschenrechte, wie wir sie heute kennen, entsprangen ursprünglich den verfassungsrechtlichen Bestimmungen der einzelnen Staaten.[818] Sie dienen der Regelung des Verhältnisses zwischen dem Staat und seinen Bürgern und sollen Letztere insbesondere in Friedenszeiten[819] vor hoheitlichem Machtmissbrauch schützen.[820]

Die Besonderheit der Menschenrechtsverträge besteht darin, dass sie nicht nur das Verhältnis von Staaten zu ihren Bürgern, sondern auch das Verhältnis von Staaten untereinander betreffen, da durch internationale Verträge die Staatengemeinschaft Regelungen entwickelt (hat), nach denen sich ihre Mitglieder im Umgang mit ihren Bürgern zu richten haben.[821] Der Schutz des Einzelnen vor seine Menschenrechte verletzenden staatlichen Handlungen ist daher gewissermaßen doppelt gesichert. Zum einen können andere Staaten die Verletzung der Menschenrechte durch einen Staat anprangern. Zum anderen kann sich ein Bürger oftmals direkt auf eine Verletzung seiner Rechte berufen.[822]

Vor der Entwicklung der Menschenrechte befasste sich das internationale Recht hauptsächlich mit extraterritorialem Staatshandeln – staatlicher (Macht-)Missbrauch gegenüber auf seinem Hoheitsgebiet anwesenden Individuen fand im internationalen Recht lediglich Beachtung, wenn es sich um ausländische Staatsangehörige handelte.[823] Entscheidend war dies somit vornehmlich für den diplomatischen Schutz.

Bereits im 13. Jahrhundert finden sich Ansätze menschenrechtlicher Regelungen.[824] So kann etwa die englische *Magna Carta von 1215*[825] als ein

817 *Cerone*, 39 VandJTL 2006, S. 1469.

818 *Schindler*, in: Häfelin/Haller/Schindler (Hrsg.), S. 328.

819 Ebenda ; *Suter*, 15 Revue de droit pénal militaire et de la guerre 1976, S. 393, 399.

820 *Schäfer*, Studien zu Grund- und Menschenrechten 2006, Heft 13, S. 11; *Cerone*, 39 VJTL 2006, S. 1447, 1469; *Meron*, in: Ders. (Hrsg.), S. 1, 7.

821 *Smith*, S. 7.

822 Die EMRK sieht für diese beiden Fälle die sog. Individualbeschwerde (Art. 34 EMRK) bzw. die Staatenbeschwerde (Art. 33 EMRK) vor.

823 *Cerone*, 39 VJTL 2006, S. 1447, 1470.

824 *Smith*, S. 5.

825 Der Text der Magna Carta von 1215 findet sich bei *Linebaugh*, S. 281 - 296.

früher Katalog mit menschenrechtlichen Ansätzen wie etwa dem Grundsatz der Gleichheit vor dem Recht oder der Religionsfreiheit angesehen werden.[826] Maßgeblich zur Entwicklung der Menschenrechte beigetragen hatte zu einem deutlich späteren Zeitpunkt das Zeitalter der Aufklärung,[827] an dessen Ende in Europa die Französische Revolution und die französische *Erklärung der Menschen- und Bürgerrechte von 1789* standen. Einfluss auf diese Entwicklung übten zuvor auch die englische *Bill of Rights* (1688), die *Bill of Rights von Virginia* (12. Juni 1776) und die *Amerikanische Unabhängigkeitserklärung* (4. Juli 1776) aus.[828] Diese Entwicklung war geprägt von der Überzeugung, dass jedem Menschen Kraft seiner Existenz natürliche Rechte zustünden.[829] Die Menschenrechte waren somit Ausdruck eines Naturrechts.

Internationale Verträge bestanden zu diesem Zeitpunkt noch nicht. Solche Regelungen auf internationaler Ebene wären – da Bürger eines Staates als dessen Untertanen angesehen wurden[830] – als unerlaubte Einmischung in staatliche Angelegenheiten angesehen worden und wurden daher bis zum Ende des zweiten Weltkrieges nicht erlassen.[831] Das internationale Recht diente zu diesem Zeitpunkt ausschließlich der Regelung zwischenstaatlicher Beziehungen und des Kriegsrechtes.[832] Mit Ende besagten Weltkrieges erstarkte die Menschenrechtsbewegung.[833] Als unmittelbare Reaktion auf die dort begangenen Gräueltaten[834] wurden am 24. Oktober 1945 die Vereinten Nationen als Nachfolgeorganisation des Völkerbundes[835] ge-

826 *Smith*, S. 5.

827 *Droege*, 40 Isr. L. Rev. 2007, S. 310, 312.

828 *Schindler*, in: Häfelin/Haller/Schindler (Hrsg.), S. 328; *Suter*, 15 Revue de droit pénal militaire et de la guerre 1976, S. 393, 399 ; *Smith*, S. 6 f.

829 *Smith*, S. 6.

830 Ebenda, S. 7.

831 Ebenda; *Droege*, 40 Isr. L. Rev. 2007, S. 310, 313.

832 *Smith*, S. 7.

833 *Meron*, in: Ders. (Hrsg.), S. 42, 44; *Meron*, The Humanization of International Law, S. 6; *Rehman*, S. 765. Vgl. auch *Cerna*, in: Kalshoven/Macalister (Hrsg.), S. 31, 34.

834 Insofern enthält die *UN-Charta* in ihrer Präambel u. a. folgendes Ziel: „*to save succeeding generations from the scourge of war, which twice in our lifetime has brought untold sorrow to mankind*“, online abrufbar unter http://www.un.org/en/sections/un-charter/preamble/index.html (Letzter Abruf: 24.05.2019).

835 Der Völkerbund gilt vielen als Pionier des modernen Menschenrechtsschutzes, vgl. *Smith*, S. 1.

gründet, die am 10. Dezember 1948 die *Allgemeine Erklärung der Menschenrechte*[836] verabschiedeten. Diese ist ein

> „common standard of achievement for all peoples and all nations, to the end that every individual and every organ of society, keeping this Declaration constantly in mind, shall strive by teaching and education to promote respect for these rights and freedoms and by progressive measures, national and international, to secure their universal and effective recognition and observance, both among the peoples of Member States themselves and among the peoples of territories under their jurisdiction."[837]

Die universelle Gewährleistung von Menschenrechten wird hiernach als eine Voraussetzung für ein gedeihliches und friedliches Zusammenleben der Völker angesehen.[838] Der *Allgemeinen Erklärung der Menschenrechte* folgten diverse weitere universelle Menschenrechtsinstrumente[839] wie der *Internationale Pakt über Bürgerliche und Politische Rechte* oder der *Internationale Pakt über Wirtschaftliche, Soziale und Kulturelle Rechte*.

Auch auf regionaler Ebene entwickelten sich Konventionen zum Schutz der Menschenrechte. Nennenswert sind hierbei neben der EMRK die *African Charter on Human and Peoples' Rights* (auch *Banjul Charter*)[840] und die *American Convention on Human Rights*[841]. Die Entwicklung regionaler Menschenrechtsschutzinstrumente hat in den vergangenen Jahrzehnten

---

836 Universal Declaration of Human Rights, General Assembly Resolution 217 A, 10. December 1948, in englischer Fassung online abrufbar unter http://www.un.org/en/universal-declaration-human-rights/index.html (Letzter Abruf: 24.05.2019).

837 Ebenda, Präambel.

838 *Schindler*, in: Häfelin/Haller/Schindler (Hrsg.), S. 329.

839 Die Gründung der Vereinten Nationen samt Verabschiedung ihrer Charta stellt gewissermaßen die Geburtsstunde der Kodifizierung menschenrechtlicher Schutzbestimmungen dar, vgl. *Meron*, Human Rights in Internal Strife, S. 4.

840 African Charter on Human and Peoples Rights, OAU Doc. CAB/LEG/67/3 rev. 5, 21 I.L.M. 58 (1982), angenommen am 27. Juni 1981, in Kraft getreten am 21. Oktober 1986.

841 *Organization of American States* (OAS), American Convention on Human Rights, "Pact of San Jose", Costa Rica, 22. November 1969, online abrufbar unter http://www.oas.org/dil/treaties_B-32_American_Convention_on_Human_Rights.pdf (Letzter Abruf 24.05.2019).

weiter an Fahrt aufgenommen und zur Ausarbeitung der *Arabischen Charta der Menschenrechte*[842] und der *ASEAN Human Rights Declaration*[843] geführt.

II. Die separatistische Theorie: Von einer strikten Trennung beider Rechtsgebiete

> *„When we examine the ideas that lie behind the law of war it is apparent that the rules that comprise that law are distinct in origin, theory, nature and purpose from those underlying human rights.“*[844]

In der Tat haben der Menschenrechtsschutz und das Humanitäre Völkerrecht auf den ersten Blick wenig gemein. Auch historisch betrachtet haben beide Rechtegebiete, wie gesehen, unterschiedliche Wurzeln.[845] Entsprechend wurde angesichts der unterschiedlichen Entwicklung beider Rechtsgebiete zunächst eine strikte Trennung befürwortet.[846] Dieser auch als *separatistische Theorie*[847] bekannte Ansatz fand bis Ende der sechziger Jahre großen Anklang und wird bis heute vertreten.[848] Er stellt allerdings nicht länger die herrschende Meinung dar. Vielmehr wird mittlerweile mehrheitlich eine parallele Anwendung befürwortet.[849]

Nach der *separatistischen Theorie* handelt es sich bei Menschenrechten und Humanitärem Völkerrecht um zwei derart unterschiedliche Rechtsgebiete, *„dass sie klar voneinander abgrenzbare Anwendungsbereiche haben und daher nicht überlappen“*[850] und *„nicht gleichzeitig Anwendung finden könn-*

842 *League of Arab States*, Arab Charter on Human Rights, 22. Mai 2004, in Kraft getreten am 15. März 2008. Eine englische Übersetzung bieten *Al-Midani/Cabanettes/Akram*, 24 BUILJ 2006, S. 147 - 164.

843 *Association of Southeast Asian Nations*, ASEAN Human Rights Declaration and Phnom Penh Statement on the Adoption of the ASEAN Human Rights Declaration, 21st ASEAN Summit in Phnom Penh, Cambodia, online abrufbar unter https://www.asean.org/storage/images/ASEAN_RTK_2014/6_AHRD_Booklet.pdf (Letzter Abruf: 24.05.2019).

844 *Meyer/McCoubrey*, S. 145.

845 *Doswald-Beck/Vité*, IRRC (1993), 33 (293), S. 94.

846 Vgl. *Heintze*, in: Fischer/Froissart/Heintschel von Heinegg/Raap (Hrsg.), S. 243 - 247; *Schäfer*, Studien zu Grund- und Menschenrechten 2006, Heft 13, S. 10; *Prud'homme*, 40 Isr. L. Rev. 2007, S. 357, 357.

847 *Lorenz*, S. 200.

848 Vgl. *Cerna*, in: Kalshoven/Macalister (Hrsg.), S. 31, 34; *Cerone*, 39 VJTL 2006, S. 1447, 1453.

849 Hierzu näher unter Kapitel 5 A III.

850 *Lorenz*, S. 200. Vgl. auch *Campanelli*, IRRC (2008), 90 (871), S. 653.

ten".[851] Vielmehr wird davon ausgegangen, dass Friedensrecht – insbesondere die Menschenrechtsverträge[852] – mit Kriegsbeginn keine Wirkung mehr entfalte,[853] die Anwendung des einen Rechtes somit die des anderen automatisch ausschließe. Beide Rechtsgebiete sollten daher auch komplett unabhängig voneinander behandelt[854], insbesondere interpretiert[855] werden.

Die Argumente der separatistischen Theorie können heute jedoch nicht mehr überzeugen und sollen im Folgenden nach kurzer Darstellung entkräftet werden.

1. Eine unterschiedliche Konzeption beider Rechtsgebiete

Zunächst stützten sich Vertreter der Theorie auf die unterschiedliche Konzeption beider Rechtsgebiete, die eine komplementäre Anwendung unmöglich mache. Während es sich bei den Menschenrechten um Friedensrecht handele, sei das Humanitäre Völkerrecht Kriegsrecht.[856] Die *raison d'être* beider Rechtsgebiete sei somit unterschiedlich. Menschenrechte sähen den Frieden als Grundvoraussetzung für ihre vollständige Achtung an und Krieg als ihre „*Negierung*".[857] So hätten sich auch die Vereinten Nationen dem Frieden verschrieben und Krieg geächtet.[858] Das Humanitäre Völkerrecht gehe im Gegensatz hierzu allerdings von der „Wiederauferstehung" des Krieges aus[859] und regele gerade nicht den Frieden, sondern das Verhältnis verfeindeter Staaten und/oder Gruppen im Rahmen bewaffneter Konflikte.[860] Es sei der *„compromise between two opposing considerations: That of ‚necessity' and that of ‚humanity'"*[861]. Selbst wenn beide Rechtsgebiete im Grundsatz vom Frieden als Regelzustand und Krieg als Ausnahme ausgingen, so bestehe ein wesentlicher Unterschied darin, dass der Zu-

---

851 *Heintze*, in: Fischer/Froissart/Heintschel von Heinegg/Raap (Hrsg.), S. 243 f.
852 *Schäfer*, Studien zu Grund- und Menschenrechten 2006, Heft 13, S. 11.
853 Ebenda, S. 10.
854 *Simsek*, Völkerrechtsblog, 06. Juni 2016.
855 *Prud'homme*, 40 Isr. L. Rev. 2007, S. 357.
856 *Pictet*, S. 15.
857 Resolution XXIII „Human Rights in Armed Conflicts" der International Conference on Human Rights, Teheran, 12. Mai 1968.
858 *Quentin-Baxter*, 9 AYIL 1980, S. 94, 97; *Ben-Naftali/Shany*, 37 Isr. L. R., S. 17, 29.
859 *Ben-Naftali/Shany*, 37 Isr. L. R., S. 17, 29.
860 *Prud'homme*, 40 Isr. L. Rev. 2007, S. 357, 361.
861 *Eide*, in: Swinarski (Hrsg.), S. 675, 681 unter Verweis auf Jean Pictet.

schnitt auf unterschiedliche Gesellschaftszustände sich auch in der Ausgestaltung der jeweiligen Regelungen widerspiegele.[862]

Meron, Anhänger einer komplementären Anwendung beider Rechtsgebiete[863], stellt hierbei Unterschiede in den Regelungen beider Rechtsgebiete dar, auf die sich Anhänger der *separatistischen Theorie* in ihrer Argumentation gegen eine parallele Anwendung von Menschenrechten und Humanitärem Völkerrecht stützen. So würde die Tötung oder Verwundung unbeteiligter Zivilisten durch das Humanitäre Völkerrecht, wenn nicht erlaubt, so doch unter besonderen Umständen zumindest toleriert, was insbesondere in Fällen sogenannter Kollateralschäden bei rechtmäßiger Gewaltanwendung zum Ausdruck komme.[864] Zudem, so *Meron*, fänden sich Unterschiede im Bereich der Freiheitsentziehung und der bestehenden Rechtsmittel gegen freiheitsentziehende Maßnahmen.[865] Schließlich ermögliche das Kriegsrecht auch die Einschränkung von Meinungs- und Versammlungsfreiheit.[866] Zudem wird vorgebracht, Menschenrechte würden jederzeit für alle Menschen auf dem Hoheitsgebiet eines Vertragsstaates gelten, während die Anwendbarkeit des Humanitären Völkerrechts das Bestehen eines bewaffneten Konfliktes und geschützter Personen voraussetze.[867] Die unterschiedliche Konzeption beider Rechtsgebiete komme daher auch in den Differenzen ihrer Anwendungsbereiche zum Ausdruck.

Diese Ansicht vermag jedoch im Ergebnis nicht zu überzeugen. Bereits die Existenz sog. Notstandsklauseln in internationalen Menschenrechtsinstrumenten – wie etwa Art. 15 EMRK – entkräftet diese Argumente insoweit, als sie hieraus die Notwendigkeit einer strikten Trennung beider Rechtsgebiete folgern. So sehen internationale und regionale Menschenrechtsinstrumente gleichermaßen Ausnahmen zu den garantierten Rechten vor. Selbst das Recht auf Leben bleibt hierbei – wenn auch unter strengen Voraussetzungen – nicht verschont. So sieht etwa Art. 15 Abs. 2 EMRK die Möglichkeit einer Ausnahme von Art. 2 EMRK für Fälle rechtmäßiger Kriegshandlungen vor. Art. 10 und 11 EMRK sehen die Möglichkeit ihrer Eingrenzung bereits in ihrem jeweiligen Abs. 2 vor. Das Recht auf Leben

---

862 Hierzu näher unter Kapitel 5 A. II. 5.

863 Vgl. *Meron*, in: Ders. (Hrsg.), S. 1, 7: „*I also dissented from the tendency in academic quarters and among NGO's to treat human rights and humanitarian law as sui generis disciplines, and have always insisted on treating as parts and parcels of general international law*".

864 *Meron*, 94 AJIL 2000, S. 239, 240.

865 Ebenda.

866 Ebenda.

867 *Prud'homme*, 40 Isr. L. Rev. 2007, S. 357, 360.

ist daher insofern nicht absolut, als dass Verletzungen gerechtfertigt sein können.[868]

Auch der IPBPR[869] hält in seinem Art. 4 eine dem Art. 15 EMRK vergleichbare Notstandsklausel bereit.[870] Entgegen der EMRK spricht Art. 4 IPBPR rechtmäßige Kriegshandlungen allerdings nicht ausdrücklich an, sondern begrenzt sich auf Notstandszeiten. Nichtsdestoweniger umfasst Art. 4 IPBPR auch Kriegszustände.[871]

Im Hinblick auf das Recht auf Leben in Art. 6 IPBPR sieht auch dieser keine Regelungen zu (rechtmäßigen) Kriegshandlungen vor. Art. 6 Abs. 1 IPBPR liest sich wie folgt:

> „Every human being has the inherent right to life. This right shall be protected by law. No one shall be arbitrarily deprived of his life."[872]

Diese fehlende Anerkennung von Tötungen infolge (rechtmäßiger) Kriegshandlungen mag daran liegen, dass die UN sich der Ächtung des Krieges verschrieben haben.[873] Es mag auch sein, dass man diese Fälle als offensichtliche Ausnahmen vom Recht auf Leben ansah, die einer besonderen

868 *Smith*, S. 223.

869 *United Nations*, International Covenant on Civil and Political Rights, angenommen und zur Unterzeichnung, zur Ratifizierung und zum Beitritt geöffnet durch Resolution 2200A (XXI) der Generalversammlung vom 16. Dezember 1966, in Kraft getreten am 23. März 1976.

870 Art. 4 Abs. 1 IPBPR sieht vor: *„In time of public emergency which threatens the life of the nation and the existence of which is officially proclaimed, the States Parties to the present Covenant may take measures derogating from their obligations under the present Covenant to the extent strictly required by the exigencies of the situation, provided that such measures are not inconsistent with their other obligations under international law and do not involve discrimination solely on the ground of race, colour, sex, language, religion or social origin.*" Art. 4 Abs. 2 IPBPR schließt sog. „non-derogable rights" vom Anwendungsbereich des Abs. 1 aus: *„No derogation from articles 6, 7, 8 (paragraphs I and 2), 11, 15, 16 and 18 may be made under this provision*".

871 Ein internationaler bewaffneter Konflikt sei regelmäßig – so *Schabas*, Nowak's CCPR Commentary 2019, Art. 4, Rn. 12, „the *prototype of a public emergency that threatens the life of the nation*".

872 *„Jeder Mensch hat ein angeborenes Recht auf Leben. Dieses Recht ist gesetzlich zu schützen. Niemand darf willkürlich seines Lebens beraubt werden.*"

873 Zumindest im Rahmen von Art. 4 IPBPR – dem Pendant zu Art. 15 EMRK – war dies der Fall. Dort wurde die ursprünglich angedachte Einbeziehung von Krieg bewusst wieder gestrichen, um dem Eindruck entgegenzutreten, man sei von Seiten der Vereinten Nationen bereit, Krieg zu tolerieren oder gar zu akzeptieren, *Nowak*, CCPR Commentary 2005, Art. 4, Rn. 12. Wie sich aus den travaux préparatoires ergibt, befürchtete man, dass *„the articles of the Covenant*

Nennung nicht bedurften.[874] Dabei stellen bewaffnete Konflikte noch immer eine Hauptursache für den Verlust menschlichen Lebens dar.[875]

Das *Human Rights Committee* hat durchaus eine Verbindung zwischen dem Recht auf Leben und Kriegshandlungen gezogen und aus Art. 6 IPBPR unter anderem eine Pflicht der Staaten abgeleitet, Kriege zu verhindern.[876] Zugleich stellt *Nowak* und sodann auch *Schabas* in der Neuauflage des CCPR Commentary fest, dass das *Committee* daher im Rahmen bewaffneter Konflikte erfolgende Tötungen als Verletzung des Art. 6 IPBPR ansehen würde, insofern als diese nicht nach der UN-Charta zulässig seien.[877]

Im Umkehrschluss bedeutet dies, dass rechtmäßige Kriegshandlungen eine zulässige Ausnahme vom Tötungsverbot des Art. 6 IPBPR darstellen. Dies kann hierbei – sofern eine *„public emergency"* i.S.d. Art. 4 IPBPR nicht gegeben ist[878] – lediglich über eine entsprechende Interpretation des Terminus *„arbitrarily"* in die Auslegung des Art. 6 IPBPR einbezogen werden. Nichtsdestoweniger steht hierdurch jedoch fest, dass der Pakt insofern also auch ohne ausdrückliche Nennung der rechtmäßigen Kriegshandlungen inhaltlich mit der EMRK übereinstimmt.

---

would seem sheer mockery to the peoples of the world if the United Kingdom Suggestion concerning 'lawful acts of war' were adopted", vgl. *UN Economic and Social Council*, Commission on Human Rights, Fifth Session, Summary Record of the 126th Meeting, Lake Sussex, New York, 14. Juni 1949, E/CN.4/SR.126, S. 6.

874 Zugleich stellen Art. 6 Abs. 2 S. 1 und Abs. 3 IPBPR klar, dass das Genozidverbot ausnahmslos gilt, Ausnahmen hierzu stets unzulässig sind. Sei es der noch immer umstrittene, jedoch jüngst durch den deutschen Bundestag anerkannte Genozid an den Armeniern, der Völkermord an den Herero und Nama oder der Holocaust durch die Nazis: Sie alle zeigen, dass Genozid und Kriegshandlungen regelmäßig Hand in Hand gehen. Ist Art. 6 IPBPR also so zu verstehen, dass lediglich Genozide niemals gerechtfertigt werden können, zumindest rechtmäßige Kriegshandlungen einer solchen Rechtfertigung jedoch zugänglich sind? Eine deutlichere Abgrenzung zu Kriegshandlungen wäre vorliegend wünschenswert gewesen.

875 *Nowak*, CCPR Commentary 2005, Art. 6, Rn. 9.

876 Ebenda.

877 Ebenda; *Schabas*, Nowak's CCPR Commentary 2019, Art. 6, Rn. 36. In diese Richtung scheint auch *Dinstein*, in: Henkin (Hrsg.), S. 114, 120 zu argumentieren.

878 Denkbar wäre dies etwa bei Auslandseinsätzen der Streitkräfte im Rahmen internationaler Mandate. Ob solche Fälle staatliche Notstände i.S.d. Art. 4 IPBPR sind, kann zumindest in Frage gestellt werden.

2. Eine unterschiedliche historische Entwicklung

Zusätzlich führen die Vertreter der *separatistischen Theorie* auch die unterschiedliche historische Entwicklung für eine Trennung beider Rechtsgebiete ins Feld. Wie bereits festgestellt, entstammen Menschenrechte und Humanitäres Völkerrecht tatsächlich unterschiedlichen gesellschaftlichen und historischen Entwicklungen.[879]

Dies rechtfertigt jedoch nicht *per se* eine Trennung der Rechtsgebiete. Diese unterschiedlichen Wurzeln können zwar einen Hinweis darauf darstellen, dass die Zielrichtungen beider Rechtsgebiete ursprünglich nicht übereinstimmten. Sie schließen eine Annäherung der Menschenrechte und des Humanitären Völkerrechts jedoch nicht aus. Sie können daher lediglich Ausgangs-, jedoch nicht Endpunkt der Analyse des Verhältnisses beider Rechtsgebiete zueinander sein.

3. Die Verschiedenheit der Organe

Des Weiteren wird argumentiert, die unterschiedliche Behandlung beider Rechtsgebiete gebiete sich auch aufgrund der Verschiedenheit ihrer Organe. Auf internationaler Ebene stünden sich das *Internationale Komitee vom Roten Kreuz* (IKRK) als *„unabhängiger und unbestechlicher Wächter"*[880] des Humanitären Völkerrechts und die Vereinten Nationen sowie weitere Menschenrechtsschutz-Institutionen gegenüber.[881]

Insbesondere das IKRK war in der Vergangenheit darauf bedacht, seine Unabhängigkeit und politische Neutralität zu erhalten und sah diese in Gefahr, würde es sich mit menschenrechtlichen Fragestellungen beschäftigen.[882] Die Vereinten Nationen, die sich bis heute als Hüter des Friedens verstehen, schreckten ebenfalls vor einer Behandlung des Humanitären Völkerrechts zurück.[883] Sowohl das IKRK als auch die *International Law Commission* der Vereinten Nationen verneinten daher Wechselwirkungen zwischen beiden Rechtsgebieten.[884]

---

879 Siehe oben Kapitel 3 A. I. Vgl. *Meron*, Human Rights in Internal Strife, S. 10.
880 *Quentin-Baxter*, 9 AYIL 1980, S. 94, 103 (Eigene Übersetzung).
881 *Ben-Naftali/Shany*, 37 Isr. L. R., S. 17, 30.
882 *Kuwali*, in: Kolb/Gaggioli (Hrsg.), S. 343, 348.
883 Ebenda.
884 *Prud'homme*, 40 Isr. L. Rev. 2007, S. 357, 359.

Die Trennung beider Rechtsgebiete zeigte sich insbesondere auch in der Entscheidung der *International Law Commission* aus 1947, das Kriegsrecht nicht zu kodifizieren, da eine solche Kodifizierung als „*lack of confidence in the efficiency of the means at the disposal of the United Nations for maintaining peace*“[885] interpretiert werden könnte.

Dass eine strikte Abgrenzung beider Rechtsgebiete weder praktisch umsetzbar noch wünschenswert ist und dies durch die Praxis der Organe beider Rechtsgebiete selbst gestützt wird, beweist jedoch die Konferenz für Menschenrechte der Vereinten Nationen von 1968 in Teheran[886]. Die dort verabschiedete *Resolution XXIII*[887] trug den Titel „*Human rights in armed conflicts*“ und steht am Anfang eines wachsenden Rückgriffs der Vereinten Nationen auf das Humanitäre Völkerrecht im Rahmen ihrer durch thematische Studien vorgenommenen Überprüfung der Menschenrechtslage in den Vertragsstaaten.[888]

Auch der UN-Sicherheitsrat berief sich in seinen Resolutionen vermehrt auf das Humanitäre Völkerrecht. Ein bedeutender Schritt stellte in diesem Kontext *Resolution 808*[889] dar, in der sich der Sicherheitsrat zur Gründung des Internationalen Strafgerichtshofs für das ehemalige Jugoslawien entschloss, dessen Aufgabe in der Verurteilung der Verantwortlichen für schwere Verletzungen des Humanitären Völkerrechts bestehen sollte.[890] Demgegenüber erkennt auch das IKRK an, dass Menschenrechte im Grunde auch in Kriegszeiten gelten.[891] Ausgeschlossen werden könne eine Bindung der Staaten an Menschenrechte lediglich in Notstandszeiten nach entsprechender Derogationserklärung.[892]

Die ursprüngliche Vorsicht wurde durch die verschiedenen Organe also über die Jahre aufgegeben. Beide Seiten erkennen mittlerweile die Verwobenheit von Humanitärem Völkerrecht und Menschenrechten an und sind bemüht, beide Regelungskataloge in Einklang zu bringen.

885 *ILC*, 1949 Yb I.L.C., S. 263 f.

886 Die Ergebnisse der Konferenz wurden festgehalten im Final Act of the International Conference on Human Rights, Teheran, 22. April bis 13. Mai 1968, A/Conf.32/41.

887 Resolution XXIII „Human Rights in Armed Conflicts“, angenommen durch die Internationale Konferenz für Menschenrechte, Teheran, 12. Mai 1968.

888 *Doswald-Beck/Vité*, IRRC (1993), 33 (293), S. 94.

889 UNSR Resolution 808 (1993), 22. Februar 1993, S/RES/808 (1993), operative Rn. 2.

890 Ebenda. Die endgültige Gründung erfolgte sodann durch UNSR Resolution 827 (1993), 25. Mai 1993, S/RES/827 (1993), operative Rn. 2.

891 *ICRC*, Advisory Service 2003.

892 Ebenda.

4. Die Unterschiede in der Durchsetzbarkeit

Teilweise wird vertreten, das Humanitäre Völkerrecht biete aufgrund seines „militärischen Charakters“ eine größere Garantie für seine Durchsetzung, während dies bei menschenrechtlichen Bestimmungen, insbesondere aufgrund der verschiedenen Ausnahmeregelungen, nicht der Fall sei.[893]

Erneut verfängt dieser Einwand nicht. Einzugestehen ist zunächst, dass es den Menschenrechtsschutzsystemen oftmals tatsächlich an effektiven Durchsetzungsmechanismen mangelt.[894] Dies zeigt sich insbesondere am Beispiel der EMRK. Urteile des EGMR sind gem. Art. 44 EMRK endgültig. Gem. Art. 46 Abs. 1 EMRK verpflichten sich die Vertragsstaaten zur Beachtung der ihnen gegenüber ergangenen Urteile des EGMR. Für die Überwachung der Durchsetzung und Beachtung der Urteile durch die Vertragsstaaten ist das Ministerkomitee des Europarats zuständig, an das die endgültigen Urteile übermittelt werden.[895] Das Verfahren im Falle einer Nichtbeachtung eines Urteils durch einen Vertragsstaat[896] ist jedoch langwierig und ineffektiv. Art. 46 Abs. 4 EMRK sieht insoweit vor:

> „If the Committee of Ministers considers that a High Contracting Party refuses to abide by a final judgement in a case to which it is a party, it may, after serving formal notice on that Party and by decision adopted by a majority vote of two-thirds of the representatives entitled to sit on the committee, refer to the Court the question whether that Party has failed to fulfil its obligation under paragraph 1.“[897]

---

893 *Ben-Naftali/Shany*, 37 Isr. L. R., S. 17, 31.

894 Vgl. *Meyer/McCoubrey* (Hrsg.), S. 125, 129 zu den Menschenrechtsschutzinstrumenten auf internationaler Ebene: „*At the moment the international system of human rights is somewhat weak in its modalities of enforcement and relies heavily upon the educative effects flowing from the existence of the Conventions*“.

895 Art. 46 Abs. 2 EMRK.

896 Solche Fälle sind nicht selten. Die Ukraine etwa weist seit Jahrzehnten hohe Fallzahlen auf, *Kindt*, Strasbourg Observers, 26. Oktober 2017. Laut aktuellem Factsheet zur Ukraine wurden seit Inkrafttreten der Konvention 1413 Fälle an das Ministerkomitee zur Beobachtung weitergeleitet. Lediglich 524 Fälle wurden endgültig geschlossen, vgl. *Department for the execution of judgments of the European Court of Human Rights*, Country Factsheet Ukraine, online abrufbar unter https://rm.coe.int/1680709769 (Letzter Abruf 24.05.2019).

897 „*Weigert sich eine Hohe Vertragspartei nach Auffassung des Ministerkomitees, in einer Rechtssache, in der sie Partei ist, ein endgültiges Urteil des Gerichtshofs zu befolgen, so kann das Ministerkomitee, nachdem es die betreffende Partei gemahnt hat, durch einen mit Zweidrittelmehrheit der Stimmen der zur Teilnahme an den Sitzungen des*

Das Verfahren nach Art. 46 Abs. 2 - 4 EMRK kann folgendermaßen dargestellt werden:

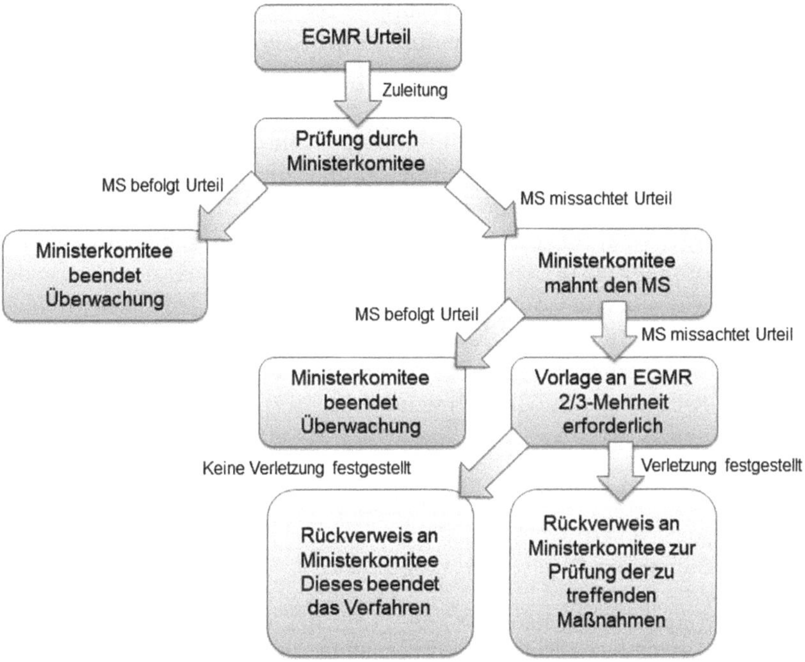

Verfahren nach Art. 46 Abs. 2 - 4 EMRK

Das Ministerkomitee kann hier durchaus als zahnloser Tiger beschrieben werden. Einerseits soll es die Durchsetzung der Urteile durch die Vertragsstaaten überwachen, kann aber selbst keine effektiven Maßnahmen ergreifen. Hier wird eine weitere Schwäche offenbar: Das Ministerkomitee versammelt die Außenminister der 47 Mitgliedstaaten des Europarates[898] und ist daher qua seiner Organisationsstruktur bereits ein zutiefst politisches Organ.[899] Eine unabhängige und objektive Vorgehensweise des Ministerkomitees ist zwar nicht ausgeschlossen, kann jedoch nicht garantiert werden. So erfordert etwa eine Vorlage an den EGMR eine entsprechende Ent-

Komitees berechtigten Mitglieder gefassten Beschluss den Gerichtshof mit der Frage befassen, ob diese Partei ihrer Verpflichtung nach Absatz 1 nachgekommen ist".

898 Art. 14 Satzung des Europarates.

899 So auch *Kindt*, Strasbourg Observers, 26. Oktober 2017.

scheidung des Ministerkomitees mit Zwei-Drittel-Mehrheit.[900] Politisches Geschacher bei der Mehrheitsfindung durch das Komitee ist daher nicht auszuschließen, insbesondere angesichts der Tatsache, dass der betroffene Staat an dem Entscheidungsfindungsprozess des Ministerkomitees teilnimmt.[901] Dies untergräbt nicht nur dessen Autorität, sondern auch die des Gerichtshofes und der EMRK und gefährdet die effektive Durchsetzung der Konvention und der Urteile des EGMR.

Hinzu kommt, dass die Handlungsmöglichkeiten des Ministerkomitees im Falle einer festgestellten Nichtbeachtung eines EGMR-Urteils durch einen Vertragsstaat stark begrenzt sind. Art. 46 EMRK über die Verbindlichkeit und Durchführung der Urteile wird flankiert durch die Regeln des Ministerkomitees für die Überwachung der Durchführung der Urteile des EGMR („Rules of the Committee").[902] Diese enthalten jedoch keine über den Art. 46 EMRK hinausgehenden Befugnisse, die etwa eine effektive Sanktionierung durch das Ministerkomitee im Falle einer Nichtbeachtung von EGMR-Urteilen ermöglichen würden.[903]

---

900 Art. 46 Abs. 4 EMRK.

901 *Kindt*, Strasbourg Observers, 26. Oktober 2017.

902 *Committee of Ministers*, Rules of the Committee of Ministers for the supervision of the execution of judgements and of the terms of friendly settlements (Rules of the Committee), adopted by the Committee of Ministers on 19 may 2006 at the 964th meeting of the Ministers' Deputies and amended on 18 January 2007 at the 1275th meeting of the Ministers' Deputies, online abrufbar unter https://rm.coe.int/16806eebf0 (Letzter Abruf: 24.05.2019).

903 Der EGMR selbst hat in den vergangenen Jahren vermehrt Einfluss auf die Durchsetzung seiner Urteile durch Vertragsstaaten genommen. Besonders hervorzuheben sind hierbei die sog. „pilot judgments" des Gerichtshofs, die die Rolle eines Grundsatzurteils für eine Vielzahl gleichgelagerter Fälle bei festgestellten systemischen Mängeln eines Vertragsstaats einnehmen, *Sicilianos*, 32 NQHR 2014, S. 235, 239. Diese Piloturteile bezwecken *"to facilitate effective implementation of [the Court's] judgments"*, EGMR, *Kuric and Others v. Slovenia* [GC], App. no. 26828/06, 12. März 2014, Rn. 133. Vgl. auch *Kindt*, Strasbourg Observers, 26. Oktober 2017.
Die Einführung dieser Piloturteile folgte auf die Verabschiedung der Resolution Res (2004)3 des Ministerkomitees, in der dieses den EGMR aufgefordert hatte *„as far as possible, to identify, in its judgments finding a violation of the Convention, what it considers to be an underlying systemic problem and the source of this problem, in particular when it is likely to give rise to numerous applications, so as to assist states in finding the appropriate solution and the Committee of Ministers in supervising the execution of judgments"*. Eine Folge ist, dass ähnliche bzw. gleichgelagerte Fälle während des Piloturteils ausgesetzt werden. Zur Kritik im Hinblick auf den hierdurch drohenden verkürzten Rechtsschutz der Beschwerdeführer in gleich-

Die Derogationsmöglichkeiten des Art. 15 EMRK stellen hierbei keine besondere Hürde dar. Zum einen findet dieser nur sehr zurückhaltende Anwendung.[904] Zum anderen überwacht der EGMR den Rückgriff der Vertragsstaaten auf Art. 15 EMRK,[905] wobei er ihnen jedoch einen recht großzügigen Ermessensspielraum einräumt[906] und hierdurch der Tatsache Rechnung tragen möchte, dass die betroffenen Staaten besser in der Lage sind, einzuschätzen, ob eine Notlage i.S.d. Art. 15 EMRK besteht und welche Maßnahmen dies erfordert.[907]

Dem Humanitären Völkerrecht ergeht es jedoch nicht anders. Selbst wenn man annähme, dass die Regelwerke des Humanitären Völkerrechts eine größere Garantie für ihre Durchsetzung bieten, so ist die Durchsetzung noch lange nicht gesichert. Im Gegenteil: Mangels entsprechender Organe mit weitreichenden Befugnissen und obligatorischer Zuständigkeit steht es um die Durchsetzbarkeit des Humanitären Völkerrechts ebenso schlecht, wenn nicht sogar schlechter als um die der Menschenrechte. Die Regeln des Humanitären Völkerrechts mögen noch so detailliert sein. Bereits Anfang der 2000er Jahre wurde ihre regelmäßige Missachtung und mangelnde Durchsetzbarkeit beklagt.[908] Die Situation hat sich seither nicht verbessert. Das liegt zum einen an der stetig steigenden Zahl nichtinternationaler bewaffneter Konflikte.[909] Ursächlich ist zum anderen aber auch die Schwäche der Organe. Das IKRK etwa ist keine Rechtsprechungs-

---

gelagerten Fällen siehe exemplarisch *Kindt*, Strasbourg Observers, 26. Oktober 2017.

904 Aktuell haben erst neun Staaten von der Derogationsmöglichkeit Gebrauch gemacht, vgl. EGMR, Factsheet – Derogation in time of emergency, online abrufbar unter https://www.echr.coe.int/Documents/FS_Derogation_ENG.pdf (Letzter Abruf: 24.05.2019), S. 2.

905 Eine Derogation nach Art. 15 EMRK erfordert das Vorliegen folgender Voraussetzungen: (1) Das Bestehen eines Krieges oder anderen öffentlichen Notstandes; (2) die getroffenen Maßnahmen dürfen nur von den Konventionsverpflichtungen abweichen, soweit es die Lage unbedingt erfordert; (3) die Maßnahmen dürfen nicht im Widerspruch zu den sonstigen völkerrechtlichen Verpflichtungen des Vertragsstaates stehen; (4) von bestimmten Konventionsrechten darf unter keinen Umständen abgewichen werden (vgl. Art. 15 Abs. 2 EMRK); (5) der jeweilige Vertragsstaat muss den Generalsekretär des Europarates vollständig informieren, vgl. EGMR, Factsheet – Derogation in time of emergency, online abrufbar unter https://www.echr.coe.int/Documents/FS_Derogation_ENG.pdf (Letzter Abruf: 24.05.2019), S. 1.

906 *Greer*, Human Rights Files No. 17, S. 8.

907 Ebenda.

908 *Von Block-Schlesier*,18 SuF 2000, S. 8, 9.

909 S.o. Teil 1.

instanz. Zwar setzt es sich für die Einhaltung und Weiterentwicklung des Humanitären Völkerrechts ein.[910] Bestenfalls tritt es in Konflikten jedoch als *„neutraler Vermittler“*[911] auf. Noch schlechter steht es um den Internationalen Strafgerichtshof (IStGH), der sich seit seiner Gründung zunehmender Ablehnung der Staatengemeinschaft ausgesetzt sieht.[912] Dabei besteht die Jurisdiktion des Gerichtshofs nicht für das gesamte Humanitäre Völkerrecht, sondern ist auf die *„schwersten Verbrechen beschränkt“*[913], d.h. Völkermord, Verbrechen gegen die Menschlichkeit, Kriegsverbrechen und Aggression.[914] Dennoch lehnten bereits am Ende der Vertragskonferenz in Rom sieben Staaten das Statut ab, darunter die USA[915] und Israel.[916] Im Ergebnis lässt sich somit auf eine vermeintlich unterschiedliche Durchsetzbarkeit beider Rechtsgebiete die Forderung nach ihrer strikten Trennung nicht stützen.

5. Die unterschiedliche Natur der Regelungen

Die separatistische Theorie wird teilweise auch mit der unterschiedlichen Natur der Regelungen beider Rechtsgebiete begründet. Im Gegensatz zu

---

910 *Furtak*, S. 415.

911 Ebenda, S. 416.

912 *Deitelhoff*, HSFK Standpunkte 2002, S. 1, 5 ff.

913 Art. 5 Abs. 1 Römisches Statut des Internationalen Strafgerichtshofs, 17. Juli 1998, A/CONF.183/9, Amtliche Übersetzung angenommen am 17. Juli 1998 auf der Diplomatischen Bevollmächtigtenkonferenz der Vereinten Nationen zur Errichtung eines Internationalen Strafgerichtshofs, online abrufbar unter http://www.un.org/depts/german/internatrecht/roemstat1.html#T25 (Letzter Abruf: 24.05.2019).

914 Art. 5 Abs. 1 lit. a) - d) Römisches Statut des Internationalen Strafgerichtshofs.

915 Die USA unterzeichneten das Statut am letztmöglichen Tag, *Sadat/Drumbl*, LS-RPR 2016, S. 4. Die Ablehnung der USA blieb auch in den Folgejahren bestehen. 2002 informierten sie den UN Generalsekretär von der Absicht das Römische Statut nicht ratifizieren zu wollen und erklärten, sich nicht länger an die geleistete Unterschrift gebunden zu fühlen, siehe *Brief von Sen. John R Bolton an den Generalsekretär der Vereinten Nationen Kofi Annan* vom 06. Mai 2002, im Original online abrufbar unter https://2001-2009.state.gov/r/pa/prs/ps/2002/9968.htm (Letzter Abruf 24.05.2019). Unlängst haben mehrere Afrikanische Staaten ihre Absicht erklärt, dem IStGH den Rücken zu kehren und auch Russland – das das Römische Statut bisher nicht ratifiziert hatte – hat die einst geleistete Unterschrift zurückgezogen, vgl. *Walker, S./Bowcott*, The Guardian, 16. November 2016.

916 *Deitelhoff*, HSFK Standpunkte 2002, S. 1, 7.

den Menschenrechtsverträgen sind die Regelungen des Humanitären Völkerrechts primär zwischenstaatlicher Natur.[917] Während das Humanitäre Völkerrecht Staaten Handlungspflichten auferlegt, richten sich die internationalen Menschenrechtsschutzinstrumente an Bürger und gestehen diesen Rechte zu, die sie gegenüber den Staaten einfordern könnten.[918] Diese Rechte sollen die Bürger zu jeder Zeit vor staatlichem Machtmissbrauch schützen.[919]

Zutreffend ist zwar, dass die Menschenrechtsschutzinstrumente wie etwa die EMRK primär Rechte der Bürger gegenüber den Staaten kodifizieren. Allerdings beinhalten diese Rechte zugleich auch Handlungspflichten der Vertragsstaaten, deren Befolgung durch die jeweiligen Institutionen überwacht und im Nichtbeachtungsfalle sanktioniert wird. So finden sich dort etwa das Folterverbot und das Verbot der Todesstrafe, die beide primär Handlungsverbote für die Staaten beinhalten, auch wenn sie zugleich dem Recht des Einzelnen auf Achtung seiner Menschenwürde entspringen.[920]

Zugleich haben sich zwischenzeitlich auch die Bestimmungen des Völkerrechts jenen des Menschenrechtsschutzes insoweit angenähert, dass sie die Beziehungsebene Staat-Bürger ebenfalls mitumfassen.[921]

III. Das Verhältnis beider Rechtsgebiete im Wandel der Zeit

> „*The fact that the law of war and human rights law have different historical and doctrinal roots has not prevented the principle of humanity from becoming the common denominator of both systems.*“[922]

„*A common denominator*“ – ein gemeinsamer Nenner also: So sieht unter anderem *Meron* die Humanität im Verhältnis beider Rechtsgebiete zueinander. Das Kriegsrecht sei regelrecht „humanisiert“ worden; der Schutz des

---

917 *Cerone*, 40 Isr. L. Rev. 2007, S. 396.

918 Vgl. *Waschefort*, 36 SAYIL 2011, S. 226, 229.

919 *Droege*, 40 Isr. L. Rev. 2007, S. 310.

920 Vgl. *Webster*, 17 HRR 2016, S. 371 f.

921 *Droege*, IRRC (2008), 90 (871), S. 501, 504. Diese stellt hierbei weiterhin fest, dass durch die Kodifizierung des Gemeinsamen Art. 3 GK eine weitere Annäherung beider Rechtsgebiete erfolgte, da dessen Regelungen nun auch die Behandlung der eigenen Bürger durch einen Staat betreffen.

922 *Meron*, The Humanization of International Law, S. 6.

Einzelnen im Rahmen von bewaffneten Konflikten stehe heutzutage an vorderster Stelle.[923]

Wirft man einen Blick auf die einschlägigen Normen des Kriegsrechts, finden sich in der Tat Gemeinsamkeiten. So verbindet der gemeinsame Art. 3 GK fundamentale Grundsätze des Humanitären Völkerrechts mit menschenrechtlichen Schutzgarantien und verbietet vorbehaltslos staatliche Maßnahmen, die fundamentale Menschenrechte wie bspw. das Folterverbot verletzen.[924] Zu Recht stellt *Meron* daher hinsichtlich der GK fest, dass

> „today, the rights and values embodied in the Conventions implicitly underlie rights and duties of states in both war and peace, as well as shaping the ethos of our shared sense of humanity."[925]

Die GK garantieren somit selbst fundamentale Menschenrechte.[926] Diese Entwicklung nahm insbesondere im letzten Jahrhundert stark an Fahrt auf.[927] *Meron* spricht mittlerweile von einer gegenseitigen Bereicherung von Humanitärem Völkerrecht und Menschenrechten.[928]

Auch wenn heute wohl Konsens über die gegenseitige Beeinflussung beider Rechtsgebiete herrscht, so ist dies das Ergebnis eines Prozesses langsamer Annäherung, dessen Ursprünge insbesondere im 19. Jahrhundert liegen. Zu diesem Zeitpunkt konzentrierten sich die Regelungen des Kriegsrechts vermehrt auf den Schutz der Zivilbevölkerung und von Kriegsgefangenen und Verwundeten.[929] So zeugt bereits der Titel der *Ersten Genfer Konvention von 1864* von diesem Paradigmenwechsel: *„The 1864*

---

923 *Meron*, in: Ders. (Hrsg.), S. 42.

924 *Kuwali*, in: Kolb/Gaggioli (Hrsg.), S. 343, 347. Insofern als der Gemeinsame Art. 3 Abs. 1 GK festhält, dass *„Persons taking no active part in the hostilities, including members of armed forces who have laid down their arms and those placed hors de combat by sickness, wounds, detention, or any other cause, shall in all circumstances be treated humanely, without any adverse distinction founded on race, colour, religion or faith, sex, birth or wealth, or any other similar criteria* " (Hervorhebung durch Autor), weist diese Vorschrift große Ähnlichkeiten zu Diskriminierungsverboten einschlägiger Menschenrechtsverträge auf, Vgl. Art. 14 EMRK, Art. 1 ACHR, Art. 2 ACHPR, Art. 2 Abs. 1 IPBPR.

925 *Meron*, in: Ders. (Hrsg.), S. 19.

926 *Meurant*, IRRC (1993), 33 (293), S. 89, 90.

927 *Meron*, in: Ders. (Hrsg.), S. 42.

928 *Meron*, The Humanization of International Law, S. 4.

929 *Meyer/McCoubrey*, S. 145. Erste Ansätze fanden sich im *Lieber Code* von 1863, der u.a. über das Verbot von Vergewaltigung, Sklaverei und der Unterscheidung zwischen Gefangenen aufgrund ihrer Hautfarbe menschenrechtliche Grundsätze in das Kriegsrecht einführte. Diese Grundsätze finden sich bis heute in den

Geneva Convention for the Amelioration of the Condition of the Wounded in Armies in the Field". Diese zielte erstmals auf den Schutz der Soldaten vor rechtswidrigem Staatshandeln.[930] Auch die *Vierte Haager Konvention von 1907* verschrieb sich dem Schutz sowohl der Soldaten als auch der Zivilbevölkerung.[931] Die dort enthaltene, zuvor angesprochene[932] *Martens Clause* steht stellvertretend für diese frühen Einflüsse der Menschenrechte auf das Kriegsrecht.[933] Diese lautet wie folgt:

> „Until a more complete code of the laws of war is issued, the High Contracting Parties think it right to declare that in cases not included in the Regulations adopted by them, populations and belligerents remain under the protection and empire of the principles of international law, as they result from the usages established between civilized nations, from the laws of humanity and the requirements of the public conscience."

Die *Martens Clause* wurde in dieser oder ähnlicher Ausprägung durch spätere Verträge des Humanitären Völkerrechts übernommen.[934]

Wenn auch aufgrund dieser Entwicklungen bereits Aspekte des Menschenrechtsschutzes in das Kriegsrecht einflossen, fehlte zu diesem Zeitpunkt dennoch eine wirkliche Anerkennung der Rechte des Einzelnen während bewaffneter Konflikte: „*The position of the individual in the law of war was still that of an object of the law and not that of a legal persona endowed with rights under the law of nations.*"[935]

Erst Mitte des 20. Jahrhunderts wuchs infolge der Gräueltaten zweier Weltkriege das Bewusstsein für die Interdependenz von Menschenrechten und Humanitärem Völkerrecht und Grundgedanken des Menschenrechtsschutzes hielten vermehrt Einzug in das *ius in bello*.[936] Dies lässt sich etwa an der Durchführung der Nürnberger Kriegsverbrecherprozesse, der Verabschiedung der Genfer Konventionen oder der Anerkennung der straf-

---

Bestimmungen des Humanitären Völkerrechts; vgl. *Meron*, The Humanization of International Law, S. 5.

930 *Cerna*, in: Kolshoven/Macalister (Hrsg.) S. 31, 34.

931 *Meyer/McCoubrey*, S. 125.

932 S.o. Teil 2, Kap. 5, A., I., 1.

933 *Meron*, The Humanization of International Law, S. 5.

934 *Ticehurst*, IRRC (1997), 37 (317), S. 125, 126.

935 *Meyer/McCoubrey*, S. 125.

936 Ebenda, S. 126. Wie *Meron*, The Humanization of International Law, S. 5 feststellt, beeinflussten insbesondere die neuen Menschenrechtsschutzinstrumente nachhaltig das Humanitäre Völkerrecht.

rechtlichen Verantwortlichkeit Einzelner für Verletzungen des Humanitären Völkerrechts festmachen.[937] Auch der progressive Ausbau der GK vom Schutz verwundeter Soldaten über den Schutz von Kriegsgefangenen bis hin zu dem der Zivilbevölkerung zeugt von der fortschreitenden Übernahme menschenrechtlicher Ideen durch das Humanitäre Völkerrecht.[938]

Doch nicht nur das Kriegsrecht inkorporierte Gedanken des Menschenrechtsschutzes in sein Regelwerk. Auch Menschenrechtsschutzinstrumente wurden vermehrt durch das Humanitäre Völkerrecht beeinflusst. Am Beispiel der EMRK soll dies kurz verdeutlicht werden.[939] So enthielt diese bereits in ihrer Ursprungsfassung die Derogationsklausel des Art. 15 EMRK, die bis heute insbesondere für Kriegszeiten die Möglichkeit einer Aussetzung von EMRK-Rechten vorsieht.[940] In Art. 15 EMRK tritt insofern deutlich die Verflechtung der Konvention mit dem Humanitären Völkerrecht zutage.[941] Gem. Art. 15 Abs. 1 EMRK müssen Derogationen im Einklang mit den staatlichen Verpflichtungen unter internationalem Recht stehen. Dies schließt das Humanitäre Völkerrecht mit ein.[942] Des Weiteren sind Derogationen von dem Recht auf Leben aus Art. 2 EMRK nicht grundsätzlich ausgeschlossen, sondern im Falle rechtmäßiger Kriegshandlungen erlaubt. Hierdurch werden sämtliche die Rechtmäßigkeit von Tötungshandlungen betreffenden Regelungen des Humanitären Völkerrechts in den Bewertungsmaßstab der Rechtmäßigkeit einer Derogation von Art. 2 EMRK inkorporiert und müssen durch den EGMR im Rahmen seiner Entscheidungsfindung berücksichtigt werden. Es erfolgt somit eine Überprüfung des Humanitären Völkerrechts durch ein Gericht, das grundsätzlich ausschließlich die Verletzungen von Menschenrechten überprüft.

Ab den 60er Jahren des letzten Jahrhunderts setzte sich vermehrt die Überzeugung durch, dass Menschenrechtsschutz und Humanitäres Völker-

---

937 *Meron*, in: Ders. (Hrsg.), S. 42, 44.

938 *Cerna*, in: Kolshoven/Macalister (Hrsg.) S. 31, 34.

939 Zum Verhältnis der EMRK zum Humanitären Völkerrecht im Speziellen siehe unten Teil 2, Kap. 5, B.

940 Zur Anwendung des Art. 15 EMRK im extraterritorialen Kontext s.o. Teil 2, Kap. 4.

941 *Meyer-Ladewig/Schmaltz*, in: Meyer-Ladewig/Nettesheim/von Raumer (Hrsg.), Art. 15 EMRK, Rn. 2. Als Vorbild für Art. 15 EMRK diente Art. 4 IPBPR. Zwar wurde der IPBPR erst 1966 von der Generalversammlung der Vereinten Nationen beschlossen und trat erst 1976 in Kraft. Dem vorangegangen waren jedoch fast zwanzig Verhandlungsjahre, sodass die Verfasser der EMRK sich von den dortigen Ergebnissen inspirieren lassen konnten. Vgl. u.a. *Meyer/McCoubrey*, S. 130; *Hofmann/Boldt*, Internationaler Bürgerrechtepakt, Einleitung, Rn. 1.

942 *Clapham*, in: Ders. (Hrsg.), S. 701, 712.

recht nicht nur Unterschiede, sondern auch viele Gemeinsamkeiten aufweisen und sich gegenseitig positiv beeinflussen können.[943] Bewaffnete Konflikte standen der Anwendung menschenrechtlicher Schutzregelungen nicht länger entgegen und Staaten akzeptierten ihre Bindung an menschenrechtliche Verpflichtungen vermehrt auch im Rahmen extraterritorialer Aktivitäten.[944]

Beispielhaft für diesen Paradigmenwechsel lässt sich die UN-Sicherheitsratsresolution 237 (1967) vom 14. Juni 1967 anführen. Dort empfahl der Sicherheitsrat Israel *„the scrupulous respect of the humanitarian principles governing the treatment of prisoners of war and the protection of civilian persons in time of war contained in the Geneva Conventions of 12 August 1949"*[945] und nahm hierdurch erstmals unmittelbar Bezug auf die Regelungen des Humanitären Völkerrechts.[946] 1978 bezog sich der UN-Sicherheitsrat im Kontext des libanesischen Bürgerkrieges sodann erstmals auf das IKRK und forderte die Konfliktparteien auf, es in seiner Tätigkeit zu unterstützen.[947]

Als *„echter Wendepunkt"*[948] wurde die Internationale Konferenz über Menschenrechte von Teheran angesehen. Erstmals befassten sich die Vereinten Nationen mit der Geltung menschenrechtlicher Bestimmungen in bewaffneten Konflikten und führten Humanitäres Völkerrecht in den rechtlichen Rahmen des internationalen Menschenrechtsschutzes ein.[949] Die Delegierten forderten die Vollversammlung auf, den Generalsekretär einzuladen, *„to study steps which could be taken to secure the better application of existing humanitarian international conventions and rules in all armed conflicts"*[950], und appellierten an alle Staaten, sofern noch nicht geschehen, *„den Haager Konventionen von 1899 und 1907, dem Genfer Protokoll von 1925*

943 *Prud'homme*, 40 Isr. L. Rev. 2007, S. 357, 361 f.

944 *d'Aspremont*, in: Fitzmaurice/ Merkouris (Hrsg.), S. 3.

945 UNSR Resolution 237 (1967) vom 14. Juni 1967, operative Rn. 2.

946 *Roscini*, 43 Isr. L. R. 2010, S. 330, 331.

947 UNSR Resolution 436 (1978) vom 06. Oktober 1978, operative Rn. 2: *„[The Security Council] [c]alls upon all involved to allow units of the International Committee of the Red Cross into the area of conflict to evacuate the wounded and provide humanitarian assistance"*. Dieser Aufruf bezog sich auf die katastrophale Lage in Beirut. Im Hinblick auf die Kompetenz und die bestehenden Möglichkeiten des Sicherheitsrates der Vereinten Nationen zur Durchsetzung des Humanitären Völkerrechts siehe *Roscini*, 43 Isr. L. R. 2010, S. 330 - 359.

948 *Doswald-Beck/Vité*, IRRC (1993), 33 (293), S. 112 (eigene Übersetzung).

949 Ebenda; *Prud'homme*, 40 Isr. L. Rev. 2007, S. 357, 362; *Cerna*, in: Kalshoven/ Macalister (Hrsg.), S. 31, 39.

950 UN-Resolution XXIII „Human Rights in Armed Conflicts" der International Conference on Human Rights, Teheran, 12. Mai 1968, operative Rn. 1.

und den Genfer Konventionen von 1949" beizutreten.[951] Hierdurch wagten sich die Vereinten Nationen erstmals aus ihrem „Kokon" des Menschenrechtsschutzes heraus und griffen das Humanitäre Völkerrecht ausdrücklich auf. Seither haben sie vermehrt Dokumente zum Menschenrechtsschutz in bewaffneten Konflikten verabschiedet[952] und das Thema in den Folgejahren regelmäßig auf die Agenda gesetzt.[953]

Kurz zuvor hatte die *International Commission of Jurists* der Entwicklung weiteren Schwung gegeben und empfohlen, dass

> „whenever an internal conflict or disturbance arises in any part of the world the Secretary-General of the U.N., or some other U.N. authority, should specifically and unequivocally bring to the notice of the belligerents the provisions of the "law of nations" as elaborated by the Geneva Conventions as well as the provisions of the Universal Declaration of Human Rights."[954]

Am Internationalen Strafgerichtshof für das ehemalige Jugoslawien (ICTY) vollzog sich eine vergleichbare Entwicklung. Die dortigen Richter führten 1998 aus, dass

> „The general principle of respect for human dignity is the basic underpinning and indeed the very raison d'être of international humanitarian law and human rights law; indeed in modern times it has become of such paramount importance as to permeate the whole body of international law."[955]

Hierdurch untermauerten sie die Verflechtung des Menschenrechtsschutzes und des Humanitären Völkerrechts und gaben dem in den 60er Jahren begonnenen Paradigmenwechsel weiteren Auftrieb.[956]

---

951 Ebenda, operative Rn. 3 (eigene Übersetzung).

952 *Prud'homme*, 40 Isr. L. Rev. 2007, S. 357, 362.

953 Ebenda. Vgl. nur Respect for Human Rights in Armed Conflicts, GA Res. 2597 (XXIV) (16. Dezember 1969); Respect for Human Rights in Armed Conflicts, GA Res. 2677 (XXV) (09. Dezember 1970); Respect for Human Rights in Armed Conflicts, GA Res. 2853 (XXVI) (20. Dezember 1971); State of signatures and ratifications of the Protocols Additional to the Geneva Conventions of 1949 concerning the respect for human rights in armed conflicts, GA Res. 51 (23. November 1979).

954 *International Commission of Jurists*, 21 Bull. Intnl' Com. Jur. 1964, S. 1, 5.

955 ICTY, Rs. IT-95-17/1-T, *Prosecutor v. Furundzija*, Urteil v. 10. Dezember 1998, Rn. 183.

956 Der Konflikt im ehemaligen Jugoslawien war auch Anlass für mehrere UN Sicherheitsratsresolutionen, in denen dieser sich genötigt sah, die Verletzung so-

Bereits 1996 hatte auch der *IGH* in seiner *Advisory Opinion on the Legality of the Threat or Use of Nuclear Weapons* festgestellt, dass der IPBPR grundsätzlich auch in Kriegszeiten fortgelte und die Anwendung des Humanitären Völkerrechts die des Paktes nicht ausschließe.[957]

Der Einfluss der Menschenrechte auf das Humanitäre Völkerrecht war derart groß, dass Letzteres heute förmlich durchtränkt ist. So finden sich im Kriegsrecht heute Verbote, die jenen in Menschenrechtsinstrumenten gleichgelagert sind, sodass man teilweise von einer Parallelität der Normen beider Rechtsgebiete sprechen kann.[958]

Dennoch ist nicht abschließend geklärt, wie das Verhältnis beider Rechtsgebiete tatsächlich ausgestaltet werden soll und wie Konflikte zwischen ihnen aufgelöst werden sollen. Dass solche Konflikte auch in Zukunft auftreten werden, steht laut *d'Aspremont* außer Frage:

> „As long as IHL and HRL provide commands and standards of conduct for different aspects of the hostilities, there is no possible friction between IHL and HRL and State parties must simultaneously live up to each of them. Yet, there are situations where IHL and HRL stipulate contradictory directives for the exact same aspect of hostilities, one allowing a conduct that is prohibited by the other. In these cases HRL and IHL treaties rarely enshrine any conflict clause."[959]

Denkbar sind solche Konflikte bei der Besetzung feindlicher Gebiete durch Streitkräfte oder bei der Gefangennahme von Zivilisten, die als Bedrohung für die eigenen Soldaten angesehen werden. Insbesondere in letzterem Fall kollidieren das Recht auf Freiheit (etwa Art. 5 EMRK) und die Befugnis der Streitkräfte zur Festsetzung von als gefährlich eingestuften Zivilisten (sog. *„administrative detention"*[960]). Regelmäßig verpflichten sich Staaten im Rahmen ihrer Bindung an Menschenrechte zur Befolgung der *„obligation to respect, to protect and to fulfil."*[961] In Fällen der Besetzung eines fremden Staatsgebietes verpflichtet die *„obligation to respect"* die Staaten,

---

wohl von Humanitärem Völkerrecht als auch von Menschenrechten zu verurteilen und hierdurch der komplementären Anwendung beider Rechtsgebiete weiteren Auftrieb gab, vgl. *Meurant*, IRRC (1993), 33 (293), S. 89, 90.

957 ICJ, *Legality of the Threat or Use of Nuclear Weapons*, Advisory Opinion, I.C.J. Reports 1996, S. 226, Rn. 25.

958 *Meron*, The Humanization of International Law, S. 6; *Ferraro*, in: Kolb/ Gaggioli (Hrsg.), S. 274; *Lubell*, 40 Isr. L. R. 2007, S. 648, 650.

959 *d'Aspremont*, in: Fitzmaurice/ Merkouris (Hrsg.), S. 3, 4.

960 *Landais/Bass*, IRRC (2015), 97 (900), S. 1295, 1297.

961 *Ferraro*, in: Kolb/Gaggioli (Hrsg.), S. 273, 277.

> „[to] refrain from interfering with or curtailing the enjoyment of human rights unless authorized by occupation law. The obligation to protect requires that the occupying powers defend individuals and groups against human rights violations. Eventually, the obligation to fulfil means that occupying powers should take positive action to facilitate the enjoyment of basic human rights."[962]

Ein schonender Ausgleich der widerstreitenden Interessen von Menschenrechtsschutz und Humanitärem Völkerrecht ist hierbei nicht immer leicht. Dies gilt insbesondere im Fall der soeben angesprochenen *„administrative detention"*. Diese kennzeichnet sich durch eine Inhaftierung einer Zivilperson ohne vorherige gerichtliche Anordnung.[963] Vielmehr erfolgt der Freiheitsentzug aufgrund einer entsprechenden Anordnung der Exekutive ohne Vorliegen einer strafrechtlichen Verurteilung.[964] Vorgesehen ist eine solche Inhaftierung in Art. 75 des ersten Zusatzprotokolls zu den GK[965]. Den Konflikt einer solchen Maßnahme mit der EMRK hatte der EGMR aufzulösen.[966]

Um Konflikte zwischen beiden Rechtsgebieten möglichst zu vermeiden und ganz grundsätzlich ihr Verhältnis zueinander zu klären, werden mehrere Ansätze vertreten. Im Folgenden soll daher näher auf die Grundsätze der systemischen Integration (1) und der *lex specialis derogat legi generali* (2.) eingegangen werden.

---

962 Ebenda.

963 *Pejic*, IRRC (2005), 87 (858), S. 375 f.

964 Ebenda; vgl. *ICRC*, Commentary on the Additional Protocol I, Art. 75, Rn. 3063.

965 Protocol Additional to the Geneva Conventions of 12. August 1949, and relating to the Protection of Victims of International Armed Conflicts (Protocol I), 08 June 1977, Official Records of the Diplomatic Conference on the Reaffirmation and Development of International Humanitarian Law applicable in Armed Conflicts, Bern, Federal Department of Foreign Affairs, 1978.

966 Hiermit beschäftigte er sich in seiner *Hassan*-Entscheidung, siehe hierzu sogleich unter B.

1. Systemische Integration internationaler Verträge und Komplementarität

Ein Ansatz nimmt an, dass es sich nicht länger um zwei getrennte Regelungsmaterien handelt, sondern befürwortet das Verschmelzen beider Rechtsgebiete im Sinne einer *systemischen Integration*.[967]

Systemische Integration stützt sich auf Art. 31 Abs. 3 lit. (c) WÜRV[968] und betrachtet sämtliche internationalen Verträge als Teil des „Systems" Internationales Recht.[969] Als solche seien diese ungeachtet ihres u.U. weitreichenden Inhalts insofern begrenzt, als Grundbedingung für ihre Existenz und Funktion die Teilnahme an ebenjenem System des internationalen Rechts sei.[970] Der Grundsatz der *systemischen Integration* basiert nach *d'Aspremont* auf der Annahme, dass jedwede neue Norm des internationalen Rechts in dem Bewusstsein des bereits bestehenden internationalen Regelungsapparates verabschiedet wird.[971] Alle Verträge müssten *„vor dem Hintergund der Allgemeinen Grundsätze des Internationalen Rechts ausgelegt werden"*[972] Der Grundsatz der systemischen Integration sei vergleichbar mit einem Generalschlüssel, der in besonderen Fällen die gesamte internationale Rechtsordnung als Auslegungshilfe für einen internationalen Vertrag eröffne.[973] Ziel dieses Ansatzes sei es, dass Normen, die sich mit derselben Problematik auseinandersetzten, eine Interpretation erführen, die die Errichtung eines *„single set of compatible obligations"*[974] erlaube.

Flankiert wird dieser Ansatz systemischer Integration von dem Gedanken der Komplementarität der Normen des internationalen Rechts. Das internationale Recht wird hierbei als ein *„kohärentes System [...] in dem verschiedene Regeln in Harmonie kohabitieren"*[975], angesehen. Das Humanitäre Völkerrecht und die verschiedenen Menschenrechtschutzinstrumente wi-

967 *Simsek*, Völkerrechtsblog, 06. Juni 2016.
968 Wiener Übereinkommen über das Recht der Verträge vom 23. Mai 1969, BGBl. 1985, Teil II, S. 926 - 960.
969 *McLachlan*, 54 ICLQ 2005, S. 279, 280.
970 Ebenda.
971 *d'Aspremont*, in: Fitzmaurice/Merkouris (Hrsg.), S. 3, 8.
972 *McNair*, S. 466 (eigene Übersetzung); So auch *d'Aspremont*, in: Fitzmaurice/Merkouris (Hrsg.), S. 3, 8.
973 *McLachlan*, 54 ICLQ 2005, S. 279, 280 f.
974 *d'Aspremont*, in: Fitzmaurice/Merkouris (Hrsg.), S. 3, 8.
975 *Droege*, IRRC (2008), 90 (871), S. 501, 521 f. (Übersetzung durch Verfasser).

dersprechen einander nicht, sondern verstärken und ergänzen sich.[976] *McLachlan* stellt insofern fest, dass

> „International law is better understood as a normative system and a process rather than as rules. [...] One of the characteristics which distinguishes international law from other legal systems is horizontality. [...] International law lacks developed rules for a hierarchy of norms. It draws normative content from a wide range of sources operating at different levels of generality. Article 38 of the Statute of the International Court of Justice, which has served as a general catalogue of the sources of international law, ascribes no order of relative priority amongst those sources.“[977]

Die hier beschriebene hierarchielose Horizontalität der Rechtsquellen des internationalen Rechts führt zwangsläufig zu einer Koexistenz der verschiedenen Rechtsquellen und somit auch der Menschenrechtsinstrumente und des Humanitären Völkerrechts. Wenn diese jedoch nebeneinander bestehen, so geht zunächst auch keines der beiden Rechtsgebiete dem anderen vor, wie es bspw. der Fall wäre, wenn man sich bei der Auslegung an dem *lex specialis* Grundsatz[978] orientieren würde. Vielmehr ergänzen sich beide Rechtsgebiete und dienen dem jeweils anderen als Auslegungshilfe.[979]

Einer solchen Interpretation des Art. 31 Abs. 3 lit. (c) WÜRV folgte auch die *Study Group on Fragmentation of International Law* der *International Law Commission*:

> „The provision thus helped to place the problem of treaty relations in the context of treaty interpretation. It expressed what could be called a principle of 'systemic integration', that is to say, a guideline according to which treaties should be interpreted against the background of all the rules and principles of international law – in other words, international law *understood as a system* [sic!]. The negotiation of individual treaties usually took place as separate diplomatic and practical exercises, conducted by experts in the particular field of regulatory substance covered by the treaty. It was the objective of article 31 (3) (c) to connect the separate treaty provisions that followed from such exercises to each other as aspects of an overall aggregate of the rights and obliga-

976 Ebenda; *Simsek*, Völkerrechtsblog, 06. Juni 2016.
977 *McLachlan*, 54 ICLQ 2005, S. 279, 282.
978 Hierzu s.u. unter Kapitel 5, A. III. 3.
979 *Droege*, IRRC (2008), 90 (871), S. 501, 522.

> tions of States. As an interpretative tool, the principle expresses the nature of a treaty as an agreement 'governed by international law'."[980]

Demnach dient diese Vorschrift somit insbesondere der Einheit des internationalen Rechts und stellt bei dessen Interpretation die umfassende Einbeziehung sämtlicher Regelungen des internationalen Rechts sicher.[981]

Befürworter dieses Ansatzes argumentieren mit dessen großer Flexibilität, die sich aus der Tatsache ergebe, dass er es erlaube, die fragliche Norm in ihr normatives Umfeld einzuordnen.[982] Tatsächlich ist diese Methode geeignet, eine systemische Kohärenz zu erreichen, indem jede Norm stets in den Gesamtkontext gesetzt wird. Dies setzt jedoch voraus, dass neues internationales Recht tatsächlich stets im Bewusstsein des bereits bestehenden Rechtsrahmens gesetzt wird, um bereits im Vorfeld das Kollidieren der verschiedenen Regelungen zu verhindern.

Davon kann jedoch nicht ohne Weiteres ausgegangen werden. Allenfalls wird man annehmen können, dass innerhalb desselben Rechtsbereichs – etwa des Humanitären Völkerrechts – neue Vorschriften in dem Bewusstsein der bereits bestehenden erlassen werden, um ein in sich geschlossenes und widerspruchsfreies Regelungssystem zu erhalten. Dass hierbei jedoch auch sämtliche Normen des internationalen Rechts miteinbezogen werden ist, wenn nicht gar unpraktikabel, zumindest realitätsfern. Wenn dies jedoch nicht geschieht, ist ein homogenes, in sich kohärentes System des internationalen Rechts nicht realisierbar. Überspitzt formuliert: Das Hinzufügen einzelner Fetzen hat noch aus keinem Flickenteppich einen Perser gemacht.

Eine Garantie, dass Widersprüche zwischen menschenrechtlichen Normen und solchen des Humanitären Völkerrechts dauerhaft vermieden werden, vermag diese Ansicht daher nicht zu geben. Noch weniger hält diese Ansicht eine Lösung dafür bereit, wie dennoch entstehende Konflikte aufzulösen sind. Sollte trotz einer auf den Grundgedanken der systemischen Integration und der Komplementarität basierten Auslegung der relevanten Normen ein Konflikt zwischen zwei Rechtsgebieten – in unserem Fall Menschenrechten und Humanitärem Völkerrecht – ent- bzw. fortbeste-

---

980 *International Law Commission*, Report of the Study Group on Fragmentation of International Law: Difficulties arising from Diversification and Expansion of International Law, UN Doc. A/CN.4/L.676, 29. Juli 2005, Rn. 27.

981 *Sands*, 1 YHRDJ 1998, S. 85, 95. Dieser spricht von einem "principle of integration".

982 *d'Aspremont*, in: Fitzmaurice/Merkouris (Hrsg.), S. 3, 8.

hen, so bietet Art. 31 (3) (c) WÜRV hierfür keinen Ausweg.[983] Die Vorschrift dient lediglich dazu, *„to interpret treaties so as to ensure consistency with their normative environment“*.[984] Sie soll proaktiv wirken und bereits das Entstehen von Konflikten verhindern, indem sie das Bewusstsein für das bestehende normative Geflecht bei Ausarbeitung neuer Normen schärft.

2. Lex specialis derogat legi generali

> *"It is fair to say that both in case law and legal scholarship, the principle lex specialis derogate generali [sic!] has been elevated to the cornerstone of the articulation of IHL and HRL.*“[985]

An prominentester Stelle steht der *Lex Specialis*-Grundsatz. Dieser dient bereits seit langem der Konfliktlösung zwischen sich widersprechenden gesetzlichen Vorschriften, sowohl in nationalen Rechtsordnungen als auch auf dem Gebiet des internationalen Rechts[986], und hat sich dort als ein bewährtes Instrument etabliert.

Spätestens seit der *Advisory Opinion* des Internationalen Gerichtshofes (IGH) von 1996[987] spielt dieser Grundsatz auch im Rahmen der Konfliktlösung zwischen Humanitärem Völkerrecht und Menschenrechten eine prominente Rolle.[988] So fordert etwa *Ferraro*, dass das Humanitäre Völkerrecht als das den Besonderheiten des Krieges ausdrücklich gewidmete Rechtsgebiet nicht nur die interpretative Hoheit erhalten, sondern zugleich auch die sonstigen berührten Rechtsgebiete – insbesondere die

---

983 *International Law Commission*, Report of the Study Group on Fragmentation of International Law: Difficulties arising from Diversification and Expansion of International Law, UN Doc. A/CN.4/L.676, 29. Juli 2005, Rn. 28.

984 Ebenda.

985 *d'Aspremont/ Tranchez*, in: Kolb/ Gaggioli (Hrsg.), S. 223, 225.

986 Ebenda, S. 223, 224.

987 ICJ, *Legality of the Threat or Use of Nuclear Weapons*, Advisory Opinion, I.C.J. Reports 1996, S. 226.

988 *d'Aspremont*, in: Fitzmaurice/ Merkouris (Hrsg.), S. 3, 5 - 6. Zur Anwendbarkeit des *Lex Specialis*-Grundsatzes vgl. *Ben-Naftali/Shany*, 37 Isr. L. R., S. 17, 103; *Heintze*, IRRC (2008), 86 (856), S. 789, 797. Differenzierend siehe *Jinks*, in: Clapham/ Gaeta (Hrsg.), S. 656, 662 - 665; *Hampson*, IRRC (2008), 90 (871), S. 549, 558 - 562. *Campanelli*, IRRC (2008), 90 (871), 653 – 654; *Sassòli*, in: Auer/ Flückiger/ Hottelier (Hrsg.), Genf 2007, S. 375 - 395 bestätigt den vermehrten Rückgriff auf den *Lex Specialis*-Grundsatz durch Rechtsprechung und Literatur, kritisiert im Ergebnis jedoch, dass dieser nur bedingt anwendbar sei.

Menschenrechte – in diesem Bereich formen solle.[989] Im Folgenden geht *Ferraro* noch weiter: Die Menschenrechte sollten in die Struktur des Humanitären Völkerrechts eingefügt werden und nicht automatisch dort ungebremst in die Bresche springen, wo das Kriegsrecht keine ausreichenden Regelungen vorhalte.[990] Ob sich dies auch der *Advisory Opinion* des IGH entsprechend entnehmen lässt, ist fraglich. Dort hatte dieser hinsichtlich des IPBPR festgestellt:

> „The Court observes that the protection of the International Covenant ofn Civil and Political Rights does not cease in times of war, except by operation of Article 4 of the Covenant whereby certain provisions may be derogated from in a time of national emergency. [...] In principle, the right not arbitrarily to be deprived of one's life applies also in hostilities. The test of what is an arbitrary deprivation of life, however, then falls to be determined by the applicable lex specialis, namely, the law applicable in armed conflict which is designed to regulate the conduct of hostilities. Thus whether a particular loss of life, through the use of a certain weapon in warfare, is to be considered an arbitrary deprivation of life contrary to Article 6 of the Covenant, can only be decided by reference to the law applicable in armed conflict and not deduced from the terms of the Covenant itself."[991]

Seit ihrer Veröffentlichung dient diese *Advisory Opinion* den Anhängern des *Lex-Specialis*-Grundsatzes regelmäßig als Grundlage ihrer Argumentation. Sie stützen sich hierbei primär auf das Argument, wonach das Humanitäre Völkerrecht ausdrücklich zur Regelung bewaffneter Konflikte konzipiert sei.[992] Als solches müsse es den allgemeineren Regelungen des Menschenrechtsschutzes vorgehen.

Primär stellt diese *Advisory Opinion* jedoch zunächst einmal klar, dass grundsätzlich Menschenrechte auch in Kriegszeiten gelten. Aufgrund der besonderen Gegebenheiten müssen jedoch die speziellen Regelungen des Humanitären Völkerrechts Eingang in die menschenrechtliche Bewertung des jeweiligen Sachverhaltes finden. Insofern stellt das Humanitäre Völkerrecht durchaus in Kriegszeiten die speziellere Regelungsmaterie dar. Dies kann jedoch nicht so verstanden werden, dass menschenrechtliche Rege-

---

989 *Ferraro*, in: Kolb/ Gaggioli (Hrsg.), S. 273, 275.

990 Ebenda.

991 ICJ, *Legality of the Threat or Use of Nuclear Weapons*, Advisory Opinion, I.C.J. Reports 1996, S. 226, Rn. 25.

992 *Sassòli*, in: Auer/ Flückiger/ Hottelier (Hrsg.), Genf 2007, S. 375, 377.

lungen in das Humanitäre Völkerrecht integriert würden. Vielmehr kann man in dieser Aussage durchaus auch einen Primat des Menschenrechtsschutzes sehen, der lediglich in Kriegszeiten die Besonderheiten des Humanitären Völkerrechts mit berücksichtigt. *D'Aspremont* gibt darüber hinaus zu bedenken:

> „Interestingly enough, and even though opinions expressed by international legal scholars on this matter have been very diverging, it seems that most experts construe the articulation between these two branches of international law along the lines of the principle *Lex specialis derogate generali*. [sic!]"[993]

Dies erfolge im Einklang mit o.g. *Advisory Opinion* des IGH.[994] Sodann führt *d'Aspremont* fort:

> „It is argued here that judges and legal expert do not actually articulate HRL and IHL along the lines of [the lex specialis] *principle* but rather engage in a *systemic integration* of these two sets of rules. More specifically, it is submitted here that, under the guise of the principle *Lex specialis derogate generali*, [sic!] most judges and experts apply a principle of interpretation of international law, that is the principle of systemic integration of international law."[995]

Und tatsächlich lässt sich der Grundsatz der *systemischen Integration* in den Ausführungen des IGH wiederfinden. Zur Erinnerung: Der IGH stellte unter Verweis auf den *Lex-Specialis*-Grundsatz fest, dass

> „whether a particular loss of life, through the use of a certain weapon in warfare, is to be considered an arbitrary deprivation of life contrary to Article 6 of the Covenant, can only be decided by reference to the law applicable in armed conflict and not deduced from the terms of the Covenant itself."[996]

Im Kern bleibt hiernach die einschlägige Menschenrechtsbestimmung anwendbar. Im Sinne einer praktischen Konkordanz mit den Vorschriften des Humanitären Völkerrechts erfolgt lediglich die Interpretation des Begriffs der *„arbitrary deprivation of life"* unter Einbeziehung der relevanten

---

993 *D'Aspremont*, in: Fitzmaurice/Merkouris (Hrsg.), S. 3, 5 f. (Kursivschrift im Original).

994 Ebenda.

995 Ebenda, S. 3, 6 (Kursivschrift im Original).

996 ICJ, *Legality of the Threat or Use of Nuclear Weapons*, Advisory Opinion, I.C.J. Reports 1996, S. 226, Rn. 25.

Norm des Humanitären Völkerrechts. Der Maßstab menschenrechtlicher Gewährleistung wird somit für den besonderen Einzelfall angepasst, das Humanitäre Völkerrecht zur Ausfüllung des Begriffs herangezogen. Es erfolgt jedoch keine gänzliche Verdrängung der Menschenrechte durch das speziellere Kriegsrecht, wie dies bei einer strikten Anwendung des *Lex-Specialis*-Grundsatzes zu erwarten wäre.

Zugleich zeigen sich hierbei die Schwierigkeiten des Versuchs einer Anwendung des *Lex Specialis* Grundsatzes zur vorbeugenden Konfliktvermeidung. Dieser wird immer die Bevorzugung eines Rechtsgebietes zum Nachteil des anderen zur Folge haben. Ein möglichst harmonischer Ausgleich zwischen beiden Rechtsgebieten lässt sich hierdurch nicht erreichen.[997] Dem Grundsatz fehlt schlicht die „Kompromiss-Komponente".

B. Der EGMR und Humanitäres Völkerrecht

I. Das Hassan Urteil von 2014

Der EGMR sah sich 2014 ebenfalls veranlasst, das Verhältnis der EMRK zum Humanitären Völkerrecht zu beleuchten. Am 16. September 2014 erging das lang erwartete Urteil im Fall *Hassan v. UK*[998], einer weiteren Episode in Großbritanniens rechtlicher Aufarbeitung der Irak-Invasion vor dem EGMR.

Der Antragsteller, ehemaliges Mitglied der Ba'ath Partei und ihrer Armee, tauchte nach der Invasion unter, um der Verhaftung durch britische Streitkräfte bzw. der Ermordung durch irakische Milizen zu entgehen, denen andere Mitglieder der Partei zum Opfer gefallen waren.[999] Der Bruder des Antragstellers, der sich gegen eine Flucht entschieden hatte, wurde im April 2003 durch britische Streitkräfte verhaftet und sodann im Camp Bucca inhaftiert.[1000] Nach seiner Entlassung aus der Haft wurde der Leichnam des Bruders mit gefesselten Händen und Füßen und 8 Schusswunden nördlich von Baghdad aufgefunden.[1001]

---

997 Vgl. auch *Lubell*, 40 Isr. L. R. 2007, S. 648, 655: „*This doctrine can work well with a single legal framework such as a domestic legal system, but the principle does not apply itself with equal success to attempts to solve the relationship between different branches of international law.*"

998 EGMR, *Hassan v. UK* [GC], App. no. 29750/09, 16. September 2014.

999 Ebenda, Rn. 10.

1000 *English*, UK Human Rights Blog, 16. September 2014.

1001 EGMR, *Hassan v. UK* [GC], App. no. 29750/09, 16. September 2014.

Die Besonderheit des Falles im Vergleich zu der Vielzahl an weiteren Verfahren gegen das Vereinigte Königreich im Rahmen der Irak-Invasion liegt weniger in der Faktenlage als in der rechtlichen Argumentation des Vereinigten Königreichs: Erstmals vertrat ein Vertragsstaat der EMRK die Ansicht, seine Verpflichtung aus Art. 5 EMRK müsse in einem internationalen bewaffneten Konflikt ausgeschlossen oder zumindest im Lichte der besonderen Bestimmungen zur Freiheitsentziehung im Humanitären Völkerrecht ausgelegt werden.[1002] War die nach Humanitärem Völkerrecht rechtmäßige Inhaftierung des Bruders des Antragstellers auch mit Art. 5 EMRK vereinbar, obwohl das Vereinigte Königreich von der Derogationsmöglichkeit des Art. 15 EMRK keinen Gebrauch gemacht hatte?[1003] Musste das Humanitäre Völkerrecht besonders berücksichtigt werden? Und wie ist das Verhältnis zwischen Humanitärem Völkerrecht und EMRK ausgestaltet? Damit lag der Spielball bei den Richtern in Straßburg, die nunmehr keine Möglichkeit mehr hatten, sich einer Entscheidung zu entziehen. Wie sollte in Zukunft das Verhältnis der EMKR zu Bestimmungen des Humanitären Völkerrechts ausgestaltet sein?

Dem EGMR boten sich in diesem Zusammenhang zwei Möglichkeiten. Zum einen konnte er sich auf das Fehlen einer Erklärung nach Art. 15 EMRK stützen. Da kein Notstand durch das Vereinigte Königreich festgestellt und eine Erklärung über das Abweichen von seinen Konventionspflichten abgegeben wurde, wäre das Vereinigte Königreich demzufolge auch weiterhin an eben diese Verpflichtungen gebunden gewesen.[1004] Dann wäre Art. 5 Abs. 1 EMRK in aller Strenge anwendbar – die dort abschließend aufgezählten Haftgründe decken die Internierung von Zivilisten aus präventiven Gründen nicht. Bei strikter Anwendung hätte Art. 5 EMRK die Inhaftierung des Bruders des Beschwerdeführers vorliegend verboten.

Das Vereinigte Königreich, das eine solche Herangehensweise offenbar befürchtete, stellte sich auf den Standpunkt, Humanitäres Völkerrecht modifiziere oder verdränge gar die EMRK im Kontext internationaler bewaffneter Konflikte.[1005] Eine Interpretation des Art. 5 EMRK ohne Rücksicht auf das Humanitäre Völkerrecht in Abwesenheit einer Mitteilung nach

---

1002 *English*, UK Human Rights Blog, 16. September 2014; *Webber*, ASIL Insights, 02. April 2015.

1003 *Hill-Cawthorne*, EJIL: Talk!, 16. September 2014; *Webber*, ASIL Insights, 02. April 2015.

1004 Ebenda.

1005 EGMR, *Hassan v. UK* [GC], App. no. 29750/09, 16. September 2014, Rn. 87.

Art. 15 EMRK hätte, so sie britische Argumentation, eine Verringerung des Schutzstandards für Soldaten und Zivilisten zur Folge.[1006]

Der EGMR folgte dem Vereinigten Königreichs zumindest insoweit, als eine fehlende Erklärung nach Art. 15 EMRK die Berücksichtigung der Besonderheiten des Humanitären Völkerrechts zumindest nicht *per se* ausschließe.[1007] Eine Spezialität zwischen Humanitärem Völkerrecht und EMRK nahm der EGMR allerdings nicht an.[1008] Vielmehr sprach er sich für ein Nebeneinander beider Regelungskataloge aus:

> „[T]he Court considers that, even in situations of international armed conflict, the safeguards under the Convention apply, albeit interpreted against the background of the provisions of international humanitarian law."[1009]

Die Richter qualifizierten das Verhältnis von EMRK und Humanitärem Völkerrecht im Folgenden ausdrücklich als *„co-existence of the safeguards provided by international humanitarian law and by the Convention in time of armed conflict"*.[1010] Die Inhaftierung muss im Einzelfall nach Humanitärem Völkerrecht rechtmäßig sein.[1011] Gleichzeitig darf der Kerngehalt des Art. 5 Abs. 1 EMRK – d.h. der Schutz vor staatlicher Willkür – nicht ausgehöhlt werden.[1012] So führten die Richter aus:

> „[T]he Court considers that, in relation to detention taking place during an international armed conflict, Article 5 §§ 2 and 4 must also be interpreted in a manner which takes into account the context and the applicable rules of international humanitarian law. Articles 43 and 78 of the Fourth Geneva Convention provide that internment 'shall be subject to periodical review, if possible every six months, by a competent body'. Whilst it might not be practicable, in the course of an international armed conflict, for the legality of detention to be determined by an independent "court" in the sense generally required by Article 5 § 4 [...], nonetheless, if the Contracting State is to comply with its obligations under Article 5 § 4 in this context, the 'competent body'

1006 Ebenda, Rn. 90.
1007 Ebenda, Rn. 103.
1008 *Birkenkötter*, Verfassungsblog, 18. September 2004.
1009 EGMR, *Hassan v. UK* [GC], App. no. 29750/09, 16. September 2014, Rn. 104.
1010 Ebenda.
1011 *Webber*, ASIL Insights, 02. April 2015.
1012 Ebenda.

should provide sufficient guarantees of impartiality and fair procedure to protect against arbitrariness."[1013]

Ist dies gewährleistet, besteht auch keine Verletzung der EMRK.[1014]

Auf der Richterbank des EGMR herrschte im Fall *Hassan* nicht nur Einigkeit: In seiner *partly dissenting opinion* monierte Richter *Spano*, dass durch die Entscheidung Normen des internationalen Rechts in Einklang gebracht worden seien, die faktisch nicht vereinbar seien.[1015] Richter *Spano* argumentierte, dass Kriegsgefangene für die Dauer des bewaffneten Konfliktes kein Recht auf Entlassung hätten. Bei Zivilisten, von denen eine Gefahr für die Sicherheit des Staates ausgehe, müsse zwar mindestens zwei Mal jährlich eine Überprüfung stattfinden. Solange jedoch festgestellt werde, dass von ihnen ein Sicherheitsrisiko ausgehe, könnten diese theoretisch unbegrenzt inhaftiert bleiben.[1016] Dies sei, so *Spano*, mit den übrigen Ausnahmen des Art. 5 Abs. 1 lit. (a) - (f) EMRK schlicht unvereinbar.[1017]

Zweitens hätte die Entscheidung der Mehrheit der Richter zur Folge, dass in Konflikten zwischen zwei Konventionsstaaten, beide sich auf die Inhaftierungsregeln der dritten und vierten Genfer Konvention berufen könnten, ohne eine Derogationserklärung im Hinblick auf Art. 5 Abs. 1 EMRK abgeben zu müssen, die der Überprüfung durch nationale Gerichte und den EGMR unterliege.[1018]

Spano schloss seine Ausführungen mit der Feststellung, dass die Möglichkeiten der Inhaftierung nach Humanitärem Völkerrecht vorliegend unvereinbar seien mit Art. 5 Abs. 1 EMRK.[1019] Der EGMR habe keine

> „legitimate tools at its disposal, as a *court of law*, to remedy this clash of norms. It must therefore give priority to the Convention, as its role is limited under Article 19 to "[ensuring] the observance of the engagements undertaken by the High Contracting Parties in the Convention and the Protocols thereto". By attempting to *reconcile the irreconcilable*, the majority's finding today does not, with respect, reflect an accurate understanding of the scope and substance of the fundamental right to liberty under the Convention, as reflected in its purpose and its histori-

---

1013 EGMR, *Hassan v. UK* [GC], App. no. 29750/09, 16. September 2014, Rn. 106.

1014 *De Koker*, 31 UJIEL 2015, S. 90, 92.

1015 EGMR, *Hassan v. UK* [GC], App. no. 29750/09, 16. September 2014, Partly Dissenting Opinion of Judge Spano, Rn. 6.

1016 Ebenda, Rn. 5.

1017 Ebenda, Rn. 17.

1018 Ebenda, Rn. 6.

1019 Ebenda, Rn. 19.

> cal origins in the atrocities of the international armed conflicts of the Second World War."[1020]

In ihrer Entscheidung bezogen sich die Richter lediglich auf internationale bewaffnete Konflikte und ließen nicht-internationale bewaffnete Konflikte außer Betracht. Dies begründeten sie mit der Tatsache, dass

> „[i]t can only be in cases of international armed conflict, where the taking of prisoners of war and the detention of civilians who pose a threat to security are accepted features of international humanitarian law, that Article 5 could be interpreted as permitting the exercise of such broad powers."[1021]

Regelungen zu „administrative detention" im Kontext nicht-internationaler bewaffneter Konflikte beschränken sich in der Tat auf den Gemeinsamen Art. 3 GK und Art. 5 ZP II und sind längst nicht so umfangreich wie die entsprechenden Regelungen zu internationalen bewaffneten Konflikten.[1022] Bislang gibt es keine einschlägige Rechtsprechung des EGMR zur Administrativhaft in nicht-internationalen bewaffneten Konflikten. Jedoch hatte der UK Supreme Court im Fall *Serdar Mohammed*[1023] Gelegenheit sich zur Rechtmäßigkeit von Administrativhaft in nicht-internationalen bewaffneten Konflikten zu äußern. Einigkeit bestand insofern als Humanitäres Völkerrecht in nicht-internationalen bewaffneten Konflikten keine ausdrückliche Grundlage für Inhaftierungen bereithält.[1024] Die Mehrheit der Richter des Supreme Court unter Führung von *Lord Sumption* kam – unabhängig davon, dass eine Verletzung von Art. 5 Abs. 4 EMRK angenommen wurde, da Serdar Mohammed keine Möglichkeit hatte, effektiv gegen seine Inhaftierung vorzugehen – zu dem Schluss, dass eine Administrativhaft auch in nicht-internationalen bewaffneten Konflikten zulässig sei und im Falle von Serdar Mohammed keine Verletzung von Art. 5 EMRK darstelle.[1025]

Lord Reed und mit ihm *Lord Kerr* folgten dieser Ansicht nicht. Insbesondere weigerte sich *Lord Reed* mit der Mehrheit der Richter anzunehmen,

---

1020 Ebenda (Hervorhebung im Original).

1021 EGMR, *Hassan v. UK* [GC], App. no. 29750/09, 16. September 2014, Rn. 104.

1022 *Landais/Bass*, IRRC (2015), 97 (900), S. 1295, 1302.

1023 UK Supreme Court, *Serdar Mohammed (Repondent) v. Ministry of Defence (Appellant)*, [2017] UKSC 2.

1024 *Milanovic*, EJIL:Talk!, 17. Januar 2017.

1025 UK Supreme Court, *Serdar Mohammed (Repondent) v. Ministry of Defence (Appellant)*, [2017] UKSC 2, Rn. 111.

dass Art. 5 Abs. 1 EMRK im Lichte der *Hassan*-Entscheidung des EGMR dahingehend interpretiert werden könne, dass er auch solche Freiheitsentziehungen in bewaffneten Konflikten mitumfasse, die außerhalb des Katalogs der lit. (a) bis (f) sei, sofern eine UN-Sicherheitsratsresolution diese erlaube, wie es in *Serdar Mohammed* der Fall war.[1026] Lord Reed wies zu Recht darauf hin, dass in *Hassan* dem Sachverhalt keine Sicherheitsratsresolution zugrunde gelegen habe, sondern vielmehr die Inhaftierung bereits nach Humanitärem Völkerrecht gerechtfertigt gewesen sei.[1027]

II. Eine Abkehr von Al-Jedda?

Das *Hassan* Urteil steht auf den ersten Blick im Widerspruch zum zuvor besprochenen *Al-Jedda* Urteil[1028].[1029] In diesem war der EGMR ebenfalls bereits davon ausgegangen, dass die Aufzählung in Art. 5 Abs. 1 lit. (a) - (f) EMRK abschließend sei.[1030] Eine Rechtfertigung einer Freiheitsentziehung komme nur in Betracht, sofern einer dieser Fälle einschlägig sei oder eine Derogation nach Art. 15 EMRK vorliege.[1031] Fälle sog. „administrative detention" oder „preventive detention" könnten daher nicht über Art. 5 Abs. 1 lit. (1) - (f) EMRK gerechtfertigt werden, soweit die Durchführung eines Strafverfahrens nicht beabsichtigt sei.[1032] Dies hat sich auch in *Hassan* nicht geändert.[1033]

In *Al-Jedda* hatte sich das Vereinigte Königreich nicht darauf berufen, Art. 5 EMRK sei durch die Vorschriften der GK verdrängt oder abgeändert worden; dies geschah erstmals in *Hassan*.[1034] Vielmehr hatte sich das Vereinigte Königreich auf den Standpunkt gestellt, seine Verpflichtungen aus Art. 5 EMRK seien nicht anwendbar, da es dem Sicherheitsrat der Vereinten Nationen gegenüber verpflichtet sei, den Beschwerdeführer zu inhaf-

1026 Ebenda, Rn. 297.
1027 Ebenda, Rn. 298.
1028 EGMR, *Al-Jedda v. The United Kingdom* [GC], App. no. 27021/08, 07. Juli 2011.
1029 S.o. Teil 2, Kap. 2, C.
1030 EGMR, *Al-Jedda v. The United Kingdom* [GC], App. no. 27021/08, 07. Juli 2011, Rn. 99.
1031 Ebenda.
1032 Ebenda, Rn. 100.
1033 EGMR, *Hassan v. UK* [GC], App. no. 29750/09, 16. September 2014, Rn. 97.
1034 Ebenda, Rn. 99.

tieren und Art. 103 UN-Charta dieser Verpflichtung gegenüber der EMRK Vorrang einräume.[1035]

Der EGMR nahm in der Folge eine Interpretation der UNSR 1546 vor.[1036] Hierbei sei zu beachten, dass die Vereinten Nationen insbesondere gegründet wurden, um den internationalen Respekt für Menschenrechte zu fördern und dass die Auslegung von Sicherheitsratsresolutionen sich stets an diesem Ziel zu orientieren habe bzw. dass im Zweifel davon auszugehen sei, dass „*the Security Council does not intend to impose any obligation on member States [sic!] to breach fundamental principles of human rights*“[1037]. Der EGMR kam sodann zu dem Ergebnis, dass der Wortlaut der UNSR 1546 nicht den Schluss zulasse, dass der Sicherheitsrat hierdurch die Mitgliedstaaten zu einem Verhalten anhalten wollte, dass eindeutig gegen ihre sonstigen Verpflichtungen nach internationalem Recht verstoße.[1038] Ein Widerspruch zwischen den Verpflichtungen nach EMRK und nach UNSR 1546 lag daher aus Sicht des EGMR nicht vor.

Das *Hassan* Urteil ist somit der geistige Nachfolger von *Al-Jedda*, befasste den EGMR jedoch mit einem anderen Problem. Lediglich in Bezug auf Art. 15 EMRK kann von einer gewissen Abkehr gesprochen werden, insofern als der Gerichtshof fortan akzeptiert, dass auch ohne Derogationserklärung die Wertungen des Humanitären Völkerrechts bei der Auslegung des Art. 5 EMRK Berücksichtigung finden müssen.[1039]

Im Ergebnis scheint der EGMR sich bei der Rechtmäßigkeit der Inhaftierung auf keine der Fallgruppen des Art. 5 Abs. 1 EMRK zu stützen. Er äußert sich zwar zur Auslegung der Abs. 2 und 4 und stellt schlussendlich fest, dass keiner der Absätze des Art. 5 EMRK verletzt wurde.[1040] Nach seiner Argumentation hätte er jedoch eine der Fallgruppen von Abs. 1 so auslegen müssen, dass sie die Inhaftierung nach Humanitärem Völkerrecht mitumfasse. Andernfalls muss im Zweifel mit *Hill-Cawthorne* davon ausgegangen werden, dass die Richter in den vermeintlich abschließenden Katalog des Abs. 1 einen weiteren Rechtfertigungsgrund g) hineingelesen ha-

---

1035 Ebenda. Art. 103 UN-Charta sieht vor: „*Widersprechen sich die Verpflichtungen von Mitgliedern der Vereinten Nationen aus dieser Charta und ihre Verpflichtungen aus anderen internationalen Übereinkünften, so haben die Verpflichtungen aus dieser Charta Vorrang*“.

1036 EGMR, *Al-Jedda v. The United Kingdom* [GC], App. no. 27021/08, 07. Juli 2011, Rn. 102.

1037 Ebenda.

1038 Ebenda, Rn. 105.

1039 EGMR, *Hassan v. UK* [GC], App. no. 29750/09, 16. September 2014, Rn. 103.

1040 Ebenda, Rn. 111.

ben, gewissermaßen als ungeschriebenen Rechtfertigungsgrund.[1041] Dann jedoch läge auch in diesem Punkt eine Abkehr von *Al-Jedda* vor, in dem die Richter wie gesehen vehement darauf beharrt hatten, dass nur die geschriebenen Fälle des Art. 5 Abs. 1 EMRK geeignet seien eine Freiheitsentziehung zu rechtfertigen.

C. *Zwischenfazit*

Die Entscheidung des EGMR ist in mehrerlei Hinsicht begrüßenswert. Endlich beendet er sein Schweigen zum Verhältnis von EMRK und Humanitärem Völkerrecht.[1042] Der Unwille, sich zum Verhältnis beider Rechtsgebiete zu äußern und die gleichzeitige Weiterentwicklung seiner Rechtsprechung zur extraterritorialen Anwendbarkeit der EMRK und die hiermit einhergehende Geltung der Konvention in bewaffneten Konflikten sorgten mehr und mehr für Unsicherheit und Unklarheit hinsichtlich der Ausgestaltung der Koexistenz beider Rechtgebiete.[1043] Diese Unsicherheit hat der EGMR nun teilweise ausgeräumt.

Begrüßenswert ist weiterhin die Entscheidung der Richter, der britischen Argumentationslinie, die eine Anwendung des *lex specialis* Grundsatzes im Sinne einer Verdrängung der EMRK durch das Humanitäre Völkerrecht befürwortet, nicht zu folgen.[1044] Eine Qualifizierung des Humanitären Völkerrechts als *lex specialis* wäre aus menschenrechtlicher Sicht ein fatales Zeichen gewesen. Es hätte – wenn man das Humanitäre Völkerrecht als abschließend betrachtet – das vollständige Ende der Geltung der EMRK in bewaffneten Konflikten bedeutet, da die spezielleren Regelungen des Humanitären Völkerrechts die der Konvention verdrängt hätten.[1045] Die bisherige Rechtsprechung des EGMR zur extraterritorialen Geltung der EMRK in bewaffneten Konflikten wäre – wenn nicht obsolet – zumindest nachhaltig in Frage gestellt worden. Der Ansatz des EGMR – d.h. die Koexistenz beider Rechtsgebiete unter gleichzeitiger Einbeziehung der Besonderheiten des Humanitären Völkerrechts bei der Auslegung der EMRK – ähnelt dem der Komplementarität. Im Grundsatz geht auch der EGMR da-

---

1041 *Hill-Cawthorne*, EJIL: Talk!, 16. September 2014.

1042 *De Koker*, 31 UJIEL 2015, S. 90, 93; *Hill-Cawthorne*, EJIL: Talk!, 16. September 2014.

1043 *De Koker*, 31 UJIEL 2015, S. 90, 93.

1044 So auch *Hill-Cawthorne*, EJIL: Talk!, 16. September 2014.

1045 *De Koker*, 31 UJIEL 2015, S. 90, 93.

von aus, dass beide Systeme nebeneinander bestehen können. Dort, wo es erforderlich wird, sind die Straßburger Richter jedoch bereit, die Wertungen des Humanitären Völkerrechts mit einfließen zu lassen und verringern hierdurch das Risiko einer Inkompatibilität.

Von Bedeutung ist diese Entscheidung zudem in einer anderen Hinsicht: Faktisch räumt sich der EGMR durch diese Entscheidung ein Mandat zur Überprüfung der Einhaltung des Humanitären Völkerrechts ein. Nur, wenn die Freiheitsentziehung nach Humanitärem Völkerrecht rechtmäßig war, kann eine Verletzung des Art. 5 Abs. 1 EMRK entfallen. Die Rechtmäßigkeit der Freiheitsentziehung nach Humanitärem Völkerrecht muss jedoch rechtsverbindlich festgestellt werden. Diese Aufgabe fällt nun dem EGMR zu. Über den „Umweg" der Menschenrechtsverletzung erhält das Humanitäre Völkerrecht ungewollt endlich ein Rechtsprechungsorgan, das zumindest teilweise über die Rechtmäßigkeit von Kriegshandlungen nach dem Humanitären Völkerrecht entscheiden kann. Zwar ist man damit noch weit entfernt von einem originären Gerichtshof für das Humanitäre Völkerrecht. Die Entscheidungen des EGMR können auch keine derartige Wirkung haben, dass hierdurch eine interpretatorische Fortentwicklung des Humanitären Völkerrechts mit Allgemeingültigkeit für alle Vertragsstaaten der Genfer Konventionen begründet würde. Für die „Humanisierung" des Humanitären Völkerrechts stellt dies jedoch einen bedeutenden Fortschritt dar, der einer kleinen Revolution gleichkommt und geeignet ist, das Verhältnis zwischen Menschenrechten und Humanitärem Völkerrecht nachhaltig zu beeinflussen.

Die Entscheidung fand jedoch nicht nur Zuspruch. Insbesondere wurde kritisiert, durch die extensive Auslegung überschreite der Gerichtshof die Grenzen der Interpretation und ergänze den engen Wortlaut des Art. 5 EMRK.[1046] Die Entscheidung dürfte auch von Seiten der Hohen Vertragsparteien nicht nur positiv aufgenommen worden sein. Bisher war die Durchsetzbarkeit des Humanitären Völkerrechts mangels starker internationaler Organe kaum bis gar nicht gegeben.[1047] Zumindest ansatzweise könnte sich dies durch das vorliegende Urteil ändern und die Akzeptanz der EGMR-Urteile untergraben. Es bleibt abzuwarten, ob Staaten angesichts dieser Entwicklung zukünftig verstärkt von Art. 15 EMRK Gebrauch machen werden.

Auch verbleibt die unbefriedigende Situation in Bezug auf „administrative detention" in nicht-internationalen bewaffneten Konflikten. Es bleibt

1046 Ebenda, S. 90, 94.
1047 S.o. Teil 2, Kap. 5, A., II., 4.

abzuwarten, ob der Fall vor dem EGMR landen wird. Wünschenswert wäre dies allemal, da es dem Gericht die Möglichkeit geben würde, seine Ausführungen in *Hassan* zu ergänzen und seine Rechtsprechung um Fälle der Inhaftierung in nicht-internationalen bewaffneten Konflikte zu erweitern. Da der EGMR die vorgenommene Interpretation in *Hassan* auf Fälle internationaler bewaffneter Konflikte beschränkt hat,[1048] ist bis auf weiteres unklar, wie Hohe Vertragsparteien ihre EMRK-Verpflichtungen und die Notwendigkeit der Inhaftierung potenziell gefährlicher Zivilisten im Kampf gegen nicht-staatliche bewaffnete Gruppen in Einklang bringen können.[1049]

Im Rahmen des Verhältnisses von EMRK und Humanitärem Völkerrecht hat der EGMR sich schließlich auch noch nicht zu der Frage geäußert, ob Tötungen im Rahmen bewaffneter Konflikte, die von Soldaten eines Aggressors ausgehen, stets eine Verletzung des Art. 2 EMRK darstellen, ungeachtet der Frage, ob sie nach Humanitärem Völkerrecht gerechtfertigt sind.[1050] So scheint es zumindest der Menschenrechtsausschuss im Hinblick auf Art. 6 IPBPR zu sehen, wenn er in seinem General Comment Nr. 36 feststellt:

> „States parties engaged in acts of aggression as defined in international law, resulting in deprivation of life, violate ipso facto article 6 of the Covenant."[1051]

Dies hätte zur Folge, dass Tötungshandlungen durch Kombattanten eines Staates aufgrund einer Aggression stets eine Menschenrechtsverletztung zur Folge hätte, zugleich aber keine Verletzung des Humanitären Völkerrechts, da Kombattanten, die gegnerische militärische Ziele angreifen, das Kombattantenprivileg nach Humanitärem Völkerrecht für sich beanspruchen können, ungeachtet der Frage, welcher Staat im Einzelfall der Aggressor war.[1052]

1048 EGMR, *Hassan v. UK* [GC], App. no. 29750/09, 16. September 2014, Rn. 104.

1049 Vgl. *Landais/Bass*, IRRC (2015), 97 (900), S. 1295, 1302.

1050 Befürwortend *Haque*, EJIL: Talk!, 21. Oktober 2019.

1051 MRA, *General Comment Nr. 36* vom 3. September 2019, CCPR/C/GC/36, Rn. 70.

1052 Vgl. *Kilibarda*, EJIL:Talk!, 22. Oktober 2019.

Teil 3: Bindung nicht-staatlicher bewaffneter Gruppen an die EMRK

Nachdem herausgearbeitet wurde, unter welchen Umständen ein extraterritorialer Menschenrechtsschutz nach der EMRK in bewaffneten Konflikten in Frage kommt, widmet sich Teil 3 den Folgen einer solchen Ausdehnung des Anwendungsbereichs für nicht-staatliche bewaffnete Gruppen. Ist eine Bindung dieser Akteure an die Konvention denkbar?

Hierbei stehen die Überlegungen unter der Prämisse, dass nicht nur Staaten Menschenrechtsverletzungen zu verantworten haben, sondern dass eine Vielzahl von Verletzungen von nicht-staatlichen Gruppierungen ausgeht. Angesichts der weltweit steigenden Zahl nicht-internationaler bewaffneter Konflikte ist dies wenig überraschend.[1053] Ebenso wenig überrascht es, dass sich zuletzt vermehrt die Frage einer Verantwortung nicht-staatlicher Akteure für Menschenrechtsverletzungen und somit zugleich ihrer Bindung an entsprechende internationale Verträge stellte. Während die Umsetzbarkeit dieser Forderung in dem auf Staaten ausgerichteten[1054] System des internationalen Rechts nicht ohne Weiteres gegeben erscheint, ist ihre Bedeutung angesichts des Einflusses, den nicht-staatliche bewaffnete Gruppen im Stande sind auszuüben, nicht minder hoch.[1055]

Diese sind in der Lage nachhaltig auf das Leben der in ihrem Gebiet ansässigen Menschen einzuwirken, seien es der so genannte „Islamische Staat", die FARC, die Hamas oder auch die Al-Nusrah-Front.[1056] Alle haben gemein, dass sie staatliche Strukturen in den von ihnen kontrollierten

---

1053 Vgl. *Sivakumaran*, 55 ICLQ 2006, S. 369; *Sassòli*, 1 JIHLS 2010, S. 5, 6 stellte 2010 bereits fest, dass mindestens 50% der weltweiten Konflikte nicht-internationaler Art seien.

1054 Vgl. *Klabbers*, in: Bianchi (Hrsg.), S. 37, 41 wonach *„the most popular solution in practice is to elevate pretty much every non-state actor to the status of subject of international law without thinking twice"*; *Sassòli*, 1 JIHLS 2010, S. 5, 7; *Daboné*, IRRC (2011), 93 (882), S. 395 f.; *Muhvić*, PJIEL 2017, S. 7.

1055 Die Bedeutung nicht-staatlicher Akteure hat in den letzten Jahrzehnten im allgemeinen stark zugenommen. So stellt *Sassòli*, 1 JIHLS 2010, S. 5, 7 fest: *„The international reality is, however, less and less State-centered. NGOs, trans-national corporations and armed groups have one thing in common: they are important international players, but they are still largely non-existent for international law"*.

1056 Vgl. *Smith*, S. 403.

Gebieten wenn nicht gänzlich übernommen, so zumindest untergraben und teilweise ausgehebelt und hierbei regelmäßig menschenrechtliche Garantien missachtet haben.[1057] Zugleich ergreifen nicht-staatliche Gruppierungen durchaus auch Maßnahmen zur Unterstützung der Bevölkerung in den von ihnen kontrollierten Gebieten.[1058] Hierdurch untermauern sie ihre Stellung als neuer „Machthaber" und versuchen, die dort ansässigen Menschen für ihre Sache zu gewinnen.

So konsequent daher die Forderung nach einer Bindung nicht-staatlicher Gruppierungen an internationale Menschenrechte auch sein mag, legt sie zugleich Hand an zentrale Aspekte des internationalen Rechts. Die Kontroverse ist nicht neu: Im Jahr 2011 widmete das IKRK eine Ausgabe seiner *International Review of the Red Cross* der rechtlichen Behandlung bewaffneter Gruppen[1059] und ließ u.a. zwei Mitglieder des Redaktionsgremiums über die Sinnhaftigkeit einer rechtlichen Gleichbehandlung von Staaten und bewaffneten Gruppen debattieren.[1060] Zwar beschränkte sich diese Diskussion primär auf die Frage der Gleichbehandlung im Humanitären Völkerrecht, die Probleme im Menschenrechtsbereich sind jedoch ähnlich groß, wenn nicht gar größer, denn im Gegensatz zu den GK mit dem gemeinsamen Art. 3 halten Menschenrechtsverträge regelmäßig überhaupt keine Vorschriften zum Verhältnis zu nicht-staatlichen Akteuren bereit. Vielmehr kann aus menschenrechtlicher Perspektive durchaus eine gewisse „Bevorteilung" bewaffneter Gruppen in nicht-internationalen bewaffneten Konflikten beobachtet werden, da die einschlägigen menschenrechtlichen Verträge regelmäßig nur Pflichten für Staaten normieren.[1061]

Dies ist zwar insofern logisch, als Staaten auch die einzigen Vertragsparteien sind, erscheint in mehrerlei Hinsicht jedoch nicht interessengerecht. Zum einen folgt hieraus eine Benachteiligung der betroffenen Staaten, die

---

1057 Ebenda. Vgl. auch *HRW*, Colombia: Beyond Negotiation, S. 7; *Roggio*, The Long War Journal, 13. März 2013, beschreibt die Übernahme der Kontrolle der letzten großen Stadt am Euphrat durch die Al Nusrah Front und die Einberufung eines *„Sharia Committee for the Eastern Region"*, dessen Aufgabe es sein sollte, die Durchsetzung des Islamischen Rechts in der Region sicherzustellen.

1058 So weist *Murray*, S. 5 darauf hin, dass etwa die Democratic Union Party in ihren Gebieten im Verlauf des syrischen Bürgerkriegs die Bevölkerung mit Benzin, Gas und Mehl versorgt und hierdurch Maßnahmen vergleichbar mit staatlichen Direkthilfen für Katastrophengebiete ergreift.

1059 *ICRC*, Understanding Armed Groups and the Applicable Law, IRRC (2011), 93 (882).

1060 *Sassòli/Shany*, IRRC (2011), 93 (882), S. 425 - 436.

1061 So schlussfolgert auch *Daboné*, IRRC (2011), 93 (882), S. 195, 424.

einem Gegner gegenüberstehen, der u.U. nicht dieselben Regeln zu respektieren hat. Zum anderen führt dies auch zu einer Gefährdung der in den durch bewaffnete Gruppierungen besetzten Gebieten ansässigen Bevölkerung. Unabhängig von der berechtigten Frage, ob bewaffnete Aufständische Menschenrechte beachten würden, wären sie an diese gebunden, reduziert dies nicht nur den Anreiz für diese Gruppierungen, menschenrechtliche Mindeststandards zu respektieren, sondern verhindert im Nachgang auch eine effektive rechtliche Aufarbeitung und Ahndung der durch sie begangenen Menschenrechtsverletzungen. Darüber hinaus wäre wohl auch die Bereitschaft der Staaten höher, in nicht-internationalen bewaffneten Konflikten Menschenrechte zu respektieren, wenn ihre Gegenseite gleichermaßen an diese gebunden wäre.

Im Folgenden wird beleuchtet, ob grundsätzlich nicht-staatlichen bewaffneten Gruppen Völkerrechtspersönlichkeit zuerkannt werden kann (Kapitel 1). Sodann wird geprüft, ob infolge dessen auch eine Bindung nicht-staatlicher bewaffneter Gruppen an Humanitäres Völkerrecht (Kapitel 2) und Menschenrechte (Kapitel 3) möglich ist.

Kapitel 1: Völkerrechtspersönlichkeit nicht-staatlicher bewaffneter Gruppen

Die Bindung nicht-staatlicher Akteure ist unweigerlich mit der Frage der Rechtspersönlichkeit bzw. der Völkerrechtssubjektivität verbunden. Nur wer diese besitzt, kann für die Bindung an Menschenrechtsverträge und Völkergewohnheitsrecht überhaupt in Betracht gezogen werden.[1062] Hierbei versteht *Herdegen* unter Rechtspersönlichkeit im Völkerrecht *„die Fähigkeit, völkerrechtliche Rechte und Pflichten innezuhaben. In der Regel bedeutet diese Fähigkeit auch, die eigenen Rechte auf völkerrechtlicher Ebene geltend zu machen“*[1063]. Kann nicht-staatlichen Akteuren – insbesondere bewaffneten Gruppen – eine solche Rechtspersönlichkeit zugestanden werden? Als nicht-staatliche Akteure sind sie keine Mitglieder einschlägiger Menschenrechtsverträge.[1064] Und auch, wenn sich manche Gruppen durch einseitige Erklärung als an Menschenrechtsverträge gebunden erklären,[1065] geschieht dies nur in Ausnahmefällen. Zudem setzt auch dies ihre Völkerrechtsfähig-

1062 *Murray*, S. 23.
1063 *Herdegen*, § 7, Rn. 1.
1064 *Smith*, S. 404.
1065 Ebenda.

keit voraus. Die Frage, ob eine Bindung auch ohne entsprechende einseitige Erklärung in Betracht kommt, bleibt daher relevant.

Umstritten ist hierbei bereits, wie der Begriff der Rechtspersönlichkeit überhaupt auszulegen ist, inwiefern diese den verschiedenen in Betracht kommenden Subjekten zugestanden werden kann. Die hierzu vertretenen Ansichten sollen im Folgenden dargestellt und gegeneinander abgewogen werden.

A. *Zur Möglichkeit der Zuerkennung von Rechtspersönlichkeit*

I. Staaten als alleinige Inhaber Rechtspersönlichkeit

Nach einer lange Zeit dominierenden Ansicht[1066] soll einzig die Staatsqualität Voraussetzung für den Erwerb von Rechtspersönlichkeit sein.[1067] Das internationale Recht sei primär ein zwischenstaatliches Recht.[1068] Die Staaten als ausschließliche Subjekte des internationalen Rechts[1069] hätten qua dieser Staatsqualität Rechtspersönlichkeit inne.[1070] Das internationale Recht regele daher auch nur das Verhältnis zwischen Staaten und nicht zwischen Staaten und Dritten (wie etwa Individuen oder Organisationen).[1071] Die Teilhabe eines Staates an der internationalen Gemeinschaft sei von der Anerkennung durch die Mitglieder ebendieser Gemeinschaft abhängig.[1072]

Diese Ansicht ist jedoch nicht mehr zeitgemäß. Sie wurde insbesondere durch den IGH ausdrücklich verworfen. Dieser hatte in Bezug auf die Vereinten Nationen bereits 1949 festgestellt, dass sie darauf ausgelegt seien „*to exercise and enjoy […] functions and rights which can only be explained on the basis of the possession of a large measure of international personality […]*“[1073]. Wenn also bereits internationale Organisationen Rechtspersön-

---

1066 Vgl. *Bluntschli*, S. 65; *Heilborn*, S. 62; *Portmann*, S. 35.

1067 *Murray*, S. 30; *Korowicz*, 50 AJIL 1956, S. 533, 541; *Peters*, S. 30.

1068 *Kau*, in: Graf Vitzthum/Proelß (Hrsg.), S. 133, 141.

1069 *Triepel*, R.d.C. 1923, S. 77, 81; *Portmann*, S. 35, 39; *Lauterpacht*, in: Bianchi [Hrsg.], S. 3.

1070 *Murray*, S. 30.

1071 *Triepel*, R.d.C. 1923, S. 77, 81.

1072 *Portmann*, S. 36.

1073 ICJ, *Reparation for Injuries Suffered in the Service of the United Nations*, Advisory Opinion of April 11th 1949, Reports of Judgements, Advisory Opinions and Orders 1949, S. 179.

lichkeit besitzen, die nachweisbar keine Staatsqualität haben, so kann das Fehlen von Staatsqualität nicht-staatlichen bewaffneten Gruppierungen nicht entgegengehalten werden, um ihnen die Rechtspersönlichkeit zu verweigern.

Allerdings, so *Murray*, ist eine Weiterentwicklung dieser Ansicht denkbar, wonach Staaten die *„original and dominant subjects of international law"*[1074] seien. Nur diese hätten die Befugnis, durch direkte oder indirekte Anerkennung neue nicht-staatliche internationale Subjekte zu schaffen.[1075] Dies würde das zuvor genannte Argument entkräften. Auch hiernach erhielten nicht-staatliche bewaffnete Gruppierungen allenfalls ausnahmsweise Rechtspersönlichkeit, da regelmäßig eine staatliche Anerkennung fehlen wird. Allenfalls hinsichtlich des sog. „Islamischen Staates" könnte man eine entsprechende Anerkennung diskutieren. Jedoch war die Staatengemeinschaft auch hier regelmäßig darauf bedacht, dem IS keine Eigenständigkeit und keine Rechtspersönlichkeit zuzusprechen.

Im Ergebnis wird man diese Ansicht als zu eng ablehnen müssen. Sie entspricht nicht mehr der Realität, die regelmäßig internationale Organisationen als Akteure im Bereich des internationalen Rechts sieht, ohne dass zuvor eine ausdrückliche „Verleihung" der Rechtspersönlichkeit durch die Staatengemeinschaft erfolgte. Außerdem führt sie zu der Frage, wie viele Staaten der Bildung neuer nicht-staatlicher Rechtsubjekte zustimmen müssten, damit diese als allgemein anerkannt gelten. Reicht die Anerkennung durch einen Staat, muss die gesamte Staatengemeinschaft dem zustimmen oder reicht ein Teil? Selbst bei der Gründung neuer Staaten in internationalem Recht scheint die herrschende Meinung mittlerweile der deklaratorischen Theorie zu folgen.[1076] Hiernach ist die Existenz bzw. Gründung eines neuen Staates nicht an die Anerkennung durch andere Staaten gebunden.[1077] Diese können somit nicht durch die Verweigerung der Anerkennung die Gründung eines neuen Staates verhindern. Wenn dies jedoch bereits bei den primären Subjekten des internationalen Rechts nicht

---

1074 *Murray*, S. 30.

1075 Ebenda; *Portmann*, S. 70.

1076 *Crawford*, S. 25 m.w.N.; *Ders.*, Brownlie's Principles, S. 145; *Talmon*, S. 218; *Cassese*, S. 73; *Tomuschat*, in: The Hague Academy of International Law (Hrsg.) 1999, S. 9, 118. Kritisch gegenüber der mittlerweile veralteten konstitutiven Theorie äußerte sich 1962 bereits *Bindschedler*, 9 AVR 1962, S. 377, 385 ff.

1077 *Talmon*, S. 218; bei einem Staat handele es sich vielmehr um ein *„factual phenomenon, and no criteria have been furnished as to show judgement should be the decisive one"*, *Tomuschat*, in: The Hague Academy of International Law (Hrsg.) 1999, S. 9, 118. Vgl. auch *Crawford*, Brownlie's Principles, S. 145.

möglich ist, ist nicht ersichtlich, warum an andere, nicht staatliche Akteure strengere Anforderungen zu stellen wären.

II. Die individualistische Konzeption

Eine zweite Ansicht – die sog. individualistischen Konzeption – vertritt eine diametral entgegengesetzte Meinung und stellt das Individuum in das Zentrum des internationalen Rechts.[1078] Der Mensch als *„ultimate international person"*[1079] sei in der Lage, internationale Rechte und Pflichten wahrzunehmen bzw. zu erfüllen.[1080] Der Staat sei nichts anderes als eine *„corporate identity"*[1081] – eine künstliche Gemeinschaft, durch Menschen geschaffen, um Menschen zu dienen. Manche mögen die Nürnberger Kriegsverbrecherprozesse zur Untermauerung dieser Ansicht ins Feld führen.[1082] Dort findet sich die viel beachtete Aussage: *„Crimes against international law are committed by men, not by abstract entities, and only by punishing individuals who commit such crimes can the provisions of international law be enforced."*[1083] Daraus wurde in der Folge unter anderem abgeleitet, dass sämtliche schweren Verletzungen des Kriegsrechts strafrechtliche Verantwort-

1078 Ein prominenter Vertreter war seinerzeit der französische Universitätsprofessor *Léon Duguit*. Obwohl er verstarb, bevor er eine Reihe von Vorträge zum Internationalen Recht halten konnte und sich mit Ausführungen zum Internationalen Recht bis dato zurückgehalten hatte, gilt er heute als einer der wichtigsten Verfechter der individualistischen Theorie, vgl. *Scelle*, Archives de Philosophie du Droit et de Sociologie Juridique 1932, S. 83, 85. Zur Prämisse der individualistischen Konzeption vgl. *Politis*, Archives de Philosophie du Droit et de Sociologie Juridique 1932, S. 69, 71 f.; *Brierly*, 58 RCADI 1936-IV, S. 1, 42 („[E]n dernière analyse, seuls, les individus sont susceptibles d'être sujet de ce droit-là, comme de tout autre."); *Bourquin*, 35 RCADI 1931-I, S. 5, 42 - 47; *Scelle*, S. 42 („[L]e sujet de droit est *toujours* et ne peut-être *que* l'individu [...]"); *Krabbe*, S. 275 („Subjekte des internationalen Rechts sind die *Menschen*, denen als Beherzigern der Interessen, um welche jenes Recht sich kümmert, Befugnisse und Verpflichtungen zufallen"); *Korowicz*, 50 AJIL 1956, S. 533, 539.

1079 *Murray*, S. 31.

1080 Ebenda.

1081 Ebenda.

1082 Ebenda.

1083 *International Military Tribunal*, Trial of the Major War Criminals before the International Military Tribunal, Nuremberg 14 November 1945 – 1 Oktober 1946, Volume 1, S. 223.

lichkeit nach sich ziehen und daher zwangsläufig ein individuelle Verantwortlichkeit für solche Handlungen bestehen muss.[1084]

Es lässt sich hieraus allerdings nicht ein allgemeiner Grundsatz ableiten, wonach der Einzelne das primäre Rechtssubjekt des internationalen Rechts sei. Die Nürnberger Kriegsverbrecherprozesse, wie alle Strafverfahren, werden der Tatsache gerecht, dass Straftaten stets eine faktische Handlung voraussetzen, die durch ein abstraktes bzw. rechtliches Gebilde wie einen Staat schlicht nicht vorgenommen werden kann. Die Effektivität der Strafverfolgung und der Durchsetzung strafrechtlicher Verbotstatbestände erfordert eine Anknüpfung an das Handeln Einzelner. Und so ist es auch zu begrüßen, dass das Kriegsverbrechertribunal den Grundsatz als gegeben ansah, dass die Effektivität des internationalen Rechts die individuelle Verantwortlichkeit für internationale Verbrechen erfordere.[1085] Diese strafrechtliche Besonderheit kann jedoch nicht mit Allgemeingültigkeit in alle übrigen Teilbereiche des internationalen Rechts hineinstrahlen.

Wenn Vertreter dieser Ansicht das Argument heranziehen, dass Staaten nicht mehr seien als eine *„functional entity shaped by individuals“*[1086], als eine *„Vielzahl an Beziehungen zwischen Individuen“*[1087], so lässt dies die Tatsache außer Betracht, dass erst die staatsförmige Organisation solche Strukturen erwachsen lässt, die ein Handeln mit globaler Wirkung ermöglichen.

Dies widerspricht freilich auch nicht der demokratischen Organisationsform moderner Gesellschaften. Zwar gründet diese insbesondere auf der Legitimierung der Staatsorgane durch Wahlen, wodurch diese Organe als Repräsentanten des jeweiligen Volkes betrachtet werden können. Zugleich beinhalten diese Wahlen eine bewusste Abtretung von Souveränität an den Staat mit dem Auftrag, für die Bürger zu handeln. Mit dem politischen Tagesgeschäft sind diese nicht befasst, und erst durch die Übertragung des dem Staat gewährten (rechtlichen) Handlungs- und Gestaltungsspielraums wird die Funktionsfähigkeit der Gesamtgesellschaft gewährleistet.

Auch wird diese individualistische Ansicht nicht durch die Ausgestaltung des internationalen Menschenrechtsschutzes gestützt. *Portmann* stellt

1084 *Portmann*, S. 141; *Kolb*, 2000 BYIL 71, S. 259, 265.

1085 *Portmann*, S. 141; *Lauterpacht*, S. 44.

1086 *Portmann*, S. 124; *Duguit* sah den Staat etwa als eine Art *„politischen Arm der sozialen Solidarität“* (Eigene Übersetzung), vgl. *Koskenniemi*, S. 300. Hierdurch verneint er ebenfalls die rechtliche Eigenständigkeit des Staates und knüpft dessen Daseinsberechtigung an den hierauf gerichteten Volkswillen.

1087 Ebenda (Übersetzung durch Autor).

diesbezüglich zwar fest, dass die Rechtsprechung des EGMR eine Ausprägung der individualistischen Ansicht darstelle und sich hierbei insbesondere auf den Gebrauch der Begriffe *„constitutional norms“*, *„fundamental freedoms“* oder *„objective obligations“* stütze.[1088] Dies sei Ausdruck des individualistischen Ansatzes, da dieser es als Grundauftrag des internationalen Rechtes ansehe, das Individuum zu schützen.[1089]

Zugleich ist jedoch festzustellen, dass dem Individuum hierbei grundsätzlich nur Rechte zuteilwerden.[1090] Pflichten des Einzelnen gegenüber seinen Mitmenschen werden i.d.R. nicht formuliert. Das Individuum als zentraler Inhaber von Rechtspersönlichkeit würde also gleichsam „geschont“ und von Pflichten befreit, die Staaten als Manifestation der Vielzahl an Beziehungen zwischen ebenjenen Individuen auferlegt würden. Dies spricht jedoch gerade gegen den individualistischen Ansatz und für eine auf Staaten konzentrierte Konzeption der Rechtspersönlichkeit im internationalen Recht. Denn vor den Handlungen ebendieser Staaten sollen die Menschen gerade geschützt werden.

All dies bedeutet freilich nicht, dass dem Individuum *per se* keine Völkerrechtssubjektivität zu Teil werden kann. Insbesondere die zuvor genannte Anerkennung eigener (Menschen-)Rechte ist ein starkes Indiz dafür, dass Bürgern in Teilbereichen eigene Handlungsmacht zugestanden wird.[1091]

III. Die formale Konzeption

Eine dritte Ansicht kann als vermittelnde Ansicht beschrieben werden. Nach dieser bereits Mitte des 20. Jahrhunderts prominent[1092] vertretenen formalen Konzeption ist das internationale Recht offen ausgestaltet und knüpft die Rechtspersönlichkeit an die Voraussetzung, dass der/die Betroffene durch internationale Normen, Rechte und/oder Pflichten zugesprochen bekommt.[1093]

1088 Ebenda, S. 153 f.

1089 Ebenda, S. 154.

1090 Vgl. *Kau*, in: Graf Vitzthum/Proelß (Hrsg.), S. 133, 143.

1091 *Herdegen*, § 7, Rn. 5.

1092 Vgl. *Portmann*, S. 156, *O'Connel*, 34 RGDIP 1963, S. 5, 8; *Kelsen*, 42 RCADI 1932-IV, S. 117, 141 ff.; vgl. auch *Guggenheim*, Lehrbuch des Völkerrechts I, S. 161.

1093 *Portmann*, S. 156.

Zwar verzichtet diese Ansicht auf die Vermutung von Rechtspersönlichkeit zugunsten eines bestimmten Rechtsubjekts.[1094] Zugleich garantiert ihre Offenheit jedoch auch eine hohe Flexibilität und Anpassungsfähigkeit des Rechtsystems an neue Entwicklungen. Entscheidend nach dieser Ansicht ist weniger, wer internationales Recht zu setzen vermag, sondern vielmehr, wen die verschiedenen Regelungen mit Rechten und Pflichten bedenken. Insofern entstammt die Rechtspersönlichkeit der Adressateneigenschaft und ist nicht ihre Voraussetzung.[1095] Die Rechtsetzungsbefugnis hingegen soll weder Begründungskriterium für Rechtspersönlichkeit sein noch dieser entfließen.[1096] Sie ergibt sich aus dem Umstand, dass Metanormen dem jeweiligen Organ die Rechtsetzungsbefugnis zugestehen.[1097] Diese „Ermächtigungskette" für den Erlass positiven Rechts entspringt ursprünglich dem Gewohnheitsrecht, welches im Falle des internationalen Rechtes den Staaten die Befugnisse zur Rechtsetzung mittels Unterzeichnung internationaler Abkommen einräume.[1098]

Unbefriedigend erscheint hierbei, dass das Zugeständnis von Rechtspersönlichkeit für das betroffene Individuum bzw. Organ keine direkten Konsequenzen hat. Weder werden ihm automatisch Grundrechte zugestanden, noch Pflichten auferlegt oder die Möglichkeit eingeräumt, neues internationales Recht zu kreieren.[1099] Der doch recht bedeutungsschwangere Begriff der Rechtspersönlichkeit sieht ebenjene Bedeutung reduziert zu einem bloßen Status im internationalen Recht, der die Situation des betroffenen Subjekts zunächst unbeeinflusst lässt.

Zugleich folgt die Rechtspersönlichkeit aus dem Umstand, dass das betroffene Subjekt Adressat verschiedener Regelungen mit Rechten und Pflichten ist. Die Rechtspersönlichkeit begrenzt sich somit im Sinne der partiellen Völkerrechtssubjektivität zunächst nur auf diese das Rechtssubjekt direkt adressierenden Normen.

Es erscheint jedoch zweckmäßiger eine umfassende Rechtspersönlichkeit anzunehmen sobald internationale Normen ein Rechtssubjekt mit Rechten und Pflichten ausstatten. Allerdings führt dies nicht unmittelbar zur Unterwerfung desselben unter alle in Betracht kommenden internationalen Regelungen. Vielmehr muss für diese im Einzelnen weiterhin nach-

---

1094 Ebenda.
1095 Ebenda.
1096 Ebenda.
1097 Ebenda, S. 159; *Kelsen*, 84 RCADI 1953-III, S. 1, 119 f.
1098 *Portmann*, S. 159.
1099 Ebenda.

gewiesen werden, dass das betroffene Subjekt auch Adressat ebendieser Regelungen ist. Die Rechtspersönlichkeit ist hiernach also „abstrakt" ausgestaltet und kann nur wahrgenommen werden, wenn das Subjekt Adressat von Rechten und Pflichten ist.

IV. Die „actor conception"

Schließlich stellt die nach dem Zweiten Weltkrieg besonders vertretene sog. *„actor conception"* hinsichtlich der Rechtspersönlichkeit auf die Fähigkeit des jeweiligen Subjektes ab, Einfluss auf den internationalen Entscheidungsfindungsprozess im Sinne einer *„effective power"* auszuüben.[1100] Hierbei kommen nicht nur Staaten in Betracht. Vielmehr weist *McDougal* darauf hin, dass neben Staaten auch Individuen und internationale Organisationen als Subjekte des internationalen Rechts in Betracht kommen.[1101]

Die Besonderheit dieses Ansatzes besteht darin, dass er das System des internationalen Rechtes nicht als Gesamtheit von Rechtsnormen begreift, sondern als fortlaufenden Entscheidungsprozess.[1102] Hierbei ist für die Teilnahme am Entscheidungsfindungsprozess lediglich die tatsächliche Macht des jeweiligen Subjekts entscheidend.[1103] Staaten werden daher regelmäßig keine Schwierigkeiten haben, diese Macht auszuüben. Auch bei internationalen Organisationen wie den Vereinten Nationen, die auf multilateralen Verträgen zwischen Staaten beruhen, wird eine solche Macht anzunehmen sein. Jedoch leiden diese ebenfalls unter der begrenzten Souveränität, die sie letztlich von den verschiedenen Staaten ableiten. Wie etwa Nichtregierungsorganisationen oder gar Einzelpersonen eine solche Macht ausüben sollen, die sie zur Teilhabe am internationalen Entscheidungsprozess befähigt, erscheint zumindest fragwürdig. Hierdurch verbleibt das vermeintlich offene System dennoch hinsichtlich seiner Akteure faktisch begrenzt, da letztlich primär nur die Staaten in der Lage sind, den Entscheidungsfindungsprozess auf internationaler Ebene zu gestalten.

1100 Ebenda, S. 188. Auf diesen Entscheidungsfindungsprozess als entscheidendes Merkmal stützt sich auch *Higgins*, 230 RCADI 1991-V, S. 9, 68.

1101 *McDougal*, 82 RCADI 1953-I, S. 133, 160 f.; *Higgins*, 230 RCADI 1991-V, S. 9, 68, 76, 79. Diese erkennt jedoch an, dass Staaten weiterhin die Hauptakteure des Internationalen Rechts sind. *McDougal/Lasswell/Reisman*, in: Falk/Black (Hrsg.), S. 73, 81.

1102 *Portmann*, S. 190.

1103 Ebenda, S. 191.

V. Abwägung der verschiedenen Ansichten

Im Ergebnis ist diese letzte Ansicht daher abzulehnen. Gleiches gilt für die erst- und zweitgenannten Ansichten. Diese inhaltlich diametral entgegengesetzten Ansichten – erstere nimmt einen Primat des Staates, letztere den Vorrang des Individuums an – vermögen sich nicht an die Realität des 21. Jahrhunderts anzupassen. Insbesondere die Entwicklungen im Bereich des Menschenrechtschutzes zeugen von einer zunehmenden Beachtung der Rechte des Individuums. So kann etwa der Einzelne Beschwerden vor dem EGMR aufgrund der Verletzung seiner Menschenrechte durch einen Konventionsstaat erheben. Dieses Recht ist nicht länger nur den Staaten vorbehalten. Zugleich zeigen Verfahren vor Kriegsverbrechertribunalen, dass dem Individuum nicht nur Rechte zustehen, sondern dass es für seine Handlungen im Einzelfall auch auf der Völkerrechtsebene persönlich zur Verantwortung gezogen werden kann, selbst wenn es zum Zeitpunkt der Vornahme dieser Handlungen in staatlicher Funktion tätig war.

Diese Erwägungen lassen daher die drittgenannte Ansicht als vorzugswürdig erscheinen. Ihre trotz der geäußerten Bedenken dennoch bestehende Flexibilität und Offenheit garantieren, dass sich das internationale Recht auch an neue Gegebenheiten anpassen und den Begriff der Rechtspersönlichkeit adäquat fortentwickeln kann. Zugleich wäre es wünschenswert gewesen, diesen Ansatz konsequent bis zum Ende zu verfolgen und mit der Rechtspersönlichkeit zugleich auch Rechte und Pflichten zu verknüpfen. Nichtsdestoweniger schließt diese Ansicht die Auferlegung ebensolcher Rechte und Pflichten nicht aus. Nach dieser Ansicht wäre es demnach auch nicht ausgeschlossen, nicht-staatlichen Akteuren patielle Rechtspersönlichkeit im internationalen Recht zuzugestehen.

Dies entspricht auch den heutigen Bedürfnissen. Insbesondere die Regelungen des Humanitären Völkerrechts zu nicht-internationalen bewaffneten Konflikten gewinnen aktuell vermehrt an Bedeutung. Diese halten besondere Regelungen zu solchen Konflikten vor und beziehen hierbei auch nicht-staatliche Akteure in den Adressatenkreis mit ein.[1104] Es erscheint daher nicht außerhalb jedweder Vorstellungskraft, nicht-staatliche Akteure auch in anderen Bereichen des internationalen Rechts als Adressaten in Betracht zu ziehen.

In diese Richtung deuten auch die Ausführungen von *Marcel Kau*, der hinsichtlich Aufständischen feststellt, dass diesen zwar zunächst keine völkerrechtliche Stellung zustehe, eine solche jedoch erworben werden kön-

---

1104 Vgl. oben Teil 1, C; *Kälin/Künzli*, S. 179 f.

ne, wenn sie auf einem Teil eines Staatsgebietes faktisch die Hoheitsgewalt ausübten.[1105]

B. Voraussetzungen für die Annahme der Völkerrechtspersönlichkeit nicht-staatlicher bewaffneter Gruppen

Bei der Frage, welche Voraussetzungen nicht-staatliche bewaffnete Gruppen für die Zuerkennung von Rechtspersönlichkeit erfüllen müssen, kann auf das Gutachten des IGH zu Reparationen für im Dienste der Vereinten Nationen erlittene Verletzungen zurückgegriffen werden.[1106] Der IGH bejahte die Rechtspersönlichkeit der Vereinten Nationen durch die Feststellung, dass die Vereinten Nationen

> „is a subject of international law and capable of possessing international rights and duties, and that it has capacity to maintain rights by bringing international claims."[1107]

Hieraus leitet *Murray* drei Voraussetzungen für die Annahme von Rechtspersönlichkeit ab:
- die unabhängige Existenz,
- die Fähigkeit, internationale Rechte oder Pflichten zu besitzen und
- der tatsächliche Besitz solcher Rechte oder Pflichten.[1108]

Die Fähigkeit, einen internationalen Anspruch geltend zu machen, begreift *Murray* hierbei zurecht weniger als Voraussetzung für internationale Rechtspersönlichkeit, sondern vielmehr als Konsequenz hieraus.[1109] Die Feststellung des Vorliegens von Rechtspersönlichkeit sollte hierbei einer

1105 *Kau*, in: Graf Vitzthum/Proelß (Hrsg.), S. 133, 148.

1106 ICJ, *Reparations for injuries suffered in the service of the United Nations*, Advisory Opinion, 11. April 1949, I.C.J. Reports 1949, S. 174.

1107 Ebenda, S. 174, 179.

1108 *Murray*, S. 43 – 45; vgl. auch *Green*, 9 NJIL 2008, S. 47, 71.

1109 *Murray*, S. 46 f. In diese Richtung argumentiert auch *Peters*, S. 50: *„Die Völkerrechtssubjektivität erfordert nicht, dass ein Akteur selbst Völkerrecht erzeugen kann, sie erfordert auch nicht, dass der Akteur seine Rechte vor internationalen Monitoring-Instanzen selbst durchsetzen kann. Die Völkerrechtsfähigkeit liegt der Inhaberschaft von Rechten voraus. Siw wird mit spezifischen Rechten und/oder Pflichten ausgefüllt, aber nicht durch diese konstituiert. Vielmehr setzt die Zuschreibung eines konkreten Rechts (z.B. aus einem Menschenrechtspakt) oder einer Pflicht an einen Akteur implizit voraus, dass dieser überhaupt rechtsfähig ist. Aus der Anerkennung der Rechtsfähigkeit folgen nicht automatisch bestimmte, konkrete Rechte oder Berechtigungen. Die Rechtsfähigkeit kann theoretisch gänzlich leer bzw. funktionslos bleiben, wenn*

funktionalen Herangehensweise[1110] folgen und sich an den soeben genannten Kriterien orientieren.

Kapitel 2: Bindung nicht-staatlicher bewaffneter Gruppen an das Humanitäre Völkerrecht

Im Folgenden wird überprüft, ob vor dem Hintergrund der Ausführungen in Kapitel 1 eine Bindung nicht-staatlicher bewaffneter Gruppen an das Humanitäre Völkerrecht angenommen werden kann.

A. Anerkennung der Rechtspersönlichkeit im Kontext nicht-internationaler bewaffneter Konflikte

Internationale Rechte und Pflichten können einem potenziellen Völkerrechtssubjekt nur dann zuteil werden, wenn dieses unabhängig von anderen Völkerrechtssubjekten existiert.[1111] Im Falle bewaffneter Gruppen ist es daher erforderlich, dass diese keiner staatlichen Kontrolle unterliegen, selbst wenn sie auf einem Staatsgebiet operieren. Andernfalls – wenn die Zuerkennung internationaler Rechte und Pflichten durch die Mediatisierung eines anderen Rechtssubjekts erfolgt – ist dieses nach internationalem Recht für die Handlungen der bewaffneten Gruppierung verantwortlich.[1112]

Nicht-internationale bewaffnete Konflikte sind regelmäßig durch einen Kontrollverlust seitens des Staates, wenn nicht über das durch die bewaffnete Gruppe kontrollierte Gebiet, so zumindest über die Gruppe selbst gekennzeichnet.[1113] Das nationale (Straf-)Recht ist hierbei nicht mehr ausreichend, um das staatliche Gewaltmonopol durchzusetzen.[1114] Daher wird

keinerlei Rechte verliehen werden. Damit sagt die Völkerrechtsfähigkeit über die reale Rechtsposition einer konkreten Einheit nichts aus".

1110 Vgl. *Green*, 9 NJIL 2008, S. 47, 71; *O'Connell*, S. 98; in diese Richtung argumentiert auch *Green*, 9 MJIL 2008, S. 47, 71.

1111 *Murray*, S. 42.

1112 Ebenda; *Korowicz*, 50 AJIL 1956, S. 533, 535.

1113 *Murray*, S. 138 f.

1114 Ebenda.

bei solchen Konflikten eine unabhängige Existenz der bewaffneten Gruppe angenommen.[1115]

Ist eine unabhängige Existenz der bewaffneten Gruppe im Einzelfall gegeben und überschreiten die Auseinandersetzungen zwischen dieser und dem Staat die Intensitätsschwelle zum nicht-internationalen bewaffneten Konflikt, ist seit langem anerkannt, dass der bewaffneten Gruppe sodann Rechtspersönlichkeit zugesprochen wird.[1116] Dies gilt allerdings nur insofern, als Rechtspersönlichkeit die Anwendung der entsprechenden Bestimmungen des Humanitären Völkerrechts ermöglicht.[1117]

I. Der gemeinsame Art. 3 GK als Grundlage für eine Bindung nicht-staatlicher bewaffneter Gruppen in bewaffneten Konflikten

Das Ziel – also die Bindung bewaffneter Gruppen an gewisse „Spielregeln" und die Möglichkeit ihrer Sanktionierung bei Nichtbefolgung – ist hierbei erstrebenswert. Ohne die Annahme von Rechtspersönlichkeit würden etwa die Regelungen der GK und ihrer Zusatzprotokolle bzgl. nicht-internationaler bewaffneter Konflikte diesbezüglich ins Leere laufen. Gestützt wird diese Ansicht primär auf den Wortlaut des gemeinsamen Art. 3 Abs. 1 GK:

> „In the case of armed conflict not of an international character occurring in the territory of one of the High Contracting Parties, <u>each Party to the conflict shall be bound</u> to apply, as a minimum, the following provisions [...]."[1118]

1115 Dies setzt in einem ersten Schritt natürlich voraus, dass es sich um eine bewaffnete Gruppe i.S.d. der GK handelt. Hierzu führte das IKRK in der Working Group B während der Ausarbeitung des zweiten Zusatzprotokolls aus: „*The expression [organized armed groups] does not mean any armed band acting under a leader. Such armed groups must be structured and possess organs, and must therefore have a system for allocating authority and responsibility: they must also be subject to rules of internal discipline. Consequently the expression 'organized armed groups' does not imply any appreciable difference in degree of organization from that of regular armed forces*", *Bothe/Eaton/Solf/Partsch*, S. 717.

1116 *Aufricht*, 37 APSR 1943, S. 217, 221; *ICRC*, 2016 Commentary on the First Geneva Convention, Gemeinsamer Art. 3, Rn. 508.

1117 *Murray*, S. 59; *Zegveld*, S. 57; *Sassòli*, 1 JIHLS 2010, S. 5, 31 spricht hierbei von einer "*functional legal personality necessary to be adressees of those rules of IHL*".

1118 Hervorhebung durch Verfasser.

Der gemeinsame Art. 3 GK bindet daher nach seinem Wortlaut nicht nur den jeweiligen Vertragsstaat, sondern auch die an dem nicht-internationalen bewaffneten Konflikt beteiligte bewaffnete Gruppe[1119] und gewährt beiden Parteien die gleichen Rechte und Pflichten.[1120]

Diese Bindung nicht-staatlicher bewaffneter Gruppen an Humanitäres Völkerrecht ist mittlerweile allgemein anerkannt.[1121] Dennoch wird hierdurch eine Bindung dieser Gruppen an einen Vertrag erzeugt, dem sie weder ausdrücklich noch konkludent beigetreten sind. Die Begründungen für diese Bindung variieren dementsprechend deutlich.

1119 *Sivakumaran*, S. 236.

1120 *ICRC*, 2016 Commentary on the First Geneva Convention, Gemeinsamer Art. 3, Rn. 504. Der gemeinsame Art. 3 GK zielt hierbei ausdrücklich auf eine Bindung nicht-staatlicher Akteure ab. Andere internationale Vertragswerke bezweckten ursprünglich lediglich die Bindung von Staaten, erfuhren jedoch in der Folge eine inhaltliche Ausweitung auf nicht-staatliche Akteure, *Sivakumaran*, S. 236 f. So definiert Art. 1 des zweiten Protokolls zum Haager Abkommen von 1954 für den Schutz von Kulturgut bei bewaffneten Konflikten den Begriff *„Party"* als *„State Party to this Protocol"* und schließt nach seinem Wortlaut nicht-staatliche Handelnde aus, *UNESCO*, Second Protocol to the Hague Convention of 1954 for the Protection of Cultural Property in the Event of Armed Conflict 1999, Den Haag, 26. März 1999, online abrufbar unter http://portal.unesco.org/en/ev.php -URL_ID=15207&URL_DO=DO_TOPIC&URL_SECTION=201.html (Letzter Abruf: 24.05.2019). Der Vorsitzende des Drafting Committees stellte hierzu fest: *„The Drafting Committee considered that the term ‚parties to a conflict' could also apply to non-State parties to a conflict by virtue of Article 22 which provides that the Second Protocol applies to non-international armed conflicts and that this Protocol is to be interpreted in that sense."*, *UNESCO*, Diplomatic Conference on the Second Protocol to the Hague Convention for the Protection of Cultural Property in the Event of Armed Conflict: Summary Report, Juni 1999, Rn. 36, online abrufbar unter http://unesdoc.unesco.org/images/0013/001332/133243eo.pdf (Letzter Abruf: 24.05.2019). Eine dritte Gruppe internationaler Verträge schließt die Bindung nicht-staatlicher Akteure ausdrücklich aus, vgl. etwa Art. 4 Abs. 1 des Zweiten Fakultativprotokolls zur Kinderrechtskonvention, der diesen keine Pflichten auferlegt sondern die Staaten verpflichtet, eine Rekrutierung Minderjähriger durch solche Gruppen zu verhindern, *Brett*, IRRC (1998), 35 (324), S. 531, 534; *Sivakumaran*, S. 237.

1121 *Sivakumaran*, S. 239; *Special Court for Sierra Leone*, Prosecutor v. Sam Hinga Norman, SCSL-2004-14-AR72(E), Decision on Preliminary Motion Based on Lack of Jurisdiction (Child Recruitment), Urt. v. 31. Mai 2004, Rn. 22; IAMRK, *Juan Carlos Abella v. Argentinien*, Report Nr. 55/97, 18. November 1997, OEA/Ser.L/V/II.98, Doc. 6 rev, Rn. 174. Nicht länger vertretbar ist insofern die Ansicht, wonach Humanitäres Völkerrecht nicht-staatliche Gruppen nur bindet, wenn diese ihm ausdrücklich beitreten, vgl. *Glahn*, 1 IYHR 1971, S. 208, 217.

II. Vorliegen der Voraussetzungen für eine Bindung nicht-staatlicher Gruppen an Humanitäres Völkerrecht

Ob nicht staatliche Akteure an Humanitäres Völkerrecht gebunden sind, hängt entscheidend davon ab, ob die zuvor genannten Voraussetzungen erfüllt sind.

Für nicht-staatliche bewaffnete Gruppen bedeutet das Erfordernis unabhängiger Existenz, dass diese nicht dem Willen eines Staates unterworfen sein dürfen, sondern unabhängig von diesem handeln können müssen und somit auch nicht dessen Legislative, Exekutive und Judikative unterworfen sind.[1122] Das Gewaltmonopol des Staates muss somit ausgehebelt und u.U. dessen Strukturen durch solche der bewaffneten Gruppe ersetzt werden. Dies kann etwa angenommen werden, wenn bewaffnete Gruppen die ausschließliche Kontrolle über einen Teil des Staatsgebietes übernehmen oder wenn der Konflikt zwischen dem Staat und der bewaffneten Gruppe sich zu einem nicht-internationalen bewaffneten Konflikt ausweitet, da in einem solchen Fall das nationale (Straf-)Recht nicht mehr ausreicht, um das staatliche Gewaltmonopol durchzusetzen.[1123]

Problematisch erscheint allerdings weniger die unabhängige Existenz als die Möglichkeit einer Bindung an internationale Rechte und Pflichten. Hierbei werden verschiedene Ansätze vertreten.

1. Das Eintreten nicht-staatlicher Akteure in staatliche Pflichten

Nach einer Ansicht soll ein nicht-staatlicher Akteur, der für sich durch die Ausübung von Hoheitsgewalt die Vertretung eines Staates in Anspruch nimmt, dessen internationale Rechte und Pflichten übernehmen bzw. in diese eintreten.[1124] Hierdurch vertritt diese Ansicht eine Rechtsnachfolge der nicht-internationalen Gruppe, vergleichbar mit dem Eintreten des Nachfolgestaates in die Rechte und Pflichten des Vorgängerstaates i.S.d. Art. 34 der Wiener Staatennachfolgekonvention.[1125]

1122 *Murray*, S. 138.

1123 Ebenda, S. 138 f.

1124 *Mastorodimos*, S. 86; *Sivakumaran*, S. 239; *ICRC*, 2016 Commentary on the First Geneva Convention, Gemeinsamer Art. 3, Rn. 507; *ICRC*, 1952 Commentary on the First Geneva Convention, Gemeinsamer Art. 3, p. 51.

1125 *United Nations*, Vienna Convention on succession of States in respect of treaties concluded at Vienna on 23 August 1978, United Nations Treaty Series 1946, S. 3 - 29.

Dessen Regelungen greifen jedoch nicht, da gem. Art. 6 der Wiener Staatennachfolgekonvention diese nur für Fälle der Staatennachfolge im Einklang mit den Regelungen des internationalen Rechts insb. der UN Charta gilt.[1126] Der (temporäre) Verlust der Hoheitsgewalt über einen Teil des Staatsgebietes aufgrund eines nicht-internationalen Konfliktes ist nicht mitumfasst. Aufgrund der eindeutigen Formulierung des Art. 6 der Wiener Staatennachfolgekonvention verbietet sich mangels Planwidrigkeit der Regelungslücke auch eine analoge Anwendung der Vorschriften.

Regelmäßig werden Staaten den zeitweisen Verlust ihrer Hoheitsgewalt über einen Teil ihres Staatsgebietes nicht eingestehen, sondern weiterhin auf deren Ausübung pochen. In Abwesenheit einer rechtsverbindlichen Feststellung fehlender Hoheitsgewalt müssen daher formal die Staaten Adressaten der durch sie eingegangenen internationalen Verbindlichkeiten bleiben.

Diese Ansicht ist nicht nur insofern problematisch, als sie die Bindung an die GK von nicht-staatlichen bewaffneten Gruppen einzig an deren Anspruch auf staatlicher Repräsentation bindet.[1127] Vielmehr schließt sie zugleich solche Gruppen aus, die einen solche Anspruch nicht geltend machen oder keine Hoheitsgewalt bzw. effektive Kontrolle über ein Gebiet ausüben.[1128] Dabei stellt *Sivakumaran* klar, dass keines dieser Merkmale gegeben sein muss, damit nicht-staatliche Akteure Teil eines nicht-internationalen bewaffneten Konfliktes sein und an die Regelungen der GK gebunden sein können.[1129]

Zwei weitere Ansichten begreifen den gemeinsamen Art. 3 GK als bindendes Völkergewohnheitsrecht[1130] bzw. als allgemeine Regel des Völkerrechts:[1131]

1126 Art. 6 Staatennachfolgekonvention besagt im englischen Original: "*The present Convention applies only to the effects of a succession of States occurring in conformity with international law and, in particular, the principles of international law embodied in the Charter of the United Nations*".

1127 *Sivakumaran*, S. 239.

1128 Ebenda.

1129 Ebenda, S. 239 f.; *ICRC*, 2016 Commentary on the First Geneva Convention, Gemeinsamer Art. 3, Rn. 507.

1130 *Sivakumaran*, 55 ICLQ 2006, S. 369, 372.

1131 Ebenda, S. 369, 376.

2. Humanitäres Völkerrecht als Teil des Völkergewohnheitsrechts

Nach der ersten Ansicht folgt die Bindungswirkung des Humanitären Völkerrechts gegenüber nicht-internationalen Gruppen aus der Tatsache, dass dieses mittlerweile Teil des Völkergewohnheitsrechts ist.[1132] Diese z.T. durch internationale Organe getragene Ansicht[1133] setzt zum einen voraus, dass den Regelungen des Humanitären Völkerrechts bezüglich nicht-internationalen bewaffneten Konflikten – allen voran der gemeinsame Art. 3 GK – völkergewohnheitsrechtlicher Status zukommt, und zum anderen, dass bewaffnete Gruppen an solches Gewohnheitsrecht gebunden sind.[1134]

Mittlerweile scheint Einigkeit über die Tatsache zu herrschen, dass der gemeinsame Art. 3 GK völkergewohnheitsrechtlichen Charakter erlangt hat.[1135] Entscheidend ist daher, ob nicht-staatliche bewaffnete Gruppen an diesen gebunden sein können. Dies setzt wiederum ihre Fähigkeit zur Mitwirkung an der Begründung von Gewohnheitsrecht voraus.[1136] Dies wird teilweise angenommen,[1137] durchsetzen konnte sich dies für nicht staatli-

---

1132 *Sivakumaran*, 55 ICLQ 2006, S. 369, 372; *Murray*, S. 83.

1133 Special Court for Sierra Leone, *Prosecutor v. Morris Kallon and Brima Bazzy Kamara*, SCSL 2004-15-AR72(E), Decision on Challenge to Jurisdiction: Lomé Accord Amnesty, 13. März 2004, Rn. 47: „*[Insurgents] are bound as a matter of international customary law to observe the obligations declared by Common Article 3 [...]*“. Ähnlich äußerte sich auch die *International Commission of Inquiry on Darfur to the United Nations Secretary-General* in ihrem Bericht vom 25. Januar 2005, Rn. 172.

1134 *Sivakumaran*, 55 ICLQ 2006, S. 369, 372.

1135 Vgl. hinsichtlich des 2. Fakultativprotokolls: ICTY, *Prosecuter v. Dusko Tadic a.k.a. "Dule"*, App. no. IT-94-1, Decision on the defence motion for interlocutory appeal on jurisdiction, Decision of 2 October 1995, Rn. 98; Laut *Sivakumaran*, 55 ICLQ 2006, S. 369, 372 ist die Entscheidung des IGH im *Nicaragua-Fall* (ICJ, *Case concerning military and paramilitary activities in and against Nicaragua*, 27. Juni 1986, ICJ Reports 1986, S. 14, Rn. 218) so zu verstehen, dass dieser ebenfalls von einem gewohnheitsrechtlichen Charakter des gemeinsamen Art. 3 GK ausgehe. Darin führt der IGH aus: „*Article 3 [...] defines certain rules to be applied in the armed conflicts of a non-international character. There is no doubt that, in the event of international armed conflicts, these rules also constitute a minimum yardstick, in addition to the more elaborate rules which are also to apply to international conflicts; and they are rules which [...] reflect what the Court in 1949 called 'elementary considerations of humanity' [...]*“.

1136 *Sivakumaran*, 55 ICLQ 2006, S. 369, 374.

1137 Vgl. zur Forderung der Anerkennung der Teilhabe von Nichtregierungsorganisationen an der Begründung von Völkergewohnheitsrecht *Gunning*, 31 VJIL 1991, S. 211, 227 - 234.

che Akteure – wohl mit Ausnahme des IKRK[1138] – bisher jedoch nicht.[1139] Die Debatte wird insbesondere im Kontext der Bindung von Nichtregierungsorganisationen (NGO) an Völkergewohnheitsrecht geführt. Die Ablehnung gründet sich u.a. auf deren Intransparenz[1140] und die Schwierigkeit, festzustellen, in welchen Bereichen bei NGOs eine gemeinsame Praxis und Überzeugung besteht.[1141] Diese Kritik kann hierbei auf bewaffnete Gruppen ausgeweitet werden, auch wenn diese keine NGOs im klassischen Sinne darstellen. So stellten etwa *Henckaerts und Doswald-Beck* in der durch sie durchgeführten Studie des IKRK zu *„Customary International Humanitarian Law“* fest, die Praxis bewaffneter Gruppen sei *„unclear“*;[1142] wie auf einer solchen Grundlage durch bewaffnete Gruppen Völkergewohnheitsrecht gebildet werden soll, erscheint fraglich.

Lehnt man die Fähigkeit bewaffneter Gruppen zur Mitwirkung an der Begründung von Völkergewohnheitsrecht ab, so schließt dies ihre Bindung noch nicht aus.[1143] Allerdings weist dieser Ansatz eine entscheidende Schwäche auf: Er hätte zur Konsequenz, dass bewaffnete Gruppen an solche Vorschriften des Humanitären Völkerrechts nicht gebunden wären, die kein Völkergewohnheitsrecht darstellen, sondern Normen erst ab ihrem Erwachsen in Völkergewohnheitsrecht zu berücksichtigen hätten.[1144] Konsequenterweise müsste sodann eine individuelle strafrechtliche Veratnwortlichkeit u.U. nach dem Grundsatz *nullum crimen sine lege* abgelehnt werden.[1145] Dies widerspricht jedoch der Zielrichtung der einschlägigen Bestimmungen des Humanitären Völkerrechts. Zudem ist mittlerweile anerkannt, dass auch in nicht-internationalen bewaffneten Konflikten Kriegsverbrechen begangen werden können. Für diese besteht nach dem Völkerrecht eine strafrechtliche Verantwortlichkeit, insbesondere auch für Kämpfer nicht-staatlicher bewaffneter Gruppen.

1138 *Meron*, in: The Hague Academy of International Law (Hrsg.) 2003, S. 9, 371 f.

1139 *Sivakumaran*, 55 ICLQ 2006, S. 369, 374; *Murray*, S. 85 f.

1140 *Mertus*, 32 NYU J. Int. L. & Pol. 2000, S. 537, 561.

1141 *Meron*, in: The Hague Academy of International Law (Hrsg.) 2003, S. 9, 372; *Mertus*, 32 NYU J. Int. L. & Pol. 2000, S. 537, 562; einen Eindruck über die Vielzahl an Tätigkeiten und Zielsetzungen von NGOs bietet *Slaughter*, The Hague Academy of International Law (Hrsg.) 2000, S. 9, 97 - 100.

1142 *Henckaerts/Doswald-Beck*, S. xliii.

1143 *Murray*, S. 87; einen Überblick über die Debatte und weitere Nachweise bietet *Fortin*, S. 325 - 328.

1144 *Sivakumaran*, 55 ICLQ 2006, S. 369, 375.

1145 Vgl. Ebenda.

3. Humanitäres Völkerrecht als Teil der allgemeinen Rechtsgrundsätze

Die zweite Ansicht möchte eine Bindung bewaffneter Gruppen an den gemeinsamen Art. 3 GK erreichen, indem sie diesen zu den allgemeinen Regeln des Völkerrechts zählt.[1146] Anklang fand diese Ansicht u.a. in Entscheidungen des IGH[1147] und des ICTY.[1148] Anerkannt als allgemeine Regeln des Völkerrechts ist u.a. der Grundsatz der Verhältnismäßigkeit – von diesem und den übrigen allgemeinen Regeln sollen die Normen zur Reglementierung interner bewaffneter Konflikte abgeleitet sein.[1149] Allerdings führt die Tatsache, dass sie von allgemeinen Regeln des Völkerrechts abgeleitet werden, nicht dazu, dass sie selbst dieser Kategorie angehören.[1150] Zudem ergibt sich aus den zitierten Entscheidungen von IGH und ICTY und aus der Debatte selbst, dass längst nicht alle Vorschriften des Humanitären Völkerrechts zu den allgemeinen Regeln des Völkerrechts gehören, eine einheitliche Geltung für nicht-staatliche Akteure folglich nicht gewährleistet wäre.[1151] Insofern weist diese Ansicht ähnliche Probleme auf wie der zuvor genannte Ansatz zu Völkergewohnheitsrecht.

1146 Ebenda.

1147 ICJ, *Corfu Channel Case*, Urt. v. 9. April 1949, ICJ Reports 1949, S. 22 („*certain general and well-recognized principles, namely: elementary considerations of humanity*“);ICJ, *Case concerning military and paramilitary activities in and against Nicaragua*, 27. Juni 1986, ICJ Reports 1986, S. 14, Rn. 217 („*fundamental general principles of humanitarian law [...] the Geneva Conventions are in some respects a development, and in other respects no more than the expression, of such principles*“); bezüglich der UN-Genozidkonvention stellte der IGH fest: „*the principles underlying the Convention are principles which are recognized by civilized nations as binding on States, even without any conventional obligation*", ICJ, *Reservations to the Convention on the Prevention and Punishment of the Crime of Genocide*, Gutachten v. 28. Mai 1951, ICJ Reports 1951, S. 15, 23.

1148 Zum zweiten Fakultativprotokoll zu den GK stellte der ICTY fest: „ *Many provisions of this Protocol can now be regarded as declaratory of existing rules or as having crystallised emerging rules of customary law or else as having been strongly instrumental in their evolution as general principles.*“, ICTY, *Prosecuter v. Dusko Tadic a.k.a. 'Dule'*, App. no. IT-94-1, Decision on the defence motion for interlocutory appeal on jurisdiction, Decision of 2 October 1995, Rn. 117.

1149 *Sivakumaran*, 55 ICLQ 2006, S. 369, 376.

1150 Ebenda.

1151 Ebenda, S. 377.

4. Humanitäres Völkerrecht als Inhalt von Verträgen mit Wirkung für Dritte?

Eine dritte Ansicht folgert die Bindung nicht-staatlicher bewaffneter Gruppen aus der Bindungswirkung internationaler Verträge für Dritte.[1152] Regelungen zu solch einer Drittbindung internationaler Verträge finden sich im WÜRV[1153], genauer in den Art. 34 - 36 WÜRV. Hiernach ist eine Bindung von Drittstaaten an internationale Verträge grundsätzlich ausgeschlossen (Art. 34 WÜRV), es sei denn, diese stimmen ihrer Bindung ausdrücklich schriftlich zu (Art. 35 WÜRV), es handelt sich um einen Vertrag zugunsten dieser Drittstaaten und diese stimmen dem zu (Art. 36 WÜRV) oder es liegt eine Vertragsbestimmung vor, die dem Völkergewohnheitsrecht zuzurechnen ist (Art. 38 WÜRV). Sämtliche Vorschriften beziehen sich allerdings auf die Bindung von Staaten,[1154] nicht jedoch von anderen (potenziellen) Völkerrechtssubjekten.

Unabhängig von der Frage der Anwendbarkeit des WÜRV auf andere Völkerrechtssubjekte[1155] setzt eine Bindung nicht-staatlicher bewaffneter Gruppen an internationale Verträge zumindest deren Zustimmung voraus. Regelmäßig werden bewaffnete Gruppen in ihrer Abwesenheit geschlossenen internationalen Verträgen, die an sie gerichtete Pflichten normieren, jedoch nicht zustimmen.[1156] Ebenso oft erkennen Staaten die Anwendbarkeit des Humanitären Völkerrechts bei inneren Unruhen nicht an.[1157]

Es bliebe daher – weiterhin unter der Prämisse der Anwendbarkeit der Regeln des WÜRV auf nicht-staatliche Akteure – lediglich die Möglichkeit des Art. 38 WÜRV, wonach nicht ausgeschlossen ist, dass *„eine vertragliche Bestimmung als ein Satz des Völkergewohnheitsrechts, der als solcher anerkannt ist, für einen Drittstaat verbindlich wird“*. Wie zuvor gesehen, ist hierbei zwar der völkergewohnheitsrechtliche Charakter der Regelungen des Humanitären Völkerrechts nicht ausgeschlossen, die Bindung nicht-staatlicher Akteure wenn nicht unmöglich, so zumindest fraglich.[1158]

Die Bindung nicht-staatlicher bewaffneter Gruppen an den gemeinsamen Art. 3 GK und das 2. Fakultativprotokoll zu den GK gestaltet sich

---

1152 Ebenda; *Cassese*, 30 ICLQ 1981, S. 416, 423 - 429.

1153 Wiener Übereinkommen über das Recht der Verträge vom 23. Mai 1969, BGBl. 1985 Teil II, S. 926 - 960.

1154 Vgl. Art. 1 WÜRV.

1155 So etwa vertreten von *Cassese*, 30 ICLQ 1981, S. 416, 423.

1156 Ebenda, S. 426.

1157 Ebenda.

1158 S.o. Teil 3, Kap. 2, A., II., 4.

nach dieser Ansicht daher zumindest schwierig und schließt eine effektive Durchsetzung der Regeln des Humanitären Völkerrechts aus.

5. Die Bindung nicht-staatlicher bewaffneter Gruppen aufgrund staatlicher Ratifikation

Ein letzter Ansatz bindet nicht-staatliche Gruppen an den gemeinsamen Art. 3 GK, indem er annimmt, durch die Ratifikation der GK sei Art. 3 GK Bestandteil des nationalen Rechts geworden und binde sämtliche der Hoheitsgewalt des Staates unterworfene Individuen.[1159] Ein Staat beabsichtige mit der Ratifikation eines Vertrages neben der Bindung seiner Institutionen auch die Bindung aller seiner Hoheitsgewalt unterworfenen Subjekte.[1160]

Diese Ansicht wird in mehrerlei Hinsicht kritisiert: So wird vorgebracht, in einer Vielzahl von Rechtssystemen genüge die Ratifikation eines internationalen Vertrages nicht für die Bindung der Zivilbevölkerung, sondern erfordere zusätzlich einen Umsetzungsakt, durch den der Vertrag in nationales Recht inkorporiert werde.[1161] Weiterhin sei die Bereitschaft bewaffneter Gruppen, sich an einen internationalen Vertrag zu halten, den der Staat, dessen Bekämpfung regelmäßig ihr erklärtes Ziel ist,[1162] ratifiziert habe, als gering einzuschätzen.[1163]

Zumindest dieses Argument lässt sich jedoch entschärfen. Die Tatsache, dass eine bewaffnete Gruppe sich einseitig vom Recht des Staates lossagt, den sie bekämpft, führt nicht zwangsläufig zu einem für sie „rechtsfreien Raum". Die Konsequenzen wären nicht absehbar. Wären plötzlich sämtliche Bewegungen, die den Staat ablehnen, in der Lage, das nationale Recht

---

1159 *ICRC*, 2016 Commentary on the First Geneva Convention, Gemeinsamer Art. 3, Rn. 507; *Sivakumaran*, 55 ICLQ 2006, S. 369, 381; *Klabbers*, in: Bianchi (Hrsg.), S. 37, 44; *Cassese*, 30 ICLQ 1981, S. 416, 429; *Moir*, S. 53.

1160 *Sivakumaran*, S. 240; *Abi-Saab*, in: UNESCO (Hrsg.), S. 217, 231; *Junod*, in: Sandoz/Swinarski/Zimmermann (Hrsg.), Rn. 4444.

1161 *Sivakumaran*, S. 241; *Klabbers*, in: Bianchi (Hrsg.), S. 37, 44; *Meron*, Human Rights in Internal Strife, S. 39 merkt hierzu an: *„Although […] the non-incorporation of the Geneva Conventions into internal law cannot excuse non-observance of their provisions by States concerned, the effectiveness of the Conventions may be eviscerated where they have not been transformed into internal […]. Therefore, it is desirable that Article 3 should be construed as imposing direct obligations on the forces fighting the government"*.

1162 *Klabbers*, in: Bianchi (Hrsg.), S. 37, 44.

1163 *Sivakumaran*, S. 241.

für sie auszuschließen? Solche Bestrebungen sind nicht selten, man denke nur an die hierzulande stark vertretenen Reichsbürger.[1164] Trotz ihrer regelmäßig manifestierten Ablehnung der BRD und ihres Rechtsystems,[1165] gelten die deutschen Gesetze weiterhin auch für sie.

Auch die übrigen Argumente überzeugen nicht. Die Bindung erfolgt vorliegend nicht über nationales Recht. Vielmehr bindet das einschlägige internationale Recht die bewaffneten Gruppen unmittelbar, ohne vorherige Umsetzung innerhalb der nationalen Rechtsordnung.[1166]

III. Gemeinsamer Art. 3 Abs. 4 GK und Zuerkennung von Rechtspersönlichkeit

Eine Vorschrift des Humanitären Völkerrechts könnte dem jedoch entgegenstehen. Der gemeinsame Art. 3 Abs. 4 GK hält folgende Regelung bereit: *„The application of the preceding provisions shall not affect the legal status of the Parties to the conflict"*. *Murray* wirft diesbezüglich die Frage auf, ob der Begriff „legal status" inhaltsgleich mit „Rechtspersönlichkeit" sei.[1167] Wenn dem so wäre, so *Murray*, könne der gemeinsame Art. 3 Abs. 4 GK dem Zugeständnis von Rechtspersönlichkeit an nicht-staatliche bewaffnete Gruppierungen entgegenstehen.[1168]

Insbesondere die Kommentierung des IKRK zu dieser Vorschrift deutet jedoch darauf hin, dass dies nicht der bei Schöpfung der Norm intendierte Zweck war. Dieser Absatz hatte vielmehr eine Absicherungsfunktion – er diente gewissermaßen als „Beruhigungspille" – für solche Staaten, die befürchteten, die Anwendung der Konvention könne im Falle nicht-internationaler bewaffneter Konflikte ihr Recht auf Unterbindung bewaffneter Aktivitäten auf ihrem Hoheitsgebiet beschneiden.[1169] Zugleich wollten die

1164 Besonders brisant wäre dies im Kontext von Sezessionsbestrebungen wie etwa der Frage der katalonischen Unabhängigkeit oder entsprechenden Forderungen der korsischen Bevölkerung.

1165 *Speit*, in: Ders. (Hrsg.), S. 7, 17 f.

1166 *Sivakumaran*, S. 241; *Cassese*, 30 ICLQ 1981, S. 416, 429. In diese Richtung argumentieren auch *Fleiner-Gerster/Meyer*, 34 ICLQ 1985, S. 267, 277: *„[T]he dissidents are bound because they fight against a government which has adopted the treaty and because they control part of the territory of this same High Contracting Party"*.

1167 *Murray*, S. 34.

1168 Ebenda, S. 34 f.

1169 *ICRC*, 2016 Commentary on the First Geneva Convention, Art. 3, Rn. 861.

Staaten mit der Vorschrift verhindern, dass den bewaffneten Gruppierungen der Status einer kriegsführenden Partei („*belligerents*") zuwachsen würde.[1170]

Die aktuelle Formulierung des gemeinsamen Art. 3 Abs. 4 GK unterscheidet sich deutlich von der ursprünglich vorgeschlagenen Fassung. Abs. 4 des Draft Article 2, der während der Diplomatic Conference von 1949 vorgestellt und diskutiert wurde, lautete wie folgt:

> „In all cases of armed conflict not of an international character which may occur in the territory of one or more of the High Contracting Parties, each of the adversaries shall be bound to implement the provisions of the present Convention. The Convention shall be applicable in these circumstances, whatever the legal status of the Parties to the conflict and without prejudice thereto."[1171]

Hiernach wäre somit die gesamte GK auf nicht-internationale bewaffnete Konflikte anwendbar gewesen.[1172] Die hiermit möglicherweise einhergehende Anerkennung der bewaffneten Gruppierungen als kriegsführende Parteien wollten die Staaten jedoch verhindern. Sie fürchteten eine Anerkennung und damit Legitimierung dieser Gruppen, inklusive ihrer politischen Ansichten und Agenden.[1173] Auch befürchteten sie den Verlust ihres Rechtes auf Bekämpfung von Aufständen im eigenen Land.[1174] Dieser Kampf sollte nicht durch die Anwendung des Rechts internationaler bewaffneter Konflikte erschwert werden – etwa durch die Pflicht, gefangenen Kämpfern den Kriegsgefangenenstatus zu gewähren,[1175] und das Verbot, sie wegen der Kampfteilnahme als solcher strafrechtlich zu verfolgen und nicht nur für dabei begangene Kriegsverbrechen.

Die Anwendung eben dieses Humanitären Völkerrechts insgesamt auf bewaffnete Gruppen ist vielmehr abhängig von der Anerkennung des Status' als kriegsführende Partei durch den betroffenen Staat.[1176]

1170 Ebenda, Rn. 863.

1171 Vgl. *ICRC*, Draft Geneva Convention, S. 5.

1172 *ICRC*, 2016 Commentary on the First Geneva Convention, Art. 3, Rn. 863.

1173 *Elder*, CWRJIL 1979, S. 37, 68; *Murray*, S. 35.

1174 *Murray*, S. 35.

1175 *Ebenda*, S. 37.

1176 Ebenda; *Sivakumaran*, S. 16.

B. Zwischenfazit

Die Bindung nicht-staatlicher bewaffneter Gruppen an die sie betreffenden Bestimmungen des Humanitären Völkerrechts – namentlich den gemeinsamen Art. 3 GK und das 2. Fakultativprotokoll zu den GK – ist mittlerweile weitgehend anerkannt. Die Begründungsansätze für diese Bindung divergieren jedoch. Am überzeugendsten erscheint hierbei die Ansicht, wonach die Bindung durch die Ratifikation des jeweiligen Vertrages durch den Staat erfolgt, dem die Mitglieder der bewaffneten Gruppe angehören. Diese Ratifikation bindet neben den staatlichen Institutionen auch die Bürger und somit auch Aufständische kraft Völkerrechts.

Die Voraussetzungen für die Zuerkennung von Rechtspersönlichkeit sind im Kontext des Humanitären Völkerrechts gewahrt. Eine unabhängige Existenz der bewaffneten Gruppen ist gesichert. Diese können Adressaten internationaler Rechte und Pflichten sein und sind es tatsächlich auch.

Im Grundsatz kann somit nicht-staatlichen bewaffneten Gruppen eine Rechtspersönlichkeit in internationalem Recht zugestanden werden. Voraussetzung für die Annahme von Rechtspersönlichkeit ist zum einen die unabhängige Existenz der bewaffneten Gruppe und zum anderen ihre Fähigkeit, Adressat internationaler Rechte und Pflichten zu sein. Während Ersteres regelmäßig bejaht werden kann, fällt dies bei letzterem deutlich schwerer.

Hierbei muss eine Unterscheidung vorgenommen werden zwischen internationalen Verträgen, insbesondere des Humanitären Völkerrechts, die ausdrücklich Rechte und Pflichten an diese Gruppen adressieren und solchen, die sich lediglich an Staaten richten. In beiden Fällen erfolgt die Begründung der Fähigkeit, Adressat internationaler Rechte und Pflichten zu sein, auf unterschiedliche Art und Weise.

Im Rahmen des Humanitären Völkerrechts stellt die bevorzugte Ansicht auf die Ratifikation der Verträge durch Staaten ab. Diese hat neben der Bindung staatlicher Organe auch die Bindung aller Staatsbürger und Ausländer auf dem Territorium des betreffenden Staates zur Folge.

Auch der gemeinsame Art. 3 Abs. 4 GK verhindert nicht die Zuerkennung von Rechtspersönlichkeit an nicht-staatliche bewaffnete Gruppen im Kontext des Humanitären Völkerrechts.

Kapitel 3: Bindung nicht-staatlicher bewaffneter Gruppen an Menschenrechte

In der Folge stellt sich die Frage, ob Menschenrechtsverträge Rechte und Pflichten für nicht-staatliche Gruppen festschreiben. Im Grundsatz gilt: Internationale Menschenrechtsverträge dienen nach allgemeinem Konsens der Regelung des Verhältnisses der Staaten zu ihren Bürgern.[1177] Ob und wenn ja, in welchem Umfang diese darüber hinaus auch nicht-staatliche Akteure in die Pflicht nehmen, ist umstritten. Wünschenswert wäre dies allemal: Nicht-staatliche Akteure sind vermehrt für schwerste Menschenrechtsverletzungen verantwortlich.[1178] Bei fehlender staatlicher Kontrolle dieser bewaffneten Gruppen entsteht für die betroffene Zivilbevölkerung eine nicht wünschenswerte Rechtschutzlücke.

A. *Nicht-staatliche bewaffnete Gruppen als ausdrückliche Adressaten von Menschenrechtsverträgen*

Vor diesem Hintergrund intensivierten sich in den vergangenen Jahren die Bestrebungen, auch nicht-staatliche Akteure an Menschenrechtsinstrumente zu binden. Eine erste Unterscheidung wird hierbei vorgenommen zwischen Menschenrechtsverträgen, die bewaffnete Gruppen unmittelbar adressieren und solchen, die sich hierzu ausschweigen.

Insofern als Menschenrechtsverträge bewaffnete Gruppen ausdrücklich als Adressaten vorsehen, spricht nichts gegen eine Bindung analog zu der Bindung an den gemeinsamen Art. 3 GK.[1179] Dies betrifft zum gegenwärtigen Zeitpunkt jedoch nur eine geringe Anzahl von Menschenrechtsverträgen und eine ebenso geringe Anzahl materieller Verpflichtungen.[1180]

Diskutiert wird in diesem Zusammenhang etwa Art. 4 Abs. 1 des Fakultativprotokolls betreffend die Beteiligung von Kindern an bewaffneten

---

1177 Vgl. u.a. *Murray*, S. 157; *Mastorodimos*, S. 140; *Lauer*, S. 24 f.; *Rehman*, S. 10; *Schäfer*, Studien zu Grund- und Menschenrechten 2006, Heft 13, S. 11; *Cerone*, 39 VJTL 2006, S. 1447, 1469; *Meron*, Human Rights in Internal Strife, S. 29 f.; *Meron*, in: Ders. (Hrsg.), S. 1, 7; *Rodley*, in: Mahoney/Mahoney (Hrsg.), S. 297, 302.

1178 Man denke nur an die Grausamkeiten des sog. Islamischen Staates in den vergangenen Jahren, vgl. hierzu den eindrucksvollen Einblick von *Todenhöfer*, Inside IS.

1179 *Murray*, S. 162.

1180 Ebenda.

Konflikten zur UN-Kinderrechtskonvention[1181] wonach „*[a]rmed groups that are distinct from the armed forces of a State should not, under any circumstances, recruit or use in hostilities persons under the age of 18 years*". Während hierbei umstritten ist, ob durch die Norm tatsächlich bewaffnete Gruppen unmittelbar gebunden werden sollen,[1182] ist dies etwa bei Art. 2 lit. (e) der Kampala Konvention[1183] eindeutig, der als Ziel der Konvention u.a. vorsieht

> „[to] [p]rovide for the respective obligations, responsibilities and roles of armed groups, non-state actors [...] with respect to the prevention of internal displacement and protection of, and assistance to, internally displaced persons."

Art. 7 Abs. 5 Kampala Konvention definiert sodann Handlungsverbote für bewaffnete Gruppen, wie etwa das Verbot der Geiselnahme, der Sexsklaverei oder des Menschenhandels.[1184]

Diese Beispiele sind ein wichtiger Schritt hin zu einer umfassenden Kodifizierung menschenrechtlicher Verpflichtungen nicht-staatlicher bewaffneter Gruppen. Allerdings gewähren sie lediglich in einem sehr begrenzten Bereich Schutz vor Menschenrechtsverletzungen.[1185] Das Gros der Menschenrechte bleibt gegenüber Handlungen bewaffneter Gruppen dem Wortlaut der einschlägigen Verträge nach ungeschützt.

B. Bindung nicht-staatlicher bewaffneter Gruppen bei fehlender Adressierung durch Menschenrechtsverträge unter Berücksichtigung der EMRK

Menschenrechtsverträge kennzeichnen sich regelmäßig durch die Abwesenheit spezifischer auf nicht-staatliche Akteure zugeschnittener Regelun-

---

1181 *Vereinte Nationen*, Fakultativprotokoll zum Übereinkommen über die Rechte des Kindes betreffend die Beteiligung von Kindern an bewaffneten Konflikten, angenommen und zur Unterschrift, Ratifikation und zum Beitritt geöffnet durch Resolution A/RES/54/263 der Generalversammlung vom 25. Mai 2000, in Kraft getreten am 12. Februar 2002.

1182 So spricht etwa die Verwendung des Terminus „should" anstatt „shall" weniger für eine Pflicht, als eine Empfehlung und ist regelmäßig ein Hinweis für sog. *soft law*, *Szasz*, in: Joyner (Hrsg.), S. 27, 32.

1183 *Afrikanische Union*, Konvention zum Schutz von Binnenflüchtlingen (Kampala Konvention), angenommen durch den Sondergipfel der Union in Kampala, Uganda am 23. Oktober 2009, in Kraft getreten am 06. Dezember 2012.

1184 Art. 7 Abs. 5, lit. f. Kampala Konvention.

1185 *Murray*, S. 162.

gen.[1186] Im Humanitären Völkerrecht wird eine begrenzte Rechtspersönlichkeit bewaffneter Gruppen im Rahmen nicht-internationaler bewaffneter Konflikte, wie gesehen, gerade aufgrund ihrer ausdrücklichen Adressierung in den einschlägigen Regelwerken bejaht.[1187]

Daher können diese Überlegungen auch nicht ohne Weiteres auf Menschenrechtsinstrumente übertragen werden. Hält man sich die Voraussetzungen für die Annahme von Rechtspersönlichkeit vor Augen, so werden diese außerhalb der ausdrücklichen Adressierung nicht-staatlicher Akteure in den Verträgen regelmäßig nicht erfüllt sein.

I. Die Theorie der de facto Kontrolle

Angebracht wird daher regelmäßig die sog. „*Theorie der de facto Kontrolle*“, die für die Bindung bewaffneter nicht-staatlicher Gruppen deren Ausübung faktischer Kontrolle über ein bestimmtes Gebiet[1188] mit dem Ziel, die Staatsgewalt zu übernehmen, heranzieht.[1189] Eine bis heute gültige Definition findet sich in *Constantineau*’s Buch aus dem Jahr 1910:

> „The de facto doctrine is a rule or principle of law which, in the first place, justifies the recognition of the authority of governments established and maintained by persons who have usurped the sovereign authority of the State, and assert themselves by force and arms against the lawful government; secondly, which recognizes the existence of, and protects from collateral attack, public or private bodies incorporate, which, though irregularly or illegally organized, yet, under color of law, openly exercises the powers and functions of regularly created bodies; and thirdly, which imparts validity to the official acts of persons who, under color of right or authority, hold office under the aforementioned governments or bodies, or exercise lawfully existing offices of whatever nature, in which public or third persons are interested, where the performance of such official acts is for the benefit of the public or third persons, and not for their own personal advantage.“[1190]

1186 Ebenda, S. 120.
1187 S.o. Teil 3, Kap. 2, A., I.
1188 *Murray*, S. 121; *Frowein*, MPEPIL, Rn. 3; *Rodenhäuser*, S. 172.
1189 *Kleffner*, IRRC (2011), 93 (882), S. 443, 451 f. Vgl. auch *Mastorodimos*, S. 39.
1190 *Constantineau*, S. 3 f.

Fälle faktischer Kontrolle nicht-staatlicher Gruppen sind hiernach ebenso von der Theorie der *de facto Kontrolle* mitumfasst wie etwa Fälle unrechtmäßig gegründeter Entitäten, die die Aufgaben rechtmäßiger Organe offen ausüben. Die Theorie dient folglich der Lückenschließung[1191] und der Bindung an internationales Recht von solchen Subjekten, die faktisch eine den staatlichen Organen entsprechende Macht über ein Gebiet ausüben, ohne zugleich Inhaber der selben Rechte und Pflichten zu sein. Der Ansatz ist nicht neu[1192] und überzeugt hierbei durch seine Praxisorientiertheit, indem er auf die konkrete Faktenlage abstellt[1193] und diese in einen rechtlichen Rahmen gießt.[1194]

Anklang findet die Idee der *de facto Kontrolle* auch in den Art. 8, 9, 10 ILC Draft articles on State Responsibility.[1195] Diese regeln die Zurechenbarkeit von Handlungen nicht-staatlicher bewaffneter Gruppen zu Staaten (Art. 8, 9 ILC Draft articles on State Responsibility) sowie wann die Handlung der nicht-staatlichen bewaffneten Gruppe selbst als staatliche Handlung angesehen wird (Art. 10 ILC Draft articles on State Responsibility). So sieht Art. 9 ILC Draft articles on State Responsibility vor, dass

> „[t]he conduct of a person or group of persons shall be considered an act of a State under international law if the person or group of persons is in fact exercising elements of the governmental authority in the absence or default of the official authorities and in circumstances such as to call for the exercise of those elements of authority“

Durch die fehlende Ausübung staatlicher Autorität soll kein Vakuum entstehen und eine rechtlich verantwortliche Entität weiterhin vorhanden sein. Hier findet sich auch das zentrale Ziel der Theorie der *de facto Kontrolle* wieder: Die Sicherstellung der Effektivität des internationalen Rechts.[1196] Dies deckt sich im Ergebnis auch mit der Sichtweise des MRA in seinem General Comment Nr. 26, in dem er feststellt:

> „The rights enshrined in the Covenant belong to the people living in the territory of the State party. The Human Rights Committee has

---

1191 *Murray*, S. 126 spricht von einem „legal vacuum“, das entstehen würde, wenn nicht-staatliche Gruppen staatliche Strukturen verdrängten oder ersetzten, ohne selbst rechtlich gebunden zu sein.

1192 *Fortin*, S. 155 f.

1193 *Kleffner*, IRRC (2011), 93 (882), S. 443, 453.

1194 *Murray*, S. 122.

1195 *ILC*, 2001 Yb. I.L.C., S. 31, 49 f.

1196 *Murray*, S. 122; *Rodenhäuser*, S. 175.

> consistently taken the view, as evidenced by its long-standing practice, that once the people are accorded the protection of the rights under the Covenant, such protection devolves with territory and continues to belong to them, notwithstanding change in government of the State party, including dismemberment in more than one State or State succession or any subsequent action of the State party designed to divest them of the rights guaranteed by the Covenant."[1197]

Wenn demnach Menschenrechte den auf dem Territorium einer Vertragspartei des IPBPR lebenden Menschen gehören sollen und diesen ab dem Zeitpunkt ihrer Gewährung nicht mehr genommen werden können, spricht dies dafür, dass diese Menschenrechte auch durch nicht-staatliche bewaffnete Gruppen gewährleistet werden müssen, wenn diese die *de facto Kontrolle* über das Staatsgebiet oder Teile hiervon ausüben.

Anklang fand die Theorie der *de facto Kontrolle* interessanterweise auch beim EGMR in seiner Entscheidung im Fall *Zypern gegen Türkei*:[1198]

> „It is to be noted [...] that, in situations similar to those arising in the present case, the obligation to disregard acts of *de facto* entities is far from absolute. Life goes on in the territory concerned for its inhabitants. That life must be made tolerable and be protected by the *de facto* authorities, including their courts; and, in the very interest of the inhabitants, the acts of these authorities related thereto cannot be simply ignored by third States or by international institutions, especially courts, including this one. To hold otherwise would amount to stripping the inhabitants of the territory of all their rights whenever they are discussed in an international context, which would amount to depriving them even of the minimum standard of rights to which they are entitled."[1199]

Ein Verfahren gegen die TRNC – die durch die Türkei eingesetzte Regierung in Nordzypern – hat bis heute nicht stattgefunden. Vielmehr sei in diesem Zusammenhang an den Fall *Loizidou*[1200] erinnert, in dem der

---

1197 MRA, *General Comment Nr. 26*, 8. Dezember 1997, CCPR/C/21/Rev.1/Add.8/Rev.1.

1198 Vgl. *Rodenhäuser*, S. 174 f.

1199 EGMR, *Cyprus v. Turkey* [GC], App. no. 25781/94, 10. Mai 2001, Rn. 96 (Hervorhebung im Original).

1200 EGMR, *Loizidou v Turkey (Preliminary Objections)*, App. no. 15318/89, 23. März 1995.

EGMR eine eigenständige Staatsqualität der TRNC verneinte und vielmehr die Türkei in der Verantwortung sah.[1201]

Neben dem EGMR haben sich verschiedene andere internationale Organe für die Theorie der *de facto Kontrolle* ausgesprochen bzw. diese in ihre rechtliche Auslegung mit einbezogen. So stellte etwa der *Report of the Secretary-General's Panel of Experts on Accountability in Sri Lanka* 2011 fest, dass eine Bindung nicht-staatlicher Gruppen an fundamentale Menschenrechte aufgrund ihrer *de facto Kontrolle* mittlerweile vermehrt gefordert und anerkannt wird.[1202] Flankiert wird dies auch durch die *United Nations Assistance Mission in Afghanistan* (UNAMA) und den *United Nations High Commissioner for Human Rights* (UNHCHR) im Jahresbericht von 2011 zum Schutz von Zivilisten in bewaffneten Konflikten in Afghanistan, indem festgestellt wird, dass

> „While non-State actors in Afghanistan, including non-State armed groups, cannot formally become parties to international human rights treaties, international human rights law increasingly recognizes that where non-State actors, such as the Taliban, exercise *de facto* control over territory, they are bound by international human rights obligations."[1203]

Hierbei geht es nicht um eine Legitimierung dieser bewaffneten Gruppen i.S.e. Anerkennung als Inhaber der rechtmäßigen Hoheitsgewalt über das durch sie kontrollierte Gebiet. Ziel ist und bleibt die lückenlose und gleichmäßige Anwendung der Regeln des internationalen Rechts.[1204]

So begrüßenswert die zumindest teilweise Anerkennung von Rechtspersönlichkeit einerseits ist, hat die Theorie der *de facto Kontrolle* jedoch einen entscheidenden Nachteil: Sie umfasst solche Gruppen nicht, die zwar im Konflikt mit den Truppen eines Staates stehen, jedoch keine faktische Kontrolle über ein Teilgebiet des Staates ausüben.

1201 Ebenda, Rn. 62 f.; s.o. Teil 2, Kapitel 1, B., I., 1.

1202 *Vereinte Nationen*, Report of the Secretary-General's Panel of Experts on Accountability in Sri Lanka, 31. März 2011, Rn. 188.

1203 *UNAMA/UNHCHR*, Afghanistan Annual Report 2011, S. iv (Hervorhebung im Original).

1204 *Murray*, S. 128.

II. Dritt- bzw. Horizontalwirkung der Menschenrechte

Daneben stellen die Theorien der *Drittwirkung*[1205] bzw. der *Horizontalwirkung*[1206] einen Ansatz dar, mit dem Teile der Literatur die Bindung bewaffneter Gruppen an Menschenrechtsverträge rechtfertigen. Beide greifen die auf nationalstaatlicher Ebene vieldiskutierte Frage der Wirkung von Grundrechten im Verhältnis zwischen Privaten auf.[1207]

Beide Ansätze gehen von der Prämisse aus, dass an höchster Stelle der Staat steht[1208] und sich (lediglich) die Frage stellt, ob sich die Rechte, die dem Einzelnen im Über- Unterordnungsverhältnis zum Staat zustehen, auch auf die Ebene der Gleichrangigkeit zwischen Bürgern ziehen lassen. Die Forderung einer Wirkung der Menschenrechte im horizontalen Gefüge ist zu begrüßen. Begreift man die Menschenrechte als naturgegebene, in der Würde des Menschen wurzelnde Rechte,[1209] so müssen diese auch im Verhältnis Bürger-Bürger eingefordert werden können.

Die Theorie der *Drittwirkung* wurde etwa durch den Interamerikanischen Gerichtshof für Menschenrechte (IAGMR) aufgegriffen,[1210] der feststellte, dass *„the obligation to respect and ensure human rights, which normally has effects on the relations between the State and the individuals subject to its jurisdiction, also has effects on relations between individuals“*[1211].

Auch im Kontext der EMRK spielt die Theorie der *Drittwirkung* eine wichtige Rolle.[1212] Die Rechtsprechung des EGMR bietet kaum Anhaltspunkte für eine Drittwirkung der EMRK-Rechte.[1213] Vielmehr stellten die Richter in ihrer Entscheidung *Verein gegen Tierfabriken v. Switzerland* fest:

1205 *Jägers*, S. 37.

1206 *Gardbaum*, 102 M.L.Rev. 2003, S. 387, 388.

1207 *Clapham*, in: Macdonald/Matscher/Petzold (Hrsg.), S. 163, 165; *Gardbaum*, 102 M.L.Rev. 2003, S. 387, 388 umschreibt die Theorie der *Horizontalwirkung* insofern als die Frage *„whether constitutional rights regulate only the conduct of governmental actors in their dealings with private individuals (vertical) or also relations between private individuals (horizontal)“*.

1208 *Murray*, S. 163.

1209 *Jägers*, S. 39; *Murray*, S. 157; *Clapham*, S. 533 - 548; *Tomuschat*, S. 58; *Jochnick*, 21 HRQ 1999, S. 56, 60 f.

1210 IAGHMR, *Juridical Condition and Rights of Undocumented Migrants*, Gutachten OC-18/03 vom 17. September 2003, Rn. 140.

1211 Ebenda, Rn. 146.

1212 *Jägers*, S. 37 m.w.N.; *Drzemczewski*, 26 NILR 1979, S. 163 ff.; *Clapham*, S. 349 ff.

1213 *Lemmens*, in: Van Dijk et al. (Hrsg.), S. 27.

> „The Court does not consider it desirable, let alone necessary, to elaborate a general theory concerning the extent to which the Convention guarantees should be extended to relations between private individuals *inter se*."[1214]

Dadurch bleibt es dabei, dass auch in Zukunft vor dem EGMR keine Individualbeschwerden im Verhältnis Bürger-Bürger zur Entscheidung angenommen werden.[1215]

Im Zentrum der Debatte steht Art. 1 EMRK, an dessen Wortlaut nochmals erinnert werden soll: *„The High Contracting Parties shall secure to everyone within their jurisdiction the rights and freedoms defined in Section I of this Convention."*[1216]

Befürworter einer indirekten Drittwirkung stützen sich seit langem auf den Begriff „secure".[1217] Dieser verpflichte die Staaten, ihre Bürger auch vor Menschenrechtsverletzungen durch Private zu schützen[1218] und begründe eine Geltung der Menschenrechte *erga omnes*.[1219] In der Tat kann der Begriff des „Sicherns" eine umfangreichere Schutzpflicht als etwa der des „Respektierens" nach sich ziehen. Er impliziert die Pflicht des Staates, sicherzustellen, dass seine Bürger im Stande sind, ihre Menschenrechte unabhängig von jedem externen Einfluss auszuüben, was notwendigerweise auch andere private Akteure mit einschließt.[1220] Insbesondere ist der Staat

---

1214 EGMR, *VgT Verein gegen Tierfabriken v. Switzerland*, App no. 24699/94, 28. Juni 2001, Rn. 46 (Hervorhebung im Original).

1215 Vgl. *Lemmens*, in: Van Dijk et al. (Hrsg.), S. 27.

1216 *„Die Hohen Vertragsparteien sichern allen ihrer Hoheitsgewalt unterstehenden Personen die in Abschnitt I bestimmten Rechte und Freiheiten zu"*.

1217 *Eissen*, 32 N.T. Int. R. 1962, S. 230, 233; *Drzemczewski*, 26 NILR 1979, S. 163, 176; *Jägers*, S. 41 f.

1218 *Jägers*, S. 42.

1219 *Eissen*, 32 N.T. Int. R. 1962, S. 230, 234; vgl. auch *Drzemczewski*, 26 NILR 1979, S. 163, 176.

1220 *Drzemczewski*, 26 NILR 1979, S. 163, 176 scheint hierbei eine Abstufung ins Spiel zu bringen, gemessen an der Wichtigkeit des betroffenen Rechtsgutes: *„It is probably correct to assume that – in so far as the regional mechanism is concerned – the Convention creates indirect obligations for individuals in that it may oblige the legislature or the courts to protect individuals from one another in such fundamental respects as with regard to everyone's right to life, under Article 2 of the Convention, or the right of everyone not to be held in slavery or servitude under Article 4."* Dies jedoch birgt die Gefahr einer Rechtsunsicherheiten verursachenden Einzelfallrechtsprechung zu der Frage ob und in wie weit Bürger anderen Bürgern EMRK-Rechte entgegenhalten können. Zudem führte dies zu einer Aufteilung der Menschenrechte in zwei Klassen und entwertete jene Rechte, die nicht als ausreichend wichtig erachtet würden, um Drittwirkung zu entfalten.

verpflichtet, sich Handlungen Privater entgegenzustellen, die die Menschenrechte der Menschen beeinträchtigen könnten, die seiner Hoheitsgewalt unterfallen.[1221] Indem der Staat (straf-)rechtliche Gesetze vorhält, die Menschenrechtsverletztungen durch Private bestrafen, wird man eine mittelbare Bindung der nicht-staatlichen Akteure an die EMRK annehmen können. Eine unmittelbare Drittwirkung begründet dies jedoch auch weiterhin nicht.

Schließlich weist *Lemmens* darauf hin, dass die Väter und Mütter der Konvention die Frage einer Drittwirkung der kodifizierten Menschenrechte nicht im Sinn hatten.[1222] Dies steht jedoch einer späteren Weiterentwicklung der EMRK hin zu einer unmittelbaren Drittwirkung der in ihr enthaltenen Rechte nicht entgegen. Entscheidend ist die heutige Auslegung der Konvention im Lichte der Bedürfnisse unserer Zeit,[1223] die gerade einen erheblichen Anstieg von Menschenrechtsverletzungen im Verhältnis zwischen Privaten verzeichnet. Warum solch fundamentale Rechte den Bürger nur im Verhältnis zu seinem Staat schützen sollten, jedoch nicht gegenüber Handlungen privater Dritter, ist nicht nachvollziehbar.[1224]

Demgegenüber wird vorgebracht, dass die Besonderheit bei Beteiligung nicht-staatlicher bewaffneter Gruppen jedoch darin bestehe, dass diese zu den Bürgern ein dem Staat gleichendes Subordinationsverhältnis aufbauen, diese also den Bürgern gerade nicht auf Augenhöhe begegnen und auch den Staat als gemeinsame „Oberinstanz“ nicht länger anerkennen, dieser zudem oftmals seine Autorität ihnen gegenüber auch nicht mehr auszuüben in der Lage sei.[1225] Die Regeln zur *Drittwirkung* seien daher nur schwer übertragbar.

Gerade dadurch wird die Sonderstellung deutlich, die solche bewaffnete Gruppen einnehmen. Zum einen bestehen sie regelmäßig aus Staatsangehörigen jenes Staates, den sie bekämpfen. Als solche stehen sie auf einer

---

1221 *Meyer-Ladewig/Nettesheim*, in: Meyer-Ladewig/Nettestheim/von Raumer (Hrsg.) Art. 1, Rn 19 f.

1222 Ebenda.

1223 Ebenda, S. 29.

1224 So sieht es auch *Lemmens*, in: Van Dijk et al. (Hrsg.), S. 28: „*[T]he subject matter regulated by the Convention – fundamental rights and freedoms – lends itself eminently to Drittwirkung. It is precisely on account of the fundamental character of these rights that it is difficult to appreciate why they should deserve protection in relation to public authorities, but not in relation to private parties*“.

1225 *Murray*, S. 163.

Ebene mit der „normalen“ Zivilbevölkerung.[1226] Zum anderen stellen sie sich bewusst über die Zivilbevölkerung, indem sie staatliche Strukturen verdrängen bzw. ersetzen und ihre eigenen Regeln und Gesetze durchsetzen möchten.

Ob über eine indirekte Drittwirkung hinaus – also die Verpflichtung der Staaten zur Sicherstellung bestimmter, aus den Vorschriften der EMRK abgeleiteter, positiver Rechte und ihrer Durchsetzung gegenüber Dritten –[1227] die Normen der EMRK auch eine (unmittelbare) Drittwirkung entfalten können, bleibt daher zumindest fraglich. Neben der Theorie der Dritt- bzw. Horizontalwirkung bestehen daher noch weitere Ansätze, die eine Geltung menschenrechtlicher Bestimmungen für nicht-staatliche bewaffnete Gruppen begründen.

III. Auslegung von Menschenrechtsverträgen hin zu einer Geltung für nicht-staatliche Akteure

Der Wortlaut der einschlägigen Menschenrechtsverträge spricht regelmäßig gegen ihre Geltung für nicht-staatliche Akteure. So verwenden etwa Art. 2 IPBPR und Art. 2 IPWSKR[1228] übereinstimmend den Begriff „*Vertragsstaat*“.[1229] Andere Adressaten sind nicht vorgesehen. Dies entsprach wohl auch dem Willen der Vertragsparteien bei Ausarbeitung der Konventionen, den zu diesem Zeitpunkt (und immer noch) dominierenden Völkerrechtssubjekten.[1230] Im Lichte des Art. 31 Abs. (1) WÜRV[1231] sprechen daher gute Argumente gegen eine Einbeziehung nicht-staatlicher Akteure

---

1226 Im Kern ist dies auch die Grundlage für die Begründung einer Bindung der nicht-staatlichen bewaffneten Gruppen an Regelungen des Humanitären Völkerrechts aufgrund der Ratifikation ihres Heimatstaates.

1227 *Lemmens*, in: Van Dijk et al. (Hrsg.), S. 27; vgl. auch *Jägers*, S. 38.

1228 *Vereinte Nationen*, Internationaler Pakt über wirtschaftliche, soziale und kulturelle Rechte, angenommen und zu Unterschrift, Ratifikation und Beitritt geöffnet durch Resolution 2200A (XXI) der Generalversammlung vom 16. Dezember 1966, in Kraft getreten am 03. Januar 1976.

1229 Die EMRK verwendet in ihrem Art. 1 entsprechend die Formulierung „*Die Hohen Vertragsparteien*“, die ebenso auf Staaten als alleinige Adressaten der Konvention hindeutet.

1230 *Murray*, S. 164.

1231 „*A treaty shall be interpreted in good faith in accordance with the ordinary meaning to be given to the terms of the treaty in their context and in the light of its object and purpose*“.

in den Adressatenkreis der einschlägigen Menschenrechtsschutzinstrumente.

Dies schließt jedoch eine hiervon divergierende Auslegung im Lichte der wachsenden Bedeutung nicht-staatlicher Akteure nicht *per se* aus.[1232] Besonders anschaulich wird dies angesichts der Rechtsprechung des IGH im Rahmen seiner Gutachten. So stellte er in dem *Gutachten zu Schadensersatz für im Einsatz für die Vereinten Nationen erlittene Schäden*[1233] fest dass, „*[t]hroughout its history, the development of international law has been influenced by the requirements of international life*".[1234] Eine Folge hiervon sei die Errichtung der Vereinten Nationen, die jedoch für die vollständige Erfüllung der ihnen anvertrauten Aufgaben die Zuerkennung von Rechtspersönlichkeit erforderten.[1235] Internationales Recht ist hiernach nicht statisch, sondern passt sich den gesellschaftlichen und geopolitischen Entwicklungen an.

Noch deutlicher wurde der IGH in seinem *Gutachten zu der Präsenz Südafrikas in Namibia*[1236]:

> „Mindful as it is of the primary necessity of interpreting an instrument in accordance with the intentions of the parties at the time of its conclusion, the Court is bound to take into account the fact that the concepts embodied in Article 22 of the Covenant – 'the strenuous conditions of the modern world' and 'the well-being and development' of the peoples concerned – were not static, but were by definition evolutionary, as also, therefore, was the concept of the 'sacred trust'."[1237]

Diese Überlegung veranlasste den IGH zu der Feststellung, dass er verpflichtet sei,

> „[to] take into consideration the changes which have occurred in the supervening half-century, and its interpretation cannot remain unaffected by the subsequent development of law. Moreover, an international instrument has to be interpreted and applied within the frame-

---

1232 *Murray*, S. 164.

1233 ICJ, *Reparations for injuries suffered in the service of the United Nations*, Advisory Opinion, 11. April 1949, I.C.J. Reports 1949, S. 174.

1234 Ebenda, S. 174, 178.

1235 Ebenda.

1236 ICJ, *Legal Consequences for States of the Continued Presence of South Africa in Namibia (South West Africa) Notwithstanding Security Council Resolution 276 (1970)*, Advisory Opinion, I.C.J. Reports 1971, S. 16.

1237 Ebenda, S. 16, 31.

work of the entire legal system prevailing at the time of the interpretation."[1238]

Hiernach ist für die Auslegung eines internationalen Vertragstextes daher weniger der Wille der Parteien bei Vertragsschluss entscheidend,[1239] als die aktuellen Umstände zur Zeit der tatsächlichen Auslegung durch das Gericht.

Dies erinnert stark an die Rechtsprechung des EGMR zur EMRK als „*living instrument*".[1240] Unstreitig spielen bewaffnete nicht-staatliche Gruppen heute eine zentrale Rolle in bewaffneten Konflikten weltweit und sind daher auch für eine Vielzahl von Menschenrechtsverletzungen verantwortlich. Dennoch ist fraglich, ob die zuvor genannte Auslegung internationaler Verträge anhand der aktuellen Umstände in der Lage ist, auch ihren Adressatenkreis zu erweitern. Teilweise wird dies vertreten. Zwar habe auch Vertragsauslegung ihre Grenzen, allerdings

> „a radical rethink of international human rights law is not proposed. Rather, international human rights law is applied consequent to the existence of a legal vacuum and binds entities filling the role of a vertical authority. In such circumstances, the effectiveness of international law, and the effective protection of individuals' human rights, demands that the authority of an armed group be recognised and regulated. Importantly, the treaties are applied both in the same vertical manner envisioned by the drafters, and for the same purpose, namely the regulation of the relationship between individuals and the authority to which they are subject."[1241]

1238 Ebenda.

1239 Wobei dies nicht bedeutet, dass dieser gänzlich irrelevant für die Auslegung wäre. Die historische Auslegung bleibt ein zentrales Instrument unter anderem bei der Bestimmung des Inhalts von Vertragsbestimmungen.

1240 Erstmals Anwendung in der EGMR Rechtsprechung fand dieser Grundsatz im Fall *Tyrer v. United Kingom*, App. no. 5856/72, 25. April 1978, Rn. 31: „*The Court must also recall that the Convention is a living instrument which, as the Commission rightly stressed, must be interpreted in the light of present-day conditions*". Die Entscheidung begründete eine bis heute fortbestehende Rechtsprechungsreihe die teils ausdrücklich, teils mittelbar auf den Grundsatz des „*living instrument*" zurückgreift. Vgl. etwa EGMR, *Marckx v. Belgium*, App. no. 6833/74, 13. Juni 1979, Rn. 41; EGMR, *Dudgeon v. United Kingdom*, App. no. 7525/76, 22. Oktober 1981, Rn. 60; EGMR, *I v. United Kingdom [GC]*, App. no. 25680/94, 11. Juli 2002, Rn. 54; EGMR, *Demir and Baykara v. Turkey [GC]*, App. no. 34503/97, 12. November 2008, Rn. 146.

1241 *Murray*, S. 166.

Mehrere Argumente bedürfen hierbei einer genaueren Betrachtung. Tatsächlich besteht in nicht-internationalen bewaffneten Konflikten unter Umständen ein rechtliches Vakuum, wenn bewaffnete Gruppen staatliche Strukturen derart verdrängen, dass diese einen Schutz der Zivilbevölkerung vor Menschenrechtsverletzungen in dem umkämpften Gebiet nicht länger sicherstellen können. Eine Vertragsauslegung derart weit zu fassen, dass diese auch neue, bei Vertragsausarbeitung nicht angedachte, Adressaten mitumfasst überschreitet entgegen der Ansicht von *Murray* die Grenzen der Auslegung.

Sowohl die zuvor genannten Entscheidungen des IGH als auch die Rechtsprechungsreihe des EGMR zur Konvention als *„living instrument"* können zu Recht als Grundlage für eine den heutigen Umständen gerecht werdende Auslegung internationaler Verträge dienen. Diese muss sich jedoch auf den Inhalt und Umfang der darin enthaltenen Rechte beschränken.

Exemplarisch sei der Fall *Marckx*[1242] herangezogen. In diesem ging es um die Auslegung des Art. 14 EMRK und den Unterschied zwischen ehelichen und nicht-ehelichen Kindern.[1243] Im konkreten Fall beklagte die Beschwerdeführerin die unterschiedliche Behandlung ihrer nicht-ehelichen Tochter gegenüber ehelichen Kindern. Im Kern sah sie eine Verletzung von Art. 14 i.V.m. Art. 8 EMRK in der Tatsache, dass erst die Adoption ihrer nicht-ehelichen Tochter und nicht bereits deren Anerkennung die vollständige Familienzugehörigkeit begründete.[1244] Zur Lösung dieser Frage bezogen sich die Richter sodann auf die Fortentwicklung des Rechts in den Vertragsstaaten.[1245] Ebenso verhielt es sich auch in den weiteren Fällen in der Rechtsprechung zum *„living instrument"*. Die Frage einer Erweiterung des Adressatenkreises der Konvention war zu keinem Zeitpunkt Teil der Debatten.

Auch ein Blick auf die internationale Ebene lässt keinen anderen Schluss zu. Schließlich beschäftigen sich die relevanten IGH-Gutachten[1246] bisher

1242 EGMR, *Marckx v. Belgium*, App. no. 6833/74, 13. Juni 1979.

1243 Ebenda, Rn. 41.

1244 Ebenda, Rn. 8 - 13.

1245 Ebenda, Rn. 41.

1246 ICJ, *Legal Consequences for States of the Continued Presence of South Africa in Namibia (South West Africa) Notwithstanding Security Council Resolution 276 (1970)*, Advisory Opinion, I.C.J. Reports 1971, S. 16; ICJ, *Reparations for injuries suffered in the service of the United Nations*, Advisory Opinion, 11. April 1949, I.C.J. Reports 1949, S. 174.

ebenfalls lediglich mit der allgemeinen Auslegung der in Verträgen vorgesehenen Rechte und Pflichten.

Insofern als *Murray* argumentiert, die Verträge würden auch in der beabsichtigten Weise angewandt, d.h. im Verhältnis zwischen einer vertikalen Autorität (hier bewaffnete Gruppen anstatt Staaten) und Bürgern,[1247] vermag dies nicht die Hürde der fehlenden Anwendbarkeit *ratione personae* zu nehmen, sondern greift lediglich einem entsprechenden Einwand vor, die Konventionen seien für eine Anwendung im Verhältnis zwischen Privaten nicht gedacht.

IV. Zwischenfazit

Die drei vorgenannten Ansichten bieten jede für sich einen Ansatz, um das rechtliche Vakuum zu schließen, das im Rahmen nicht-internationaler bewaffneter Konflikte entsteht, wenn nicht-staatliche bewaffnete Gruppen staatliche Strukturen ersetzen.

Während die Drittwirkungslehre im Ergebnis die Verantwortung hierfür schlussendlich bei dem jeweils betroffenen Staat belässt, versuchen die Theorie der *de facto Kontrolle* und der Ansatz einer weiten Interpretation des Anwendungsbereichs der Menschenrechtsinstrumente *ratione personae* bewaffnete Gruppen unmittelbar in die Verantwortung zu nehmen.

Hierbei überzeugt am ehesten die Theorie der *de facto Kontrolle*, obwohl auch sie nicht in der Lage ist, die entstehenden Rechtsschutzlücken in Gänze zu schließen. Im Gegensatz zum Versuch der interpretativen Ausweitung des Adressatenkreises wurde diese ausdrücklich für solche Fälle entwickelt, in denen nicht-staatliche bewaffnete Gruppen staatliche Strukturen ersetzen und findet entsprechenden Anklang in der Rechtsprechung internationaler Organe.

Sie findet jedoch insbesondere dann ihre Grenzen, wenn bewaffnete Gruppen gerade keine faktische Kontrolle über einen Teil des Hoheitsgebietes eines Staates ausüben. Dies muss jedoch zumindest im EMRK-System nicht zwangsläufig zu einer Rechtschutzlücke führen: Üben bewaffnete Gruppen keine effektive Kontrolle über einen Teil des Staatsgebietes aus, werden sie auch regelmäßig staatliche Strukturen nicht gänzlich verdrängen bzw. ersetzen. Wenn selbst in Fällen wie dem *Ilașcu*-Urteil[1248]

1247 *Murray*, S. 166.

1248 EGMR, *Ilașcu & Ors. v. Moldova and Russia* [GC], App. no. 48787/99, 08 Juli 2004.

trotz der Unfähigkeit Moldawiens, seine Hoheitsgewalt im erforderlichen Maße im Gebiet von Transnistrien auszuüben, eine teilweise Verantwortlichkeit unter der EMRK durch den EGMR bejaht wurde,[1249] wird diese erst recht zu bejahen sein, wenn der Einfluss der bewaffneten Gruppe im Einzelfall geringer ausfällt. In Abwesenheit einer Verantwortlichkeit der bewaffneten Gruppe[1250] verbleibt sodann eine Verantwortlichkeit des Staates.

C. Realisierbarkeit einer Bindung nicht-staatlicher bewaffneter Gruppen an die EMRK

Nimmt man trotz der soeben herausgearbeiteten Begründungsschwierigkeiten eine Verantwortlichkeit nicht-staatlicher bewaffneter Gruppen unter der EMRK an, so bleibt die Realisierbarkeit ihrer Bindung an die Konvention dennoch fraglich.

I. Durchsetzbarkeit der Urteile des EGMR gegenüber bewaffneten Gruppen

Zunächst stellt sich das Problem der Durchsetzbarkeit der Urteile des EGMR und somit der in der Konvention festgeschriebenen Rechte und Pflichten. Diese scheitert bereits an der fehlenden Zuständigkeit des EGMR *ratione personae*, die auch nicht durch eine entsprechend extensive Auslegung der Konvention überwunden werden kann.[1251]

Selbst wenn man auch dies noch annähme, verblieben die bekannten Schwierigkeiten bei der Durchsetzung der EGMR-Urteile.[1252] Diese wären noch potenziert, da politischer und finanzieller Druck auf nicht-staatliche bewaffnete Gruppen im Vergleich zu Staaten deutlich schwerer auszuüben ist.

Bewaffnete Gruppen sind keine Mitglieder des Europarates.[1253] Wie gesehen sind sie auch keine Vertragsparteien der EMRK. Es werden lediglich

1249 Ebenda, Rn. 333.

1250 Eine strafrechtliche Verfolgung der Angehörigen der bewaffneten Gruppe nach nationalem Recht bliebe hiervon ohnehin unberührt.

1251 Vgl. Teil 3, Kap. 3, B., III.

1252 S.o. Teil 2, Kap. 5, A., II., 4.

1253 Zu den Mitgliedern des Europarates vgl. dessen Website unter https://www.coe.int/de/web/portal/47-members-states (Letzter Abruf: 24.05.2019).

u.U. die Rechte und Pflichten der Konvention auf sie ausgedehnt. Hieraus lässt sich jedoch nicht ohne Weiteres auch eine Kontrollmöglichkeit des Ministerkomitees herleiten.

Zum einen haben bewaffnete Gruppen keine Vertreter im Ministerkomitee des Europarates. Dies liegt einerseits daran, dass sie keine Mitglieder des Europarates sind und keine derartige staatliche Struktur vorweisen können, die das Entsenden eines Ministers ermöglichen würde.[1254] Zum anderen bedarf es einer Kontrollmöglichkeit, möchte man den Adressatenkreis der EMRK auf nicht-staatliche bewaffnete Gruppen ausdehnen. Andernfalls würde ihre Bindung an die Konvention bereits im Keim erstickt. Die Einhaltung der Urteile des EGMR ist die originäre Aufgabe des Ministerkomitees.[1255] Diese Aufgabe müsste es bei einer Ausdehnung des Adressatenkreises auch gegenüber bewaffneten Gruppen erfüllen können.

Der eindeutige Wortlaut der Konvention[1256] lässt sich jedoch nicht überwinden. Auch wäre eine Überwachung der Einhaltung der gegenüber bewaffneten Gruppen ergangenen Urteile des EGMR durch das Ministerkomitee nicht interessengerecht, insofern als die bewaffneten Gruppen keinen eigenen Repräsentanten in diesem Organ hätten.

II. Die Gefahr einer schwindenden Akzeptanz von Gerichtshof und Konvention

Dies birgt zugleich eine zweite Gefahr: Diejenige einer schwindenden Akzeptanz der Konvention und ihres Gerichtshofs. Die Anerkennung der Konvention als bindendes Regelwerk wird bei bewaffneten Gruppen ohnehin bereits als niedrig einzustufen sein und würde durch die Kontrolle durch das Ministerkomitee aufgrund der bereits geschilderten fehlenden Repräsentation wohl noch geringer.

Auch eine Verringerung der Akzeptanz durch die Vertragsstaaten wäre nicht ausgeschlossen. Dies gilt zumindest dann, wenn Staaten wie die Tür-

---

1254 Gem. Art. 14 S. 2 Satzung des Europarates sind Mitglieder des Komitees die Außenminister der Vertragsstaaten. Diese können sich lediglich bei Verhinderung durch einen Bevollmächtigten vertreten lassen (Art. 14 S. 3 Satzung des Europarates), wobei auch dieser möglichst der Regierung angehören soll (Art. 14 S. 4 Satzung des Europarates); vgl. auch *Lemmens*, in: Van Dijk et al. (Hrsg.), S. 40.

1255 Art. 46 Abs. 2 EMRK bestimmt: „*The final judgment of the Court shall be transmitted to the Committee of Ministers, which shall supervise its execution*".

1256 Art. 46 EMRK spricht durchgehend von „*High Contracting Parties*".

kei sich auf die vermeintliche Selbstständigkeit einer bewaffneten Gruppe berufen,[1257] der EGMR diese jedoch verneinen würde.[1258] Das *Ilaşcu*-Urteil[1259] hat zudem deutlich gemacht, dass der Kontrollverlust einer Hohen Vertragspartei über einen Teil ihres Hoheitsgebietes aufgrund der Aktivitäten einer nicht-staatlichen bewaffneten Gruppierung nicht zwangsläufig eine Entlassung aus ihren EMRK-Verpflichtungen zur Folge hat.[1260] Die Verpflichtung nicht-staatlicher bewaffneter Gruppierungen unter der EMRK hätte daher nicht unbedingt eine Entlastung der Hohen Vertragsparteien zur Folge. Man wird daher nicht ohne Weiteres annehmen können, dass die Hohen Vertragsparteien einer Ausdehnung der EMRK auf bewaffnete Gruppen zustimmen würden.

Die EMRK lebt jedoch von der Akzeptanz der Vertragsstaaten und ihrer Bereitschaft, den Urteilen des Gerichtshofs Folge zu leisten.[1261] Einen effektiven Durchsetzungsmechanismus kann die Konvention wie gesehen nicht vorweisen.[1262] Der Druck, den das Ministerkomitee ausüben kann, ist primär politischer Natur[1263] und vertraut auf den durch eine Verurteilung eintretenden Ansehensverlust in der Staatengemeinschaft. Verlieren die Urteile des EGMR in den Augen der Vertragsstaaten jedoch an Ansehen, werden gar als „ungerecht" empfunden, so droht auch die Ächtung des verletzenden Staates durch die übrige Staatengemeinschaft an Druck und Wirkung zu verlieren. Nichtimplementierung von EGMR-Urteilen ist ein bereits seit langem bestehendes Problem.[1264]

1257 Vgl. EGMR, *Loizidou v. Turkey (Preliminary Objections)*, App. no. 15318/89, 23. März 1995, Rn. 56.

1258 Wie im konkreten Fall auch geschehen: EGMR, *Loizidou v. Turkey (Preliminary Objections)*, App. no. 15318/89, 23. März 1995, Rn. 62 f. Aktuell kann hierbei auf die Debatte um die russische Annexion der Krim verwiesen werden. Zum Zeitpunkt des Kontrollverlusts der Ukraine über die Halbinsel Krim, verneinte Russland eine irgendwie geartete eigene Intervention und verwies auf Handlungen selbstständiger pro-russischer Separatisten, vermeintliche „einheimische Selbstverteidigungskräfte". Diese trugen keine Militärabzeichen, sodass ihre Militärzugehörigkeit nicht eindeutig feststellbar war, vgl. *LPB-BW*, Nervenkrieg um die Ukraine.

1259 EGMR, *Ilaşcu & Ors. v. Moldova and Russia* [GC], App. no. 48787/99, 08. Juli 2004.

1260 S.o. Teil 2, Kap. 1, B., I., 3.

1261 *Rainey/Wicks/Ovey*, S. 59.

1262 S.o. Teil 2, Kap. 5, A., II., 4. Vgl. auch *Rainey/Wicks/Ovey*, S. 59.

1263 Vgl. *Rainey/Wicks/Ovey*, S. 58.

1264 *de Londras/Dzehtsiarou*, 66 ICLQ 2017, S. 467, 470; *Donald*, EJIL: Talk!, 28. April 2017, identifizierte zwei Hauptkategorien, unter die die verschiede-

Zudem könnte eine solche Verantwortlichkeit nicht-staatlicher bewaffneter Gruppen unter der EMRK auch Befürchtungen in den Reihen der Vertragsstaaten befeuern, dass hierdurch eine Legitimierung dieser Gruppen und ihrer Anliegen durch die Staatengemeinschaft erfolgen könnte.[1265] Oftmals haben nicht-internationale bewaffnete Konflikte den Kampf eines Staates gegen separatistische Bestrebungen auf dem eigenen Hoheitsgebiet zum Gegenstand.[1266] Die Daseinsberechtigung der entsprechenden Gruppen wird von Beginn an durch die Staaten abgelehnt, um jegliche Machtansprüche konsequent zu unterbinden und eine den Widerstand gegen staatliche Strukturen rechtfertigende Argumentation zu unterdrücken.[1267] Wer bereits eine unerwünschte Legitimierung bewaffneter aufständischer Gruppen durch die sie betreffenden Regelungen des Humanitären Völkerrechts sah, würde deren Bindung an Menschenrechte womöglich aus demselben Grund ablehnen und könnte dies mit der Natur der Menschenrechtsverträge begründen, da diese ein Über- Unterordnungsverhältnis zwischen den Menschenrechtsverpflichteten und den Individuen, gleich dem Verhältnis eines Staates zu seinen Bürgern, voraussetzen.[1268] Die Fähigkeit zur Wahrnehmung staatlicher oder staatsähnlicher Funktionen soll diesen Gruppen jedoch aus Sicht des betroffenen Staates abgesprochen werden.

III. Eine fortschreitende Überlastung des EGMR?

Eine Bindung bewaffneter Gruppen an die EMRK wäre zudem nur effektiv, sofern die Handlungen dieser Gruppen auch durch den EGMR über-

---

nen Fälle von Nichtbefolgung der Urteile fallen: „*Principled non-execution*" und „*dilatory non-execution*".

1265 Vgl. im Kontext der Zuerkennung internationaler Rechtspersönlichkeit *Murray*, S. 35 f.

1266 Sei es der Konflikt zwischen der Ukraine und den pro-russischen Separatisten, die Angriffe tschetschenischer Rebellen in Russland, die jahrzehntelangen Destabilisierungsversuche der Taliban in Afghanistan, der blutige Konflikte im Jemen zwischen Regierungstruppen und Huthi-Rebellen oder die Terroranschläge der Al-Schabaab-Miliz in Somalia. Sofern diese die Intensitätsgrenze zum bewaffneten Konflikt überschreiten, haben sie im Kern alle einen solchen Konflikt zwischen Aufständischen und Regierungstruppen zum Inhalt.

1267 Vgl. auch hier zur Zuerkennung internationaler Rechtspersönlichkeit *Murray*, S. 35.

1268 Vgl. *Schäfer*, Studien zu Grund- und Menschenrechten 2006, Heft 13, S. 11; *Cerone*, 39 VandJTL 2006, S. 1447, 1469; *Meron*, in: Ders. (Hrsg.), S. 1, 7.

prüft werden könnten. Zwangsläufig müsste man daher auch die Möglichkeit bejahen, Staaten- und Individualbeschwerde (Art. 33 und 34) auf bewaffnete Gruppen auszudehnen. Dies könnte unter Umständen einen erneuten Anstieg der Fallzahlen zur Folge haben. Zum Stichtag 01.01.2018 waren vor dem EGMR 56.250 Fälle anhängig.[1269] In den letzten Jahren waren die Zahlen der anhängigen Verfahren mit Ausnahme des Jahres 2016[1270] rückläufig.[1271]

Ob eine Zulassung von Beschwerden gegen nicht-staatliche bewaffnete Gruppen tatsächlich zu einer drastischen Erhöhung der Fallzahlen vor dem EGMR führen würde, bleibt jedoch fraglich. Die bewaffnete Gruppe müsste im Einzelfall eine derartige Kontrolle über ein Gebiet eines Vertragsstaates ausüben, dass die zuvor erläuterten Voraussetzungen angenommen werden könnten. Solche Konflikte sind in Europa weiterhin selten. Zwar steigt, wie gesehen[1272], die Zahl der bewaffneten Konflikte weltweit. Dies umfasst auch nicht-internationale bewaffnete Konflikte. Solche Konflikte mit Beteiligung einer Hohen Vertragspartei der EMRK spielen sich jedoch selten im räumlichen Anwendungsbereich der Konvention ab. Zudem handelt es sich meist um Konflikte, bei denen Vertragsstaaten der EMRK auf dem Hoheitsgebiet eines Drittstaates gegen dort operierende bewaffnete Gruppen vorgehen. In einem solchen Fall mag eine extraterritoriale Geltung der EMRK im Hinblick auf ihre Vertragsstaaten in Betracht kommen. Da jedoch weder der Drittstaat noch die bewaffnete Gruppe Mitglieder der Konvention sind, wird eine Ausweitung des Geltungsbereichs der Konvention auf diese nicht in Betracht kommen.

1269 *EGMR*, Pending Applications Allocated to a Judicial Formation, 01.01.2018, online abrufbar unter https://www.echr.coe.int/Documents/Stats_pending_2018_BIL.pdf (Letzter Abruf: 24.05.2019).

1270 Im Jahr 2016 stieg die Zahl der anhängigen Verfahren auf 79.750 Verfahren. Dies war wohl primär dem Konflikt in der Ukraine geschuldet, EGMR, Annual Report 2016 S. 192 f., online abrufbar unter https://www.echr.coe.int/Documents/Annual_report_2016_ENG.pdf (Letzter Abruf: 24.05.2019).

1271 Waren es im Jahr 2011 noch 151.624 Verfahren (EGMR, Annual Report 2010-2011, S. 152, online abrufbar unter https://www.echr.coe.int/Documents/Annual_report_2011_ENG.pdf [Letzter Abruf: 24.05.2019]), so ging die Zahl bis Ende 2017 um knapp zwei Drittel zurück.

1272 S.o. Einleitung.

D. Zwischenfazit

Sollten nicht-staatliche bewaffnete Gruppen neben dem Humanitären Völkerrecht auch den Menschenrechten verpflichtet sein und für deren Verletzung zur Rechenschaft gezogen werden? Unbedingt! Allerdings ist eine solche Bindung aktuell nur schwer realisierbar. Dies liegt insbesondere am fehlenden Rechtsrahmen. Sämtliche Menschenrechtsverträge, sowohl auf universeller als auch auf regionaler Ebene, bezwecken seit jeher eine Bindung und Kontrolle von Staaten. Nun lässt sich die grundsätzliche Möglichkeit einer Bindung nicht-staatlicher Akteure durch die Annahme von Rechtspersönlichkeit bejahen. Werden bewaffnete Gruppen jedoch nicht ausdrücklich durch internationale Verträge als Adressaten identifiziert und in die Pflicht genommen, lässt sich ihre Bindung regelmäßig angesichts des eindeutigen Wortlautes und der entgegenstehenden Zielrichtung der Verträge nicht annehmen.

Selbst wenn diese Hürde jedoch genommen würde, so bestünden bei der EMRK erhebliche Schwierigkeiten im Hinblick auf die Durchsetzbarkeit der Urteile des Gerichtshofs. Diese gestaltet sich bereits gegenüber den „regulären" Hohen Vertragsparteien schwierig und ist von deren Bereitschaft zur Befolgung der Urteile sowie von der Effektivität des ausgeübten politischen Druckes abhängig. Diese Faktoren werden jedoch bei nicht-staatlichen bewaffneten Gruppen ihre Wirkung nicht entfalten können, kennzeichnen sich bewaffnete Gruppen doch regelmäßig durch die Ablehnung bestehender Strukturen und die Nichtanerkennung staatlicher Macht. Zudem fehlt diesen Gruppen regelmäßig eine staatliche Struktur mit entsprechenden Institutionen, die für politischen Druck empfänglich wären und Ansprechpartner für das Ministerkomitee sein könnten.

Zusammenfassung und Ausblick

Die Frage nach der Anwendbarkeit der EMRK in internationalen und nicht-internationalen bewaffneten Konflikten ist zwangsläuig mit der Frage der extraterritorialen Ausübung von Hoheitsgewalt durch die Hohen Vertragsparteien verbunden. Die militärischen Interventionen europäischer Staaten haben sich über die letzten Dekaden stark vom europäischen Kontinent weg und in den mittleren Osten bzw. nach Nordafrika verlagert. Die Rechtsprechung des EGMR zur einschlägigen Vorschrift des Art. 1 EMRK hat hierbei – wenn sie auch zu Recht für ihre mangelnde Stringenz kritisiert wurde – über die Jahrzehnte zumindest klargestellt, dass Handlungen Hoher Vertragsparteien außerhalb ihres Hoheitsgebietes dennoch an der EMRK gemessen werden können. Zur Begründung einer Konventionsbindung der extraterritorialen Ausübung von Hoheitsgewalt stützt sich der EGMR auf zwei Modelle: Das *räumliche* Modell und das *personelle* Modell. Während Ersteres sich auf die effektive Kontrolle einer Hohen Vertragspartei über ein Gebiet stützt, knüpft Letzteres an die Ausübung von Autorität und Kontrolle über ein Individuum durch Agenten der Hohen Vertragspartei an. Keine Unterscheidung wird hierbei vorgenommen je nachdem, ob es sich um einen internationalen (Konflikt zwischen Staaten) oder nicht-internationalen (Konflikt zwischen mindestens einem Staat und einem nicht-staatlichen Akteur) bewaffneten Konflikt handelt. Die Rechtsprechung des EGMR hat spätestens seit dem Irak-Krieg 2003 stetig an Relevanz gewonnen. Dieser Konflikt führte zu einer noch immer anhaltenden Flut an Verfahren vor dem EGMR, vornehmlich gegen das Vereinigte Königreich, die mehrheitlich auch die Frage der extraterritorialen Ausübung von Hoheitsgewalt zum Gegenstand hatten.

Die eingangs erwähnte mangelnde Stringenz in der EGMR-Rechtsprechung zu Art. 1 EMRK führte über die Jahre immer häufiger zu Forderungen – sowohl auf Ebene der Mitgliedstaaten als auch auf der Richterbank – nach einer Reform der bisherigen Herangehensweise an extraterritoriale Sachverhalte. Neben Richter *Bonnello*'s funktionalem Test, der die Verantwortlichkeit eines Staates für eine Verletzung bzw. für Nichtverhinderung einer Verletzung in den Mittelpunkt seiner Überlegungen stellt, scheint mehrheitlich eine Stärkung des *personellen* Modells befürwortet zu werden, wohingegen die Unterstützung für das *räumliche* Modell schwindet. Gänzlich davon lossagen konnte der EGMR sich bislang jedoch nicht, auch wenn seine *Al-Skeini*-Entscheidung[1273] als Schritt in diese Richtung gedeutet werden kann.

Die Ausdehnung des Anwendungsbereichs der EMRK auf außerhalb des Hoheitsgebiets der Hohen Vertragsparteien begangene Menschenrechtsverletzungen umfasst im Grundsatz auch die Derogationsklausel des Art. 15 EMRK. Hierbei bezieht der Begriff des „Krieges" auch internationale bewaffnete Konflikte i.S.d. Humanitären Völkerrechts mit ein. Der Wortlaut des Art. 15 Abs. 1 EMRK lässt allerdings den Schluss zu, dass auch Kriege das Leben der Gemeinschaft bedrohen müssen, was sich bei Auslandseinsätzen der Streitkräfte zumindest schwierig gestalten dürfte. Gleiches gilt für den Kampf gegen nicht-staatliche bewaffnete Gruppen im Ausland. Im Kontext des Kampfes gegen den internationalen Terrorismus dürfte Art. 15 Abs. 1, 2. Alt. EMRK zwar bei Terroranschlägen auf dem Hoheitsgebiet einer Hohen Vertragspartei unproblematisch anwendbar sein. Er kann jedoch keine Derogationsmöglichkeit bieten, wenn Staaten terroristische Vereinigungen wie den sog. Islamischen Staat im Ausland bekämpfen.

Im Jahr 2014 nutzte der EGMR in seiner *Hassan*-Entscheidung[1274] zudem die Gelegenheit, sich zum Verhältnis zwischen EMRK und Humanitärem Völkerrecht zu äußern. Diese seit langem umstrittene Frage beantwortete der Gerichtshof, indem er das Verhältnis als *„Koexistenz"*[1275] qualifizierte und sich gegen eine das Humanitäre Völkerrecht favorisierende Anwendung des *lex specialis* Grundsatzes entschied, der durch das Vereinigte Königreich bevorzugt wurde.

Während eine Bindung nicht-staatlicher Akteure an die Kernbestandteile des Humanitären Völkerrechts anerannt ist, wird man die Frage nach einer Bindung nicht-staatlicher Akteure an die EMRK negativ beantworten müssen. Zwar lässt sich eine Rechtspersönlichkeit dieser Akteure annehmen. Jedoch fehlt es an einer Adressierung durch die Konvention. Diese steht hierbei keinesfalls allein dar. Mit Ausnahme weniger neuerer Menschenrechtsinstrumente, die selbst auch nur in bestimmten Einzelfällen nicht-staatliche Akteure ausdrücklich adressieren, richtet sich die große Mehrheit der Verträge nur an Staaten.

Diese zur Zeit ihrer Entstehung interessengerechte Ausrichtung der Menschenrechtsinstrumente ist heute überholt. Das Bewusstsein hierfür

---

1273 EGMR, *Al-Skeini and others v. United Kingdom* [GC], App. no. 55721/07, 07. Juli 2011.

1274 EGMR, *Hassan v. UK* [GC], App. no. 29750/09, 16. September 2014.

1275 Ebenda, Rn. 104 (Eigene Übersetzung).

entsteht schrittweise sowohl in der Wissenschaft als auch bei den Entscheidungsträgern, wobei Erstere bereits seit längerem die fehlende Verantwortlichkeit nicht-staatlicher Akteure problematisiert. Angesichts der wachsenden nicht-internationalen bewaffneten Konflikte und staatsgleichen Aspirationen terroristischer Vereinigungen ist ein Umdenken, begleitet von entsprechenden Anpassungen der jeweiligen juristischen Instrumente, auch angebracht.

Nicht nur wäre dies ein wichtiges Signal sowohl an die bewaffneten Gruppen selbst als auch an die betroffene Zivilbevölkerung. Es würde auch den Menschenrechtsschutz gegenüber dem Humanitären Völkerrecht weiter stärken. Bedenken der Staaten hinsichtlich einer Legitimierung nicht-staatlicher bewaffneter Gruppen könnte dies zwar nicht vollends zerstreuen. Es wäre jedoch insofern ein positives Signal, als im Bereich des Menschenrechtsschutzes nun beide Seiten eines nicht-internationalen bewaffneten Konfliktes zukünftig die gleichen Pflichten träfen.

Literaturverzeichnis

Abdul-Ahad, Gaith, The Bureaucracy of Evil: How Islamic State Ran a City, The Guardian, 29. Januar 2018, online abrufbar unter https://www.theguardian.com/cities/2018/jan/29/bureaucracy-evil-isis-run-city-mosul (Letzter Abruf: 24.05.2019). Zitiert als: *Abdul-Ahad*, The Guardian, 29. Januar 2018.

Abi-Saab, Georges, Non-international Armed Conflicts, in: UNESCO (Hrsg.), International Dimensions of Humanitarian Law, Geneva/Paris/Dordrecht 1988, S. 217 - 239. Zitiert als: *Abi-Saab*, in: UNESCO (Hrsg.), S. 217,...

Addo, Michael K., The Legal Nature of International Human Rights, Leiden - Boston 2010. Zitiert als: *Addo*, S...

Akande, Dapo, Classification of Armed Conflicts: Relevant Legal Concepts, in: Wilmshurst, Elizabeth (ed.), International Law and the Classification of Conflicts, Oxford 2012, S. 32 - 79. Zitiert als: *Akande*, in: Wilmshurst (Hrsg.), S. 32,...

Akande, Dapo/Milanovic, Marco, The Constructive Ambiguity of the Security Council's ISIS Resolution, EJIL: Talk!, 21. November 2015, online abrufbar unter https://www.ejiltalk.org/the-constructive-ambiguity-of-the-security-councils-isis-resolution/ (Letzter Abruf: 24.05.2019). Zitiert als: *Akande/Milanovic*, EJIL: Talk!, 21. November 2015.

Ders., Embedded Troops and the Use of Force in Syria: International and Domestic Law Questions, EJIL: Talk!, 11. September 2015, online abrufbar unter https://www.ejiltalk.org/embedded-troops-and-the-use-of-force-in-syria-international-and-domestic-law-questions/ (Letzter Abruf: 24.05.2019). Zitiert als: *Akande*, EJIL: Talk!, 11. September 2015.

Al-Midani, Mohammed Amin/ Cabanettes, Mathilde/ Akram, Susan M., Arab Charter on Human Rights 2004, Boston University International Law Journal 2006, Band 24, Ausgabe 2, S. 147 - 164. Zitiert als: *Al-Midani/Cabanettes/Akram*, 24 BUILJ 2006, S. 147 - 164.

D'Aspremont, Jean, Articulating International Human Rights and International Humanitarian Law: Conciliatory Interpretation under the Guise of Conflict of Norms-Resolution, in: Fitzmaurice, Malgosia/ Merkouris, Panos (Hrsg.), The Interpretation and Application of the European Convention of Human Rights, Leiden 2013, S. 3 - 31. Zitiert als: *d'Aspremont*, in: Fitzmaurice/Merkouris (Hrsg.), S. 3,...

d'Aspremont, Jean/ Tranchez, Elodie, The Quest for a Non-Conflictual Coexistence of International Human Rights Law and Humanitarian Law: Which Role for the *Lex Specialis* Principle?, in: Kolb, Robert/ Gaggioli, Gloria (Hrsg.), Research Handbook on Human Rights and Humanitarian Law, Cheltenham 2013, S. 223 - 250. Zitiert als: *d'Aspremont/ Tranchez*, in: Kolb/ Gaggioli (Hrsg.), S. 223,...

Aufricht, Hans, Personality in International Law, The American Political Science Review 1943, Band 37, Nummer 2, S. 217 - 243. Zitiert als: *Aufricht*, 37 APSR 1943, S. 217,...

Bartels, Rogier, Timelines, borderlines and conflicts. The historical evolution of the legal devide between international and non-international armed conflicts, International Review of the Red Cross 2009, Band 91, Nummer 873, S. 35 - 67. Zitiert als: *Bartels*, IRRC (2009), 91 (873), S. 35,...

Bell, Caitlin A., Reassessing Multiple Attribution: The International Law Commission and the *Behrami* and *Saramati* Decision, International Law and Politics 2010, Band 42, S. 501 - 548. Zitiert als: *Bell*, 42 ILP 2010, S. 501,...

Ben-Naftali, Orna/ Shany, Yuval, Living in Denial: The Application of Human Rights in the Occupied Territories, Israel Law Review, Band 37, 1980, S. 17 - 118. Zitiert als: *Ben-Naftali/Shany*, 37 Isr. L. R. 1980, S. 17,...

Biehl, Simon, Extraterritoriale Anwendbarkeit der EMRK im bewaffneten Konflikt: Al-Saadoon & Ors. v. Secretary of State for Defense im Vereinigten Königreich, 02/2017 DE, online verfügbar unter http://jean-monnet-saar.eu/wp-content/uploads/2013/12/Biehl_Blueprint_Final.pdf (Letzter Abruf: 24.05.2019). Zitiert als: *Biehl*, Saar Blueprints, S...

Bindschedler, Rudolf L., Die Anerkennung im Völkerrecht, Archiv des Völkerrechts 1962, Band 9, Nummer 4, S. 377 - 397. Zitiert als: *Bindschedler*, 9 AVR 1962, S. 377,...

Birkenkötter, Hannah, Zum Verhältnis von humanitärem Völkerrecht und der EMRK – alle Macht dem EGMR?, Verfassungsblog, 18. September 2014, online abrufbar unter https://verfassungsblog.de/zum-verhaeltnis-von-humanitaerem-voelkerrecht-und-der-emrk-alle-macht-dem-egmr/ (Letzter Abruf 24.05.2019). Zitiert als: *Birkenkötter*, Verfassungsblog, 18. September 2014.

Bluntschli, Johann Caspar, Das Moderne Völkerrecht der Civilisirten Staten: Als Rechtsbuch Dargestellt, Nördlingen 1868. Zitiert als: *Bluntschli*, S...

Borger, Julian, There Were No Weapons of Mass Destruction in Iraq, The Guardian, 07. Oktober 2004, online abrufbar unter: https://www.theguardian.com/world/2004/oct/07/usa.iraq1 (Letzter Abruf: 24.05.2019). Zitiert als: *Borger*, The Guardian, 07. Oktober 2004.

Bothe, Michael, The Historical Evolution of International Humanitarian Law, International Human Rights Law, Refugee Law and International Criminal Law, in: Fischer, Horst/ Froissart, Ulrike/ Heintschel von Heinegg, Wolff/ Raap, Christian (Hrsg.), Krisensicherung und Humanitärer Schutz – Crisis Management and Humanitarian Protection: Festschrift für Dieter Fleck, Berlin 2004, S. 37 - 45. Zitiert als: *Bothe*, in: Fischer/Froissart/Heintschel von Heinegg/Raap (Hrsg.), S. 37,...

Ders., Friedenssicherung und Kriegsrecht, in: Graf Vitzthum, Wolfgang/Proelß, Alexander (Hrsg.), Völkerrecht, 7. Überarbeitete und aktualisierte Auflage, Berlin/Boston 2016, S. 591 - 682. Zitiert als: *Bothe*, in: Graf Vitzthum/Proelß (Hrsg.), S. 591,...

Bothe, Michael/ Eaton, Martin/ Solf Waldemar A./ Partsch, Karl Josef, New Rules for Victims of Armed Conflicts: Commentary on the Two 1977 Protocols Additional to the Geneva Conventions of 1949, 2. Auflage, Leiden 2013. Zitiert als: *Bothe/Eaton/Solf/Partsch*, S...

Bourquin, Maurice, Règles Générales du Droit de la Paix, Recueil des Cours de l'Académie de Droit International 1931-I, Thome 35, S. 5 - 232. Zitiert als: *Bourquin*, 35 RCADI 1931-I, S. 5,...

Brett, Rachel, Non-Governmental Human Rights Organizations and International Humanitarian Law, International Review of the Red Cross 1998, Band 38, Nummer 324, S. 531 – 536. Zitiert als: *Brett*, IRRC (1998), 35 (324), S. 531,...

Breutz, Iris, Das Afrikanische Menschenrechtsschutzsystem, in: Kirchmeier, Felix/ Krennerich, Michael (Hrsg.), Handbuch der Menschenrechtsarbeit Edition 2014/2015, S. 373 - 397. Online abrufbar unter http://handbuchmenschenrechte.fes.de/home.html (Letzter Abruf: 24.05.2019). Zitiert als: *Breutz*, in: Kirchmeier/ Krennerich (Hrsg.), S. 373,...

Brierly, James-Leslie, Règles Générales du Droit de la Paix, Recueil des Cours de l'Académie de Droit International 1936-IV, Thome 58, S. 1 - 242. Zitiert als: *Brierly*, 58 RCADI 1936-IV, S. 1,...

Buergenthal, Thomas, To Respect and to Ensure: State Obligations and Permissible Derogations, in: Henkin, Louis (Hrsg.), The International Bill of Rights. The Covenant on Civil and Political Rights, New York/Guildford, Surrey 1981, S. 72 - 91. Zitiert als: *Buergenthal*, in: Henkin (Hrsg.), S. 72,...

Burchill, Richard, When does an Emergency Threaten the Life of the Nation? Derogations from Human Rights Obligations and the War on International Terrorism, Yearbook of New Zealand Jurisprudence 2005, Band 9, S. 95 - 114. Zitiert als: *Burchill*, 9 YNZJ 2005, S. 95,...

Cacciaguidi-Fahy, Sophie, The Law of the Sea and Human Rights, Panóptica 2007, Band 9, Ausgabe 2, S. 1 - 20. Zitiert als: *Cacciaguidi-Fahy*, 2007 Panóptica 9, S. 1,...

Campanelli, Danio, The Law of Military Occupation Put to the Test of Human Rights Law, International Review of the Red Cross 2008, Band 90, Nummer 871, S. 653 - 668. Zitiert als: *Campanelli*, IRRC (2008), 90 (871), S. 653,...

Cassel, Douglass, Extraterritorial Application of Inter-American Human Rights Instruments, in: Fons Coomans/Menno T. Kamminga (Hrsg.), Extraterritorial Application of Human Rights Treaties, Antwerp – Oxford 2004, S. 175 - 181. Zitiert als: *Cassel*, in: Coomans/Kamminga (Hrsg.), S. 175, ...

Cassese, Antonio, The Status of Rebels under the 1977 Geneva Protocol on Non-international Armed Conflicts, International and Comparative Law Quarterly 1981, Band 30, S. 416 - 439. Zitiert als: *Cassese*, 30 ICLQ 1981, S. 416,...

Ders., International Law, 2. Auflage, Oxford 2005. Zitiert als: *Cassese*, S...

Cerna, Christina M., Human Rights in Armed Conflict: Implementation of International Humanitarian Law Norms by Regional Intergovernmental Human Rights Bodies, in: Kalshoven, Frits/ Macalister-Smith, Peter (Hrsg.), The Implementation of International Humanitarian Law: Research Papers by Participants in the 1986 Session of the Centre for Studies and Research in International Law and International Relations of the Hague Academy of International Law, Dordrecht 1989, S. 31 - 67. Zitiert als: *Cerna*, in: Kalshoven/Macalister (Hrsg.), S. 31,...

Dies, Extraterritorial Application of the Human Rights Instruments of the Inter-American System, in: Fons Coomans/Menno T. Kamminga (Hrsg.), Extraterritorial Application of Human Rights Treaties, Antwerp – Oxford 2004, S. 141 - 174. Zitiert als: *Cerna*, in: Coomans/Kamminga (Hrsg.), S. 141, ...

Cerone, John, Human Dignity in the Line of Fire: The Application of International Human Rights Law During Armed Conflict, Occupation, and Peace Operations, Vanderbilt Journal of Transnational Law 2006, Band 39, S. 1447-1510. Zitiert als: *Cerone*, 39 VandJTL 2006, S. 1447, ...

Ders., Jurisdiction and Power: The Intersection of Human Rights Law and the Law of Non-International Armed Conflict in an Extraterritorial Context, Israel Law Review 2007, Band 40, Nummer 2, S. 396 - 452. Zitiert als: *Cerone*, 40 Isr. L. Rev. 2007, S. 396,...

Clapham, Andrew, The 'Drittwirkung' of the Convention, in: Macdonald, Ronald St. John/Matscher, F./Petzold, H. (Hrsg.), The European System for the Protection of Human Rights, Dordrecht/Boston/London 1993, S. 163 - 206. Zitiert als: *Clapham*, in: Macdonald/Matscher/Petzold (Hrsg.), S. 163,...

Clapham, Andrew, Human Rights Obligations of Non-State Actors, Oxford 2006. Zitiert als: *Clapham*, S...

Ders., The Complex Relationship Between the Geneva Conventions and International Human Rights Law, in: Ders. (Hrsg.), The 1949 Geneva Conventions: A Commentary, Oxford 2015, S. 701 - 735. Zitiert als: *Clapham*, in: Ders. (Hrsg.), S. 701,...

Clarke, Gerard, The Evolving ASEAN Human Rights System: The ASEAN Human Rights Declaration of 2012, Northwestern Journal of International Human Rights 2012, Band 11, Nummer Ausgabe 1, S. 1 - 27. Zitiert als: *Clarke*, 11 NJIHR 2012, S. 1,...

Cohen-Jonathan, Gérard, La Territorialisation de la Juridiction de la Cour Européenne des Droits de l'Homme, Revue Trimestrielle des Droits de l'Homme 2002, Band 52, S. 1069 - 1082. Abgekürzt als : *Cohen-Jonathan*, 2002 RTDH 52, S. 1069,...

Committee of Five, L'Insurrection dans l'Herzégovine, Bulletin International des Sociétés de Secours aux Militaires Blessés (1875), Band 6, Ausgabe 24, S. 175 - 176. Zitiert als : *Committee of Five*, Bulletin International des Sociétés de Secours aux Militaires Blessés (1875), 6 (24), S. 175,...

Constantineau, Albert, A Treatise on the De Facto Doctrine in its Relation to Public Officers and Public Corporations Based upon the English, American, and Canadian Cases including Comments upon Extraordinary Legal Remedies in Reference to the Trial of Title to Office, and Corporate Existence, Rochester, New York, 1910. Zitiert als: *Constantineau*, S...

Costa, Karen da, The Extraterritorial Application of Selected Human Rights Treaties, Leiden/Boston 2013. Zitiert als : *Costa*, S...

Council of Europe, Collected Edition of the "Travaux Préparatoires" of the European Convention on Human Rights – Recueil des Travaux Préparatoires de la Convention Européenne des Droits de l'Homme, Band III, Den Haag 1976. Abgekürzt als : *CoE*, Travaux Préparatoires, Bd. III, S...

Ders., Legal Protection of Human Rights, online abrufbar unter http://www.coe.int/en/web/compass/legal-protection-of-human-rights (Letzter Abruf: 24.05.2019). Zitiert als: *CoE*, Legal Protection of Human Rights.

Crawford, James, The Creation of States in International Law, 2. Auflage, Oxford 2006. Zitiert als: *Crawford*, S...

Ders., Brownlie's Principles of Public International Law, 8. Auflage, Oxford 2012. Zitiert als: *Crawford*, Brownlie's Principles, S...

Cross, Matthew E/ Williams, Sarah, BetweentThe Devil and the Deep Blue See: Conflicted Thinking in the Al-Saadoon Affair, International and comparative Law Quarterly 2009, Band 58, Ausgabe 3, S. 689 - 702. Zitiert als: *Cross/Williams*, 2009 ICLQ 58, S. 689,...

Daboné, Zakaria, International Law : Armed Groups in a State-Centric System, International Review of the Red Cross 2011, Band 93, Ausgabe 882, S. 395 – 424. Zitiert als : *Daboné*, IRRC (2011), 93 (882), S. 395,...

David, Eric, Principes de Droit des Conflits Armés, 4. Auflage, Brüssel 2008. Zitiert als: *David*, S...

Davies, Mathew, The ASEAN Synthesis : Human Rights, Non-Intervention, and the ASEAN Human Rights Declaration, Georgetown Journal of International Affairs 2013, Band 14, Ausgabe 2, S. 51 - 58. Zitiert als: *Davies*, 14 GJIA 2013, S. 51,...

Deitelhoff, Nicole, Angst vor Bindung? Das Ambivalente Verhältnis von Demokratien zum Internationalen Strafgerichtshof, Hessische Stiftung Friedens- und Konfliktforschung, HSFK Standpunkte 5/2002, S. 1 - 12. Zitiert als: *Deitelhoff*, HSFK Standpunkte 2002, S. 1,...

De Koker, Cedric, Hassan v United Kingdom: The Interaction of Human Rights Law and International Humanitarian Law with regard to the Deprivation of Liberty in Armed Conflicts, Utrecht Journal of International and European Law 2015, Band 31, Ausgabe 81, S. 90 - 96. Zitiert als: *De Koker*, 31 UJIEL 2015, S. 90,...

Dembour, Marie-Bénédicte, Interception-at-sea: Illegal as currently practiced – Hirsi and Others v. Italy, Strasbourg Observers, 01. März 2012, online abrufbar unter https://strasbourgobservers.com/2012/03/01/interception-at-sea-illegal-as-currently-practiced-hirsi-and-others-v-italy/ (Letzter Abruf: 24.05.2019). Zitiert als: *Dembour*, Strasbourg Observers, 01. März 2012.

Dinstein, Yoram, The Right to Life, Physical Integrity, and Liberty, in: Henkin, Louis (Hrsg.), The International Bill of Rights. The Covenant on Civil and Political Rights, New York/Guildford, Surrey 1981, S. 114 - 137. Zitiert als: *Dinstein*, in: Henkin (Hrsg.), S. 114,...

Donald, Alice, Tackling Non-Implementation in the Strasbourg System: The Art of the Possible?, EJIL: Talk!, 28. April 2017, online abrufbar unter https://www.ejiltalk.org/tackling-non-implementation-in-the-strasbourg-system-the-art-of-the-possible/ (Letzter Abruf: 24.05.2019). Zitiert als: *Donald*, EJIL:Talk!, 28. April 2017.

Doswald-Beck, Louise/ Vité, Sylvain, International Humanitarian Law and Human Rights Law, International Review of the Red Cross 1993, Band 33, Nummer 293, S. 94 – 119 Zitiert als: *Doswald-Beck/Vité*, IRRC (1993), 33 (293), S. 94,...

Droege, Cordula, The Interplay between International Humanitarian Law and International Human Rights Law in Situations of Armed Conflict, Israel Law Review 2007, Band 40, Nummer 2, S. 310 - 355. Zitiert als: *Droege*, 40 Isr. L. Rev. 2007, S. 310,...

Dies., Elective affinities? Human Rights and humanitarian law, International Review of the Red Cross 2008, Band 90, Nummer 871, S. 501 ff. Zitiert als: *Droege*, IRRC (2008), 90 (871), S. 501,...

Dunant, Henry, Eine Erinnerung an Solferino, Jubiläumsausgabe 125 Jahre Rotes Kreuz, Bern 1997.

Eide, Asbjørn, The Laws of War and Human Rights – Differences and Convergences, in: Swinarski, Christophe (Hrsg.), Studies and Essays on International Humanitarian Law and Red Cross Principles in Honor of Jean Pictet, Geneva 1984, S. 675 - 697. Zitiert als: *Eide*, in: Swinarski (Hrsg.), S. 675,...

Eissen, Marc-Andre, The European Convention on Human Rights and the Duties of the Individual, Nordisk Tidsskrift for international Ret 1962, Band 32, S. 230 - 253. Zitiert als: *Eissen*, 32 N.T.Int.R. 1962, S. 230,...

Elder, David A., The Historical Background of Common Article 3 of the Geneva Conventions of 1949, Case Western Reserve Journal of International Law 1979, Band 11, Ausgabe 1, S. 37 - 69. Zitiert als: *Elder*, CWRJIL 1979, S. 37,...

English, Rosalind, Law of Armed Conflict Means That Anti-Detention Provision in ECHR May Be Disapplied Re Iraqi Detainee, UK Human Rights Blog, 16. September 2014, online abrufbar unter https://ukhumanrightsblog.com/2014/09/16/law-of-armed-conflict-means-that-anti-detention-provision-in-echr-may-be-disapplied-re-iraqi-detainee/ (Letzter Abruf 24.05.2019). Zitiert als: *English*, UK Human Rights Blog, 16. September 2014.

Ernst, Andreas, Die "humanitäre Intervention", die ein Krieg war, Neue Zürcher Zeitung, 24. März 2019, online abrufbar unter https://www.nzz.ch/international/jugoslawien-die-humanitaere-intervention-die-ein-krieg-war-ld.1468966 (Letzter Abruf: 24.05.2019). Zitiert als: *Ernst*, NZZ, 24. März 2019.

Europäischer Gerichtshof für Menschenrechte, Annual Report 2006, online abrufbar unter https://www.echr.coe.int/Documents/Annual_report_2006_ENG.pdf (Letzter Abruf 26.04.2019). Zitiert als: *EGMR*, Annual Report 2006, S...

Ders., Annual Report 2011, online abrufbar unter https://www.echr.coe.int/Documents/Annual_report_2011_ENG.pdf (Letzter Abruf 24.05.2019). Zitiert als: *EGMR*, Annual Report 2011, S...

Ders., Annual report 2015, online abrufbar unter https://www.echr.coe.int/Documents/Annual_Report_2015_ENG.pdf (Letzter Abruf 24.05.2019). Zitiert als: *EGMR*, Annual Report 2015, S...

Ders., Annual Report 2016, online abrufbar unter https://www.echr.coe.int/Documents/Annual_report_2016_ENG.pdf (Letzter Abruf 24.05.2019). Zitiert als: *EGMR*, Annual Report 2016, S...

Farrior, Stephanie, Introductory Note to Behrami and Behrami v. France and Saramati v. France, Germany & Norway European Court of Human Rights Grand Chamber, International Legal Materials 2007, Band 46, Nummer 4, S. 743 - 745. Zitiert als: *Farrior*, 46 ILM 2007, S. 743,...

Ferraro, Tristan, The Law of Occupation and Human Rights Law: Some Selected Issues, in: Kolb, Robert/ Gaggioli, Gloria (Hrsg.), Research Handbook on Human Rights and Humanitarian Law, Cheltenham, 2013, S. 273 - 293. Zitiert als: *Ferraro*, in: Kolb/ Gaggioli (Hrsg.), S. 273,...

Fleck, Dieter, The Handbook of International Humanitarian Law, 3. Auflage, Oxford 2013. Zitiert als: *Autor*, in: Fleck (Hrsg.), Oxford 2013, S...

Fleiner-Gerster, Thomas/Meyer, Michael A, New Developments in Humanitarian Law: A Challenge to the Concept of Sovereignty, International and Comparative Law Quarterly 1985, Band 34, S. 267 - 283. Zitiert als: *Fleiner-Gerster/Meyer*, 34 ICLQ 1985, S. 267,...

Fortin, Katharine, The Accountability of Armed Groups under Human Rights Law, Oxford 2017. Zitiert als: *Fortin*, S...

Frowein, Jochen/ Peukert, Wolfgang, Europäische Menschenrechtskonvention – EMRK-Kommentar, 3. Auflage, Kehl am Rhein 2009. Zitiert als: *Verfasser*, in: Frowein/Peukert (Hrsg.), Art..., Rn...

Frowein, Jochen, De Facto Regime, Max Planck Encyclopedia of Public International Law, letztes Update: März 2013. Eingeschränkt online abrufbar unter http://opil.ouplaw.com/view/10.1093/law:epil/9780199231690/law-9780199231690-e1395?rskey=2oq4hm&result=1&prd=EPIL (Letzter Abruf: 24.05.2019). Zitiert als: *Frowein*, MPEPIL, Rn...

Furtak, Florian T., Internationale Organisationen. Staatliche und nichtstaatliche Organisationen in der Weltpolitik, Wiesbaden 2015. Zitiert als: *Furtak*, S...

Gat, Azar, The Changing Character of War, in: Strachan Hew / Scheipers Sibylle (Hrsg.), The Changing Character of War, Oxford 2011, S. 27 - 47. Zitiert als: *Gat*, in: Strachan/Scheipers (Hrsg.), S. 27,...

Generalsekretär des Europarates, France informs Secretary General of Article 15 Derogation of the European Convention on Human Rights, 25. November 2015, online abrufbar unter: https://www.coe.int/en/web/secretary-general/news/-/asset_publisher/EYlBJNjXtA5U/content/france-informs-secretary-general-of-article-15-derogation-of-the-european-convention-on-human-rights (Letzter Abruf 24.05.2019). Zitiert als: *Generalsekretär des Europarats*, 25. November 2015.

Ders., Secretary General receives notification from Turkey of its intention to temporarily suspend part of the European Convention on Human Rights, 21. Juli 2016, online abrufbar unter: https://www.coe.int/en/web/portal/news-2016/-/asset_publisher/StEVosr24HJ2/content/secretary-general-receives-notification-from-turkey-of-its-intention-to-temporarily-suspend-the-european-convention-on-human-rights (Letzter Abruf: 24.05.2019). Zitiert als: *Generalsekretär des Europarates*, 21. Juli 2016.

Gill, Terry D., Classifying the Conflict in Syria, International Law Studies 2016, Band 92, S. 353 - 380. International Law Studies 2015, Band 91, S. 402 - 424. Zitiert als: *Gill*, 92 ILS 2016, S. 353,...

Gillich, Ines, EU-Beistandsklausel und Solidaritätsklausel im Lichte der Terroranschläge von Paris, Archiv des Völkerrechts 2017, Band 55, S. 43 - 64. Zitiert als: *Gillich*, 55 AVR 2017, S. 43,...

Glahn, Gerhard von, The Protection of Human Rights in Time of Armed Conflict, Israel Yearbook on Human Rights 1971, Band 1, S. 208 - 227. Zitiert als: *Glahn*, 1 IYHR 1971, S. 208,...

Goddard, David, Applying the European Convention on Human Rights to the Use of Physical Force: *Al-Saadoon*, International Law Studies 2015, Band 91, S. 402 - 424. Zitiert als: *Goddard*, 91 ILS 2015, S. 402,...

Goddard, David, Britain's Al-Saadoon Case: A Matter of Human Rights Law and the use of Military Forces Overseas, Just Security, 16. Juni 2015, online abrufbar unter https://www.justsecurity.org/23921/applying-european-convention-human-rights-physical-force-al-saadoon/ (Letzter Abruf: 24.05.2019). Zitiert als: *Goddard*, Just Security, 16. Juni 2015.

Gondek, Michal, The Reach of Human Rights in a Globalising World: Extraterritorial Application of Human Rights Treaties, Antwerpen, 2009. Zitiert als: *Gondek*, S...

Goodman, Ryan, Is the United States Already in an "International Armed Conflict" With Syria?, Just Security, 11. Oktober 2016, online abrufbar unter https://www.justsecurity.org/33477/united-states-international-armed-conflict-syria/ (Letzter Abruf 24.05.2019). Zitiert als: *Goodman*, Just Security, 11. Oktober 2018.

Ders., Turkey's US-Backed Operation in Syria Has Created an International Armed Conflict, Just Security, 17. Oktober 2016, online abrufbar unter https://www.justsecurity.org/33643/us-backed-turkey-operation-syria-creates-international-armed-conflict/ (Letzter Abruf 24.05.2019). Zitiert als: *Goodman*, Just Security, 17. Oktober 2016.

Goulard, Hortense, UK military to opt out of European human rights pact, Politico, 4. Oktober 2016, online abrufbar unter: https://www.politico.eu/article/uk-military-to-opt-out-of-european-convention-on-human-rights-pact-theresa-may-tory-conference/ (Letzter Abruf: 24.05.2019). Zitiert als: *Goulard*, Politico, 4. Oktober 2016.

Grabenwarter, Christoph / Pabel, Katharina, Europäische Menschenrechtskonvention. Ein Studienbuch, 6. Auflage, München 2016. Zitiert als: *Grabenwarter/Pabel*, §..., Rn...

Grant, Thomas D., Ukraine v. Russian Federation in Light of Ilaşcu: Two short Points, EJIL: Talk!, 22. Mai 2014, online abrufbar unter http://www.ejiltalk.org/ukraine-v-russian-federation-in-light-of-ilascu-two-short-points/ (Letzter Abruf: 24.05.2019). Zitiert als: *Grant*, EJIL: Talk!, 22. Mai 2014.

Green, Fergus, Fragmentation in Two Dimensions: The ICJ's Flawed Approach to Non-State Actors and International Legal Personality, Melbourne Journal of International Law 2008, Band 9, S. 47 - 77. Zitiert als: *Green*, 9 MJIL 2008, S. 47,...

Greer, Steven, The Margin of Appreciation: Interpretation and Discretion under the European Convention on Human Rights, Human Rights Files No. 17, Strasburg 2000, online abrufbar unter https://www.echr.coe.int/LibraryDocs/DG2/HRFILES/DG2-EN-HRFILES-17(2000).pdf (Letzter Abruf: 24.05.2019). Zitiert als: *Greer*, Human Rights Files No. 17, S...

Gromien, Donna/ Harris, David/ Zwaak, Leo, Law and Practice of the European Convention on Human Rights and the European Social Charter, Strasbourg, 1996. Zitiert als: *Gromien/Harris/Zwaak*, S...

Guggenheim, Paul, Lehrbuch des Völkerrechts unter Berücksichtigung der Internationalen und Schweizerischen Praxis, Band I, Basel 1948. Zitiert als: *Guggenheim*, Lehrbuch des Völkerrechts I, S...

Guilfoyle, Douglas, ECHR Rights at Sea: Medvedyev and others v. France, EJIL: Talk!, 19. April 2010, online abrufbar unter http://www.ejiltalk.org/echr-rights-at-sea-medvedyev-and-others-v-france/ (Letzter Abruf: 24.05.2019). Zitiert als: *Guilfoyle*, EJIL: Talk!, 19. April 2010.

Ders., Human Rights Ausgabes and Non-Flag State Boarding of Suspect Ships in International Waters, in: Symmons, Clive Ralph (Hrsg.), Selected Contemporary Ausgabes in the Law of the Sea, Leiden 2011, S. 83 - 104. Zitiert als: *Guilfoyle*, in: Symmons (Hrsg.), S. 83,...

Gunning, Isabelle R., Modernizing Customary International Law: The Challenge of Human Rights, Virginia Journal of International Law 1991, Band 31, S. 211 - 247. Zitiert als: *Gunning*, 31 VJIL 1991, S. 211,...

Haque, Adil Ahmad, Turkey, Aggression, and the Right to Life Under the ECHR, EJIL: Talk!, 21. Oktober 2019, online abrufbar unter https://www.ejiltalk.org/turkey-aggression-and-the-right-to-life-under-the-echr/ (Letzter Abruf: 28.07.2020). Zitiert als: *Haque*, EJIL: Talk!, 21. Oktober 2019.

Hampson, Françoise J., The Relationship Between International Humanitarian Law and Human Rights Law from the Perspective of a Human Rights Treaty Body, International Review of the Red Cross 2008, Band 90, Nummer 871, S. 549 - 572. Zitiert als: *Hampson*, IRRC (2008), 90 (871), S. 549,...

Hart, David, War Remains Inside the Court Room: Jurisdiction Under ECHR, UK Human Rights Blog, 11. September 2016, online abrufbar unter https://ukhumanrightsblog.com/2016/09/11/war-remains-inside-the-court-room-jurisdiction-under-echr/ (Letzter Abruf 24.05.2019). Zitiert als: *Hart*, UK Human Rights Blog, 11. September 2016.

Hathaway, Oona A., Human Rights Abroad: When Do Human Rights Treaty Obligations Apply Extraterritorially? 43 Arizona State Law Journal 2011 S. 389 ff. Zitiert als: *Hathaway*, 43 Ariz. St. L. J. (2011), S. 389,...

Haque, Adil Ahmad, The United States is at War with Syria (according to the ICRC's New Geneva Convention Commentary), EJIL: Talk!, 08. April 2016, online abrufbar unter https://www.ejiltalk.org/the-united-states-is-at-war-with-syria-according-to-the-icrcs-new-geneva-convention-commentary/ (Letzter Abruf 24.05.2019). Zitiert als: *Haque*, EJIL: Talk! 08. April 2016.

Ders., Triggers and Thresholds of Non-International Armed Conflict, Just Security, 29. September 2016, online abrufbar unter https://www.justsecurity.org/33222/triggers-thresholds-non-international-armed-conflict/ (Letzter Abruf 24.05.2019). Zitiert als: *Haque*, Just Security, 29. September 2016.

Heilborn, Paul, Das System des Völkerrechts Entwickelt aus den Völkerrechtlichen Begriffen, Berlin 1896. Zitiert als: *Heilborn*, S...

Heintze, Hans-Joachim, Konsequenzen der Konvergenz von Menschenrechtsschutz und humanitärem Völkerrecht, in: Fischer, Horst/ Froissart, Ulrike/ Heintschel von Heinegg, Wolff/ Raap, Christian (Hrsg.), Krisensicherung und Humanitärer Schutz – Crisis Management and Humanitarian Protection: Festschrift für Dieter Fleck, Berlin 2004, S. 243 - 265. Zitiert als: *Heintze*, in: Fischer/Froissart/ Heintschel von Heinegg/Raap (Hrsg.), S. 243,...

Ders., On the Relationship Between Human Rights Law Protection and International Humanitarian Law, International Review of the Red Cross 2004, Band 86, Nummer 856, S. 789 - 814. Zitiert als: *Heintze*, IRRC (2008), 86 (856), S. 789,...

Ders., Las Palmeras v. Bamaca-Velasquez und Bankovic v. Loizidou? Widersprüchliche Entscheidungen zum Menschenrechtsschutz in bewaffneten Konflikten, Humanitäres Völkerrecht – Informationsschriften, 18 (2005), S. 177 ff. Zitiert als: *Heintze*, HuV-I 18 (2005), S. 177, ...

Henckaerts, Jean-Marie/*Doswald-Beck, Louise,* Customary International Humanitarian Law, Volume I : Rules, International Committee of the Red Cross, Cambridge u.a. 2005, online abrufbar unter https://www.icrc.org/eng/assets/files/other/customary-international-humanitarian-law-i-icrc-eng.pdf (Letzter Abruf: 24.05.2019). Zitiert als: *Henckaerts/Doswald-Beck*, S…

Herdegen, Matthias, Völkerrecht, 17. Auflage, München 2018. Zitiert als: Herdegen, §…, Rn…

Higgins, Rosalyn, International trade law and the avoidance, containment and resolution of disputes: general course on public international law, Recueil des Cours de l'Académie de Droit International 1991-V, Thome 230, S. 9 - 341. Zitiert als: *Higgins*, 230 RCADI 1991-V, S. 9,…

Hill-Cawthorne, Lawrence, The Grand Chamber Judgement in Hassan v UK, EJIL: Talk!, 14. September 2014, online abrufbar unter https://www.ejiltalk.org/the-grand-chamber-judgment-in-hassan-v-uk/ (Letzter Abruf 24.05.2019). Zitiert als: *Hill-Cawthorne*, EJIL: Talk!, 16. September 2014.

Hofmann, Rainer/ Boldt, Nicki., Internationaler Bürgerrechtepakt, Baden-Baden 2005. Zitiert als: *Hofmann/Boldt*, Internationaler Bürgerrechtepakt, Art…, Rn…

Human Rights Watch, Colombia: Beyond Negotiation - International Humanitarian Law and its Application to the Conduct of the FARC-EP, Band 13, Ausgabe 3B, August 2001. Zitiert als: *HRW*, Colombia: Beyond Negotiation, S…

International Commission of Jurists, Human Rights in Armed Conflict, Bulletin of the International Commission of Jurists 1964, Nummer 21, S. 1 - 5. Zitiert als: *International Commission of Jurists*, 21 Bull. Intnl' Com. Jur. 1964, S. 1,…

Dies., The Arab Court of Human Rights: A Flawed Statute for an Ineffektive Court, Geneva 2015, online abrufbar unter https://www.icj.org/wp-content/uploads/2015/04/MENA-Arab-Court-of-Human-Rights-Publications-Report-2015-ENG.pdf/ (Letzter Abruf: 24.05.2019). Zitiert als: *International Commission of Jurists*, A flawed Statute.

International Committee for the Relief of the Wounded, Meeting of the Sub-Committee of 17 February 1863, International Review of the Red Cross (1963), Band 3, Ausgabe 23, S. 63 - 68. Zitiert als: *International Committee for the Relief of the Wounded*, IRRC (1963), 3 (23), S. 63,…

International Committee of the Red Cross, Draft Revised or New Conventions for the Protection of War Victims, 17th International Red Cross Conference, Stockholm, August 1948, online abrufbar unter http://www.loc.gov/rr/frd/Military_Law/pdf/RC_Draft-revised.pdf (Letzter Abruf 24.05.2019). Zitiert als: *ICRC*, Draft Geneva Convention, S…

Ders., Commentary on the First Geneva Convention: Convention (I) for the Amelioration of the Condition of the Wounded and Sick in Armed Forces in the Field, 1st Edition, 1952, online abrufbar unter https://ihl-databases.icrc.org/ihl/full/GCI-commentary (Letzter Abruf 24.05.2019). Zitiert als: *ICRC*, 1952 Commentary on the First Geneva Convention, p…

Ders., Commentary of 1987 on the Protocol Additional to the Geneva Conventions of 12 August 1949, and relating to the Protection of Victims of International Armed Conflicts (Protocol I), 08 June 1977, online abrufbar unter https://ihl-databases.icrc.org/applic/ihl/ihl.nsf/Treaty.xsp?documentId=D9E6B6264D7723C3C12563CD002D6CE4&action=openDocument (Letzter Abruf: 24.05.2019). Zitiert als: *ICRC*, Commentary on the Additional Protocol I, Art..., Rn...

Ders., Commentary of 1987 on the Protocol Additional to the Geneva Conventions of 12 August 1949, and relating to the Protection of Victims of Non-International Armed Conflicts (Protocol II), 08 June 1977, online abrufbar unter https://ihl-databases.icrc.org/ihl/INTRO/475?OpenDocument (Letzter Abruf 24.05.2019). Zitiert als: *ICRC*, Commentary on the Additional Protocol II, Art..., Rn...

Ders. International Humanitarian Law and International Human Rights Law – Similarities and Differences, Advisory Service on International Humanitarian Law 01/2003, online abrufbar unter https://www.icrc.org/eng/assets/files/other/ihl_and_ihrl.pdf (Letzter Abruf: 24.05.2019). Zitiert als: *ICRC*, Advisory Service 2003.

Ders., How is the Term "Armed Conflict" Defined in International Law? Opinion Paper, March 2008. Zitiert als: *ICRC*, Opinion Paper 2008, S...

Ders. International Humanitarian Law and the Challenges of Contemporary Armed Conflicts, Report prepared for the 31st International Conference of the Red Cross and Red Crescent, Geneva 2011, PDF online abrufbar unter https://www.icrc.org/eng/resources/documents/report/31-international-conference-ihl-challenges-report-2011-10-31.htm (Letzter Abruf: 24.05.2019). Zitiert als: *ICRC*, Report 2011, S...

Ders., Commentary on the First Geneva Convention: Convention (I) for the Amelioration of the Condition of the Wounded and Sick in Armed Forces in the Field, 2nd edition, 2016, online abrufbar unter https://ihl-databases.icrc.org/ihl/full/GCI-commentary (Letzter Abruf: 24.05.2019). Zitiert als: *ICRC*, 2016 Commentary on the First Geneva Convention, Art..., Rn...

International Institute of Humanitarian Law, The Manual on the Law of Non-International Armed Conflict With Commentary, Sanremo 2006, online abrufbar unter http://www.fd.unl.pt/docentes_docs/ma/jc_MA_26125.pdf (Letzter Abruf: 24.05.2019). Zitiert als: *IIHL*, S...

International Law Association, Final Report on the Meaning of Armed Conflict in International Law, The Hague Conference (2010) Use of Force, online abrufbar unter http://www.rulac.org/assets/downloads/ILA_report_armed_conflict_2010.pdf (Letzter Abruf: 10.07.2020). Zitiert als: *ILA*, Final Report on the Meaning of Armed Conflict in International Law.

International Law Commission, New Drafting of Paragraph 18: Laws of War, 1949 Yearbook of the International Law Commission, Band 1, S. 263 - 264. Zitiert als: *ILC*, 1949 Yb. I.L.C., S. 263,...

Dies., Draft Articles on the Law of Treaties with Commentaries, Yearbook of the International Law Commission 1966, Band 2, S. 187 - 274. Zitiert als: *ILC*, 1966 Yb. I.L.C., S. 187,...

Dies., Draft articles on Responsibility of States for Internationally Wrongful Acts, with commentaries, text adopted by the International Law Commission at its fifty-third session, in 2001, and submitted to the General Assemblyas a part of the Commissions report covering the work of that session (A/56/10), Yearbook of the International Law Commission 2001, Band 2, Teil 2, S. 30 - 143. Zitiert als: *ILC*, 2001 Yb. I.L.C., S. 31,...

Dies., Draft Articles on the Responsibility of International Organizations, with Commentaries, Adopted by the International Law Commission at its sixty-third session, in 2011, and submitted to the General Assembly as a part of the Commission's report covering the work of that session (A/66/10), Yearbook of the International Law Commission 2011, Band 2, Teil 2, S. 46 - 105. Zitiert als: *ILC*, 2011 Yb. I.L.C., S. 46,...

Istrefi, Remzije, International Security Presence in Kosovo and its Human Rights Implications, Croatian International Relations Review 2017, Band 23, Nummer 80, S. 131 - 154. Zitiert als: *Istrefi*, CIRR (2017), 23 (80), S. 131,...

Janik, Cornelia/ Kleinlein, Thomas, When Soering Went to Iraq...: Problemns of Jurisdiction, Extraterritorial Effect and Norm Conflicts in Light of the European Court of Human Rights' *Al-Saadoon* Case, Goettingen Journal of International Law 2009, Band 1, Ausgabe 3, S. 459 - 518. Zitiert als: *Janik/Kleinlein*, 2009 GoJIL 1, S. 459,...

Janik, Ralph, Zur Tötung von Qasem Soleimani: Wann darf man Soldaten Töten, Völkerrechtsblog, 16. Januar 2020, online abrufbar unter https://voelkerrechtsblog.org/zur-totung-von-qasem-soleimani-wann-darf-man-soldaten-toten/ (Letzter Abruf: 13.07.2020). Zitiert als: *Janik*, Völkerrechtsblog, 16. Januar 2020.

Jankowska-Gilberg, Magdalena, Extraterritorialität der Menschenrechte. Der Begriff der Jurisdiktion im Sinne von Art. 1 EMRK, Baden-Baden 2008. Zitiert als: *Jankowska-Gilberg*, S...

Dies., Das Al-Skeini-Urteil des Europäischen Gerichtshofs für Menschenrechte – eine Abkehr von Banković?, Archiv des Völkerrechts, Bd. 50 (2012), S. 61 ff. Zitiert als: *Jankowska-Gilberg*, AVR 50 (2012) S. 61,...

Jägers, Nicola, Corporate Human Rights Obligations: in Search of Accountability, Antwerpen/Oxford/New York 2002. Zitiert als: *Jägers*, S...

Jergovic, Milijenko, Der Haß des Dusan Tadic. Verbrecher aus Loyalität – Anatomie eines bosnischen Archetypus, Zeit Online, 29. August 1997, online abrufbar unter https://www.zeit.de/1997/36/Der_Hass_des_Dusan_Tadic (Letzter Abruf: 24.05.2019). Zitiert als: *Jergovic*, Zeit Online, 29. August 1997.

Jinks, Derek, International Human Rights Law in Time of Armed Conflict, in: Clapham, Andrew/ Gaeta, Paola (Hrsg.), The Oxford Handbook of International Law in Armed Conflict, Oxford 2015, S. 656 - 674. Zitiert als: *Jinks*, in: Clapham/ Gaeta (Hrsg.), S. 656,...

Jochnick, Chris, Confronting the Impunity of Non-State Actors: New Fields for the Promotion of Human Rights, Human Rights Quarterly 1999, Band 21, S. 56 - 79. Zitiert als: *Jochnick*, 21 HRQ 1999, S. 56,...

Joseph, Sarah / Castan, Melissa, The International Covenant on Civil and Political Rights. Cases, Materials, and Commentary, 3. Auflage, Oxford 2013. Zitiert als: *Joseph/ Castan*, S...

Kälin, Walter / Künzli, Jörg, Universeller Menschenrechtsschutz. Der Schutz des Individuums auf globaler und regionaler Ebene, 3. vollständig überarbeitete und ergänzte Auflage, Basel 2013. Zitiert als: *Kälin/Künzli*, S...

Kau, Marcel, Der Staat und der Einzelne als Völkerrechtssubjekte, in: Graf Vitzthum, Wolfgang/Proelß, Alexander (Hrsg.) Völkerrecht, 7. überarbeitete und aktualisierte Auflage, Berlin/Boston 2016, S. 133 - 246. Zitiert als: *Kau*, in: Graf Vitzthum/Proelß (Hrsg.) S. 133,...

Kelsen, Hans, Théorie Générale du Droit International Public. Problèmes Choisis, Recueil des Cours de l'Académie de Droit International 1932-IV, Thome 42, S. 117 - 352. Zitiert als: *Kelsen*, 42 RCADI 1932-IV, S. 117,...

Ders., Théorie du Droit International Public, Recueil des Cours de l'Académie de Droit International 1953-III, Thome 84, S. 1 - 203. Zitiert als: *Kelsen*, 84 RCADI 1953-III, S. 1,...

Kilibarda, Pavle, Turkey, Aggression, and the Right to Life Under the ECHR: A Reaction to Professor Haque's Post, 22. Oktober 2019, online abrufbar unter https://www.ejiltalk.org/turkey-aggression-and-the-right-to-life-under-the-echr-a-reaction-to-professor-haques-post/ (Letzter Abruf: 28.07.2020). Zitiert als: *Kilibarda*, EJIL: Talk!, 22. Oktober 2019.

Kindt, Eline, Non-Execution of a Pilot Judgment: ECtHR Passes the Buck to the Committee of Ministers in Burmych and Others v. Ukraine, Strasbourg Observers, 26. Oktober 2017, online abrufbar unter https://strasbourgobservers.com/2017/10/26/non-execution-of-a-pilot-judgment-ecthr-passes-the-buck-to-the-committee-of-ministers-in-burmych-and-others-v-ukraine/ (Letzter Abruf: 24.05.2019). Zitiert als: *Kindt*, Strasbourg Observers, 26. Oktober 2017.

Kirchner, Stefan, Human Rights Guarantees During States of Emergency: The European Convention on Human Rights, Baltic Journal of Law and Politics 2010, Band 3, Nummer 2, S. 1 - 25. Zitiert als: *Kirchner*, 3 BJLP 2010, S. 1,...

Klabbers, Jan, (I Can't Get No) Recognition : Subjects Doctrine and the Emergence of Non-State Actors, in : Bianchi, Andrea (Hrsg.), Non-State Actors and International Law, Surrey 2009, S. 37 - 55. Zitiert als: *Klabbers*, in: Bianchi (Hrsg.), S. 37, ...

Kleffner, Jann K., The Applicability of International Humanitarian Law to Organized Armed Groups, International Review of the Red Cross 2011, Band 93, Nummer 882, S. 443 - 461. Zitiert als: *Kleffner*, IRRC (2011), 93 (882), S. 443,...

Knoll, Bernhard, Rights Without Remedies: The European Court's Failure to Close the Human Rights Gap in Kosovo, Zeitschrift für ausländisches öffentliches Recht und Völkerrecht 2008, Band 68, S. 431 - 451. Zitiert als: *Knoll*, ZaöRV (2008), S. 431,...

Kolb, Robert, The Relationship Between International Humanitarian Law and Human Rights Law: A Brief History of the 1948 Universal Declaration of Human Rights and the 1949 Geneva Conventions, International Review of the Red Cross 1998, Band 38, Nummer 324, S. 409 - 419. Zitiert als: *Kolb*, IRRC (1998), 38 (324), S. 409,...

Ders., The Jurisprudence of the Yugoslav And Rwandan Criminal Tribunals on their Jurisdiction and on International Crimes, The British Yearbook of International Law 2000, Band 71, S. 259 - 315. Zitiert als: *Kolb*, 2000 BYIL 71, S. 259,...

Kolb, Robert/ Del Mar, Katherine, Treaties for Armed Conflict, in: Andrew Clapham/ Paola Gaeta (Hrsg.), The Oxford Handbook of International Law in Armed Conflict, Oxford 2015, S. 50 - 87. Zitiert als: *Kolb/Del Mar*, in: Clapham/ Gaeta (Hrsg.), S. 50,...

Korowicz, Mark St., The Problem of the International Personality of Individuals, American Journal of International Law 1956, Band 50, S. 533 - 562. Zitiert als: *Korowicz*, 50 AJIL 1956, S. 533,...

Koskenniemi, Martti, The Gentle Civilizer of Nations – The Rise and Fall of International Law 1870 - 1960, Cambridge 2000. Zitiert als: *Koskenniemi*, S...

Krabbe, Hugo, Die Moderne Staatsidee, 2. Ausgabe, Den Haag 1919. Zitiert als: *Krabbe*, S...

Kuwali, Dan, 'Humanitarian Rights': How to Ensure Respect for Human Rights and Humanitarian Law in Armed Conflicts, in: Kolb, Robert/Gaggioli, Gloria (Hrsg.), Research Handbook on Human Rights and Humanitarian Law, Cheltenham 2003, S. 343 - 370. Zitiert als: *Kuwali*, in: Kolb/Gaggioli (Hrsg.), S. 343,...

Küchler, Helen, Die Renaissance der Staatenbeschwerde – Potenzial und Gefahr der vermehrten Nutzung des Art. 33 EMRK, Baden-Baden 2020.

Laird, Amy, Mali: A Legally Justifiable Intervention by France?, New Zealand Yearbook of International Law 2012, Band 10, S. 123 - 137. Zitiert als: *Laird*, 10 NZYIL 2012, S. 123,...

Landais, Claire / Bass, Léa, Reconciling the Rules of International Humanitarian Law with the Rules of European Human Rights Law, International Review of the Red Cross 2016, Band 97, Ausgabe 900, S. 1295 - 1311. Zitiert als: *Landais/ Bass*, IRRC (2015), 97 (900), S. 1295,...

Landeszentrale für Politische Bildung Baden-Württemberg, Der Irak Krieg 2003, online abrufbar unter https://www.lpb-bw.de/irak_krieg.html (Letzter Abruf: 24.05.2019). Zitiert als: *LPB-BW*, Der Irak Krieg 2003.

Dies., Nervenkrieg in der Ukraine, online abrufbar unter https://www.lpb-bw.de/ukrainekonflikt.html (Letzter Abruf: 24.05.2019). Zitiert als: *LPB-BW*, Nervenkrieg um die Ukraine.

Lauer, Sabrina, Die Implementierung menschenrechtlicher Verträge in Afrika, Baden-Baden 2018. Zitiert als: *Lauer*, S...

Lauterpacht, Hersch, International Law and Human Rights, London 1950, Reprint 1968. Zitiert als: *Lauterpacht*, S...

Ders., The Subjects of International Law, in: Bianchi, Andrea (Hrsg.), Non-State Actors and International Law, Surrey 2009, S. 3 - 17. Zitiert als: *Lauterpacht*, in: Bianchi (Hrsg.), S. 3,...

Lawson, Rick, Life After Bankovic: On the Extraterritorial Application of the European Convention on Human Rights, in: Fons Coomans/Menno T. Kamminga (Hrsg.), Extraterritorial Application of Human Rights Treaties, Antwerp – Oxford 2004, S. 83 - 123. Zitiert als: *Lawson*, in: Coomans/Kamminga (Hrsg.), S. 83, ...

Leach, Philip, Ukraine, Russia and Crimea in the European Court of Human Rights, EJIL: Talk!, 19. März 2014, online abrufbar unter http://www.ejiltalk.org /ukraine-russia-and-crimea-in-the-european-court-of-human-rights/ (Letzter Abruf: 24.05.2019). Zitiert als: *Leach*, EJIL: Talk!, 19. März 2014.

Letsas, George, The ECHR as a Living Instrument: Its Meaning and Legitimacy, 14. März 2012. Online abrufbar unter https://ssrn.com/abstract=2021836 (Letzter Abruf: 24.05.2019). Zitiert als: *Letsas*, The ECHR as a Living Instrument, S...

Linebaugh, Peter, The Magna Carta Manifesto, Berkeley/Los Angeles/London 2008. Zitiert als: *Linebaugh*, S...

de Londras, Fiona / Dzehtsiarou, Kanstantsin, Mission Impossible? Adressing Non-Execution Through Infringement Proceedings in the European Court of Human Rights, International and Comparative Law Quarterly 2017, Band 66, Ausgabe 2, S. 467 - 490. Zitiert als: *de Londras/Dzehtsiarou*, 66 ICLQ 2017, S. 467,...

Lorenz, Dirk, Der territoriale Anwendungsbereich der Grund- und Menschenrechte. Zugleich ein Beitrag zum Individualschutz in bewaffneten Konflikten, Menschenrechtszentrum der Universität Potsdam, Band 27, Berlin 2005. Zitiert als: *Lorenz*, S...

Lubell, Noam, Challenges in Applying Human Rights Law to Armed Conflict, International Review of the Red Cross 2005, Band 87, Nummer 860, S. 737 - 754. Zitiert als: *Lubell*, IRRC (2005), 87 (860), S. 737,...

Ders., Parallel Application of International Humanitarian Law and International Human Rightsn Law: An Examination of the Debate, Israel Law Review 2007, Band 40, S. 648 - 660. Zitiert als: *Lubell*, 40 Isr. L. R. 2007, S. 648,...

Ders., Extraterritorial Use of Force Against Non-State Actors, Oxford/New York 2010. Zitiert als: *Lubell*, S...

Magliveras, Konstantinos/ Naldi, Gino, The Arab Court of Human Rights: A Study in Impotence, Revue Québécoise de Droit International 2016, Band 29, Ausgabe 2, S. 147 - 172. Zitiert als: *Magliveras/Naldi*, 29 RQDI 2016, 147,...

Mallory, Conall, European Court of Human Rights Al-Skeini and Others v United Kingdom (Application No 55721/07) Judgement of 7 July 2011, International and Comparative Law Quarterly 2012, Band 61, S. 301 - 312. Zitiert als: *Mallory*, 61 ICLQ 2012, S. 301,...

Mancini, Marina, The Effects of a State of War or Armed Conflict, in: Weller, Marc (Hrsg.), The Oxford Handbook of the Use of Force in International Law, Oxford 2015, S. 988 - 1013. Zitiert als: *Mancini*, in: Weller (Hrsg.), S. 988,...

Mastorodimos, Konstantinos, Armed Non-State Actors in International Humanitarian and Human Rights Law, Abingdon/New York 2016. Zitiert als: *Mastorodimos*, S…

Mecham, Quinn, How Much of a State is the Islamic State?, The Washington Post, 05. Februar 2015, online abrufbar unter https://www.washingtonpost.com/news/monkey-cage/wp/2015/02/05/how-much-of-a-state-is-the-islamic-state/ (Letzter Abruf: 24.05.2019). Zitiert als: *Mecham*, The Washington Post, 05. Februar 2015.

Meißner, Friedrich, Die Menschenrechtsbeschwerde vor den Vereinten Nationen, Baden-Baden 1976. Zitiert als: *Meißner*, S…

McDougal, Myres S., International Law, Power, and Policy : a Contemporary Conception, Recueil des Cours de l'Académie de Droit International 1953-IV, Thome 82, S. 133 - 259. Zitiert als: *McDougal*, 82 RCADI 1953-I, S. 133,…

McDougal, Myres S./ Lasswell, Harold D./ Reisman, W. Michael, The World Constitutive Process of Authoritative Decision, in: Falk, Richard A./ Black, Cyril E. (Hrsg.), The Future of the International Legal Order: Band I: Trends and Patterns, Princeton 1969, S. 73 - 154. Zitiert als: *McDougal/Lasswell/Reisman*, in: Falk/Black (Hrsg.), S. 73,...

McLachlan, Campbell, The Principle of Systematic Integration and Article 31 (3) (C) of the Vienna Convention, International and Comparative Law Quarterly 2005, Band 54, S. 279 - 319. Zitiert als: *McLachlan*, 54 ICLQ 2005, S. 279,…

McNair, Arnold Duncan, The Legal Meaning of War, and the Relation of War to Reprisals, Transactions of the Grotius Society, Vol 11, Problems of Peace and War, Papers Read before the Society in the ear 1925 (1925), S. 29 - 51. Zitiert als: *McNair*, 1925 Transactions of the Grotius Society 11, S. 29,…

Ders., The Law of Treaties, Oxford 1961. Zitiert als: *McNair*, S…

McNair, Arnorld Duncan/ Watts Arthur D., The Legal Effects of War, Cambridge 1966. Zitiert als: *McNair/Watts*, S…

Melander, Erik, Organized Violence in the World 2015. An Assessment by the Uppsala Conflict Data Program, online abrufbar unter https://www.pcr.uu.se/digitalAssets/667/c_667482-l_1-k_brochure2.pdf (letzter Abruf: 24.05.2019). Zitiert als: *Melander*, S…

Melzer, Nils, International Humanitarian Law: A comprehensive Introduction, ICRC Geneva 2016., online abrufbar unter https://shop.icrc.org/international-humanitarian-law-a-comprehensive-introduction-2488.html (Letzter Abruf: 24.05.2019). Zitiert als: *Melzer*, S…

Menzel, Eberhard, Notstandsgesetzgebung und Europäische Menschenrechtskonvention, Die Öffentliche Verwaltung 1968, S. 1 - 10. Zitiert als: *Menzel*, DÖV 1968, S. 1,…

Meron, Theodor, Human Rights in Internal Strife: Their International Protection, Cambridge 1987. Zitiert als: *Meron*, Human Rights in Internal Strife, S…

Ders., Extraterritoriality of Human Rights Treaties, American Journal of International Law 1995, Band 89, S. 78 - 82. Zitiert als: *Meron*, 89 AJIL 1995, S. 78,…

Ders., The Humanization of Humanitarian Law, The American Journal of International Law 2000, Band 94, No. 2, S. 239 - 278. Zitiert als: *Meron*, 94 AJIL 2000, S. 239,...

Ders., International Law in the Age of Human Rights: General Course on Public International Law, in: The Hague Academy of International Law (Hrsg.), Collected Courses of the Academy of International Law, Band 301, Leiden/Boston 2003, S. 9 - 489. Zitiert als: *Meron*, in: The Hague Academy of International Law (Hrsg.) 2003, S. 9,...

Ders., The Humanization of International Law, Leiden 2006.

Ders., The Seven Ages of Man (Charles Homer Haskins Prize Lecture), in: Ders. (Hrsg.), The Making of International Criminal Justice, Oxford 2011, S. 1 - 15. Zitiert als: *Meron*, in: Ders. (Hrsg.) S. 1,...

Ders., The Geneva Conventions and Public International Law, in: Ders. (Hrsg.) The Making of International Criminal Justice, Oxford 2011, S. 19 - 27. Zitiert als: *Meron*, in: Ders. (Hrsg.) S. 19,...

Ders., The Humanization of the Law of War (Marek Nowicki Memorial Lecture), in: Ders. (Hrsg.), The Making of International Criminal Justice, Oxford 2011, S. 42 – 61. Zitiert als: *Meron*, in: Ders. (Hrsg.) S. 42,...

Mertus, Julie, Considering Nonstate Actors in the New Millennium: Toward Expanded Participation in Norm Generation and Norm Application, New York University Journal of International Law and Politics 2000, Band 32, S. 537 - 566. Zitiert als: *Mertus*, 32 NYU J. Int. L. & Pol. 2000, S. 537,...

Messineo, Francesco, Yet Another Mala Figura: Italy Breached Non-Refoulement Obligations by Intercepting Migrants' Boats at Sea, Says ECtHR, EJIL: Talk!, 24. Februar 2012, online abrufbar unter http://www.ejiltalk.org/yet-another-mala-figura-italy-breached-non-refoulement-obligations-by-intercepting-migrants-boats-at-sea-says-ecthr/ (Letzter Abruf: 24.05.2019). Zitiert als: *Messineo*, EJIL:Talk!, 24. Februar 2012.

Meurant, Jacques, Humanitarian Law and Human Rights Law – Alike Yet Distinct, International Review of the Red Cross 1993, Band 33, Nummer 293, S. 89 - 93. Zitiert als: *Meurant*, IRRC (1993), 33 (293), S. 89,...

Meyer, Michael A./ McCoubrey, Hilaire, Reflections on Law and Armed Conflicts. The Selected Works on the Laws of War by the late Professor Colonel G.I.A.D. Draper, OBE, The Hague, 1998, S. 125 - 140. Zitiert als: Meyer/McCoubrey, S. 125, ...

Meyer-Ladewig, Jens/Nettesheim, Martin/von Raumer, Stefan, EMRK: Europäische Menschenrechtskonvention: Handkommentar, Baden-Baden, 4. Auflage 2017. Zitiert als: *Verf.*, in: Meyer-Ladewig/Nettestheim/von Raumer (Hrsg.) Art..., Rn...

Milanovic, Marco, From Compromise to Principle: Clarifying the Concept of State Jurisdiction in Human Rights Treaties, Human Rights Law Review 2008, Band 8, S. 411 - 448. Zitiert als: *Milanovic*, 8 HRLR 2008, S. 411,...

Ders., Extraterritorial Application of Human Rights Treaties, Oxford, 2011. Zitiert als: *Milanovic*, S...

Ders., Al-Skeini and Al-Jedda in Strasbourg, The European Journal of International Law Band 23 No.1, S. 121 - 139. Zitiert als: *Milanovic*, 23 EJIL 2012, S. 121,...

Ders. Grand Chamber Judgment in Catan and Others, EJIL: Talk!, 21. Oktober 2012, online abrufbar unter https://www.ejiltalk.org/grand-chamber-judgment-in-catan-and-others/ (Letzter Abruf: 24.05.2019). Zitiert als: *Milanovic*, EJIL: Talk!, 21. Oktober 2012.

Ders., Extraterritorial Derogations from Human Rights Treaties in Armed Conflict, in: Bhuta, Nehal (Hrsg.), The Frontiers of Human Rights. Extraterritoriality and its Challenges, The Collected Courses of the Academy of European Law Band XXIV/1, Oxford 2016, S. 55 - 88. Zitiert als: *Milanovic*, in: Bhuta (Hrsg.), S. 55,...

Ders., English Court of Appeal Decides Al-Saadoon Case on the ECHR's Application Extraterritorially and in Armed Conflict, EJIL: Talk!, 14. September 2016, online abrufbar unter https://www.ejiltalk.org/english-court-of-appeal-decides-al-saadoon-case-on-the-echrs-application-extraterritorially-and-in-armed-conflict/ (Letzter Abruf: 24.05.2019). Zitiert als: *Milanovic*, EJIL:Talk!, 14. September 2016.

Ders., UK to Derogate from the ECHR in Armed Conflict, EJIL: Talk!, 05. Oktober 2016, online abrufbar unter https://www.ejiltalk.org/uk-to-derogate-from-the-echr-in-armed-conflict/ (Letzter Abruf: 24.05.2019). Zitiert als: *Milanovic*, EJIL:Talk!, 05. Oktober 2016.

Ders., A Trio of Blockbuster Judgments from the UK Supreme Court, EJIL Talk!, 17. Januar 2017, online abrufbar unter https://www.ejiltalk.org/a-trio-of-blockbuster-judgments-from-the-uk-supreme-court/ (Letzter Abruf: 20.07.2020). Zitiert als: *Milanovic*, EJIL Talk!, 17. Januar 2017.

Ders., The Applicability of the ECHR in Contested Territories; Two Other ECHR Cases Against Russia, EJIL: Talk!, 19. Juli 2018, online abrufbar unter https://www.ejiltalk.org/the-applicability-of-the-echr-in-contested-territories-two-other-echr-cases-against-russia/ (Letzter Abruf: 24.05.2019). Zitiert als: *Milanovic*, EJIL: Talk!, 19. Juli 2018.

Milanovic, Marko/ Papić, Tatjana, As Bad As It Gets: The European Court of Human Rights's Behrami and Saramati Decision and General International Law, International and Comparative Law Quarterly 2009, Band 58, S. 267 - 296. Zitiert als: *Milanovic/Papić*, 2009 ICLQ 58, S. 267, ...

Miller, Sarah, Revisiting Extraterritorial Jurisdiction: A Territorial Justification for Extraterritorial Jurisdiction under the European Convention, The European Journal of International Law 2009, Band 20, Nummer 4, S. 1223 - 1246. Zitiert als: *Miller*, 20 EJIL 2009, S. 1223,...

Miltner, Barbara, Revisiting Extraterritoriality after Al-Skeini: The ECHR and Its Lessons, Michigan Journal of International Law 2012, Band 33, Ausgabe 4, S. 693 - 747. Zitiert als: *Miltner*, 33 Michigan jnl. Int'l. L. 2012, S. 693,...

Ministry of Defence, Government to protect Armed Forces from persistent legal claims in future overseas operations, 04. Oktober 2016, online abrufbar unter https://www.gov.uk/government/news/government-to-protect-armed-forces-from-persistent-legal-claims-in-future-overseas-operations (Letzter Abruf: 24.05.2019). Zitiert als: *MOD*, 04. Oktober 2016.

Moir, Lindsay, The Law of Internal Armed Conflict, Cambridge 2002. Zitiert als: *Moir*, S...

Dies., Action Against Host States of Terroris Groups, in: Weller, Marc (Hrsg.), The Oxford Handbook of the Use of Force in International Law, Oxford 2015, S. 720 - 736. Zitiert als: *Moir*, in Weller (Hrsg.), S. 720,...

Moreno-Lax, Violeta, Hirsi Jamaa and Others v Italy or the Strasbourg Court versus Extraterritorial Migration Control?, Human Rights Law Review Band 12, No. 3, 2012, S. 574 - 598. Zitiert als: *Moreno-Lax*, 12 HRLR. 2012, S. 574,...

Morris-Take, Berit Kristina, Die extraterritoriale Anwendbarkeit der Rassendiskriminierungskonvention, Berlin 2015. Zitiert als: *Morris-Take*, S...

Moynier, Gustave, La Croix Rouge: Son Passé et son Avenir, Paris 1882. Zitiert als: *Moynier*, La Croix Rouge, S...

Ders., Etude sur la Convention de Genève pour l'Amélioration du Sort des Militaires Blessés dans les Armées en Campagne (1864 et 1868), Paris, 1870. Zitiert als : *Moynier*, Etude, S...

Muhvić, Davor, Legal Personality as a Theoretical Approach to Non-State Entities in International Law: The Example of Transnational Corporations, Pécs Journal of International and European Law 2017, S. 7 - 18. Zitiert als: *Muhvić*, PJIEL 2017, S. 7,...

Murray, Daragh, Human Rights Obligations of Non-State Armed Groups, London, 2016. Zitiert als: *Murray*, S...

Noone, Gregory P., The History and Evolution of the Law of War Prior to World War II, Naval Law Review 2000, Band 47, S. 176 -207. Zitiert als: *Noone*, 47 Naval L. Rev. 2000, S. 176,...

Nowak, Manfred, U.N. Covenant on Civil and Political Rights. CCPR Commentary, 2. überarbeitete Auflage, Kehl 2005. Zitiert als: *Nowak*, CCPR Commentary, Art..., Rn...

Nuridzhanian, Gaiane, (Non-)Recognition of De Facto Regimes in Case Law of the European Court of Human Rights: Implications for Cases Involving Crimea and Eastern Ukraine, EJIL: Talk!, 09. Oktober 2017, online abrufbar unter https://www.ejiltalk.org/non-recognition-of-de-facto-regimes-in-case-law-of-the-european-court-of-human-rights-implications-for-cases-involving-crimea-and-eastern-ukraine/ (Letzter Abruf: 24.05.2019). Zitiert als: *Nuridzhanian*, EJIL: Talk!, 09. Oktober 2017.

O'Boyle, Michael, The European Convention on Human Rights and Extraterritorial Jurisdiction: A Comment on 'Life after Bankovic', in: Fons Coomans/Menno T. Kamminga (Hrsg.), Extraterritorial Application of Human Rights Treaties, Antwerp – Oxford 2004, S. 125 ff. Zitiert als: *O'Boyle*, in: Coomans/Kamminga, S. 125, ...

O'Connell, Daniel P., La Personnalité en Droit International, Revue Générale de Droit International Public 1963, Band 34, S. 5 - 43. Zitiert als : *O'Connell*, 34 RGDIP 1963, S. 5,...

Ders., International Law, Volume One, London 1970. Zitiert als: *O'Connell*, S...

Ohne Verfasser, Issa and Others v. Turkey, Human Rights Case Digest 2004-2005, Band 15, S. 451 - 454. Zitiert als: *o.V.*, Issa and Others v. Turkey, 15 HRCD 2004-2005, S. 451,...

Ohne Verfasser, Die Sprüche des Peter Struck, Spiegel Online, 19. Dezember 2012, online abrufbar unter http://www.spiegel.de/politik/deutschland/peter-struck-die-praegnantesten-zitate-a-873892.html (Letzter Abruf: 24.05.2019). Zitiert als: *O.V.*, Spiegel Online, 19. Dezember 2012.

Ohne Verfasser, USA trainieren Tausende syrische Rebellen in Jordanien, Zeit Online, 22. Juni 2013, online abrufbar unter http://www.zeit.de/politik/ausland/2013-06/syrien-jordanien-rebellen-ausbildung (Letzter Abruf: 24.05.2019) Zitiert als: *o.V.*, Zeit Online, 22. Juni 2013.

Ohne Verfasser, Pentagon Stoppt Ausbildung Syrischer Rebellen, Spiegel Online, 09. Oktober 2015, online abrufbar unter http://www.spiegel.de/politik/ausland/syrien-usa-stoppen-ausbildung-fuer-rebellen-a-1057092.html (Letzter Abruf: 24.05.2019). Zitiert als: *o.V.*, Spiegel Online, 09. Oktober 2015.

Ohne Verfasser, IS Setzt Tausende Zivilisten als Schutzschilde ein, Zeit Online, 16. Juni 2017, online abrufbar unter http://www.zeit.de/gesellschaft/zeitgeschehen/2017-06/irak-islamischer-staat-un-zivilisten-mossul (Letzter Abruf: 24.05.2019). Zitiert als: *o.V.*, Zeit Online, 16. Juni 2017.

Palmer, Suzanne, The Turkish Republic of Northern Cyprus: Should The United States Recognize it as an Independent State?, in: Boston University International Law Journal 1986, Band 4, S. 423 - 450. Zitiert als: *Palmer*, 4 BUILJ 1986, S. 423,...

Palmieri, Daniel, How Warfare Has Evolved – a Humanitarian Organization's Perception: The Case of the ICRC, 1863 – 1960, International Review of the Red Cross 2015, Band 97, Ausgabe 900, S. 985 - 998. Zitiert als: *Palmieri*, IRRC (2015), 97 (900), S. 985,...

Papanicolopulu, Irini, Hirsi Jamaa v. Italy, The American Journal of International Law 2013, Band 107, S. 417 - 423. Zitiert als: *Papanicolopulu*, 107 AJIL 2013, S. 417,...

Papastavridis, Efthymios, II. European Court of Human Rights Medvedyev et al v France (Grand Chamber, Application No 3394/03) Judgement of 29 March 2010, International and Comparative Law Quarterly 2010, Band 59, Ausgabe 4, S. 867 - 882. Zitiert als: *Papastavridis*, 59 ICLQ 2010, S. 867,...

Ders., European Convention on Human Rights and the Law of the Sea: The Strasbourg Court in Uncharted Waters?, in: Fitzmaurice, Malgosia/ Merkouris, Panos (Hrsg.), The Interpretation and Application of the European Convention of Human Rights, Leiden 2013, S. 117 - 146. Zitiert als: *Papastavridis*, in: Fitzmaurice/ Merkouris (Hrsg.), S. 117,...

Parekh, Ruchi, Jaloud v. Netherlands: European Court of Human Rights Addresses Extra-Territorial Jurisdiction in Iraq, Just Security, 04. Dezember 2014, online abrufbar unter https://www.justsecurity.org/17973/jaloud-v-netherlands-europea n-court-human-rights-addresses-extra-territorial-jurisdiction-iraq/ (Letzter Abruf: 24.05.2019). Zitiert als: *Parekh*, Just Security. 04. Dezember 2014.

Pearlstein, Deborah, The NIAC Threshold, Opinio Juris, 04. Oktober 2016, online abrufbar unter http://opiniojuris.org/2016/10/04/the-niac-threshold/ (Letzter Abruf: 24.05.2019). Zitiert als: *Pearlstein*, Opinio Juris, 04. Oktober 2016.

Dies., A Syrian IAC?, Opinio Juris, 14. Oktober 2016, online abrufbar unter http://o piniojuris.org/2016/10/14/a-syrian-iac/ (Letzter Abruf 24.05.2019). Zitiert als: *Pearlstein*, Opinio Juris, 14. Oktober 2016.

Dies., Still on that Syrian IAC, Opinio Juris, 17. Oktober 2016, online abrufbar unter http://opiniojuris.org/2016/10/17/still-on-that-syrian-iac/ (Letzter Abruf 24.05.2019). Zitiert als: *Pearlstein*, Opinio Juris, 17. Oktober 2017.

Pejic, Jelena, Procedural Principles and Safeguards for Internment/Administrative Detenion in Armed Conflict and Other Situations of Violence, International Review of the Red Cross 2005, Band 87, Ausgabe 858, S. 375 - 391. Zitiert als: *Pejic*, IRRC (2005), 87 (858), S. 375,...

Dies., The European Court of Human Rights' *Al-Jedda* Judgment: The Oversight of International Humanitarian Law, International Review of the Red Cross 2011, Band 93, Ausgabe 883, S. 837 - 851. Zitiert als: *Pejic*, IRRC (2011), 93 (883), S. 837,...

Peters, Anne, Jenseits der Menschenrechte: Die Rechtsstellung des Individuums im Völkerrecht, Tübingen 2014. Zitiert als: *Peters*, S...

Pictet, Jean, Humanitarian Law and the Protection of War Victims, Geneva 1975. Zitiert als: *Pictet*, S...

Politis, Nicolas, L'influence de la Doctrine de Léon Duguit sur le Développement du Droit International, Archives de Philosophie du Droit et de Sociologie Juridique 1932, S. 69 - 81. Zitiert als: *Politis*, Archives de Philosophie du Droit et de Sociologie Juridique 1932, S. 69,...

Portmann, Roland, Legal Personality in International Law, Bamberg 2009. Zitiert als: *Portmann, S...*

Prud'homme, Nancie, Lex Specialis: Oversimplifying a More Complex and Multifaceted Relationship?, Israel Law Review 2007, Band 40, Nummer 2, S. 356 - 395. Zitiert als: *Prud'homme*, 40 Isr. L. Rev. 2007, S. 357,...

Quentin-Baxter, Richard, Human Rights and Humanitarian Law – Confluence or Conflict?, Australian Yearbook of International Law, Band 9, 1980, S. 94 - 105. Zitiert als: *Quentin-Baxter*, 9 AYIL 1980, S. 94,...

Rainey, Bernadette/ Wicks, Elizabeth/ Ovey, Clare, Jacobs, White, and Ovey, The European Convention on Human Rights, 7. Auflage, Oxford 2017. Zitiert als: *Rainey/Wicks/Ovey*, S...

Rehman, Javaid, International Human Rights Law, 2. Auflage, Harlow [u.a.] 2010. Zitiert als: *Rehman*, S...

Renshaw, Catherine Shanahan, The ASEAN Human Rights Declaration 2012, Human Rights Law Review 2013, Band 13, Ausgabe 3, S. 557 - 579. Zitiert als: *Renshaw*, 13 HRLR 2013, S. 557,...

Ress, Georg, State Responsibility for Extraterritorial Human Rights Violations – The Case of Bankovic, Zeitschrift für Europarechtliche Studien 6 (2003), S. 73 - 89. Zitiert als: *Ress*, ZEuS 6 (2003), S. 73,...

Richter, Dagmar, Humanitarian Law and Human Rights: Intersecting Circles or Separate Spheres?, in: Thomas Giegerich (Hrsg.), A Wiser Century? – Judicial Dispute Settlement, Disarmament and the Laws of War 100 Years after the Second Hague Peace Conference, 2009, S. 257 - 322. Zitiert als: *Richter*, in: Giegerich (Hrsg.), S. 257, ...

Rishmawi, Mervat, The Revised Arab Charter on Human Rights: A Step Forward? Human Rights Law Review 2005, Band 5, Ausgabe 2, S. 361 - 376. Zitiert als: *Rishmawi*, 5 HRLR 2005, S. 361,...

Ders., Arab Charter on Human Rights (2004), Max Planck Encyclopedia of Public International Law, letztes Update: Juni 2008, eingeschränkt online abrufbar unter http://opil.ouplaw.com/view/10.1093/law:epil/9780199231690/law-9780199231690-e1913 (Letzter Abruf 24.05.2019). Zitiert als: *Rishmawi*, MPEPIL, Rn...

Robertson, Arthur H./ Merrills, John G., Human Rights in the World. An Introduction to the Study of the International Protection of Human Rights, 4. Auflage, Manchester [u.a.] 1996. Zitiert als: *Robertson/Merrills*, S...

Rodenhäuser, Tilman, Organizing Rebellion: Non-State Armed Groups under International Humanitarian Law, Human Rights Law, and International Criminal Law, Oxford 2018. Zitiert als: *Rodenhäuser*, S...

Rodley, Nigel S., Can Armed Opposition Groups Violate Human Rights?, in: Mahoney, Kathleen E./ Mahoney, Paul (Hrsg.), Human Rights in the Twenty-First Century: A Global Challenge, Dordrecht 1993, S. 297 - 318. Zitiert als: *Rodley*, in: Mahoney/Mahoney, S. 297,...

Roggio, Bill, Al Nusrah Front poised to take over last major city on Euphrates River, The Long War Journal, 13. März 2013, online abrufbar unter https://www.longwarjournal.org/archives/2013/03/al_nusrah_front_pois.php (Letzter Abruf 24.05.2019). Zitiert als: *Roggio*, The Long War Journal, 13. März 2013.

Rona, Gabor, Letter to the Editor: Not So Fast on Calling it an "Armed Conflict" Between the US and Syria, Just Security, 13. Oktober 2016, online abrufbar unter https://www.justsecurity.org/33546/letter-editor-fast-calling-armed-conflict-syria/ (Letzter Abruf 24.05.2019). Zitiert als: *Rona*, Just Security, 13. Oktober 2016.

Roscini, Marco, The United Nations Security Council and the Enforcement of International Humanitarian Law, Israel Law Review 2010, Band 43, S. 330 - 359. Zitiert als: *Roscini*, 43 Isr. L. R. 2010, S. 330,...

Rousseau, Jean-Jacques, Du Contrat Social ou principes du droit politique, im PDF-Format in französischer Sprache online abrufbar unter http://metalibri.wikidot.com/title:du-contrat-social (Letzter Abruf: 24.05.2019). Zitiert als: *Rousseau*, Chapitre ...

Sadat, Leila Nadya / Drumbl, Mark A., The United States and the International Criminal Court : A Complicated, Uneasy, Yet at Times Engaging Relationship, Washington University in St. Louis Legal Studies Research Paper Series, Juli 2016, Paper Nr. 16-07-02. Zitiert als: *Sadat/Drumbl*, LSRPR 2016, S...

Sands, Philippe, Treaty, Custom and the Cross-fertilization of International Law, Yale Human Rights and Development Journal 1998, Band 1, S. 85 - 105. Zitiert als: *Sands*, 1 YHRDJ 1998, S. 85,...

Sandoz, Yves/ Swinarski, Christophe/ Zimmermann, Bruno, Commentary on the Additional Protocols of 8 June 1977 to the Geneva Conventions of 12 August 1949, Genf 1987. Zitiert als: *Bearbeiter*, in: Sandoz/Swinarski/Zimmermann (Hrsg.), Rn...

Sanger, David E./ Schmitt, Eric/ Hubbard, Ben, Trump Ends Covert Aid to Syrian Rebels Trying to Topple Assad, The New York Times, 19. Juli 2017, online abrufbar unter https://www.nytimes.com/2017/07/19/world/middleeast/cia-arming-syrian-rebels.html (Letzter Abruf: 24.05.2019). Zitiert als: *Sanger/Schmitt/ Hubbard*, The New York Times, 19. Juli 2017.

Sari, Aurel, Jurisdiction and International Responsibility in Peace Support Operations: The Behrami and Saramati Cases, Human Rights Law Review 2008, Band 8, S. 151 - 170. Zitiert als: *Sari*, 8 HRLR. 2008, S. 151,...

Sari, Aurel, Jaloud v Netherlands : New Directions in Extra-Territorial Military Operations, EJIL : Talk !, 24. November 2014, online abrufbar unter https://www.ejiltalk.org/jaloud-v-netherlands-new-directions-in-extra-territorial-military-operations/ (Letzter Abruf: 24.05.2019). Zitiert als: *Sari*, EJIL:Talk!, 24. November 2014.

Sassòli, Marco, Le Droit International Humanitaire, une Lex Specialis par rapport aux Droits Humains?, in : Auer, Andreas/ Flückiger, Alexandre/ Hottelier, Michel (Hrsg.), Les Droits de l'Homme et la Constitution: Études en l'Honneur du Professeur Giorgio Malinverni, Genf 2007, S. 375 - 395. Zitiert als: *Sassòli*, in: Auer/ Flückiger/ Hottelier (Hrsg.), Genf 2007, S. 375,...

Ders., Taking Armed Groups Seriously : Ways to Improve their Compliance with International Humanitarian Law, Journal of International Humanitarian Legal Studies 2010, Band 1, S. 5 - 51. Zitiert als: *Sassòli*, 1 JIHLS 2010, S. 5,...

Sassòli, Marco / Shany, Yuval, Debate: Should the Obligations of States and Armed Groups under International Humanitarian Law really be equal?, International Review of the Red Cross 2011, Band 93, Ausgabe 882, S. 425 - 436. Zitiert als: *Sassòli/Shany*, IRRC (2011), 93 (882), S. 425,...

Scelle, Georges, La Doctrine de Léon Duguit et les Fondements du Droit des Gens, Archives de Philosophie du Droit et de Sociologie Juridique 1932, S. 83 - 119. Zitiert als: *Scelle*, Archives de Philosophie du Droit et de Sociologie Juridique 1932, S. 83,...

Ders., Précis de Droit des Gens, Paris 1932. Zitiert als: *Scelle*, S…

Schabas, William A., The European Convention on Human Rights. A Commentary, Oxford 2015. Zitiert als: *Schabas*, S…

Ders., U.N. International Covenant on Civil and Political Rights, Nowak's CCPR Commentary, 3. überarbeitete Auflage, Kehl am Rhein 2019. Zitiert als: *Schabas*, Nowak's CCPR Commentary, Art…, Rn…

Schäfer, Bernhard, Der Fall Bankovic oder Wie eine Lücke geschaffen wird, MenschenRechtsMagazin Heft 3/2002, S. 149 ff. Zitiert als: *Schäfer*, MRM 3/2002, S. 149, …

Ders., Zum Verhältnis Menschenrechte und Humanitäres Völkerrecht: zugleich ein Beitrag zur exterritorialen Geltung von Menschenrechtsverträgen, Studien zu Grund- und Menschenrechten Heft 13 (2006), im PDF-Format online abrufbar unter https://publishup.uni-potsdam.de/opus4-ubp/frontdoor/index/index/docId/2500 (letzter Abruf: 24.05.2019) Zitiert als: *Schäfer*, Studien zu Grund- und Menschenrechten 2006, Heft 13, S…

Scheinin, Martin, Extraterritorial Effect of the International Covenant on Civil and Political Rights, in: Fons Coomans/Menno T. Kamminga (Hrsg.), Extraterritorial Application of Human Rights Treaties, Antwerp – Oxford 2004, S. 73 - 81. Zitiert als: *Scheinin*, in: Coomans/Kamminga (Hrsg.), S. 73,…

Schindler, Dietrich, Kriegsrecht und Menschenrechte, in: Häfelin, Ulrich/ Haller, Walter/ Schindler, Dietrich (Hrsg.), Menschenrechte, Föderalismus, Demokratie: Festschrift zum 70. Geburtstag von Werner Kägi, Zürich 1979, S. 327 - 349. Zitiert als: *Schindler*, in: Häfelin/Haller/Schindler (Hrsg.), S. 327,…

Schwelb, Egon, Civil and Political Rights: The International Measure of Implementation, American Journal of International Law 1968, Band 62, S. 827 – 868. Zitiert als: *Schwelb*, 62 AJIL 1968, S. 827,…

Scott, George, The Rise and Fall of the League of Nations, London 1973. Zitiert als: *Scott*, S…

De Sena, Pasquale / Vitucci, Maria Christina, The European Courts and the Security Council: Between Dédoublement Fonctionnel and Balancing of Values, European Journal of International Law 2009, Band 20, No. 1, S. 193 - 228. Zitiert als: *De Sena/Vitucci*, EJIL (2009), S. 193,…

Sicilianos, Linos-Alexander, The Involvement of the European Court of Human Rights in the Implementation of its Judgments: Recent Developments Under Article 46 ECHR, Netherlands Quarterly of Human Rights 2014, Band 32, S. 235 - 262. Zitiert als: *Sicilianos*, 32 NQHR 2014, S. 235,…

Simsek, Cilem, Which Rights to Enforce in Time of Public Emergency?, Völkerrechtsblog, 06. Juni 2016, online abrufbar unter http://voelkerrechtsblog.org/which-rights-to-enforce-in-time-of-public-emergency/ (Letzter Abruf 24.05.2019). Zitiert als: *Simsek*, Völkerrechtsblog, 06. Juni 2016.

Sivakumaran, Sandesh, Binding Armed Opposition Groups, International and Comparative Law Quarterly 2006, Band 55, S. 369 - 394. Zitiert als: *Sivakumaran*, 55 ICLQ 2006, S. 369,…

Ders., The Law of Non-International Armed Conflict, Oxford 2014. Zitiert als: *Sivakumaran*, S…

Slaughter, Anne-Marie, The Role of NGOs in International Law-Making, in: The Hague Academy of International Law (Hrsg.), Collected Courses of the Academy of International Law, Band 285, Leiden/Boston 2000, S. 9 - 249. Zitiert als: *Slaughter*, The Hague Academy of International Law (Hrsg.) 2000, S. 9,…

Smith, Rhona K. M., International Human Rights Law, 8. Auflage, Oxford 2018. Zitiert als: Smith, S…

Speit, Andreas, Reichsbürger – eine facettenreiche, gefährliche Bewegung, in: Ders. (Hrsg.), Reichsbürger. Die unterschätzte Gefahr, Berlin 2017. Zitiert als: *Speit*, in: Ders. (Hrsg.), S. 7, …

Special Advisor to the DCI on Iraq's WMD, Comprehensive Report, 30. September 2004, online abrufbar über die Website der CIA unter https://www.cia.gov/library/reports/general-reports-1/iraq_wmd_2004/index.html (Letzter Abruf: 24.05.2019). Zitiert als: *Special Advisor to the DCI on Iraq's WMD,* Comprehensive Report.

Stewart, Alastair, Back to the Drawing Board: Al-Skeini v. UK and the Extraterritorial Application of the European Convention on Human Rights, UCL Human Rights Review Band 4, 2011, S. 110 ff. Zitiert als: *Stewart*, 4 UCL Hum. Rts. Rev. 2011, S. 110,…

Strüwer, Elisabeth, Zum Zusammenspiel von Humanitärem Völkerrecht und den Menschenrechten am Beispiel des Targeted Killing, Frankfurt am main, Berlin, Bern, Wien, 2010. Zitiert als: *Strüwer*, S…

Suter, Keith D., An Enquiry Into the Meaning of the Phrase "Human Rights in Armed Conflicts", Revue de droit pénal militaire et de la guerre, Band 15, 1976, S. 393 - 439. Zitiert als: *Suter*, 15 Revue de droit pénal militaire et de la guerre 1976, S. 393,…

Szasz, Paul C., General Law-making Process, in: Joyner, Christopher C. (Hrsg.), The United Nations and International Law, Cambridge 1998, S. 27 - 64. Zitiert als: *Szasz*, in: Joyner (Hrsg.), S. 27,…

Szydlo, Marek, Extra-Territorial Application of the European Convention on Human Rights After Al-Skeini and Al-Jedda, International Criminal Law Review 2012, Band 12, S. 271 - 291. Zitiert als: *Szydlo*, 12 ICLR 2012, S. 271,…

Tagesschau.de, Kühle Strategie Statt Größenwahn, 10. März 2014, online abrufbar unter http://www.tagesschau.de/ausland/interview-krim100.html (letzter Abruf: 24.05.2019). Zitiert als: *Tagesschau.de*, 10. März 2014.

Talmon, Stefan, Kollektive Nichtanerkennung Illegaler Staaten, Tübingen 2006. Zitiert als: *Talmon*, S…

Ticehurst, Rupert, The Martens Clause and the Laws of Armed Conflict, International Review of the Red Cross 1997, Band 37, Ausgabe 317, S. 125 - 134. Zitiert als: *Ticehurst*, IRRC (1997), 37 (317), S. 125,…

Todenhöfer, Jürgen, Inside IS – 10 Tage im >Islamischen Staat <, 2. Auflage, München 2017. Zitiert als: *Todenhöfer*, Inside IS.

Tomuschat, Christian, International Law: Ensuring the Survival of Mankind on the Eve of a New Century: General Course on Public International Law, in: The Hague Academy of International Law (Hrsg.), Collected Courses of the Academy of International Law, Band 281, Leiden/Boston 1999, S. 9 - 438. Zitiert als: *Tomuschat*, in: The Hague Academy of International Law (Hrsg.) 1999, S. 9,...

Ders., Human Rights, Between Idealism and Realism, 3. Auflage, Oxford 2014. Zitiert als: *Tomuschat*, S...

Trapp, Kimberley N., Can Non-State Actors Mount an Armed Attack?, in: Weller, Marc (Hrsg.), The Oxford Handbook of the Use of Force in International Law, Oxford 2015, S. 679 - 696. Zitiert als: *Trapp*, in Weller (Hrsg.), S. 679,...

Treves, Trullio, Human Rights and the Law of the Sea, Berkeley Journal of International Law 2010, Band 28, S. 1 - 14. Zitiert als: *Treves*, 2010 Berk. J. Intnl. L. 28, S. 1,...

Triepel, Heinrich, Les Rapports Entre le Droit Interne et le Droit International, Recueil des Cours 1923, Thome 1, S. 77 - 121. Zitiert als: *Triepel*, R.d.C. 1923, S. 77, ...

Trilsch, Mirja/ Rüth, Alexandra, Öcalan v. Turkey. App. no. 46221/99, The American Journal of International Law 2006, Band 100, S. 180 ff. Zitiert als: *Trilsch/Rüth*, 100 AJIL 2006, S. 180,...

Twentieth International Conference of the Red Cross., Resolution XXXI 'Protection of Victims of Non-International Conflicts', Vienna 1965, International Review of the Red Cross (1965), Band 5, Ausgabe 56, S. 591 - 592. Zitiert als: *Twentieth International Conference of the Red Cross*, Resolution XXXI, IRRC (1965), 5 (56), S. 591,...

United Nations Assistance Mission in Afghanistan / United Nations High Commissioner for Human Rights, Afghanistan Annual Report 2011. Protection of Civilians in Armed Conflict, Kabul, Februar 2012, online abrufbar unter https://unama.unmissions.org/sites/default/files/old_dnn/UNAMA/Documents/UNAMA%20POC%202011%20Report_Final_Feb%202012.pdf (Letzter Abruf: 24.05.2019). Zitiert als: *UNAMA/UNHCHR*, Afghanistan Annual Report 2011, S...

Van Dijk, Pieter / Van Hoof, Fried / Van Rijn, Arjen / Zwaak, Leo, Theory and Practice of the European Convention on Human Rights, 5. Auflage, Cambridge 2018. Zitiert als: *Verfasser*, in: Van Dijk et al. (Hrsg.), S...

Van Schaack, Beth, The United States' Position on the Extraterritorial Application of Human Rights Obligations: Now is the Time for Change, International Law Studies 2014, Vol. 90, S. 20 - 65. Zitiert als: *Van Schaack*, 90 Int'l L. Stud. 20 (2014), S. 20, ...

Vereinte Nationen, Report of the Secretary-General's Panel of Experts on Accountability in Sri Lanka, 31. März 2011, online abrufbar unter http://www.un.org/News/dh/infocus/Sri_Lanka/POE_Report_Full.pdf (Letzter Abruf: 24.05.2019). Zitiert als: *Vereinte Nationen*, Report of the Secretary-General's Panel of Experts on Accountability in Sri Lanka, 31. März 2011, Rn...

Vité, Sylvain, Typology of Armed Conflicts in International Humanitarian Law: Legal Concepts and Actual Situations, International Review of the Red Cross 2009, Band 91, Nummer 873, S. 69 - 94. Zitiert als: *Vité*, IRRC (2009), 91 (873), S. 69,...

Von Block-Schlesier, Andreas, Zur Frage der Akzeptanz des Humanitären Völkerrechts am Ende des 20. Jahrhunderts, Sicherheit und Frieden 2000, Band 18, Ausgabe 1, S. 8 - 12. Zitiert als: *Von Block-Schlesier*, 18 SuF 2000, S. 8,...

Walker, Peter / Bowcott, Owen, Plan for UK military to opt out of European convention on human rights, The Guardian, 04. Oktober 2016, online abrufbar unter https://www.theguardian.com/uk-news/2016/oct/03/plan-uk-military-opt-out-european-convention-human-rights (Letzter Abruf: 24.05.2019). Zitiert als: *Walker/Bowcott*, The Guardian, 04. Oktober 2016.

Walker, Shaun / Bowcott, Owen., Russia Withdraws Signature from International Criminal Court Statute, The Guardian, 16. November 2016, online abrufbar unter https://www.theguardian.com/world/2016/nov/16/russia-withdraws-signature-from-international-criminal-court-statute (Letzter Abruf: 24.05.2019). Zitiert als: *Walker, S./Bowcott*, The Guardian, 16. November 2016.

Waschefort, Gus, The Pseudo Legal Personality of Non-State Armed Groups in International Law, South African Yearbook of International Law 2011, Band 36, S. 226 - 236. Zitiert als: *Waschefort*, 36 SAYIL 2011, S. 226,...

Webber, Diane, Hassan v. United Kingdom: A New Approach to Security Detention in Armed Conflict?, ASIL Insights 2015, Band 19, Ausgabe 7, online abrufbar unter https://www.asil.org/insights/volume/19/issue/7/hassan-v-united-kingdom-new-approach-security-detention-armed-conflict (Letzter Abruf: 24.05.2019). Zitiert als: *Webber*, ASIL Insights, 02. April 2015.

Webster, Elaine, Interpretation of the Prohibition of Torture: Making Sense of 'Dignity' Talk, Human Rights Review 2016, Band 17, S. 371 - 390. Zitiert als: *Webster*, 17 HRR 2016, S. 371,...

Wright, Quincy, When does War exist?, The American Journal of International Law 1932, Band 26, No. 2, S. 362 - 368. Zitiert als: *Wright*, 26 AJIL 1932, S. 362,...

Zegveld, Liesbeth, Accountability of Armed Opposition Groups in International Law, Cambridge 2002. Zitiert als: *Zegveld*, S...

Zgonec-Rožej, Miša, AL-SKEINI v. UNITED KINGDOM. App. No. 55721/07, American Journal of International Law, Band 106, 2012, S. 131 ff. Zitiert als: *Zgonec-Rožej*,106 AJIL 2012, S. 131, ...

FSC
www.fsc.org
MIX
Papier | Fördert
gute Waldnutzung
FSC® C083411

Kolibri 360 GmbH
Ferdinand-Jühlke-Straße 7
99095 Erfurt, Deutschland
produktsicherheit@kolibri360.de